Gottfried Lammert

Volksmedizin und medizinischer Aberglaube

in Bayern und den angrenzenden Bezirken

Gottfried Lammert

Volksmedizin und medizinischer Aberglaube
in Bayern und den angrenzenden Bezirken

ISBN/EAN: 9783743459151

Hergestellt in Europa, USA, Kanada, Australien, Japan

Cover: Foto ©ninafisch / pixelio.de

Weitere Bücher finden Sie auf **www.hansebooks.com**

Volksmedizin

und

medizinischer Aberglaube

in

Bayern

und den angrenzenden Bezirken,

begründet

auf die Geschichte der Medizin und Cultur,

von

Dr. G. Lammert.

Mit historischer Einleitung und einer lithographirten Tafel.

Würzburg.
Verlag von F. A. Julien.
1869.

Vorwort.

Hoffnung und Furcht, welche die Wiege der Menschheit umgaben, sind die Quellen der von Geschlecht zu Geschlecht vererbten Gebräuche und Vorschriften, an welche sich das Volk, von Krankheit und Noth verfolgt und von jeder anderen Hilfe verlassen, als an den einzigen Rettungshalm anklammerte. Die Spuren derselben lassen sich bei allen Völkern bis in das graueste Alterthum verfolgen, wesshalb sie einen nicht zu unterschätzenden Werth nicht blos für die Geschichte der medizinischen Wissenschaften, sondern wohl mehr noch für jene der Cultur behaupten, und darum verdienen, auch auf unserem Gebiete einer näheren Betrachtung gewürdigt zu werden.

Die Geschichtsforscher der deutschen Medizin beginnen ihre Darstellung gewöhnlich mit den Anfängen der schulgerechten Arzneikunst, wobei die nebelhaften Rudimente dieser Doctrin in den ältesten Perioden nur im Vorübergehen kurz berücksichtigt werden. So ist es gekommen, dass die auf Sympathie, Symbolik und Signatur der Erdkörper durch den lebendigen Volksglauben ursprünglich und wesentlich gegründete altdeutsche Heilkunde, welche ihre Kindheit im heidnischen Zeitalter, ihre Jugend unter der Pflege des Klerus im Mittelalter verlebte, mit der allmäligen Erhebung der Medizin zu einer auf Hochschulen gepflegten Wissenschaft aber in den Hintergrund trat, und im Laufe der neueren Zeit bei dem Fortschritte der letzteren verödete, endlich bis auf wenige, den Nachkommen kaum erkennbare Trümmer zusammensank.

Nach einem Anstosse von Grimm kömmt erst der jüngsten Zeit das Verdienst zu, auf die Erforschung deutscher Sittenkunde in ihrem gesammten Umfange, über welche frühere Zeiten gleichgültig hinwegsahen, die Aufmerksamkeit der Gelehrten gelenkt zu haben; denn gerade die wunderlichen Hausmittel, von denen man sich oft mit Eckel und Entsetzen abwendet, bieten, wie Riehl treffend sagt, dem Culturhistoriker einen wahren Hausschatz der uralten Anschauung unserer Altvordern vom menschlichen Leibe, von den Geheimnissen seines Werdens und Vergehens, seiner Lust und Leiden, und gestatten überhaupt tiefe Einblicke in das innere Leben des Volkes.

Und diese annoch in der Geschichte der Medizin fühlbare Lücke nach bestem Vermögen auszufüllen, haben wir den vorliegenden Blättern zum Ziele gesteckt.

Die Volkstherapie, wie sie heutzutage, meistens im Stillen und Verborgenen, von einzelnen Personen ausgeübt, auch auf deutschem Boden kaum bemerkbar vegetirt, besteht nun in den Ueberresten von Heilformen und Bräuchen der einst blühenden germanischen Volksmedizin, welche, weil nur im Munde des Volkes fortlebend, aus physiologischer Unkunde oder Missverständniss der ursprünglich vorgeschriebenen Heilsegen vielfach verderbt, verdreht und oft unverständlich geworden sind. Viele solcher Vorschriften lassen sich auf die griechische und römische Vorzeit, wohl auch auf die Autorität der Bibel zurückführen, was wir geschichtlich nachzuweisen bemüht waren.

Diese Denkmale der Vorzeit haben sich auf dem platten Lande und in den dem Verkehre minder zugänglichen Wald- und Berggegenden mit leichter christlicher Ueberfärbung weniger verwischt erhalten, als in den volkreichen Städten und offenen Dörfern, wo durch häufigen Wechsel der Einwohner, durch lebhaften Handel und Wandel mit

Fremden die heimischen Sitten und Gebräuche vielfach verändert und zum Theil verdrängt wurden.

Die in Nachfolgendem gesammelten diätetisch-therapeutischen Regeln, Gebräuche und Aberglaubensformeln stammen aus handschriftlichen Aufzeichnungen in Hausbüchern, dann aus dem Munde von Personen, als den Trägern solcher Geheimmittel, welche aber oft nur mit zäher Zurückhaltung und Scheue des Besitzes ihrer geheimen, ihnen liebgewordenen Wissenschaft sich entäussern, oft auch ihre Mysterien lieber mit sich absterben lassen, als sie der mitleidigen Belächelung der profanen Wissenschaft auszusetzen, endlich den von Dr. Fr. Pauli, Dr. Wilh. Brenner-Schäffer, Dr. Flügel, Dr. Buck, sowie in der Bavaria mitgetheilten Localfloren des Aberglaubens.

Manche der mitgetheilten Segenssprüche sind in verschiedenen Gegenden Deutschlands gleichzeitig im Schwange, weil sie wohl aus älteren, gedruckten Volksbüchern abgeschrieben wurden, also aus gemeinsamer Quelle stammen.

Wenn der geneigte Leser auf den hier gebotenen Blättern manche den vorbezeichneten Rahmen überschreitende Excurse findet, so möge er es dem Freunde historischer Forschung verzeihen, welcher, wie eine liebende Mutter an ihrem Kinde, selbst entstellende Auswüchse gerne übersieht.

Dr. Lammert.

Inhalt.

Vorwort. — **Geschichtliche Einleitung:** Heilkunde des Clerus im Mittelalter S. 1. Gelehrte Aerzte, Physici in Bayern 5. Chirurgen, Bader 9. Barbierer, Militärärzte 10. Apotheker 11. Hebammen 12. Volksärzte 13. Marktschreier 16. Curmethode der Kleriker 18. Gebet, Segen 20. Heiligen- und Reliquienverehrung 22. Heilmethode der Volksärzte 27. Segen 27, Besprechungen 28. Sympathie (Amulete 31, Uebertragung der Krankheit 31), Signatura rerum 33.

Topo- und ethnographische Bemerkungen: Abstammung und Beschäftigung, Wohnung 36. Betten 39. Speisen und Getränke 40. Hungerbrunnen 47. Gewitter 48. Bäder der älteren und neueren Zeit in Bayern 49. Tanzen 55. Wettrennen 59.

Epidemieen in Bayern (1800—1850) 60. Endemieen 77. Medizin. Volksbücher 79. Krankheitsursache, Aberglaube 81. Stadien der Krankheit, Hilfe dagegen 85. Hausmittel 86. Krankenpflege 89. Körperlänge, Lebensdecaden 89. Schlaf 91. Träume 93. Unglückliche Tage, Todesanzeigen, Tod, Beerdigung 95. Mensch und Wurm 108. Kirchhöfe 108.

Kindesalter: Pflege in gesunden und kranken Tagen 113. Hernien 119. Soor 121. Eclampsie 122. Zahnen 126. Würmer und Arten derselben 128. Läuse 134. Bettpissen 135. Unterleib 136. Hautleiden 137. Augen 138. Croup 140. Atrophie, Verkrümmungen 142.

Pubertät: Geschlechtsleben, Menses 145. Liebeszauber 150. Nestelknüpfen 153. Trauung 154. Unfruchtbarkeit 156. Schwangerschaft 157. Sittengeschichtliches 163. Vagitus uterinus 164. Geburt 164. Kindersegen 170. Taufe 171. Wochenbett 173. — **Pflege und Krankheiten der Haut** 177. Mitesser 179. Krätze 180. Grind 181. Exantheme 181. Friesel, Ueberbeine 183. Mäler 184. Warzen 185. **Haare** 188. **Blut,** Blutsegen 190. Aderlassen, Schröpfen 198. **Wunden, Geschwüre** 200. Krebs 207. Brandwunden 208. Brand 210. Verrenkungen 213. Panaritium 215. Extremitäten 216. Frostbeulen 218. Hühneraugen 219. Rothlauf 219. **Kopf** 22. **Augen** 226. Ohren 230. Nase 232. **Mund** 232. Zähne 233. Hals 236. Schnupfen 240. Schlucker 241. **Lungenkrankheiten** 242. **Wassersucht** 246, Leber 247. **Gelbsucht** 248. **Unterleib:** Sodbrennen 250. Hysterie 251. Kolik 252. Hämorrhoiden 254. Diarrhoe. Ruhr, Cholera 255. Milz 256. Eingeweidebrüche 257. Blasensteine 258. Wechselfieber 259. Gicht 265. Epilepsie 270. Veitstanz 272.

Einleitung.

Die Heilkunde wurde in dem Jugendalter sämmtlicher Völker als ein Geschenk des Himmels und die ersten Aerzte wurden als Heroen und Heilige verehrt [1].

Wie die Ausübung derselben bei den heidnischen Völkern ursprünglich ausschliessend ein Geschäft und Vorzug des von der Gottheit damit betrauten Priesterstandes [2] war und von den Trägern dieser Würde auf den heiligen Stätten der Tempel heilkräftige Segenssprüche erfolgten, so vererbte sich diese Aufgabe auch auf den Clerus der christlichen Kirche. Wie überhaupt im Schoosse der Kirche alle Wissenschaften neu erblühten, so gehörte auch in Deutschland die Heilkunde zu den vielen und grossen Verdiensten, welche sich zu ihrer Zeit Zeit die um das geistige und leibliche Wohl seiner Bewohner eifrigst besorgten Mönchsorden erworben haben. Die Morgenstrahlen, welche von den Klosterzinnen herab auf die öden Gauen und Haine fielen, erleuchteten deren dunkles Gebiet gleich einem wohlthätigen Gestirne: „Astrum, quo segetes gauderent frugibus, et quo Duceret apricis in collibus uva colorem." Virgil. Ecl. IX. 48. Während des Mittelalters waren Weltgeistliche und Ordens-Glieder männlichen und weiblichen Geschlechts im Besitze von Arzneien und der Gabe ihrer Anwendung. In den Klostergärten züchtete und erprobte man

---

[1] Ecclesiastic. XXXIII. 1. — Cels. medic. I. 1. — Plin. hist. natur. XXV. 1. XXIX. 1. 2. — Im Antidotar. Nicol. Myrepsi, ex vers. L. Fuchsii Basil. 1549. fol. 38 werden Arzneicompositionen verschiedener Apostel und Heiligen aufgeführt.

[2] So unterrichtete der Oberpriester der alten Franken, Vechtanus, nach Druidensitte, fähige Jünglinge in der Arzneikunst. Trithem. compend. annal. s. breviar. chron. de orig. Francor. in ejusd. op. Frefti 1601, f. I. 19. Auch einzelne Frauen, in denen man im Allgemeinen etwas Heiliges, Vorahnendes sah und deren Rath und Ausspruch man folgte, lernten und übten die nationale Heilkunde.

heilkräftige Pflanzen und benannte sie, sowie die aus denselben bereiteten Arzneimittel, dankbar für gelungene Curen, nach jenen Heiligen, welche als Schutzpatrone in gewissen Krankheitsformen verehrt wurden [1]. Ein Theil dieser gewonnenen Erfahrungen ging von den Priesterärzten frühzeitig über auf einzelne begabte Männer aus dem Laienstande, auf die „weisen Männer und Frauen", welche sich aber später zum Theil durch geheimnissvolle, abergläubische Gebräuche und durch den Missbrauch wirklicher Heilmittel als Gifte ($\varphi\acute{\alpha}\varrho\mu\alpha\varkappa o\nu$) den Ruf von Zauberern und Hexen zuzogen.

Auf diese Weise entwickelte sich aus der ursprünglich mehr kirchlichen und geistlichen Praxis der Medizin allmälig und neben derselben eine eigenthümliche Art von Volkstherapeutik, welche theils in heidnischem Boden wurzelnd, theils durch christliche Bräuche und vom Auslande eingewanderte Erfahrungen bereichert [2], die Grundlage bildet unserer heutigen populären Heilkunde, und zäh und fest dem Volke anklebt mit hundert andern aus der Vorzeit ererbten Bräuchen und Vorurtheilen. (Cfr. Horsch, mediz. Topographie v. Würzb. 379.)

Im 12. und 13. Jahrhundert wurde vom päpstlichen Stuhle dem Clerus die Ausübung eines wesentlichen Theiles der Medizin,

---

[1] Solche Namen, zum Theile gesammelt in Joh. Bauhini de plantis a Divis et sanctis nomen trahentibus, und in Haupt's Zeitschrift I. 143. verdienen Erwähnung; so z. B. St. Antoniuskraut, auch St. Barbarakraut, Benedictenwurz, Heil aller Welt genannt (Geum urbanum); — Christwurz (Helleborus niger); — Christanswurz (Lathyrus tuberosus); — St. Christoffelskraut (Actaea spicata); — St. Clarakraut, auch St. Jörgenkraut, Speerkraut (Valeriana offic.); — St. Colmariskraut, Gauchheil (Anagallis arvensis); — Dreifaltigkeitsblümchen (Viola tricolor); S. Jörgenwurz (Orobanche aphyllon); — S. Jacobsblume (Senecioarten); —. S. Johanniskraut, Johannisgürtel, Sonnenwendgürtel, Beifuss (Hypericum perfor.); — S. Johannisblume (Buphthalmum species.); — Katharinenblume (Nigella sativa); — Laurentiuskraut (Sanicula-Arten oder Cynanchum vincetox.); — Mariendistel; — Mariengras (Hydrochloa odor.); — Magdalenenkraut (Levisticum); — Maria-Magdalenenkraut (Valeriana celtica); — S. Ottilienkraut (Delphinium); — S. Peterskraut (Parietaria); — S. Peterskorn (Triticum speltha); — S. Petersschlüssel, Himmelsschlüssel (Primula elat. et off.); — S. Roberts-, S. Ruprechtskraut (Geran. robert.); — S. Zachariasblume (Centaur. cyan.) — Eines der ältesten Denkmäler dieser Mönchsmedicin ist das „Pulvis contra omnes febres et contra omnia venena et contra omnes angustias cordis et corporis" aus dem 9. Jahrh. in einer HS. des Domstifts Würzburg. Eckhardt, Comment. II. 988. —

[2] Das älteste deutsche Originalwerk der Mönchsmedicin vereinigt mit den Erfahrungen der Volkstherapie sind die Libri subtilitatum diversarum natur. creatur. der hl. Aebtissin Hildegard zu Bingen, † 1179, ed. Migne, Paris 1855. 4.

der Chirurgie[1]), als mit der Würde seines Standes und den kirchlichen Functionen nicht wohl vereinbar, bei Strafe des Kirchenbannes gänzlich untersagt, und dieses wiederholt erlassene Verbot im Fürstenthume Würzburg zuerst auf wundärztliche Praxis angewendet, und vom Bischofe Mangold 1298 publicirt: Nullus clericus, diaconus, subdiaconus aut sacerdos artem chirurgicam exerceat, aut ubi exerceatur, intersit; dann im Allgemeinen vom Bischofe Gottfried auf der Synode 1446[2]) und zu Bamberg 1491 erneuert (Acta synodi Bamberg. tit. LXI. in Ludewig, Scriptor. Bamberg. I. 1260.): „Majoris excommunicationis sententia proferatur contra religiosos, leges aut medicinam in scholis audientes, et contra doctores et magistros, qui religiosos, habitu suo dimisso, leges et physicam audientes, scienter docere aut in scholis suis retinere praesumserint."

Trotzdem begegnen wir noch öfters Geistlichen, welche der Arzneikunde, bei ihrer geringen Durchbildung[3]) auch von Frauen in Klöstern und Adelssitzen erlernt, oblagen; so wird erwähnt: Der Mönch Marquard im Kloster Waldsassen (Oberpf.) war viel' erfahren in der Medizin (um 1340); dann Joh. Westerhold, Bischof v. Freising, als grosser Arzt und Astrolog † 1349; — Conrad v. Braunau, Mag. Medic., Domcapitular in Regensburg, 1379, 7. Febr. „Festum stultorum — ad tantam, proh dolor, devenit noxam, quod in eo venerabilis confrater noster, Conradus de Prounou, magister in medicinis, fuisset crudeliter interemptus." Ried. cod. dipl. Ratisbon. II. 921. (statut. capit. cathedral. Ratisbon.). Ferner „Maister Rudolf Artzat Leutpriester (plebanus)" in Augsburg 1420. Reg. rer. boicar. XII. 340. Ferner 1438 in München Rudolphus de Haeringen, professor sacrae scripturae ac medicinae et artium doctor, decanus ad s. Petrum Monachii, Oberb. Arch. V. 127, welcher noch 1465 als Dr. Rud. Volkart von Haeringen, Arzt und Dechant bei St. Peter genannt wird. Oberb. Arch. XVI. 209. Reg. r. boic. XIII. 231. Meister Peter v. Werckt, doctor in medicinis vnd Corher zu Onelsbach 1439; — ferner der Pfarrer zu St. Lorenz in Nürnberg, Conrad Künzelhofer 1493, war „Lerer aller Facultät", Dr. ss. theolog. utr. juris et medicinae; weiterhin Dr. Georg Mayr, Lehrer der Arzuei, Domcapitular und Pfarrer zu St. Paulus in Passau 1464—1480. Mon. boic. XXXI. 490. 492. 569, Sebald Volkamer, medic. dr., starb im Franziscanerkloster daselbst 1468, Heinrich Gartler, genannt Zolner, medic. dr., lebte im dortigen Aegidien-

---

[1]) Statuta concilor. 1131, 1180, Häser, Gesch. d. Medizin II. Aufl. I. 272.

[2]) Himmelstein, Synodic. Wirceburg. 143.

[3]) Cfr. Oetter, der Arzt in Deutschland in der älteren und mittleren Zeit, historisch dargestellt (Recens. Erlang. gel. Anzeig. 1777/206); und Oetter bestätigte Wahrheit, dass die Geistlichen in Deutschland seien ehedin die Lehrer der Arzneikunst und auch zugleich die Aerzte gewesen. Nürnberg 1790. 8. — Noch im 17. Jahrh., wo bei den Wissenschaften die Dialektik am schwersten ins Gewicht fiel, war der Generalprocurator des Klosters Andechs, Urich Standigl, Dr. s. Theolog., Philosoph., utr. jur. et medicin.

stifte und † 1469. Auch Fürstbischöfe von Bamberg waren mit physical. medizinischen Studien beschäftigt, so Anton von Rotenhan, † 1459: „Zur Erleichterung der beständigen Sorgen und erlittenen fast unerträglichen Unglück seiner 28jährigen Regierung war zu seiner meisten Ergötzlichkeit die Botanica, durch welcher vollständigen Erkenntniss und Distilirkunst er zu der menschlichen Gesundheit die herrlichsten Medizinen zu extrahiren und zuzubereiten gewusst." Eyringii comment. de reb. Franc. or. &c. Jen. 1739. 4. p. 67. und Ludewig script. Bamb. I. 238: „fuit bonus et sincerus pater, sed Alchimista, quoniam plurimum delectatus Alchimia." — Ferner Johann von Aschhausen, cfr. Hornung, cista medic. Auch der geheimnissvolle gelehrte Trithemius, Abt des Schottenklosters in Würzburg, bereitete und spendete Arzneimittel, wie aus einem Werke über Entstehung und Behandlung der Epilepsie hervorgeht, cfr. J. Balde, satyrae medic. III. 773. pulvis Trithemii. Nach Neubig's Angabe II. 20. war Trithem. des Paracelsus Lehrer. — Die Pflege der Künste und Wisssenschaften war eine Hauptaufgabe der bayer. Abteien, besonders der Benedictiner in Tegernsee. Ueber das Gedeihen der Medizin in jenem Kloster geben uns die Chronisten keine genügende Auskunft, nur die Nekrologien führen die Namen von Aerzten und Wundärzten an und zwar mit rühmenden Prädicaten. Der Schulvorstand Werinher (Scholasticus) erwarb sich durch Anlegung eines botan. Gartens um die Medizin Verdienste, † 1197. Der Libellus medicinalis vom J. 1497 nennt einen Johann Aichenfeld „Palpier unt Arzt", ferner Bruder Michael einen „grossen Chirurgus", und als einen solchen auch den Bruder Chrysogonus. Der Bibliothekskatalog von 1500 führt 281 mediz. Werke an. — Die früheren alchemistischen Arbeiten einzelner Conventuale im Karthäuser Kloster zu Nürnberg beurkundet die von Theophrast. Paracelsus bei seinem dortigen Aufenthalte 1530 und 1570 im Drucke herausgegebene „Expositio vera imaginum in coenobio Carthusianorum Norimbergae repertarum, ex fundatissimo verae magiae vaticinio deducta¹). —

Gegen die Ausübung der medicinischen Praxis durch den Clerus sprachen sich auch Geistliche aus. So missbilligt der 1438 im Ruf der Heiligkeit verstorbene Dominicanerprior P. Johann Nider zu Nürnberg in seinem Ameisenspiegel I. 8. diesen Uebergriff der Geistlichen, „qui in nulla universitate in medicinis graduati, nec aliunde apprime vel profunde in eadem arte eruditi, inexperti applicant fortassis id, quod pro tunc est venenum, in humano genere esse posse distinctas *duo millia centum et viginti quatuor* infirmitates, — in qua varietate graduum id, quod unam infirmitatem fugat, aliam illico adducit et juvat, et quod unum morbum curat, alium intoxicat."

---

¹) Eine schöne Feldblume, Dianthus Carthusianorum, verewigt die botanischen Studien dieses Ordens. — Auch der Franziskanerorden scheint sich mit Alchemie beschäftigt zu haben, denn in den sog. Alexandrinischen Constitutionen des Minoritenordens, gedruckt zu Rom 1501 und wiederholt 1628, wird XXXI. vor dem Studium dieser Kunst gewarnt: ut sunt artes, quae spectant ad vanum mulierum ornatum: ut sunt armillae, odoramenta, unguenta &c.

Mehr ihrer Aufgabe bewusst, widmeten einzelne Orden ihre fromme Thätigkeit bis zum Eintritte der Reformation der Krankenpflege¹), wie die Beginen²) (1461 Seelnonnen, Geisterinnen genannt) und die Antoniter³). — Ausser eifrigen Krankenbesuchen erwarben sie sich wesentliche Verdienste durch Förderung mildthätiger Stiftungen (cfr. Erdtmann, Norimberga in flore avitae rom. cathol. religionis, 1629, p. 74), sowie durch die alljährlich zweimal vorgenommene Aussatzschau, an welcher sich späterhin gelehrte Aerzte betheiligten. —

In Folge der erwähnten Verbote und der allmälig gewonnenen Ueberzeugung, dass die Arzneikunst nicht Sache des Clerus sei, wanderten die Doctrinen der Medizin unter Vorwalten der religiösen Anschauung gleich allen übrigen von ihren bisherigen Horten, den Klosterzellen, wenn auch langsam in die Hörsäle der neugegründeten Universitäten, auf welchen fortan eine besondere medizinische Studienfacultät zur Ausbildung künftiger Aerzte errichtet wurde⁴). Die Lehre und Ausübung der

---

¹) Acta synod. Bamb. l. c. „Infirmi, tempestivi et jejuni sacramenta percipiant" &c.

²) Ueber das Wirken der Beginen im Bisthume Würzburg vergl. Scharold's Beitr. 373 ff. und Arch. des histor. Vereins das. V. 2. 135, IX. 1. 81. — Beginnae in Nurenberg 1271, Urk. reg. rer. boic. III. 371. — Mendelisches Seelhaus daselbst für 12 hausarme Männer 1402, Reg rer. boic. XI. 265. — Die Seelnonnen in Nürnberg lagen seit 1270 unter Beaufsichtigung der Abtei zu St. Aegid der Krankenwart ob. (Cfr. Waldau, neue Beiträge I. 223. — In ihre Fussstapfen traten später die barmherzigen Schwestern. Häser, Gesch. der christl. Krankenpflege. 70.

³) Eine Geschichte dieses segensreichen Ordens fehlt noch. Er befand sich im Besitze eines souveränen Geheimmittels gegen das im 14—16. Jahrh. hin und wieder epidemische h. Antoniusfeuer, ob singularia corporum remedia, quae ibidem pauperes languidi, infirmi, ac gehennali igne cruciati, meritis S. Antonii quotidie assequuntur. Urk. 1507. Mit dem Erlöschen dieser Krankheit gegen Ende des 16. Jahrh. kam auch der Orden in Abnahme. Der Antoniterconvent in Würzburg erlosch 1546. Anzeiger des german. Museums 1855. 2. Gropp's Samml. II. 156. cfr. Fuchs, Monogr. 1836. — Mecklenb. Jahrbücher f. Gesch. 1840. XV, wo deren Verdienste gewürdigt.

⁴) In den Constitutionsurkunden der ältesten deutschen Universitäten, z. B. der ersten Würzburger 1402, wird einer medizinischen Facultät ausdrücklich noch nicht gedacht. Das medizinische Studium zählte damals zur Facultas artium. — Welche Rücksicht der Medizin geschenkt wurde, erhellt aus der Besetzung der Lehrerstellen an der 1472 ins Leben getretenen Universität Ingolstadt, indem „auf das mynst ain Doctor in der hailigen Schrift, zwen in geistlichen, ainer in kayserlichen Rechten, und ainer in der Ertznei, auch albeg auf das mynst sechs Mayster in den freien Künsten lesen sollen." — Das Wort Arzt entleiten Einige von Artista, während nach Grimm das althochdeutsche Arczat in Archiater seine Wurzel findet. In Urkunden von 1359, 1370, 1391 findet sich der Amtsname Puecharzat; 1428 Lerer der Buchereczeny (i. e. doctor in libro). Sonst findet sich das Wort in der Verbindung „Mühlarzt". — Auch die Alchemisten nannten sich Artistae.

niederen wundärztlichen Praxis aber wurde von den bürgerlichen Zünften der Bader und Barbierer übernommen.

Als Medizinalpersonen, welche während des Mittelalters theils auf Hochschulen wissenschaftlich ausgebildet, theils zunftmässig unterrichtet, die Arzneikunst ausübten, erscheinen in Urkunden nachstehende Classen:

I. **Physici**, magistri in physica, in medicinis, später als graduirte Doctores medicinae, Lehrer in der Arznei, auftretend, welche meistens auf italienischen oder französischen Universitäten studirt und promovirt hatten.

Urkundlich finden sich in Bayern folgende Physici aus der frühesten Zeit aufgezeichnet:

Rupertus medicus, Poering 1234. Reg. rer. boic. II. 230.

„Magister Hermannus physicus" in einer Bamberger Urkunde 1248. Cfr. Stumpf, histor. Arch. v. Franken II. 52.

„Magister Heinricus, Physicus, postea plebanus in Ruspach." 1226. Meichelbeck, Gesch. v. Freis. II. 113. 115.

Magister Cuonradus de Pfeffelingen, Phisycus Augsb. 1264. Reg. rer. boic. II. 231.

Hartkirchen 1266. Dicza relicta quondam mag. Wilhelmi medici. Reg. rer. boic. III. 276.

Otto medicus Norimberg. im Bürgerverzeichnisse von 1286. Siebenkees, kl. Chron. v. Nürnberg. 1790. S. 11.

Ebendaselbst Joseph Medicus Judaeorum[1]).

Magister Albertus, physic. Norimb. 22 Mai 1286. Reg. rer. boic. IV. 780.

Im Rechnungsbuche der Abtei Aldersbach (Quell. u. Erörterungen der bayer. Gesch. I. 444) heisst es um 1290: „Domino nostro abbati eunti Erbipolim ad physicos VI. talenta".

---

[1]) Jüdische Aerzte kommen urkundlich öfters vor. Anfänglich boten sie wohl den Angehörigen ihrer Confession, später auch den Christen ärztliche Hilfe. In Passau erliess der Bischof Georg 1497 eine Verordnung, das weder Volksärzte, Weiber noch Juden Arzneikunst ausüben sollten. Reg. rer. boic. XI. 400. — Die Statut. synod. Frising. 1440 bestimmen: Nemo praesumat medicinam a Judaeis capere. Meichelbeck, Hist. Freising. II. 265. — Auf der Bamberger Synode 1491 wurde den jüdischen Aerzten förmlich untersagt, christliche Kranke zu behandeln: „Judaei nec Christianos infirmos visitent, vel circa ipsos quovis modo opera medicinae exerceant". — Weniger engherzig zeigte man sich in Frankfurt: Stricker, die Judenärzte in Deutschland, besonders in Frankf. a. M. berichtet: „Wiederum kommt 1511 als medicus ordinarius vor: Moses von Aschaffenburg. Eine Rathsversammlung von 1528 gebot, ihm zu jeder Stunde der Nacht die Thore zu öffnen, weil die benachbarten Grafen, sonderlich die zu Hanau, seines Rathes oft schnell bedurften." — Nach einem Rathsprotokoll der Stadt Hall (Württemberg) von 1657 erhält „Herr Hirsch, Judaeus promotus Doctor Medicinae, von E. Rath die Erlaubniss, wegen seiner vortrefflichen Experienz und Kunst im ganzen Land zollfrei zu passiren. Wider dieses privilegium setzten sich alle Geistlichen mit der grössten Vehemenz, sagende, es wäre besser, mit Christo gestorben, als per Judendoctor mit dem Teufel gesund werden." — Cfr. Müller & Falke, Zeitschrift f. Culturgesch. 1858. 220.

In einer hebräischen Pergamenthandschrift der Nürnberger Stadtbibliothek von 1291 wird Moses medieus jud. genannt. Cfr. Murr. Memorabil. I. 17.

In der Hofhaltungsordnung der bayer. Herzoge zu Regensburg wird 1294 erwähnt „ein Arzt mit drei Pferden". Reg. rer. boic. IV. 570.

Mag. Heinrich der Arzt, Straubing 1296.

Gyselbertus phisicus wireeburg. 1297. Reg. rer. boic. IV. 637.

Mag. Albrecht der Arzt, Chorherr zu Freising 1306. Reg. rer. boic. V. 93. — wohl derselbe, dessen Nessel, supplem. chronolog. monast. german. C. Bruschii Vindobon. 1692 4°. p. 59 gedenkt: (Monast. Osterhofen.) „in ecclesia monasterii sepultus est Mag. Albertus, physicus Wernhardini episcopi Pataviensis † 1309."

Meister Eberhard, Herzog Rudolphs Arzt in München. Urk. 4. April 1311. Reg. rer. boic. V. 195.

In München sind von der Stadt zwei Aerzte besoldet mit je 4 Pf. Jahresgehalt (= 280 fl.): H. Toemmlinger und Meister Berchtold im J. 1325. Oberb. Arch. XI. 254.

Magister Aperwinus medicus in Wittislingen, 1326, 26. Febr. Reg. rer. boic. VI. 190.

Meister Chunrad der Arzet, Bürger zu Eichstädt 1333. Reg. rer. boic. VII. 53.

Conrad von Megenberg, 1340. Panzer I. 122.

Marquardus Waldsassens. medic. 1340—1350. Ueber den Polyhistor und Arzt Marquard in Waldsassen bemerkt Oefele script. boic. I. 70: „Marquardus vir eximius divinarum litterarum eruditissmus, medicinae clarus curia Waldsassens. in Heidingsfeld profectus."

Im Jahre 1337 liess der Rath in München den Meister Ulrich von Bus, dessen Name dahin gedrungen, bestimmen, aus Friedberg in der Wetterau nach M. überzusiedeln; er bewährte seinen Ruf so, dass ihn auch Herzog Johann von Bayern 1342 zu sich rufen liess, „dass er ihn arzneie". Oberb. Arch. XI. 254.

Jacob der Jud, des Herzogs Stephan von Bayern Arzt. 1368. Reg. rer. boic. XI. 198.

Meister Meynges oder Meyngotto, 1360 Arzt zu Nürnberg, „unser lieber Getreuer und Hofgesinde", genannt in einer Urkunde Kaisers Karl des IV. (Cfr. Möhsen, Gesch. d. Wissensch. &c. 1781. 315.)

Josephus, Medicus Judaeorum 1370 in Nürnberg.

Hermann Luerer, Norimbergensis, angeblich Rector der Universität Wien. (Nach Matthaei, Conspect. histor. chron., Goettingen 1761, p. 74 ist dieser identisch mit Hermann Lurz, welcher 1390 Rector der Universität Wien, 1396 Rector in Erfurt war und daselbst Doctor der Theologie hiess.) — Ortolf Megtenberger (auch Meydenberger), artzt in Wirtspurg nach 1400 (Ortolf von Beyerland).

Meister Reinmundus, Medicus 1403. Nürnberg.

Paul Rieter, Medicus s. Physicus Collegiatus, † 1410 in Nürnberg. (Nach Matthiae l. c. p. 73 eine Person mit Paul de Nürenberg, der um diese Zeit Prof. in Padua war.)

In Regensburg ist 1411 „Maister Hainrich Andre, Leerer in der Arzney", aus Ulm, Stadtarzt. Reg. rer. boic. XII. 104.

Mag. Conrad. Ringer, in medicinis doctor et canonicus eccl. s. Stephani Bambergae 11. April 1418, testis in diplom. Reg. rer. boic. XII. 283.

Meister Chunrad von München, Arzt in Regensburg, v. 1422—26. Derselbe wird 1427—31 als Wundarzt bestallt. Reg. rer. boic. XII. 407. XIII. 24. &c.

Hans Schleht, Meister in den sieben Künsten, Lehrer in der Arznei, aus Ulm, wird als Stadtarzt in Regensburg 1422 bestallt. Ibid. XII. 384. XIII. 357.

Johann von Reutlingen, 1424, Stadtphysicus in Nürnberg, Stifter des Predigtamtes in Wöhrd. Reg. rer. boic. XIII. 39.

Meister Hermann Reinspercher, Reysperger, Arzt und Magister Johann de Rickinger in Nürnberg.

Rudolph Volkhardt von Häringen, Meister in den sieben Künsten, Lehrer in der Arznei, wird in Regensburg 1424 als Stadtarzt aufgenommen; derselbe erscheint 1426 dort als Dechant zu St. Johann, 1429 als Generalvicar und 1465 als Dechant zu St. Peter in München. Ibid. 41. — Hans von Costnicz, ein getaufter Jud, der sich nennet einen Arzt, wird daselbst ausgewiesen.

Meister Vlrich Mückel wird als Arzt dort aufgenommen 1426. Ibid. 71.

Johann Lochner, canon et medic. dr. ac baccalaur. in theol., plebanus in Hassfurt a. M. 1430.

Ruland von Telghen, Licientiat in medicina, wird 1433 als Stadtarzt in Regensburg bestallt. Reg. rer. boic. XIII. 276. 62.

Meister Vlrich Teitinger, Stadtarzt daselbst 1435.

Conrad Vendel, Arzt in Nürnberg 1441. Reg. rer. boic. XIII. 356.

In München starb 1466 ein beschäftigter Arzt, Peter Lamparter. Oberb. Arch. XII. 245.

Dr. Conrad Kunhofer, Pfarrer zu St. Lorenz 1452 in Nürnberg.

Wieder erscheint 1457 ein Meister Johann Lochner, Dr. in Nürnberg, zugleich Leibarzt des Churfürsten Friedrich I. v. Brandenburg. Möhsen l. c. 564.

Arzt Heinrich Beitler 1640 und Sebald Volkamer; letzterer starb 1468 als Noviz im Franziskanerkloster zu Nürnberg. Oett. l. c. 81.

Als Leibarzt des Herzogs Sigmund von Bayern erscheint 1465 Doctor Johann Hartlieb. Oberb. Archiv. VI. 53.

Dr. medic. Sebald Müllner in Nürnberg 1465, Besitzer des Reichslehens Schwarzenbruck bei Nürnberg von 1475—86; er war Mitglied des grösseren Rathes und führte den Titel Rector medicorum. Er starb 1495.

Mit dem Vorigen wird 1465 gleichzeitig genannt Hieron. Schedel, Dr., † 1514.

Eine Würzb. Urkunde von 1466 nennt einen Johann's Conradi, Arzt in Medicinis.

Hermann Schedel, Dr., geb. 1410, gest. 1485, war lange Leibarzt des Churfürsten Friedrich II. von Brandenburg. Möhsen l. c. 356.

Sebald Wagner, Dr., 1475—1510. Nürnberg.

Hartmann Schedel, Dr., geb. 1440, gest. 1514. Zuerst Arzt in Nördlingen und Amberg, 1484 in Nürnberg.

Heinrich Geradwohl 1485 daselbst. Dr. med. Cyriacus Weber von Landsberg, Physicus 1486 in Memmingen. Oberb. Arch. XIV. 55.

Theodor oder Theodoricus Ulsenius oder Ulstenius 1486 in Nürnberg. — Auch in Straubing wird 1486 „ein Stadtdoctor" bestellt.

Jobst Ruckhammer 1488, und

Hieron. Monetarius (Münzer), † 1508.

Udalric. Binder (Pindar, Pyndarus), Archiater Nürenbergensis 1493—1513 oder 1519.

Joh. Magenbuch oder Magenhach 1403—1514.

Heinrich Rosenzweyd, Dr., 1494, † 1511. Nürnb.

Eine Würzb. Urkunde von 1495 nennt Dr. Mochinger, Libarzt. Senkenberg, Sammlung ungedruckter Schriften. I. 121.

Sebastian Müller 1495—1509. — Theodor Mulinus 1495—1531.

Johann (Bubl) von Beirreut, Dr. med. zu Landshut 1496.
Heinrich Klingensporn und Jodoc. Buchheimer 1496 in Nürnberg.
Eine Würzb. Urkunde von 1502 nennt Jacob Schoenheintz artium liberalium et utriusque medicinae doctor.
Johann Engel, geb. zu Aichach (Oberb.), Dr. med., Astronom, Mathematiker, † zu Wien 29. Sept. 1512.
Georg Tannstätter, geb. zu Rain (Oberb.), 1482, † 1525, Leibarzt Kaisers Max I., Lehrer der Arznei- und Sternkunde zu Wien.

Die Physici führten gewöhnlich ein wauderudes Lebeu, wie die übrigen Gelehrten jener Zeit, und verdingten sich auf gewisse Dauer als Stadt- oder Leibärzte. (Cfr. Häser, Gesch. d. Medizin. II. Aufl. I. 392.) — Der Name dieser Klasse hat sich, freilich mit anderer Bedeutung, in unserem Medizinialwesen bis auf die neueste Zeit erhalten.

II. Chirurgi, anderwärts auch in Chirurgi physici und vulgares abgetheilt, später als Magistri in chirurgia geprüft, waren gleichfalls fahrende Meister oder Lehrer in der Wundarznei, verrichteten Augen-[1]), Bruch- und Steinoperationen, entarteten aber meist in der Folge zu Landstreichern und hausirenden Quacksalbern und wurden oft von der Obrigkeit als gefährliche Betrüger verfolgt.

Der erste urkundlich beglaubigte Wundarzt zu Würzburg ist Magister Sifridus Cyruricus, dictus Pfaffenarzet, Bürger daselbst 1312 bis 1321. — Ferner wird 1333 genannt: Meister Heinrich der Wunden Arzet, Bürger zu Regensburg. Reg. rer. boic. VII. 34.[2])

Meister Simon von Costnitz wird daselbst 1433 als Barbierer und Wundarzt bestallt. Ibid. XIII. 269. Meister Hans, Wundarzt in Bayreuth, stiftet 1339 ein Pilgrimhaus. In Regensburg wirkt 1465 Meister Joerg als Wundarzt. In Augsburg ward um 1525 ein „Schneidhaus" für chirurg. Operationen errichtet. — Im Ober- und Unterlande Oberbayerns wurden im Anfange des 17. Jahrhunderts drei Schnittärzte aufgestellt.

III. Balneatores, Bader und Selbader, bildeten in Bayern, wie anderwärts eine Zunft, Collegium, Societas balneatorum, hielten Gesellen und Lehrlinge, und hingen als Zeichen ihres Handwerkes ein weisses Badetuch vor der Thüre ihrer Wohnung auf, ursprünglich aber keine Barbierbecken, wie die Barbierer.

---

[1]) Im Jahre 1351 starb in München eine „Augenärztin". Mon. boic. 55. 94. — 1410 wird Meister Lienhard als Augenarzt genannt. Reg. rer. boic. XII. 72. — 1430 erscheint „Meister Peter", welcher im Wörth ein Haus besass, urkundlich als Augenarzt in Bamberg. Urk.

[2]) Bereits der Minnesänger Walter von der Vogelweide soll (nach Walther, Verhältniss der Medizin zur Chirurgie 20) die Operation einer Hasenscharte bestanden haben. — Weniger Ruhm erwarben sich die Chirurgen an Herzog Leopold von Oesterreich. Derselbe war auf einem Turniere in Grätz vom Pferde gestürzt, hatte den Fuss zerschmettert und sich denselben abhauen lassen. Er starb in Folge dessen am 31. Dec. 1194 unter fürchterlichen Qualen. Oberb. Arch. III. 157.

Sie badeten und rasirten die Badegäste in ihren Badestuben, liessen daselbst zur Ader, schröpften und curirten, durften dagegen ihre Praxis nicht ausserhalb der Badestube üben [1]). Die Behandlung von Verrenkungen und Brüchen blieb ihnen jedoch wie den Scharfrichtern anheimgegeben.

Sie wurden bald, wie die Barbierer, unehrlich und anrüchig und blieben es, trotzdem Kaiser Wenzeslaus 1406 (cfr. Struv. corp. script. I. 628. Goldast, Reichssatzung II. 84) zum Danke für seine Befreiung durch eine Bademagd einen Frei- und Ehrenbrief nebst Zunftwappen (im goldenen Felde eine blaue Binde mit Knoten und darin ein grüner Papagei [2]) auf kurze Dauer verliehen hatte, da er nach ihres Gönners Absetzung nicht als rechtkräftig anerkannt wurde. In Würzburg genossen die Bader vor den Barbieren eines besonderen Vorrechtes bei kirchlichen Prozessionen, indem sie gleich nach dem Geistlichen gehen durften, während die Barbierzunft nach der Prozessionsordnung 1477 in der Reihenfolge der Zünfte die zehnte war. Die erste Baderordnung erschien daselbst 1515. — Nach ihrer Vereinigung mit den Barbieren führten sie mit letzteren ein gemeinsames Zunftsigill mit den hl. Cosmas und Damian, den Schutzpatronen der Arzneikunst. Im J. 1472 stiftete die Fraternitas balneatorum einen ewigen Jahrtag in der Dominicanerkirche daselbst [3]).

IV. Tonsores, barbitonsores [4]), rasores, Barbierer erscheinen seit der Mitte des 11. Jahrhunderts, als man begann, die Bärte künstlicher zu pflegen; sie durften innerhalb und ausserhalb ihrer Barbierstuben rasiren, schröpfen, Blut lassen, äussere Schäden, Verrenkungen, Beinbrüche und frische Wunden (deren Behandlung den Badern untersagt war) curiren; sie befassten sich dagegen nicht mit bedeutenden chirurgischen Operationen, welche nur von den Chirurgen verrichtet wurden. Vor ihrer Wohnung hingen anfangs eine, später jedoch, nachdem im 16. Jahrh. das Handwerk der Bader mit jenem der Barbierer zu einer Zunft verschmolzen, mehrere Barbiererschüsseln, weil die Bader begonnen hatten, ebenfalls um diese Zeit 1—2 Becken auszuhängen. Barbierer verdingten sich auch in Hospitäler als Pest- und Franzosenärzte, öffneten Pestbeulen u. s. w. Von der vereinigten Zunft der Bader und Barbierer wurden die oben erwähnten Chirurgen allmälig verdrängt und deren gesammte wundärztliche Thätigkeit übernommen [5]).

V. Militärärzte erscheinen unter dem Namen der Feldscheerer zuerst in der von Georg von Freundsberg unter Kaiser

---

[1]) Cfr. Comment. de reb. in scient. natur. et med. gest. dec. III. 28. 249. III. suppl. 522.
[2]) Ihre Geschwätzigkeit wurde sprichwörtlich — Salbaderei.
[3]) Ueber die Aufhebung der Baderzünfte auf dem Lande 1784 vergl. Horsch, Medizin. Topographie von Würzb. 373. Nach dem Fränk. Mercur vom Jahre 1794 geschah dies am 16. Sept. 1787.
[4]) Eine Urkunde 1466 nennt einen barbitonsor Springhans.
[5]) Cfr. Horsch, medizin. Topographie 369.

Maximilian I. durchgeführten deutschen Militärorganisation, nach welcher jedes Fähnlein von 400 Mann einen Feldscheerer erhielt, welcher monatlich 4 Gulden Gehalt empfing, dafür aber einen Gehilfen halten musste. Ein oberster Feldarzt mit 40 fl. Monatssold war sämmtlichen Feldscheerern vorgesetzt.

VI. Apotheker.
Ursprünglich in den Klöstern betrieben (Heumann, opusc. 401. 446) gelangte die Pharmacie allmälig in die Hände der Apothecarii, welche in den Apothecis, Kramläden, Arztläden, Gewürze, Spezereien, Droguen (Medicamenta simplicia et composita) verkauften und eine von den übrigen Krämern (Institores) gesonderte Gilde von Kaufleuten bildeten.

Der erste Apotheker in Würzburg begegnet uns 1254: Thomasius apothecarius, — ferner 1311 Simon Apothecarius civis Ratisbonensis, Reg. rer. boic. V. 196. 1318 Johann der Apotheker in Augsburg, ibid. V. 894. 1320 Albertus, apothecarius, civis Herbipolensis. 1325 Meister Marquard Drechsel, Apotheker in München, Oberb. Arch. XI. 254. Die älteste medizinalpolizeiliche Verordnung Nürnbergs von 1350 gebietet, „daz alle ertztet, sovie sie genant sint, die hie ertztney pflegen wollen, suln selbe daheim recept machen, wan sie alle recept von den opotecken nemen suln." Cfr. Pergam.-Mscr. des Germ. Mus. 6028. — 1384 Apotheker Nyclo in Passau, Reg. rer. boic. X. 135. 1387 Gotfridus Appotecarius Herbipol. 1403 erscheint urkundlich der erste Apotheker Nürnbergs, cfr. Murr, Kunstjournal XV. 101., Waldau, Beitr. IV. 30. 480. 1422 wird Hans Mynnaer als „Appateker" in Regensburg bestallt, Reg rer. boic. XII. 388.

Schon im Jahre 1412 gab der Magistrat zu Schweinfurt zur Gründung einer Apotheke 5000 fl. frk. her und übernahm dagegen den Alleinhandel. So konnte die Pharmacie, welche hauptsächlich im 15. Jahrh. durch Arabisten aus Italien nach Deutschland verpflanzt wurde, durch dergleichen Begünstigungen erst Wurzel fassen. Bereits um's Jahr 1474 finden wir in Kitzingen eine wohleingerichtete Apotheke, wie aus einem Gesuche des damaligen Apothekers Peter Schmitt an den Magistrat um Verleihung von 60 fl. aus der geistlichen Pfründenpflege zur Anschaffung neuer Medicamente auf der nächsten Frankfurter Messe, wo die meisten Bedürfnisse, wie Droguen, Specereien, Tücher, Leder-, Eisen- und Kupferwaaren und andere Dinge eingekauft wurden. Diese Apotheke enthielt: „alle wurtzel, kreuther, plummen, Samen, Sefft, oel, sirup, in Summa, was zu den Apotheken gehert, — auch alle Composita, das ist zusammen gemachte ertzney alls pille, electuaria, trocisci und anders mer was yu gemaynnen prauch". — Seit dem 14. Jahrhundert fand in den Mainstädten alljährlich durch einige Rathsmitglieder Gewürz- und Drogueuschau statt. — Dem Magistrate der Stadt Nürnberg gebührt das Verdienst, durch Autorisation des von dem berühmten Valerius Cordus verfassten Dispensatorium pharmaceuticum 1546 die Apothekerverhältnisse für alle anderen Städte Deutschlands[1]) geordnet zu haben. Während in Bamberg, Hof,

---

[1]) L. Fuchs' Vorrede zu Nicolai Myrepsi antidotar. Basil. 1549. „Urbs Norimberga, totius veluti Germaniae emporium, unde reliquarum, civitatum officinae sua sibi comparant remedia &c." — Valer. Cordus starb am 24. Sept. 1544. Cfr. J. R. Camerar. memor. med. cent V. 51. Die Nürnberger Apotheken erlangten besonders durch Bereitung des sog.

Kulmbach schon im Anfange des 16. Jahrh. Apotheken vorhanden sind, wurde erst 1573 eine Apotheke in Bayreuth gegründet. — Besondere Strebsamkeit unter den fränkischen Apotheken entfaltete jene in Kitzingen. Der dortige Physicus Dr. Jonas Faber gab 1666 im Drucke heraus: „Pharmacopoea hermetica, d. i. wunderrreiche Tugend unterschiedlicher Arzneien, so Melchior Meissner, Pharmaceut in Kitzingen, elaborirt und bereit hat."

VII. Hebammen[1]). Die Belehrung und Beaufsichtigung derselben war bis in die neuere Zeit Aufgabe des Klerus[2]) und diesem durch bischöfliche Gebote wiederholt an's Herz gelegt. Es lässt sich leicht begreifen, dass die Geburtshilfe wie die Medizin bis in's 14., 15. Jahrhundert auf der Stufe rohester Empyrie stand, da die Lehrer derselben ihre Kenntnisse nur fremden Beobachtungen oder selbst deduzirten Spitzfindigkeiten, welche für die Praxis ohne allen Werth blieben, verdankten. Rohe, unwissende Frauen, welche oft zu den abergläubischesten Mitteln griffen, standen in der Regel den armen Müttern zur Seite, und fanden diese in der Mahnung zur Geduld und im Vertrauen auf die Selbsthilfe der Natur oft den einzigen Trost; kein Wunder, wenn diese mit ihren Früchten zum Opfer fielen. Wenn im Allgemeinen von operativem Kunstverfahren keine Rede sein konnte, so begegnen wir doch bisweilen dem durch das Rituale romanum gesetzlich befohlenen Ausschneiden der Früchte schwangerer Verstorbenen, — einer schon von den Griechen und Römern (lex regia) geübten Maassnahme. So heisst es in der handschriftl. Geschichte der Krankheiten und Visionen

---

himmlischen Theriaks und Mithridats grossen Ruf. Die Zubereitung dieser, einst so hochgeschätzten, theueren, jetzt vergessenen Mittel, geschah mit besonderen Feierlichkeiten unter Aufsicht des Senates zuerst vom 9. Nov. 1594 — 10. Jan. 1595 nach einer handschriftlichen Aufzeichnung (im german. Museum): „Modus miscendi praeparandique Theriacam Andromachi et Mithridatium Damocratis". Zum letztenmale ward daselbst Theriak 1704 in der Leinkerischen Apotheke zur goldenen Kugel bereitet, wobei das Gedicht des Andromachus, Theriaca, graece et latine im Drucke erschien. — In der Juliusspitalapotheke zu Würzburg ward dieses Arcanum nach einem gedruckten Programme von den Kräften und Wirkungen des himmlischen Theriaks noch 1736 unter besonderen Ceremonien bereitet.

[1]) Das Wort Amma, nutrix (Mama) erinnert an Isidor. origin. XII. 7: Strix nocturna (vgl. Ovid, Fast. VI. 135) avis, habens nomen de sono vocis, vulgo dicitur Amma, ab amando parvulos, unde et lac praebere fertur nascentibus. Geschichtliches über die Hebammen s. Archiv des histor. Vereins Würzb. III. 1. 156. Scharold, Medicicinalwesen 33. 67. 77. Himmelstein, Synodic. 389. 425. Horsch, mediz. Topographie 383. — Bemerkenswerth ist der französische Name: sage-femme.

[2]) Albertus Magnus von Bollstadt, geb. 1193 zu Lauingen, † 1220 zu Köln als resign. Bischof von Regensburg, gab in s. Buche „de natura rerum" eine Unterweisung für Hebammen.

der Margareta Ebnerin, Nonne zu Medingen (in Schwaben) 1350: "Eine Fraw von Medingen, welche 3 ungesegnete Hostien gestohlen und den Juden verkaufen wollte, wurde zum Tode verurtheilt und "da sy vervrdeult ward zu dem tod, da schnaid man ain kind vor von ir, daz ward gedaufft, vnd man verprant sy." — Wie die Christen mit grossem Misstrauen jüdischen Aerzten begegneten, so wurde bereits durch den Talmud verboten, christliche Hebammen zu jüdischen Kreisenden zu rufen, weil von ihnen mehr Unheil als Hilfe zu erwarten sei [1]).

Gegenüber diesen zunftgemäss mehr oder minder gebildeten Medizinalpersonen übten seit ältester Zeit unter dem Volke, und gleichsam im Gegensatze zur schulgerechten Heilkunst, die empirische Therapeutik als eigentliche Volksärzte die oben erwähnten sog. weisen Männer und Frauen und zwar:

1. Hirten und Schäfer, schon im Alterthume als im Besitze höherer Einsicht in die Naturkräfte und übernatürlicher Begabung gerühmt.
2. Scharfrichter, Henker und Wasenmeister [2]); welche mancherlei Wundsalben für die unglücklichen Opfer der früheren unmenschlichen Criminaljustiz zu bereiten verstanden und sich besonders mit Behandlung von Verrenkungen und Beinbrüchen befassten.

---

[1]) So sagt Buxtorf, Synagoga judaica, Basil. 1661, Edit. 3. Cap. IV. p. 85: "In jure Judaeorum canonico severa lege cautum est, ne christiana obstetrix accersatur, nisi forte (quia necessitas nullam legem admittit) Judaicae copia omnino nulla sit, aut obstetricem christianam mulieres Judaeae plures circumstent; eo quod suspectas illas habeant, ne infantem excipientes, vel membrum aliquod ei luxent, et sede sua moveant, vel etiam, ne in ipso vitae limine plane ab illis interficiatur. Extat hoc expressis verbis in Talmud Codice de Idolatria Cap. 2. Fol. 26, col. 1: "tradiderunt Rabini nostri, foeminam alienegenam non posse obstetricem agere apud filiam Israelis, eo quod suspecta sint de effusione sanguinis, secundum R. Meir. Sapientes tamen dicunt, alienigenam posse eo munere defungi, quando aliae mulieres (Judaeae) adstant, sed non solam. At R. Meir dixit: ne quidem adstantibus aliis admitti possunt; quandoque enim mani impingunt fronti seu cerebro ipsius (ubi sc. mollius est) et occidunt infantem, et quidem ita, ut non conspici vel animadverti possit." Hactenus Talmud.

[2]) Carnificum curae, in Ephemerid. acad. natur. curios. Leopold. Carol. dec. I. 1. 80. II. 3. 160. — Vergl. Henke's Zeitschr. f. Staatsarzneikunde XV. 1. 4. S. 99 ff.

3. Jäger[1]), wegen ihres gewöhnlichen Aufenthaltes im Freien für eine tiefere Beobachtung des Naturlebens als befähigt erachtet.
4. Schmiede, welche sich hauptsächlich mit Viehcuren abgaben und heute noch abgeben.
5. Bejahrte Frauen[2]), welchen man einerseits die Eigenschaft prophetischen Schauens in die Zukunft und die Gabe, durch Geheimmittel drohendes Unglück abzuwenden, andererseits aber auch die schädliche Gewalt zuschrieb, durch Blick[3]), Wort und Zauber behexen zu können. — Beachtenswerth und auf ein zoomagnetisches Verhältniss hindeutend ist, dass nach der Lehre der Volksmedizin das Heilvermögen von Frauen nur auf Männer, und von diesen nur auf erstere übertragen werden kann.

Alle diese Heilkünstler, welche im Sinne der Vorschriften des Serenus Samonicus (de medic. I. 379): Quin age et in tenui certam cognosce salutem, und: At nos pauperibus praecepta dicamus amica, mit wohlfeilen, von den Aerzten wohl empfohlenen, aber längst wieder aufgebenen Arzneien und Hausmitteln im Gegensatze zu den Mixturen der Apotheken[4]) zu curiren

---

[1]) Der Satan erscheint in Hexenprozessen häufig in amabili forma venatoris. Cfr. Gustav Freytag, Bilder der deutschen Vergangenheit. I. Thl. 322 ff.

[2]) Simiae medicorum: „agyrtae, circumforanei, Cingari, idiotae et muliercularum malagmata componentium curiosa, ime absurda sagacitas. In monstris licebit numerare atheos atque Judaeos." Jac. Balde satyr. med., herausgegeben von J. Neubig 1837.

[3]) Ueber den Zauberblick derselben vergl. Grimm, deutsche Mythol. 1053. — Joa. Fernelii Ambian. opp. med. Venet. 1564. 4. p. 638 de abdit. rer. caus. II. 16: „anum solo intuitu oculorum et radio naturaliter pueros aut infantes fascinare non facile credam. Sunt, qui persuadere contendant, in anu menstruam suppressam in corpus redundare tempore venenatam reddi, spiritus inficere eosque potissimum, qui ab oculis foras exiliunt, hos aërem contaminare, pueros et tenellos infantes fascinio laedere; quae rationes parvi ponderis sunt." Vergl. in Kellner, synops. observat. ephemerid. acad. nat. cur. pag. 844 den Artikel: mulieres medicastrae. In derselben werden auch unter der Aufschrift „domestica medicamenta" pag. 440—451 alle in den Jahrbüchern der kaiserl. Leop. Carol. Akademie vorkommenden Mittel dieser Art angeführt. — Mit den Kräuter- und Pflasterweibern lagen sonst die Apotheker in Hader. So bestimmt schon die Nürnberger Apothekerordnung 1529: „Zum Sechsten vnterstehen sich die Zuckermacherin und andere alte Weiber, oder wer die sein, machen Electuaria, Latwergen, Sefft und geben einem jeden einen besonderen Namen, wissen doch nit, was der Kunst noch dazu gehört" u. s. w.

[4]) „Plinius, hist. nat. XXIV. 1: fraudes hominum et ingeniorum capturae officinas invenere istas, in quibus sua cuiqui homini venalis

strebten, waren bei dem Hange zum Geheimnissvollen und der ehedem wie theilweise heute noch unter dem Landvolke herrschenden Abneigung vor berufenen Aerzten theils aus Scheu theuerer Ordinationen und hoher Descrviten, theils aus Furcht vor dem Eingriffe des chirurgischen Messers bei nothwendigen Operationen von jeher eifrig [1]) gesucht und beschäftigt.

Der berühmte Lonicer († 1585) spottet gegen Ende des 16. Jahrhunderts der grossen Zahl dieser Volksärzte in den bekannten Versen:

> *Fingunt se medicos quivis idiota, sacerdos,*
> *Judaeus, monachus, histrio, tonsor, anus,*
> *Miles, mercator, cerdo, nutrix et arator,*
> *Vult medicas hodie quivis habere manus.*

Aus den Quellen dieser populären Materia medica schöpften [2]) aber in der Folge selbst wieder Aerzte und sammelten diese Erfahrungen in den ältesten medizinischen Volksbüchern [3]), deren Anlage, Inhalt und Tendenz mit ähnlichen Compilationen römischer Schriftsteller, wie Plinius Valerianus, Marcellus Empiricus, nächst verwandt und oft vollkommen übereinstimmend erscheint. Der mysteriöse Schöpfer der deutschen Heilkunde, Theophrastus Paracelsus, wusste aus dem Schatze der also gesammelten Empirie den grössten Nutzen zu ziehen und in seinen von der Mitwelt angestaunten, unverständlichen Werken zu ver-

---

promittitur vita, ulcerique parva medicina a rubro mari imputatur, cum remedia vera quotidie pauperrimus quisque coenet."

[1]) Nach den Würzb. wöchentl. Anzeigen 1798 Nr. 79—80 wurde 1613 Fürstbischof Julius durch den Schultheis von Riedenheim, Kinzinger, von einem den gelehrten Aerzten unheilbaren Uebel geheilt.

[2]) Schon Hippocrates verschmähte nicht, Belehrung durch solche Volksärzte anzunehmen, praecept. III. — Voss. de idol. V. 59: „quod multi non viderunt, cernunt subinde vulgares animae, rustici, piscatores, quibuscum si sermonem serere non gravaremur, plura sciremus naturae arcana." — Vergl. Celsus de medic. VI. 9: „haec a medicis accepta sunt, sed agrestium experimento cognitum est." — Derselbe gedenkt IV. 4. einer aus der Volkmedizin aufgenommenen Heilmethode, welche noch bei uns in ähnlicher Weise äusserlich angewendet wird: „Vulgo, audio, si quis pullum hirudine ederit, angina toto anno non periclitari, servatumque eum ex sale (cum is morbus urget) comburi, carbonemque ejus contritum in aquam mulsam (quae potui datur) infricari et prodesse. Id eum idoneos autbore ex populo habeat, neque habere quicquam periculi possit, quamvis in monumentis medicorum non legerim, tamen inserendum huic operi meo credidi." Vergl. Abschnitt über Croup. Auch die Lehre von den kritischen Tagen ist aus der ältesten Volksmedizin aufgenommen. Cfr. Celsi medic. III. 4, Plin. hist. nat. XXVIII. 2. — Traube, über krit. Tage, Deutsche Klinik 1852. 15.

[3]) So Meister Ortolf von Bayerland, Arzt zu Würzburg, in seinem Arzneibuche. Vergl. Bayer. Correspondenzblatt 1840. 349.)

wenden. Auf diese Weise traten die populäre und doctrinelle Heilpraxis wieder wechselseitig in Berührung und übten aufeinander bis auf die Neuzeit entschiedenen Einfluss [1]).

Seit dem 16. Jahrhundert durchzogen zahlreiche Quacksalber, Charlatane [2]), Olearier, Zahnbrecher und Oculisten die Städte und Dörfer, schlugen während der Jahrmärkte Buden auf, in welchen sie unter Trompetenschall, von Possenreissern, „ihren ergötzlichen Knechten" und Affen umgeben, Arcana aller Art auskramten und mit grosssprecherischen Worten und gedruck-

---

[1]) In der Organisationsurkunde der ältesten medizin. Unterrichtsanstalt im fränkischen Kreise, auf der Fürstenschule zu Heilsbronn, 1581, heisst es § 6: „Da unter den Stipendiaten daselbst auch solche ingenia befunden werden, welche zum studio medico nicht allein Lust, sondern auch bessere Qualitäten und dona haben, so sollen solche Knaben in medicina vorbereitet werden und dieselben nicht allein in medicina, qualis a Galeno et Hippocrate traditur, sondern auch des Theophrasti, sowohl auch in studio chirurgiae sich üben. (S. Fuchs' Schulgesch. v. Heilsbrunn, Beil. 6.)

[2]) Diesen Namen Ceratini, Charlatani führten nach einem italienischen Kloster die Antoniter (Schulhorn, Ergötzlichkeit I. 2. 239). Die Römer hatten ähnliche Arzneikrämer, welche ihre Buden (medicinae) auf den Strassen hatten. (Agyrten, cfr. Phaedr. fabul. I. 14.) — Nach einer bayer. Landesverordnung von 1616 erschlichen oder erkauften sich diese Marktschreier häufig Lehrbriefe, erpressten sich vom Landvolke neben bedungenem Lohne Lebensmittel, zechten mit Familie und Gesellen auf Kosten der geprellten Patienten, — „denn je theuerer die Medizin, desto wirksamer." — In manchen Orten mussten diese Schwindler eine Marktabgabe unter dem Titel „Zuchthausbeitrag" zahlen (Journal v. u. f. Franken, 1792. 348. 455, Camerarii syllog. memorab. med. eent. 61—64). Die erste z. Z. bekannte Würzb. Verordnung gegen diese Quacksalber ward am 17. Juli 1691 erlassen. Sie verbietet, „herrenlose Marktschreier, Zahnbrecher, Salbenkrämer und dergl. Landfahrer weder öffentlich noch auf den Märkten feilhaben zu lassen. So lesen wir in Tabernämontanus Kräuterbuch (herausg. von Bauhin. Basel 1731, fol. 964 von dem Saft des Magsamens, Opium genannt): „Dieweil auch die Landstreicher und verzweifelte Juden diesen Saft in stätigem Gebrauch haben und grosse Wunderzeichen damit pflegen auszurichten, dieweil sie gar geschwind und behend allen Schmerzen damit können stillen und niederlegen, und ihnen daselbst mit ein Ansehen bei dem gemeinen Mann machen, sonderlich aber die lose Juden: will ich jedermann gewarnt haben, dass er solcher Leute, so gar kein Gewissen haben, müssig gehe, dann sie nur gedenken, die Schmerzen zu lindern, Gott gebe, es gerathe hernach, wie es wolle." — Noch 1772 gebietet Bischof Jos. v. Freising, „dass alle Schauspiele und andere Vorstellungen von Gauklern und Aerzten an allen Sonn- und Festtagen unterbleiben sollen". — 1735 wird der Verkauf der Mercurialmittel, 1763 jener der Purgirzeltlein, 1791 der Schneeberger Arzneien verboten. Die Münchener Universalpillen fanden ihre Abfertigung in der fränk. Sammlung III. 86. — Der Arzneiverkauf durch Privatpersonen wurde 1756 untersagt. — Cfr. Horsch's Topographie 356. 380.

ten Placaten anpriessen. — Die Uroscopie¹), von den Aerzten des klassischen Alterthums, des italienischen und französischen Mittelalters bis in das kleinste Detail verfolgt, sank, durch diese Landstreicher zu tiefer Verachtung erniedrigt, in Vernachlässigung, bis sie die neue physiologische Schule mit Hilfe des Microscops und der Chemie für das Krankenbett zu verwerthen lehrte.

Diesem Unfuge unberufener Pfuscher konnte erst in Folge geordneter sanitätspolizeilicher Verhältnisse gesteuert werden, als man für besser hielt, die Pflege der Arzneikunde wissenschaftlich gebildeten Aerzten zu überlassen. Leider finden sich noch heute Nachfolger jener Curpfuscher cum et sine gradu, welche nicht müde werden, in Zeitungsreclamen mit ihren untrüglichen Heilmitteln auf die Leichtgläubigkeit und den Geldbeutel des Publicums speculirend, das eigene Nest zu besudeln, uneingedenk des ihnen schon von Pinius (Hist. nat.) gemachten Vorwurfes: Nulla artium inconstantior fuit et etiam nunc saepius mutatur, quam medica; discunt periculis nostris et experimenta per mortes agunt. Medico tantum homines occidisse impunitas summa est. Da viele Krankheiten bei entsprechender Diätetik ohne Arznei heilen, so hat der ärztliche Pfuscher leichtes Spiel, sich bei der Menge mit seinen indifferenten Stoffen, worin der Laie ein Panacee gegen alles Leiden sieht, in Ruf zu bringen. Hieher zählen die „Specialisten" gegen Hämorrhoiden, Gicht, Bleichsucht &c.; die besonders in der Landeshauptstadt gefeierte „Doctorbäuerin" Amalia Hohenester in Mariabrunn, von Deissenhofen, mit einem medizinischen Adjuncten; der in Schwaben und Oberbayern gepriesene Wundergörgel von Augsburg; der Bauer von Feichten, der die heilkünstlerische Thätigkeit seiner Ahnen auf zwei Jahrhunderte zurückführt; die Tandlbäuerin aus dem Landgerichte Laufen, welche noch den Glanz medizinischer Berühmtheit

---

¹) Nach der ersten Würzb. Medizinalordnung 1502 erhielt der Arzt, „so mit eynem wasser vmb rat angesucht wird, einen Schillinger". Schon 1580 wird über die grosse Anzahl unverschämter Urinpropheten Klage geführt (cfr. Scharold, Gesch. d. Med.-Wes. 95). Gegen die von Alters her bis in die neueste Zeit herab vielfach im Brauche stehende Urinbeschau eiferten auch 1700 die „verneuerten Medizinalgesetze des Collegii medici zu Nürnberg", welche die Urininspectionen „als einen zeithero sehr beschwerlichen und gefährlichen Missbrauch der vielen unbefugten Winkelärzte und Aerztinnen bezeichnen." Auch der Volksdichter Grübel spottet dieses Unfuges. In Bundschuh's fränk. Mercur 1794, 747. 1795, 320. 1796, 296 werden manche Urinpropheten aus Franken namhaft gemacht.

erhöht, in welchem schon ihre Mutter strahlte; die kluge Frau Graf von Schleiz, welche den Frankenwald beglückte; der Bauer Rothenbucher von Hettstadt bei Würzburg und hundert Andere.

Die **Krankheit** als ein Product dämonischer, feindlicher Einflüsse zu betrachten, war eine unter den vorchristlichen Völkern allgemein verbreitete Ansicht. So bei Hesiod., opera et dies I. 102, Cicero, de nat. Deorum III. 10: „Ne tertianas quidem febres et quartanas divinas esse dicendum est, quarum reversione et motu quod potest esse constantius." — Den Anschauungen der hl. Schrift folgend betrachtete analog die älteste Arzneikunde christlicher Zeitrechnung die Krankheit als Sündenschuld — Ecclesiast. XXXVIII. 15: Qui delinquit in conspectu ejus, qui fecit eum, incidet in manus medici [1]); Matth. IX. 2, Johann. V. 14, Corinth. I. 12. 30. —, behandelte desshalb die Kranken vor Allem mit kirchlichen Heilsmitteln, gemäss den Aussprüchen des Apostels Jacob, Epist. V. 14: Infirmatur quis in vobis: inducat presbyteros ecclesiae, et orent super eum, unguentes eum oleo in nomine domini et oratio fidei salvabit infirmum, et allevabit eum Dominus, et si in peccatis sit, remittentur ei, — und suchte sie wieder mit Gott [2]) zu versöhnen, dessen Schickung die Leiden verhängte. Zur erfolgreichen Bekämpfung der Krankheit ist aber nach Apostel Paulus die göttliche Gnade unerlässlich, Ep. ad Corinth. I. 12. 30: „num omnes Donum habent sanationum?" Nur der durch die kirchlichen Heilsmittel Entsündigte kann auf Heilung durch die Gnade Gottes hoffen, anders ist die ärztliche Behandlung vergeblich. Desshalb fügt

---

[1]) Desshalb wird schon im Paralipom. II. 16. 12 der König Assa getadelt: „Er suchte auch in seiner Krankheit den Herrn nicht, sondern die Aerzte", und er stirbt desshalb vom Herrn verlassen.

[2]) Eine Befolgung dieser apostolischen Mahnung seitens der Kirche und ihrer Gläubigen erblicken wir in den heutzutage noch üblichen öffentlichen Fürbitten für Kranke in den Kirchen. Vergl. Himmelstein, Synodicon, 143, 340, 393, 408, 437. Ueber die Wirkung des Gebetes s. Theopbr. Paracelsi opera ed. Huser, Basil. 1690. 4. IX. 236. lib. philos. de ceremon. — Eine andere Ansehauung hatte Luther; derselbe schrieb 1532 an den Markgrafen Georg von Ansbach: „Das die ertzt solcher Dinge mit ertzneyen lindern, geschieht aus dem, das sy nit wissen was die teufel für grosse kraft vnd macht haben. Ueber das ist kein zweifel, das pestilentz vnd fiber vnd ander schwer krankheyten nichts anders sein, denn der teufel werkhe &c." Reinhard, Beitr. zur Gesch. des Frankenl. I. 146.

die hl. Hildegard den einzelnen Kapiteln ihrer Heilsmittel den
für die Aerzte tröstlichen, öfter recitirten Schlusssatz bei: nisi
Deus prohibeat, — nisi Deo non placebit.... si Deus voluerit &c.
In diesem Sinne verordnen die Würzburgischen Synodalstatute
1298 (Himmelstein, Synodicon Herbipol. 143, 149, 340, 393,
408, 437): Statutum est in concilio generali et districte in-
iunctum medicis corporis, ut cum eos ad infirmos vocari con-
tigerit, ipsos ante omnia moneant et inducant, ut medicos ad-
vocent animarum, ut postquam de spirituali provisum salute,
ad corporalis medicinae remedium salubrius procedatur. Si quis
autem medicorum hujus constitutionis transgressor extiterit, tamdiu ab ingressu ecclesiae arceatur, donec pro transgressione
hujusmodi satisfecerit competenter; caeterum cum anima multo
pretiosior sit corpore, sub interminatione anathematis prohibe-
tur, ne quis medicorum pro corporali salute adquirenda aegro
suadeat, quod in periculum animae convertatur. Die Würzburger
Medizinalordnung 1502 bestimmt in allmälig milderer Fassung:
„Die Ertzte sollen die kranken zu voderst ermanen, die ertzte
der sele, das sind die beychtvetern, bei sich zu fordern"; —
die Statuta ruralia Julii 1584: „Similiter et acgrotos sibi maxima
commendatos habeant pastores, eosque saepius invisant, nihil
sibi timeat sacerdos a contagione, Dominus enim adjunxit officio
sanitatem"; — die Kirchenordnung 1589: „Der Pfarrherr soll,
da er jemand in gefährlicher Schwachheit vernimmbt, ob er
gleich nit erfordert, für sich denselben besuchen"; — und noch
ein Regierungserlass vom 14. April 1762 (Landesverordnungen
II. 773): „Die Aerzte und Chirurgen sollen bei gefährlichen
Kranken baldigst den Seelsorger und Beichtvater herbeirufen
lassen, und falls der Kranke oder dessen Angehörigen dazu sich
nicht bequemen wollen, drohen, den Kranken weder zu besuchen,
noch Arzneien zu verschreiben."

Nachdem später die Ausübung der medizinischen Praxis
dem Klerus untersagt, d. i. die früher statuirte Personalunion
des geistlichen und des weltlichen Regime des kranken Menschen aufgehoben worden, machte es sich die Kirche zur Pflicht,
bei öfteren Krankenbesuchen nach wie vor geistige Heilmittel
zu spenden. Der Klerus[1]) kam stets diesem Gebote der Nächsten-

---

[1]) Den Archidiaconen zu Würzburg war bis in's 16. Jahrhundert die
Beaufsichtigung der mit dem Aussatze, Lepra (früher ein Collectivname
für manchfache Hautleiden) behafteten Personen übertragen (Archiv des
histor. Vereins v. Unterfr. II. 173; Fries, in Ludewig's Sammlung 734),
wie diese auch nach Levitic. 13. im Alterthume von den Priestern ausgeübt worden.

liebe mit rühmlichem Eifer nach, und leistete oft an Orten, wo kein Arzt zugegen, durch zweckdienliche, vernünftige Anordnungen und Rathschläge erspriessliche Dienste. Desshalb bestimmen die Statuta ruralia Julii 1585: Extrema unctio [1] valet ad corporalem infirmitatem vel depellendam vel allevandam. Cfr. Julius Kirchenordnung 1589 und Kirchenordnungen von 1669, 1693.

Die Heilkunst selbst, nach der Lehre der Kirche eine Gabe des hl. Geistes, χάρισμα (Corinth. I. 12; Act. Apost. VIII. 20), welche einzelnen begnadigten Personen von Gott verliehen worden, durfte nicht um Geld feil sein. Die entgegen Handelnden wurden dafür, zur Strafe für ihre Simonie, mit dem höllischen Feuer bedroht. Schon die alten Griechen gedenken dieses χάρισμα als einer Gnadengabe des Apollo an die Asclepiaden, während bereits Homer von ihnen berichtet; „Innere Krankheiten, das Verhängniss der erzürnten Götter, sühnen sie durch Opfer und Gebet." Vergl. Solon. sentent. elegicae 53—62 und Theognis Gnom. 431. In diesem Sinne ist auch die Stelle in der Verordnung des Kaisers Sigmund auf der Kirchenversammlung zu Basel 1426 zu deuten, dass in jeder deutschen Reichsstadt ein Meisterarzt besoldet werden solle „mit hundert Gulden Gelds, die mag er niessen von einer Kirchen und soll männiglichen Arzneien umsonst, denn die hohen Meister in Physica dienen niemand umsonst, darum fahren sie in die Höll" [2]). Letztere Bedrohung erinnert an zwei Stellen des alten Testam. Psalm 87 (88) 11. Isai. 26. 14. Rephaim, ἰατροί, medici, nach LXX und Vulgata.

Die älteste priesterliche Heilmittellehre bestand nun in verbis, in herbis, in lapidibus.

I. In Gebeten, Segen und Besprechungen (Orationes, benedictiones, exorcismi) [3]), gemäss Sapient. XVI. 12: Etenim neque

---

[1]) Um die Feierlichkeit dieses kirchlichen Actes zu erhöhen, gebot Bischof Johann 1461, dass der Priester, welcher das Sacrament zum Kranken trägt, von vier Schülern mit brennenden Kerzen in Chorkleidern und unter Gesang begleitet werden solle. — In der That wird jeder gewiegte Arzt in der Therapeutik die Befreundung der Religion mit der Medizin, das τὸ θεῖον (Divinum) der alten Aerzte, aus Gründen, die jedem Fachmanne klar sein müssen, als eben so heilsam anerkennen, als den Grad des Vertrauens der Kranken zum Arzte selbst.

[2]) Vergl. Moehsen, Gesch. der Wissenschaften in der Mark Brandenburg 564.

[3]) Eine reichhaltige Sammlung derselben erschien unter dem Titel: F. Gelasii di Cilia locupletissimus thesaurus benedictionum, conjurationum, exorcismor. absolut. &c. Ed. VI. Aug. Vindel. 1744. 8. — Eine

herba, neque malagma sanavit eos, sed tuus, Domine, sermo, qui sanat omnia; Ps. 106. 20. Ecclesiastic. 38, 9, 14. wurde die Gnade Gottes, welche man im gläubigen Sinne durch allgemeine Sündhaftigkeit und die Herrschaft manchfacher Laster verwirkt betrachtete, zur Abwendung der als Strafe geschickten Seuche angefleht. Bei Ausbruch des englischen Schweisses 1531 fanden in Würzburg wie in Nürnberg öffentliche Kirchengebete statt, „dass Gott die unerhörte neue krankheit vom Lande wenden wolle" [1]). Während der im letzten Jahrzehnte des vorigen Jahrhunderts im Nürnbergischen Gebiete herrschenden Rindviehseuche will man beobachtet haben, dass ein einziges Dorf, in Mitte der anderen, von dieser Plage freiblieb, und gab als Grund an, dass der dortige Pfarrer bei jedem Gottesdienste die Bitte für das Vieh vorgebetet habe: „Auch bitten wir dich, Herr, du wollest unser Vieh gesund erhalten, und seine Weide segnen. Amen." — Wie ehedem so ruft man jetzt noch den Beistand einzelner Heiligen, als Schutzpatrone bei besonderen Körpergebrechen, an. Oder man sprach oft feierlich gefasste Worte, meist in gebundener Rede, laut oder leise in Form von Segen oder im Anklange an das biblische *increpare febrim, daemonem* (Luc. IV. 39, 41; IX. 42, 49; Matth. IX. 38) als „Bann" über den Kranken, besprengte ihn mit Weihwasser, hing ihm, vorzüglich in den Klöstern, geweihte Amulete oder Stücke vom Osterstocke um, berührte die leidende Stelle mit Heiligenreliquien, beräucherte sie mit Weihrauch u. s. w. [2]).

Sammlung der in der Diöcese Freising üblichen veranstaltete U. Stoiber, armamentar. ecclesiastic. Aug. Vindel. 1726. 8. II Bde. — Diese kirchlichen Heilmittel werden in Joh. Langii epistol. medic. Frcfti. 1589 p. 1050 als abergläubisch bezeichnet. Einem gleichen Urtheile unterstellt sie Horsch, mediz. Topogr. 381. — Cassiodori divin. lection. XXXI. de medicis. Sed non ponatis in herbis spem, non in humanis consiliis sospitatem. Vergl. Paralip. II. 16. 12.

[1]) Julii Statuta 1584. Cum nunquam non variis morbis humana imbecillitas obnoxia sit certissimum est, Christum animarum corporumque clementissimum medicum et salutis nostrae studiosissimum, virtutem et potestatem ad reprimenda hujuscemodi incommoda sponsae suae reliquisse, quae eam in iis maxime creaturis exercet, quas ad usus hominum valde utiles et communes et ad sacrandum magis idoneas esse novit, ut sunt sal, aqua, cinis, palmae, rami arborum, candelae, herbae. Idem dicendum de cibis quibusdam, qui in paschate benedici solent, ut est agnus, et aliae carnes, ova, casei et potus in die s. Joannis Evangelistae.

[2]) Vergl. Gropp collect. scriptor. Wirceb. I. 693, 763, 925. Trithem. mirac. s. virg. Mariae Dettelbac. 1511. Experimur tamen, quod saepius devotio simplicium virtutem divinitus promeruerit, qualem curiosa prudentium eruditio minime gustavit. — Seitz, Trost der Armen 153: „wider

Erwähnenswerth ist hier der s. Z. gerühmte Thaumaturg Alexander Leopold Fürst von Hohenlohe-Waldenburg-Schillingsfürst, welcher in den zwanziger Jahren wie der Bauer Martin Michel von Unterwittighausen in Franken wirkte. Ebenso fand noch bis in die jüngste Zeit der greise Pfarrer Forster in Hüttenheim in allen Leiden des Volkes Zuspruch.

II. In gleicher Weise erhielt auch die Anwendung der beiden anderen Heilmethoden mittelst Kräuter und Mineralien und hieraus bereiteter Tränke, Pflaster und Ueberschläge, begründet auf Ecclesiastic. 38, 4: „Altissimus creavit de terra medicinam et vir prudens non abhorrebit illam" — gleichsam dadurch eine höhere Weihe, dass man die kräftigsten Pflanzen und Arzneien unter dem Schutze gewisser Heiligen stehend sich dachte, und nach deren Namen — im Gegensatze aber die schädlichen und giftigen nach dem bösen Feinde —, wie oben bemerkt, benannte.

Erwähnung verdienen die Heilungen, welche von Alters her durch Gebet, Gelübde und fromme Uebungen vor den Gnadenbildern verschiedener Wallfahrtsorte, an den Gräbern und Reliquienaltären der fränkischen Heiligen Kilian, Bruno, Macarius u. A. von den Gläubigen erfleht werden. So sind in den fränkischen Kreisen die Kirchen zu Gösweinstein in der fränkischen Schweiz, die Walburgiskapelle auf der Ehrenburg bei Kirchehrenbach, die Wendelinskapelle zu Neudorf bei Weismain, Vierzehnheiligen (Frankenthal), zu Burgwindheim im Steigerwalde (Mittelfr.), auf dem Engelsberg bei Grossheubach, auf dem Kreuzberge, zu Dettelbach[1]), auf dem Nicolausberge bei Würzburg, zu Retzbach, zu Buchen bei Lohr u. A., das häufige Reiseziel frommer Waller aus Nah und Fern. Anderer durch politischen oder confessionellen Hader verödeten Stätten in Franken, in welchen das von Unglück, Krankheit und Noth heimgesuchte Volk, verlassen von menschlicher Hilfe, Trost und Erhörung seiner Bitten erflehte, sei noch gedacht. So in dem vormaligen Kloster Tückelhausen bei Ochsenfurt: „Haud longe ab urbe Wirceburg vicus cognomine Duckelinhusen, ecclesiam habet in honorem s. martyris et episcopi Lamberti, ad quam in

---

Beschreiung und Bezauberung der Kinder — bey uns Catholischen braucht man Rauchwerk von dem sog. Hexenrauch, welche Composition aus etlichen dazu dienenden und geweyhten Stücken besteht." — Schmeller, W. B. I. 178.

[1]) Vergl. die Schriften von Trithem. u. Sangius: „Beneficia vetera et nova s. virginis Mariae Dettelbac." — Archiv des histor. Vereins f. Unterfr. XIV. 2. 40.

auniversario passionis ejus undique confluere consuetudinem habet provincialium frequentia, atque huc copiosa frumenti, vini et pecorum convehere s. martyri xenia. Dumque devote student offerre carnalia praeter invisibilia animarum adminicula, saepissime laesorum quaecunque parte corporum etiam sese gaudent inde referre medicamenta. Pertz, monum. germ. histor. scriptor. VII. 134. — Auch in der Marienkapelle zu Fahrbrück suchen Andächtige bei Fieberleiden und Kinderkrankheiten vertrauensvoll Linderung und Hilfe. Fränk. Mercur 1794. 31. Gropp Coll. I. 87. — Ferner in der Marienkapelle zu Hassfurt, in der „ipsius gloriosae virginis pia intercessione personae se in earum infirmitatibus et periculis inibi venientes, de his miraculose liberentur et convalescant" 1464 und 1506 „in qua beata virgo Maria infinitis fulget miraculis" &c. Archiv des histor. Vereins z. Würzb. X. 2. 282 ff. — Auch die Reliquienaltäre des hl. Deocar in Herrieden und in der Kirche zum hl. Lorenz in Nürnberg waren mit zahlreichen Votivtafeln und Geschenken von Andächtigen für allda erlangte Heilungen manchfacher Körpergebrechen reich ausgestattet. Büttner, Franconia II. 65. Histor. diplomat. Magazin I. 326. — Am Grabe des hl. Sebald (s. Ewaldus) des Apostels im Nordgau zu Nürnberg, ereigneten sich bereits 1070 zahlreiche Krankenheilungen, wie die Chron. Lamberti Schaffnab. berichtet: Celebris et clara valde erat memoria s. Sebaldi in Nürnberg, et magno populi concursu quotidie frequentabatur, propter opitulationes, quae divinitus illic languentibus saepenumero conferebantur; — und noch 1425 meldet eine Bulle des Papstes Martin V. in Reg. rer. boic. XIII. 55: „S. Sebaldus, urbis Norimbergensis patronus, multis et innumeris in urbe illa circum vicinia coruscat miraculis." — Wie vor der Reformation, so ist heute noch die Margarethenkapelle zu Rennhofen (bei Neustadt a A.) für die Protestanten ein Wallfahrtsort, wo Gelübde gelöst, Linderung leiblichen und geistigen Gebrestes für Menschen und Vieh gesucht und reiche Opfer gespendet werden. — Seit ältester Zeit genoss auch der hl. Vitus, dessen Gebeine 836 von Paris unter dem Jubel der Sachsen in's Kloster Korvey in Westphalen gebracht wurden, in Bayern wie anderwärts als Helfer in allen köperlichen Leiden, deren Beseitigung vergebens durch Heilmittel erstrebt wurde, grosses Vertrauen. Das beweisen die häufigen mit seinem Namen in Verbindung gebrachten Ortsnamen und ihm geweihten Kirchen. So Veitshöchheim (Hochhemium Scti Viti) bei Würzburg, wohin bereits 1290 eine besondere Wallfahrt angestellt wurde und wesshalb das seit 1159 urkundlich bekannte „Hochheim" eine Erweiterung seines Namens erfuhr; die Veitskapelle im Pfarrdorfe Wieseth, Landg. Feuchtwangen, wo zu dem Bildnisse des hl. Veit Viele in Augenkrankheiten ihre Zuflucht nahmen; durch eine Oeffnung vor dem grossen Altare der in einem Bogen über die Heilsquelle gebauten Kapelle werden häufig Baumzweige in das unten fliessende Wasser getaucht, und die kranken Augen damit bestrichen. — Bis in die neue Zeit blieb der hl. Veit der Vieharzt aller Bewohner der Umgegend von Veitsbrunn (Landg. Cadolzburg), in dessen Kirche sich seit 1530 die Statue desselben befindet. — Zu demselben Zwecke fand alljährlich eine Wallfahrt am Feste des Heiligen in die Augustinerkirche in Nürnberg statt. — Noch im vorigen Jahrh. brachten die Bauern in der Gegend von Regensburg dem Altare des hl. Veit Hühner zur Opfergabe, wie vor tausend Jahren dem slavischen Götzen Swantewit. — Berühmt sind die Veitskapellen zu Zabern und Rothenstein, zu Biessen bei Breisach nnd Ravensburg in Schwaben. In der Operpfalz sind besonders besucht die Kapelle zu U. l. F. in Neuses bei Pondorf, der Herz-Jesu-Berg bei Velberg, der Mariahilfberg bei Neumarkt und bei Amberg, die Wolfgangskapelle bei Allersberg, der St. Annaberg bei Sulzbach, die Mariahilfkapelle bei Auerbach, der Kreuzberg bei Schwandorf, die Kapelle „zum Heilbrünnel" bei Roding, Ast an der Schwarzach, die Kirche mit dem wunderthätigen Marienbilde bei Stadlern, dann Waldsassen und vorzugsweise die Wallfahrtskirche auf dem Fahrenberge bei Wallthurn. — In Niederbayern sind als Wallfahrtsorte besucht der Mariahilfsberg bei Vilsbiburg, der Oswaldsbrunnen bei Grafenau (Urk. 1389). — Der Gartlberg bei Pfarrkirchen, Kronberg bei Griesbach, Sammarey und Marialangwinkel, der Kastulusberg im Ilmthal u. s. w. Alle Andachtsstätten überragen aber der Bogenberg am linken Donauufer und die „Gnade" zu Deggendorf. — Für Oberbayern erscheint neben vielen andern die Gnadenkirche in Altötting als die besuchteste Zufluchtsstätte von Gläubigen aus allen Schichten der Gesellschaft, dann die Kirche in Mariaaich, Weihenlinden, dann zum hl. Leonhard in Inchenhofen, Feichten, Hergottsruhe bei Friedberg, &c.; in Schwaben findet die Mariahilf-Kapelle auf dem Wannenberge bei Roggenburg u. a. m., in der Rheinpfalz das wunderthätige Muttergottesbild in Oggersheim zahlreichen Zuspruch.

Als Weihgehänge benützt man meistens Wachsfiguren, welche Köpfe, Augen, Ohren, Hände, Füsse, Herzen, Thiere darstellen; ferner eiserne Rösslein und Kröten, natürliche Haarzöpfe, rothe, braune Seide, Haargeflechte, Krücken, Stöcke, Besen, Votivtafeln, auf welchen oben das Bild des angerufenen Heiligen und darunter ein im Bette oder in der Wiege liegender Kranker,

Pferde oder Kühe mit umgestürztem Wagen u. s. w. abgebildet sind, neben welchen der von Noth bedräugte Mann mit Frau oder Familie kniet.

In Bayern haben sich bis auf unsere Tage, wo der Wunderglaube durch die mehr realistische Tendenz des Zeitgeistes beeinträchtigt wird, bei dem katholischen Theile der Bevölkerung als Ueberreste des Glaubens an die wunderthätige Heilwirksamkeit der Heiligen noch erhalten:

Das Aufsetzen des Schädels des hl. Makarius in der Marienkapelle in Würzburg am 2. Januar wider Kopfleiden;

Das allerwärts übliche Anlegen von Kerzen am Tage des hl. Blasius am 3. Februar gegen Halsleiden („Bläseln"). Dieses Patrones in Halsleiden gedenkt bereits (550 p. Chr.). Aetii Amid. edd. J. B. Montan. et J. Cornar. Basil. 1535 f. cap. 50. — Gelasii di Cilia thesaur. p. 49. — benedict. candelarum contra morbum gutturis;

Das Küssen und Berühren der Reliquien des hl. Valentin in der Franziskanerkirche zu Würzburg, 14. Febr., gegen Epilepsie und Fraisen;

Die Berührung der Augen mit der hl. Gertrudisschürze in der Pleichacher Kirche daselbst, 14. März, bei Augenleiden;

Das Benetzen der Augen mit Wasser aus dem Brunnen in der Kiliansgruft der dortigen Neumünsterkirche, 8. Juli;

Das Trinken aus dem Brunnen der dem hl. Amor geweihten Kapelle bei Amorbach bei Unfruchtbarkeit[1]);

Die Vertheilung der Tolentinbrödchen am Feste des hl. Nikolaus von Tolentin, 10. September, gegen Gicht und andere Krankheiten; ähnliche Brödchen werden in der Blasiuskirche zu Zeubelried in Unterfranken am 3. Februar gegen Halsleiden vertheilt. (Gelas. di Cilia Thes. 75. panis s. Nicol. de Tolent. — Schmeller W. B. I. 442.)[2])

Die Verehrung der hl. Ottilia in der Marienkapelle zu Würzburg, am 13. Dezember, bei Augenleiden. Vergl. fränk. Mercur 1795 — 8. Menzel, christl. Symbol II. 276.

---

[1]) Selbst die Dynastie der Habsburger soll den Reichthum ihrer Stammhalter dem Amorsbrunnen und der Verehrung des Heiligen verdanken; Elisabeth, die Gemahlin Karls VI. und ihre Tochter Maria Theresia haben sich des Wassers mit Erfolg bedient und letztere liess sich davon auf Anrathen ihres Beichtvaters selbst nach Wien senden. Die aus Dankbarkeit gestifteten „Kaiserämter" werden noch alljährlich in der Amorskapelle gehalten.

[2]) F. Gelasii di Cilia, l. c. p. 82: „benedictio panis s. Erhardi episc. Ratisbon. contra omnes plagas et morbos corporis."

Hieher gehört das s. Walburgisöl, welches seit ältester Zeit vom Volke gebraucht und bereits in einer Urkunde vom J. 1270 in Reg. rer. boic. III. 348 erwähnt wird. Eine weitere Urkunde vom 6. Mai 1307 l. c. V. 116 rühmt dessen Heilkraft: „Philipp. episc. Eisteteus. indulgentias s. Walburgis, ubi de membris ipsius b. Walburgis quotidie liquor salutaris emanare non cessat, augmentat, ac tanquam dioecesanus, eidem concessas sive in posterum concedendas ratas habet." — Das Walburgisöl, eine geschmack- und geruchlose Feuchtigkeit quillt in der Gruft der hl. Walburgis in Eichstätt nur von Oktober bis Februar, wird in zwei silberne Abzugsrinnen geleitet und in einer goldenen Schale aufgefangen, von wo aus durch die Klosterfrauen die Umleerung in kleine mit Wachs verschlossene Glasfläschchen erfolgt und so dem gläubigen Volke, welches von seinen Heilwirkungen in allen Gefahren des Leibes und der Seele berichtet, verabfolgt wird. (Bavaria III. 979.) — Auch das Quirinusöl, ein an den Ufern des Tegernsee's aus der Erde quillendes Bergöl, mit dem hl. Quirinus, Patron des dortigen Klosters, in Beziehung gebracht, wird noch häufig in Oberbayern als Heilmittel bei Kopfschmerz gebraucht. Mehr gilt ein Trunk aus seinem Schädel (in Köln a. Rh.). — An der Korbiniansquelle in Weihenstephan, die ihren Ursprung dem Stifter des Bisthums Freising, dem hl. Korbinian verdanken soll, wascht man sich heute noch vertrauensvoll die kranken Augen und soll schon die Kaiserin Beatrix, Gattin Friedrichs I., durch den Gebrauch dieser Quelle vom Aussatze befreit worden sein. — In Benedictbeuern wird nach Schmeller W. B. I. 64 die „Anastasiahaube" als heilende Reliquie gegen Kopfschmerz gebraucht. — In Altbayern sind noch folgende Bräuche mit kirchlichen Festen in Verbindung gebracht: Am 2. Februar, dem Tage der Kerzenweihe, kauft der Landmann, besonders an der Glon und am Inn, von der Kirche eine weisse Kerze zum Anzünden bei Gewittern und in der Sterbstunde gegen den Einfluss des Bösen, und einen rothen Wachsstock für die Frau, womit ihr als Wöchnerin die linke Hand, der linke Fuss und sonstiges Geräth umwunden wird, um allen Zauber von Mutter und Kind abzuwehren. — Am 5. Februar, dem Tage der hl. Agathe, der Patronin gegen Brustkrebs, wird besonders im Isarland das Brod geweiht; anderwärts, z. B. auf beiden Chiemsee-Inseln, Brod und Geld am Gründonnerstag oder Benediktstag. — In Schwaben wird am 6. Sept. das Fest des hl. Magnus (Mangnall, St. Mang) als Patron des Allgäu gefeiert und ist dessen Pilgerstab, der St. Mangenstab, in der Gegend von Füssen ein vielgebrauchtes Segensinstrument gegen alles Ungeziefer auf

Feldern und körperliches Ungemach. — Am 27. Dez., dem Tage des hl. Evangelisten Johannes, wird in der Kirche der geweihte Johannessegen zum Trinken gereicht. Auch wird der Wein für die Johannesminne für Brautleute geweiht. In Oberbayern lassen sich noch Bauern Wein zum Privatgebrauch weihen, den sie während des Jahres als Arznei bei Erkrankung trinken oder vor einer Reise, gleichsam als inwendig getragenes Amulet.

Die Heilmethode der heutigen Volksärzte bewahrt noch mannigfaltige Erinnerungen an den alten Paganismus[1]), wenn sie im Ganzen der kirchlichen auf die Kraft des Gebetes und der Sacramentalien sich stützende Therapeutik entsprechend, die Kranken in ähnlicher Weise behandelt, und zwar durch:

I. Gebete und Segen, welche von einzelnen mit wunderbarem Heilungsvermögen[2]) und Glaubenskraft, der biblischen virtus gratia sanitatum (Marc. V. 39; Luc. VIII. 46; Corinth. XIII. 2) begnadigten Personen über kranke Menschen und Thiere

---

[1]) Die religiösen Anschauungen unserer Altvordern mussten sie zu abergläubischen Gebräuchen und Handlungen führen. Nachdem sie von den Römern, mit welchen nach Tacitus besonders die Hermunduren Umgang pflegten, gelernt hatten, sich Bildnisse ihrer Götter vorzustellen, bauten sie ihnen auch Wohnungen, Hütten (Fana, Casulas), wie sie in den Capitularien Karlmann's, Königs von Austrasien, genannt werden. Sie machten Puppen ihrer Götzen aus Tuch und trugen sie auf dem Felde herum. Sie umkreisten das Feld mit Furchen, damit den Früchten kein Unhold schaden könne, sie hingen an Orten, welche sie für ihre Götter heilig hielten, hölzerne Hände und Füsse auf. Verschiedene abergläubische Gebräuche waren im Schwunge, so die Nothfeuer (Nodfyr), welche sie durch starkes Reiben des Holzes hervorbrachten, magische mit gewissen Zeichen versehene Amulete, Beobachtungen des zu- und abnehmenden Mondes, dem sie einen Einfluss auf glückliche oder unglückliche Unternehmungen beilegten, Wahrsagungen durch Loose und das Geschrei der Vögel, zauberische Beschwörungen und Heilungen. Diese und andere tief eingewurzelten heidnischen Gebräuche finden sich in Heineccius, Corpus Jur. German. antiq. 391. Ihnen gehen zwei Capitularien Karlmanns von 742 und 43 voraus. Im ersten sagt er: „Wir haben beschlossen, dass ein jeder Bischof mit Beihilfe des Grafen, welcher Beschützer seiner Kirche ist, Sorge trage, dass das Volk keine heidnischen Gebräuche mehr ausübe, sondern alle Unreinigkeit des Heidenthums verwerfe und verabscheue; nämlich die unheiligen Opfer für die Verstorbenen, ... die Opfer, welche thörichte Menschen neben den Kirchen nach heidnischem Gebrauche entrichten ... die gottesräuberischen Feuer, welche sie Niedfyr nennen, und endlich alle heidnischen Gebräuche, wie sie immer heissen, sollen sie verbieten. Das Capitulare vom J. 743 wiederholt das Verbot unter 15 Solidus Strafe = 150 Groschen oder Denare.

[2]) Plin. hist. nat. XXVIII. 6: „quorundam hominum tota corpora prosunt." Hierher gehört die den Gliedern des Habsburgischen Fürstenhauses verliehene Kraft, durch Berührung Kröpfe heilen zu können

gesprochen werden ¹). Am Maine sollen noch jetzt, wie früher, einzelne durch entsprechenden Glauben und Willen ausgerüstete Personen Curen an Menschen und Vieh bewirken ²).

II. Besprechungen, incantationes ³), bestehend aus Ueberresten altheidnischer Zaubersprüche, vermengt mit kirchlichen Ritualien gewöhnlich in Reimform, dann von allerlei Manipulationen und Ceremonien begleitet, z. B. Bekreuzen, Ausspeien, hinter sich gehen oder werfen u. s. w. Sie wurden jedoch bereits in den Mosaischen Gesetzbüchern ⁴) und das ganze Mittelalter hindurch von der Kirche streng untersagt und verfolgt ⁵). Dieser Kampf gegen den tief eingewurzelten heidnischen Wahn konnte nicht mit Einem Male vollendet werden. Denn die Vorurtheile hängen dem Menschen an, wie das Moos den Bäumen; wer es mit Gewalt auskratzen wollte, würde dem Baume schaden. Die einzige Waffe, die Macht der vernünftigen Ueberzeugung, konnte bei so harten Naturen oft kaum bemerkbar wirken. Die älteren Pönitentialbücher, National- und Provinzialconcilien enthalten eine Reihe von Hinweisen auf die Nichtigkeit magischer Künste

---

(Camerar. horar. subseciv. III. 151. Choulant, die Heilung der Scropheln durch Königshand). In einigen Gegenden Deutschlands herrscht der Glaube, der siebente Sohn einer Familie, wenn die Reihe der Kinder nicht durch ein Mädchen unterbrochen worden, sei mit diesem wunderbaren Heilvermögen begabt. (Zahn, specula phys. math. histor. 1696. III. 32.

¹) Selbst angebliche Dämonenexorcismen (verschiedene psychische Störungen) sollen von solchen Männern bewirkt werden.

²) Vergl. Grimm, d. Mythol. 1104, Beispiele der Gabe, Krankheiten zu heilen. und J. B. Friedreich, Zur Bibel. 1838.

³) Plin. hist. nat. XXVIII. 3: ex homine remediorum primum maximae quaestionis et semper incertae est, valeantne aliquid verba et incantamenta carminum. Entstanden aus Orakelsprüchen genossen sie im Alterthume hohes Ansehen.

⁴) Levitic. XX. 27. Deuteronom. XVIII. 10. Corp. jur. civil. Constitut. imp. Leonis LXV. de incantatorum poena.

⁵) Ein Beispiel im Archiv des histor. Vereins f. Unterfr. V. 2. 165: Die Segensprecherin Höchstetter in 1621. Nach deren Aussage gab es damals dort der Weiber mehr, welche dergleichen Segen könnten, aber der Glaube müsste alles befestigen. — Der Bericht der ärztlichen Commission zu Würzburg 1580 klagt über die vielen Segner und Segnerinnen jener Zeit (Scharold, Gesch. d. Med.-Wesens 95). — Die ältesten lateinischen und deutschen Besprechungsformeln bieten in Darstellung und Wortlaut eine merkwürdige Uebereinstimmung: so beginnt ein Carmen ad sistendum profluvium muliebr. bei Marcell. Empiric. de medicament. X. ed. Basil. 1539. fol. 85: Stupidus in monte ibat &c. ähnlich dem Strassburger Segen ad strigendum sanguinem, bei Grimm, deutsche Mythol. II. Ausg. 495: Tumbo saz in berke &c.

und Zauberei, der Wahrsagerei und Zeichendeuterei, der Amulete und selbst Ordalien. Ebenso erstreckte sich die Thätigkeit der Kirche auf die Missbräuche bei Heiligen- und Reliquienverehrung, wie Wallfahrten (Conc. Francofort. 794; Conc. Cabilon. 813; Fehr, der Aberglaube u. die kathol. Kirche &c. S. 93). Bereits auf der 1. Bamberger Diöcesan-Synode 1058 wurde von den Pfarrern Klage geführt, dass die slavischen Bewohner des Bisthums ausserordentlich zähe an ihren heidnischen Bräuchen hiugen: „Erat enim plebs huius episcopii, utpote ex maxima parte slavonica, ritibus gentilium dedita, abhorrens a religione christiana, tam in coguatorum connubiis, quam in decimationum contradictione." Schmidt, Bamb. Synode 22. — Die Statuta synod. Herbip. 1282 bestimmen: „Item excommunicati sunt sortilegia de sacramentis ecclesiae facientes — item invocantes daemonem"; — 1339: „Excommunicamus et anathemizamus omnes sortilegos"; — 1452: „Praecipua autem episcopi cura sit, ne sortilegia, divinationes, iucantationes et quaevis diabolica figmenta dioecesim suam inficiant." — Die Agenda Wirceburg. 1482 p. 45 schliesst vom Genusse des österlichen Sacraments aus: „Divinatores vulgo warsager, et qui eos pro tali divinatione accedunt ad exquirendum furtum et hujusmodi; carminatores hominum et pecorum et hujusmodi, caracteres secum portantes, somnium, fatum, vulgo beschert dingk, dies egyptiacos, vulgo verworfen tag, tenentes; solem et lunam adorantes; incantatores, vulgo tzeuberer, ut qui arte magica aliquid supra naturam procreare quaerunt, sicut facere illicitum amorem, discordiam inter amicos, vel lac subtrahere, vel hujusmodi." So verbot die Bamberger Synode 1491 tit. 45. 50, de haeret. et sortilegis: „Detestamur omnes vanas et superstitiosas observantias, divinationes videlicet et sortilegia, artemque maleficarum et pythonissarum; quibus decepti homines putant bona provenire vel mala posse evitari, ad hunc quandoque perducuntur errorem, ut credant, veris sive fictis benedictionibus aut certis ligaturis, characteribus vel observantiis posse homines vel pecora curari et a languoribus conservari, quod quidem pestiferum genus e vulgo eradicari cupimus. Christifidelibus utriusque sexus, et praecipue ecclesiasticis personis, sortilegia, orationes perversas, incantationes daemonicas et alias quaslibet superstitiones magicas et maleficia sub poena excommunicationis prohibemus." Dasselbe Verbot enthalten die Statuta synodi Eichstaedensis im Jahre 1435. Falkenstein, antiquitat. Nordgav., cod. dipl. 51, 116, 117, 172, 281, 284. — Hieher gehören Henrici episc. Ratisbon. inhibitio superstitionum et divinationum plebis data Ratisbonae 10. Mart. 1491 et Inhibitio episc. Ratisbon. sortilegiorum et maleficorum, d. Ratisbon. 18. Febr. 1493. (Cfr. Ried, cod. dipl. Ratisb. II. 1084. 1090. Monum. boic. XVI. 241.). — Aehnlich lautet auch das Würzburger Synodalstatut 1491 und die Kirchenordnung 1693[1]), dass Niemand von abergläubigen Segen[2]) und Superstitionen, Menschen und Vieh zu helfen, oder auch bei verdächtigen Wahrsagern Hilfe und Rath zu suchen, Gebrauch machen solle, dass ferner auch die Hebammen niemalen die Geburt entweder zu befördern oder zu lindern, verbotene und abergläubige Mittel sowohl zu der Mutter als Kind gebrauchen. „Nicht blos abwehrend suchte die Kirche dem Aberglauben zu steuern; sondern sie suchte in der Durchführung ihrer grossen civilisatorischen Aufgabe überall die Anknüpfungspunkte für die christlichen Ideen auf, die in der Geschichte, den Sitten und Gewohnheiten der Völker sich ihr boten. Sie zerstörte jene nicht schonungslos, sondern nahm bei ihren Einrichtungen Vieles davon auf. Desshalb ordnete sie auf die Tage heidnischer Feste die Feier ihrer Heiligen, richtete an der Stelle der von den Heiden verehrten Bäume Kreuze auf, baute aus ihrem Holze Kapellen, gab heidnischen Sagen einen christlichen Sinn und suchte mit einem Worte, was aus alter Heidenzeit erhalten war, zu christianisiren." Hiebei bleibt nur zu beklagen, dass der guten Absicht der Kirche entgegen die tiefere Seite jener vom Paganismus überkommenen Formen vom Volke vielfach verkannt und die äussere Ceremonie als das wesentliche Moment das Vorrecht behauptete, so dass des Dichters Wort: „Längst sieht vor Rosen man das Kreuz nicht mehr!" schon damals bestätigt ward. So kam es, dass der Gottesglaube in Aber- und Unglaube umschlug, sich durch das Völkerleben zum Nachtheile der idealen Erfassung des Christenthums wie ein rother Faden dahinzog, um heute noch bei der Menge

---

[1]) Würzb. Landesverordn. I. 448.

[2]) Schätzbare Beiträge zur Geschichte des Aberglaubens im Nordgau liefern die Schriften des Nürnberg. Dominicanerpriors Johann Nider, † 1438. Vergl. auch Raderi Bavaria sancta III. 39. — Eine merkwürdige Sammlung solcher Besprechungsformeln, welche noch zahlreich im Munde des Volkes fortleben, wie überhaupt des Aberglaubens in Bayern, liefert das vom Herzoge Maximilian 1611 erlassene „Landgebot wider die Aberglauben, Zauberey, Hexerei und andere sträfliche Teufelskünste" abgedruckt in Panzer's Beiträgen z. deutsch. Mythol. II. 264. 292. — Müller, Repertor. d. landesherrl. Verordnungen in Kirchensachen I. 1. Aberglauben I. 232—233. Verbot der Exorcismen ex causa maleficii, noch Aussegnungen der Häuser, Ställe und des Viehes, 1770. Exorcismen und Segensprechen und Austheilung geistl. Mittel zur Heilung von Krankheiten bei Vieh und Menschen. 1803.

wie in gebildeten Kreisen, wo man oft den Glauben an den Teufel und seinen Spuck besser als den an Gott zu bewahren wusste, als Unkraut im Geheimen zu wuchern.

III. Anwendung sympathetischer Heilmittel. Hieher gehören:

A. Das Anhängen und Tragen von Amuleten, bestehend oft aus Gold, Silber, Eisen, Pergament oder Arzneikörpern [1]), welche entweder rein psychisch, oder rein somatisch wirken; ersteres, auch bei völlig wirkungslosen Substanzen, dadurch, dass des Kranken mächtig erregbare Einbildungskraft gläubigfest von ihnen Heilung erwartet, und so die psychische auf die somatische Sphäre unmittelbar wirkt, oder dass der Geist durch unwillkürliche Erinnerung an das Amulet oder ein anderes in die Gesichts- oder Gefühlssphäre fallendes Object vom Körperleiden abgezogen wird und diesem das Bewusstsein entzieht, letzteres dynamisch, wenn sie aus wirklich heilkräftigen Stoffen, z. B. Gewürzen, Knoblauch, Pfeffer, Asant, Kampher, Alaun, Bernstein, Metallen u. s. w. bestehend, materielle Einflüsse mittels Reiz, Ableitung, Einsaugen, Einathmen der durch die Körperwärme flüchtig gewordenen Stoffe, ausüben. Diese Anhängsel, adalligationes, ligaturae, phylacteriae, oft mit manchfachen mysteriösen Aufschriften versehen, gehören zu den ältesten Heilmethoden und Schutzmitteln gegen Krankheiten, und wurden zum Theile, als zauberische Operationen, von der Kirche untersagt [2]).

B. Das Uebertragen [3]) der Krankheit vom menschlichen Organismus auf einen anderen lebenden oder todten Körper, auf Thiere, Pflanzen und Steine. Dieses geschieht theils, indem man diese Körper unmittelbar mit dem leidenden Theile in genaue Berührung bringt [4]) (auf ähnliche Weise, wie mittels electrischer Metastase nach Hodgkin [cfr. Medico-chirurgical Review Jan. 1832] der Uebergang der Krankheit von einem Individuum auf das andere bewirkt wurde), weil man annimmt, dass die unsichtbaren und unwägbaren Krankheitspotenzen, welche für den Organismus als etwas Fremdes angesehen werden, auf diese Art abgeleitet und von einem andern gesunden Körper

---

[1]) Vergl. Grimm, deutsche Mythol. 1126.

[2]) So trug man einst in Silber gefasste Adler- und Blutsteine (Bausch, schediasma de aëtite haematite 1665). Verschiedene Amulete werden beschrieben in Kellner, lexic. real. in ephemerid. acad. nat. curios. Leop. Carol. I. 67.

[3]) Grimm, d. Myth. 1122. Uebertragen der Krankheiten.

[4]) Vgl. Plin. hist. nat. XXX. 14 et 20.

dagegen heilende Kräfte eingesogen werden können, theils indem man, gleichsam mittels einer Actio in distans [1]), die natürlichen und pathischen Excremente des Kranken, Speichel, Schweiss, Urin, Blut, Eiter oder abgestorbene Körpertheilchen, Haare, Nägelabschnitte, Ueberbleibsel der vom Kranken genossenen Speisen u. s. w. Thieren, wie Hunden oder Schweinen (vergl. Rehm, fränk. Volksfreund 1793, 460), unter das Futter mengt, in Ameisenhaufen [2]) oder in die Erde vergräbt, in Baumstämme, Wurzeln einkeilt, und gleichsam bannt. Bei diesen sympathetischen Operationen finden allerlei symbolische Ceremonien und zoomagnetische Manipulationen, Incubation, Bestreichen [3]), leises Murmeln, Anhauchen, Anspucken [4]) u. s. w. statt; bei manchen muss tiefes Stillschweigen [5]) beobachtet werden. Hieher gehört auch das Verkaufen und Wegwerfen der Krankheit, indem man einen Partikel des krankhaften Secretionsproductes, nebst einer kleinen Geldmünze, in ein Blatt oder Papier verborgen, rückwärts [6]) von sich wirft, in der Absicht, die Krankheit auf den

---

[1]) Beispiele dieser Transplantatio et venditio morborum in Kellner, l. c. I. 165. 264. II. 1122. 1277. Grimm l. c. 1122.

[2]) Vergl. Grimm l. c. 1121. Aberglaube 864. Auch werden Arzneien in wohlverstopften Gefässen eine Zeit lang in die Erde oder in Ameisenhügel verscharrt, um sie wirksamer zu machen. Vergl. Hildegard, subtilit. 146. Die Ausdünstung frisch gegrabener und von Zeit zu Zeit durch neue ersetzter Erde in Gefässen auf dem Ofen in Krankenzimmern wird von Manchen empfohlen. Seitz, Trost der Armen 37. „Im Gegentheile könnte einer bald muthmassen, dass das lange Leben unserer Voreltern, wie auch deren Stärke daher kommen, dass sie über heilsamen Kräutern vielfältig auf der Erden geschlaffen." Ein Beispiel sympathetischer Benützung der Erde als Heilmittel bietet s. Hildegard. subtilit. II. 14.

[3]) Eine schon den Römern bekannte Manipulation: „Die Berührerin durchlauft mit geschickter Kunst den Körper, und besprenget mit fertiger Hand alle Glieder." Martial. (Mesmerismus.)

[4]) Dem Speichel nüchterner Personen wird grosse Heilkraft zugeschrieben, und bei vielen sympathetischen Kuren, bei Besprechen und Beschreien findet An- und Ausspucken statt. Plin. hist. nat. XVIII. 7: „terna despuere deprecatione in omni medicina mos est, atque ita effectus adjuvare." Plaut. Captiv. III. 4. 21. Ephemerid. acad. natur. curios. II. 6. 213. Grimm l. c. 1056.

[5]) Dieses „Unbeschrieensein bei Curen" findet sich schon in der Bibel, II. Reg. IV, 29: „Si occurrerit tibi homo, non salutes eum, et si salutaverit te quispiam, non respondeas illi" als vorbeitendes Verhalten bei den Heilversuchen des Elisäus.

[6]) Rückwärts, post tergum, auf die Erde oder ins Wasser werfen. Cfr. Homeri Odyss. V. 349. Virgil. Eclog: „rivoque fluenti transque caput jace ne respexeris." Tibulli carmin. Sulpic. eleg. 4: „Ut quodcunque mali est et quidquid triste timemus. In pelagus rapidis devehat amnis aquis."

zufälligen Finder des Gegenstandes überzutragen¹). Zur Abwendung von Krankheiten findet auch das Kreuzigen, Spiessen kleiner Thiere, wie Schnecken, gleichsam als Sühnopfer, statt.

Die bei solchen sympathetischen Curen erforderlichen Arzneimittel und Geräthe müssen geschenkt oder um deren Angebot, ohne am Preise zu handeln, erkauft werden, die Geschirre selbst dürfen noch nicht gebraucht sein. Zur Ausführung sympathetischer Curen werden, wie im alten Heidenthume, allenthalben die Phasen des Mondes berücksichtigt; denn das „wachsende Licht" verheisst in allen Dingen Glück. Bei zunehmendem Monde werden Operationen am Leibe vorgenommen, Geschwülste und sonstige Gebrechen gesegnet, Haare und Nägel geschnitten, heilsame Kräuter und reiner Thau gesammelt u. s. f. Man wählt gewisse Feste und Tage als besonders günstig, z. B. Ostern, Pfingsten, den Freitag. Der Sympathie gelten die Zahlen 3, 7, 9, 15, 77 als solenne. Nach der hl. Schrift²) ist Drei die Zahlensignatur des göttlichen Seins und alles Dessen, was mit Gott in irgend einer unmittelbaren Verbindung steht oder sich auf ihn bezieht. Vier ist die Zahl der Welt, die Summe alles Geschaffenen; aus Drei und Vier entsteht Sieben, welches die Signatur der Verbindung Gottes und der Welt ist; damit wird die Sieben zugleich eine heilige Religionszahl, Cultuszahl. Auch findet eine eigenthümliche Farbensymbolik statt, die weisse, rothe, blaue, grüne Farbe bei Binden und Umschlägen, sind, wie die unten angeführten Beispiele zeigen, nicht bedeutungslos.

IV. Der Genuss einzelner roher oder künstlich zubereiteter Heilstoffe aus den drei Naturreichen, deren Kräfte man auf die zwischen dem Menschen und der Natur (Macrocosmus et microcosmus) bestehende geheime geistig-körperliche Verwandtschaft

---

¹) Wie schon Marcellus Empiricus de medic. 237 bemerkt: z. B. der Stein, mit welchem man Warzen, um sie zu vertreiben, berührte, „involutus hederae folio et abjectus et ab aliquo inventus, miro modo ad illum, qui collegerit, verrucas transfert."

²) Cfr. Bähr, Symbolik des mos. Cultus I. 138 ff. Gedicke, Vermischte Schriften 32—60. — Das häufige Vorkommen der Zahl 77 in der Volksmedizin bezieht sich auf Genes. IV. 24, Judic. VIII. 14, Matth. IV. 24, Matth. XVIII. 22. — Auch Plinius, Hist. nat. XXVIII. 50, führt die Zahl 700 als bedeutsam an: Notum est, quosdam quotidie septingenties custodito numero cutem fovere. — Der 5. und 15. Tag ist bedeutungsvoll. Cfr. s. Hildegard. subtil. I. 100. 129. 166. VII. 37. Nach 15 Tagen ist die Heilung reponirter Brüche vollendet, über welche gebetet worden.

und Wechselwirkung, Sympathia rerum[1]) (ein Beispiel derselben in der Chirurgie s. bei Häser, Gesch. d. Medic. I. 493. 903, Absterben der Nase nach dem Tode einer andern Person, von welcher der Hautlappen bei der Rhinoplastik genommen wurde), dann auf die Aehnlichkeit einzelner Körper oder Körpertheile in ihrer organischen Structur (Signatura rerum)[2]) begründete. Die Kenntniss solcher Arzneien aus der Weltapotheke des Paracelsus[3]) lehrte gewöhnlich der Zufall, das augenblickliche Bedürfniss, die Noth zur Abhilfe eigener oder fremder Gebrechen — mehr Instinct als Empirie —, und die Anwendungsweise hat sich durch mündliche Ueberlieferung fortgepflanzt[4]). Viele Volksmittel, welche später in die Dreckapothe des C. F. Paullinus, (Frankf. 1699. 8.) übergingen, scheinen auf Erregung eines heftigen Gegenreizes durch Eckel u. s. w.[5]) hinzuzielen, und werden vielfach gebraucht. Veranlasst durch die vielen provinciellen Synonymen von Pflanzen und Mineralien schlichen sich zahlreiche Verwechslungen in die Materia medica der Volksheiler ein; ein Missstand, welcher, schon von Plinius[6]) beklagt, die Quelle vieler Irrthümer bei Interpretation der altdeutschen Pflanzen ward.

So steht denn diese uralte germanische Heilkunde mit ihren Segen, Amuleten und rohen Arzneien schroff entgegen der gelehrten, auf Anatomie und Physiologie gegründeten Medicin, und als instinctive Empirie gegenüber der rationellen Theorie, welche sich fast ausschliesslich physiologisch erprobten, chemischen Präparaten zuwendet[7]).

---

[1]) Cicero divinat. II. 69 continuatio conjunctioque naturae, quam vocant συμπάθειαν. Cic. de nat. deor. III. 11. Pierer, anat.-physiol. Realw. Bd. VII. 811: Sympathie.
[2]) Vgl. die Werke von Oswald Croll und Joh. Bapt. Porta, über eine allgemeine Naturphysiognomik.
[3]) Labyrinth. medicor. VII: „Nun aber ist in der Natur die gantze Welt ein Apotheken und nit mehr dann mit einem Dach bedeckt."
[4]) Beinahe jede Dynastenfamilie Frankens bewahrte das Recept irgend eines Arcanums als Geheimniss und dasselbe erhielt von diesem Adelsgeschlechte seinen Namen (Archiv des histor. Vereins f. Unterfr. X. 1. 160). Auch in vielen bürgerlichen Häusern trifft man handschriftliche Arzneibücher, welche oft bis in das 15. Jahrhundert zurückreichenden Erfahrungen entstanden sind. Kellner, synops. ephemerid. 440.
[5]) Solche Eckelreactionen bezweckt man durch gedörrte Würmer, Läuse, Kröten, Hundekoth, Menschenkoth, Menschenfett, Mumien u. s. w.
[6]) Hist. nat. XXV. 10: „haec quoque difficultas est, quod eadem herba aliter alibi nuncupetur."
[7]) Sie ist im Ganzen — in Folge der „Aufklärung, die alle Welt beleckt", und weil die jüngere Generation „an nichts mehr glaubt" — in das Stadium des Absterbens übergetreten.

Diese volksmässigen Heilversuche sollen sich nun gründen:

A. auf die manchen Personen einwohnende grössere zoomagnetische, electrische (odische) Körperkraft, und deren Mittheilungsfähigkeit an Andere, welche Potenzen beide während des zu höchster psychischer Exaltation leicht erregbaren Mittelalters weit bedeutender und allgemein verbreiteter gewesen sein mögen, als bei der jetzigen, der objectiven Anschauung geneigten Generation;

B. auf die, bei dem früher innigeren Zusammenleben der Menschen mit der Natur und deren häufigerem Verkehre im Freien, minder getrübte Naturanschauung und Erkenntniss der geheimnissvollen Wechselbeziehungen des menschlichen Organismus zu den drei Naturreichen, und der in letzteren verborgenen Heilkräfte.

Es ist nicht zu leugnen, dass solche Heilungen durch Sympathie oft auf Täuschung oder lediglich auf Gemüthseindrücken beruhen und eher bei Leichtgläubigen, Halbgebildeten, durch geistige oder körperliche Leiden Geschwächten zur Geltung kommen, als bei gebildeten, an klares Denken gewöhnten Köpfen. Bei solchen Heilungen muss einerseits Einbildungskraft und Glaube, anderseits aber die Willenskraft als heilkräftiges Agens angesehen werden. Bei dem Kranken selbst kommt Alles darauf an, den festen Glauben zu erwecken, dass das Mittel helfen werde, und es wird unter sonst günstigen Bedingungen auch oft Linderung, selbst Besserung herbeiführen, (ja, wie Prof. Bock meint, sicherer, als die homöopathischen Nichtse).

Bei den Fortschritten der Naturwissenschaften und deren tieferer Befreundung mit der Psychologie sind wir berechtigt, zu hoffen, dass manche bisher für abergläubisch oder transcendal gehaltene Erscheinungen und Heilungen doch in das Gebiet des Natürlichen gehörig sich erweisen werden, und vielleicht noch in manchen Krankheiten, welche in der Psyche oder im Nervensysteme wurzeln, wie Geistesstörungen, Epilepsie und andere Krampferscheinungen, Wechselfieber u. s. w. auf Hilfe psychischer Medien gerechnet werden könne, gegen welche unser officineller Arzneischatz nicht zureicht, wenn gleich die Hoffnungen auf die von den alten alchimistischen Artisten erträumte Lebenstinctur und den Stein der Weisen, als ein munus Diis iuvidiosum (Plin. hist. nat. XXXV. 2), gemäss dem Ausspruche der Bibel: Ne forte mittat manum suam, et sumat de ligno vitae, et comedat et vivat in aeternum (Genes. III. 22) nimmermehr sich bewahrheiten werden.

Abstammung und Beschäftigung. Bayerns Bewohner, über deren physicalisch-medizinischen Gebräuche und Idiotismen berichtet werden soll, sind Abkömmlinge der Bojoarier (Bayern), dann der Sueven und Allemannen (Schwaben), ferner Sprossen jener Frankencolonie (Salier und Ripuarier), welche um 317 n. Chr. aus den unteren Rheingegenden nach dem heutigen Franken eingewandert sein und bereits gegen Mitte des 5. Jahrh. den Weinbau eingeführt haben soll. Unter ihnen siedelten sich an der Aisch, Aurach, Regnitz, Wisent, Itz, Baunach und am Main Slaven und Wenden an, welche Carl der Grosse in Franken internirt hatte und welche sich im Laufe der Jahrhunderte mit bayerischen und pfälzischen Einwanderern vermischten. Auf der Rhön sollen Chatten eine bleibende Stätte gefunden haben. Die Rheinpfälzer sind Nachkommen der vom Niederrhein vorgedrungenen Salier und Ripuarier. — Des Volkes Kern, die Landbewohner, sind im Allgemeinen von mittlerer Körpergrösse, und durch vielfache, oft harte Beschäftigung in frischer Luft gekräftigt und gegen die Unbilden von Wind und Wetter abgehärtet. — Während in den südlichen Provinzen Feldbau und Viehzucht überwiegende Beschäftigung bieten, kommen noch in den nördlichen und in der Pfalz der Anbau von Culturpflanzen, wie Hopfen, Wein und Tabak, in den gebirgigen Gebieten die Pflege des Waldes und seiner Producte, sowie Bergbau hinzu. In den grösseren und kleineren Städten hat sich die Industrie Bahn gebrochen.

Wohnung und hieher gehörige Gebräuche. Die Wohnhäuser sind am geräumigsten in Städten und wohlhabenden Gegenden, während sie in ärmeren, gebirgigen Gegenden, deren Bewohner gewöhnlich besserer Lebensweise entsagen müssen, beschränkt sind; nur hin und wieder findet man dort Hütten, mit welchen oft unter einem Dache Viehstall und Scheune verbunden sind, mit Stroh oder Schindeln gedeckt. Hier, wie in Städten, wo oft in beschränkten Wohnungen Arbeiterfamilien zusammengepresst leben, muss der Einfluss des sonst milden Clima's durch Beimischung von gesundheitsschädlichen Gasen getrübt werden. Wenn Wagenseil noch 1697, wo die Strassenreinlichkeit gewiss keine grosse war, das Clima Nürnbergs als vorzüglich gesund rühmt: eaque aëris et coeli est clementia et temperies, qua nulla benignior in Germania, so hat sich dies in neuerer Zeit durch Anlage vieler Fabriken und Anhäufung grosser Menschenmassen und deren Effluvien geändert, so dass der Hygieine mit Polizei noch eine grosse Aufgabe bleibt, wenn bessere Verhältnisse in Fabrikstädten, wo die Volkskrankheiten das beste Brütebett finden, eintreten sollen. — In Städten und grösseren Märkten sind die Mauern der Häusser gewöhnlich aus den Gesteinsarten aufgeführt, welche die Unterlage bilden, Kalk-, Sandstein, oder auch, wo diese mangeln, aus Backsteinen und in ärmeren Gebirgsgenden aus Fachwerk mit Lehm[1]). An die Stelle der in den Wohnungen der wohlhabenden Bevölkerung einst allgemeinen Holzvertäfelung ist in neuester Zeit die Verklebung der Wände mit Tapeten getreten.

Der von Alter hergebrachte Glaube mancher Personen, dass ein neu gebautes Haus dem ersten Bewohner Krankheit oder Tod bringe, mag auf vielfach gemachten traurigen Erfahrungen beruhen, welche die Einathmung der schädlichen Dünste frischen Mörtelbewurfes und Farbenanstriches in Neubauten veranlasste. Vielleicht steht dieser Wahn auch mit den im Mittelalter nicht selten vorkommenden Sühnopfern von Kindern oder jungen Thieren im Zusammenhange[2]), welche bei Aufführung grösserer Gebäude dargebracht wurden und zu denen auch das Steininscript auf der unterfränkischen Burgruine Wildenburg bei Amorbach einen Beitrag liefert[3]).

Auch in Oberfranken wird grosse Vorsicht angewendet, wenn ein neues Haus bezogen wird. Vor dem Einzuge lässt man einen Leib Brod oder ein Buch auf den Tisch legen; jagt aber erst eine Katze, einen Hund oder Hahn über die Schwelle, damit auf sie etwaiges Unglück übergehe. Denn wer zuerst in ein neugebautes Haus geht, wird auch wieder zuerst herausgetragen (Ludwigstadt). Um dies zu verhindern, geht man rücklings hinein, ohne die Schwelle zu berühren, weil dies die armen Seelen, die darunter ruhen, schmerzt. Der Katholik trägt zuerst ein Crucifix und einen Weihwasserkessel in seine neue Wohnung (Nordhalben). Auf der Thürschwelle soll man kein Holz spalten, weil die „Hausotter" darunter ruht, das unschuldige milchsaufende Schlänglein (Voigtland).

Wenn man früh zum ersten Male aus dem Hause geht, so muss man darauf achten, ob einem nicht zuerst ein altes

---

[1]) Vgl. Fentsch, culturgeschichtl. Skizzen aus Bayern im Deutschen Museum 1858, 25, und die trefflichen, hieher gehörigen Abschnitte aus der „Bavaria".

[2]) Panzer, Beiträge II. 254. 559.

[3]) Archiv des histor. Vereins f. Unterfr. XVI. Auf diese Sühnopfer bezieht sich auch der uralte, jetzt mit Recht selten gewordene Brauch, lebendig gefangene Eulen und andere Raubvögel an die Thore von Scheunen und Landhäusern anzunageln und so gleichsam am Kreuze absterben zu lassen, in der Absicht (wie Apuleius asin. aur. III. berichtet), ut quod infaustis volatibus familiae minantur exitium, suis luant cruciatibus.

Weib begegnet, oder ein Haase oder ein Schwein über den Weg läuft, es bedeutet Unglück und man soll umkehren (Ober- und Unterfranken).

Die Heizung der Stuben geschieht mittels eiserner Oefen oder aber Kachelöfen, deren erstere an Zweckmässigkeit aber bekanntermassen weit nachstehen. Viele arme Familien, besonders in der Rhön, im Spessart und Odenwalde, bewohnen nur eine einzige Stube, zugleich Wohn- und Schlafzimmer, in dem auch bisweilen, hinter dem Ofen, die Gänse und Hühner ihre Brütestätte haben. In diesen Stuben ist die Luft natürlicher Weise durch die manchfaltigen Exhalationen von Menschen, Speisen, Excrementen u. s. w. immer sehr verdorben, und hier ausgebrochene Erkrankungen greifen leicht ansteckend und verderblich um sich, um so mehr, als oft die Kranken mit den Gesunden ein Bett theilen müssen. Der Lichtenberger (Oberfr.) Glaube: „Ueber Kehricht darf man nicht steigen, das bringt Unglück" hat sohin noch keine allgemeine Geltung erhalten. Wird das Haus gereinigt, so darf die Magd wegen der Hexen nicht über den Besen steigen und das Kehricht nicht in der Schürze hinaustragen (Oberfranken). Man heizt im Winter überdiess mit minder getrocknetem Nadel- und Laubholz oder mit Lohkäsen sehr stark, so dass der rasche Wechsel der Temperatur, welcher beim Verlassen solcher überheizter Locale und dem Eintritt in kältere Luftschichten nothwendig erfolgen muss, häufig catarrhalisch-rheumatische Leiden oder Entzündungen der Respirationsorgane veranlasst [1]).

Die Verbesserung der dumpfen Stubendünste sucht man weniger durch fleissiges Lüften als vielmehr durch Räucherungen von Essig, Zucker, Apfelschaale oder Wachholderbeeren, oder auch Weihrauch zu bezwecken. Auch pflegt man an der Decke oder an den Fenstern Zwiebeln [2]) aufzuhängen, welche da Blätter treiben und alle schädlichen Gase einsaugen sollen [3]).

---

[1]) Vgl. die Collectio scriptor. rei rust. ed. Gesner, II. 766. Die Erwärmung durch Häfen mit glühenden Kohlen findet nur im Freien, bei den auf Märkten feilbietenden Personen statt, weil die Schädlichkeit der Kohlendämpfe im geschlossenen Raume durch traurige Erfahrungen allzu bekannt ist.

[2]) Zahn, specula physico-mathemat. II. 245.

[3]) Im südöstlichen Deutschland hängt man zu diesem Ende eine wohlriechende Kleeart, Melilotus coerulea, im Zimmer auf, welche den Namen Siebengezeit führt, weil sie, nach den Erfahrungen der Mönche, siebenmal des Tags, zu den sieben Tagszeiten (septem horae canonicae) ihren Geruch ändern soll. Bock, Kräuterbuch 192. Camerar. memorab. medic. cent. VI. 89. Dierbach, Beitr. 85.

Weil Erkältung als die gewöhnliche Ursache plötzlich eingetretener Krankheiten angesehen wird, missbilligt man, des Nachts die Fenster in Schlafzimmern offen zu halten.

Beim Umzuge in ein neues Haus oder Logis[1]) soll man vor Allem ein Crucifix und einen Laib oder ein Stück Brod dahin bringen, damit der Segen Gottes nicht ausgehe.

Eine geschichtliche Schilderung der älteren und neueren, von Jahrhundert zu Jahrhundert vielfach dem Wechsel der Mode unterworfenen Kleidertracht zu liefern, welche durch die französische allmälig verdrängt wurde, möchte die Grenze dieser kleinen Abhandlung überschreiten. Materialien hiezu finden sich in Bundschuh's fränk. Mercur, 1796. 129, 1797. 379, und dessen Manchfaltigkeit. II. 132 gesammelt[2]).

Betten. Die Symbolik des Mittelalters unterschied die einzelnen Sorten von Thierfellen und Vögelfedern genau und schrieb jeder derselben besondere Eigenschaften und Wirkungen auf den menschlichen Organismus zu. Auch in unserem Volksleben ist diese alte Ansicht noch nicht ganz verwischt. Bezüglich der Auswahl der Federn beim Füllen der Bettkissen finden sich die ältesten hieher gehörigen Ansichten in den libr. subtilit. der hl. Hildegard VI. 13. 14. 19. ausgesprochen: „Pennae anetarum ad cervicalia plus valent, quam pennae gallinarum. Pennae gallinarum mala sunt et Gicht in homine excitant, qui desuper incumbit. Pennae vulturis nec ad lectos, nec ad cussinos valent." Die Kissen der schweren Betten des wohlhabenden Landmannes

---

[1]) Der Traum einer zum ersten Male in einem fremden Hause schlafenden Person wird als sehr bedeutungsvoll angesehen.

[2]) Mit der Verfertigung der Kleidungsstücke beschäftigten sich zu Würzburg in den ältesten Zeiten die Begharten und Beginen, bevor die Zunft der Schneider in's Leben trat (Reg. rer. boic. IV. 537). Der Spottname „Schneiderböcke" scheint hiemit in Verbindung zu stehen. Ueber ältere Kleidungsweise cfr. Reg. rer. boic. VI. 168: 1325. una tunica panni, qui *Parcha* (Barchent) vulgariter nuncupatur (Schwarzach sub Stolberg, Unterf.). — Ueber die Kleidungsstücke des Clerus cfr. Himmelstein, Synod. Herbipol. 1298: Clerici vestimenta ordinem decentia deferant, nimia brevitate et longitudine non notanda, pannis viridibus vel rubeis, nec non manicis aut socularibus, froenis sellis, pectoralibus, calcaribus deauratis ... utantur — fibulas omnino non ferant, neque corrigias auri vel argenti ornatum quaerentes ... 1329: Item monachi mantella vel chirothecas non portent, nec pannos de nigro bruneto, sed pretio viliori. Item monachis *vulpina* pellicia et de *cuniculis* prohibemus, sed agninis tantum utantur (180). Item monachi calcios strictos, qui *stivales* (Stiefel) dicuntur non habeant (181). — Kleidertracht zu Kitzingen: fränk. Mercur. 1799. 34. 36. — Büttner, Keerl u. Fischer, fränk. Archiv I. 330. Der schwarze Mantel der Bürger zu Marktbreit.

sind heutzutage gewöhnlich mit Gänsefedern, zuweilen gemengt mit Enten- und Hühnerfedern dicht gefüllt. Nach altem Glauben sollen Hühnerfedern in kein Bett (Grimm d. Myth. II. Ausg. 1091). Auf Bettkissen mit Hühner- oder Taubenfedern soll man nicht nicht ruhig sterben können [1]). Seltener trifft man Pfülben mit Rosshaaren, Moos oder Seegras. Auf den Besitz eines eigenen guten Bettes hielt man schon in der alten Zeit ein gutes Stück. Laut der Ordnung des Sondersiechenhauses zu Kitzingen 1478 mussten sogar die von den Leuten vertriebenen und beschaueten Sondersiechen bei ihrem Eingedinge in dieses Leprosarium „ihr Spanbet vnd leger mit zugehorung" mitbringen. Die grossen Himmelbettstätten mit gewichtigen Vorhängen sind jetzt mit Recht ausser Brauch gekommen. Allgemein herrscht noch das Vorurtheil, dass man Fieber- und Ausschlagkranke, sowie Kindbetterinnen sehr warm halten müsse. Man erstickt daher solche Personen beinahe durch schwere Bettstücke, erhöhet die Ofenhitze und schliesst sorgfältig die Fenster, damit ja kein Hauch frischer Luft in die dunstige Stube dringen könne, was für die Bewohner derselben eben so nachtheilig als beschwerlich ist.

Speisen und Getränke. In neuester Zeit hat man angefangen, die zerstreuten reichen Materialien zu einer Geschichte der deutschen Kochkunst zu sammeln [2]) und hat den Einfluss gewürdigt, welchen Nahrungsmittel auf die Bevölkerung ausüben. Die süsse, zucker- und gewürzreiche Zubereitungsart der Speisen in früherer Zeit erlitt im 17. Jahrhundert durch die Mode der französischen essig- und salzsauren Saucen und Salate (jura salsa et salata) allmälig eine grosse Veränderung. Im Mittelalter waren die Klosterküchen für die übrigen tonangebend, und von ihnen gingen zugleich kurze Gedächtnissverse auf die Vorzüge und Qualitäten aller einzelnen Speisen und Gerichte aus. Im Jahre 1491 wurde auf Verwendung des Bischofs zu Bamberg vom Papste gestattet, an Fasttagen Milch- und Butterspeisen zu geniessen, weil das Olivenöl in Deutschland nicht wachse und der Zusatz des gewöhnlichen Oeles zu Speisen Krankheiten verursacht habe. Erst später ward an

---

[1]) Aehnliche Aberglauben in Panzers Beiträgen z. deutsch. Mythol. I. 263. und Wolf's Beiträgen I. 221.

[2]) Ein solcher Codex altfränkischer Kochkunst erschien aus der Würzburger Liederhandschrift, herausgegeben von Maurer-Constant, München 1844.

[3]) Vor der Sündfluth (nach Grimm Sinfluth = grosse Fluth) war die Nahrung der Menschen nur eine vegetabilische, nach derselben kam Fleisch hinzu. Genes. I, 29. 30. und IX, 3.

Fasttagen der Genuss von Eiern gestattet. (Ussermann, episcp. Bamberg. 330.) — Fleisch bildet von jeher den Hauptbestandtheil der Nahrung. Die Thierzucht und Jagd bieten reichliches Material. Nach dem Kirchenrecht war der Fleischgenuss von Thieren, welche von Raubwild getödtet oder von Raubvögeln niedergestossen worden, verboten, und dies Verbot gründete sich auf Mosaische Vorschriften. (Exod. XXII. 31. Levit. VII. 24. XII. 8. Ezechiel XLIV. 31). Ein Lieblingsessen ist seit Jahrhunderten Schweinfleisch und Sauerkraut, unter dem Namen Compost[1]) schon im 13. Jahrh. gepriesen. Der reiche wie arme Landmann mästet jährlich nach altem Brauche ein oder mehrere Schweine. Die Sauerkrautbrühe galt als Präservativ vor verschiedenen Krankheiten. Der Bratwürste gedenkt schon Conrad von Würzburg[2]). Nach der Speiseordnung des Augustiner-Eremitenklosters zu Münnerstadt 1401 wurde in jeder Woche ein Gemüse aus Feigen[3]), Rosinen und Mandeln aufgetragen. Senf und Pfeffer galten seit Jahrhunderten als Verdauung fördernd (Sinapi literatorum solatium. Camerar. memorabil. V. 82). Ebenso Kümmel, Fenchel, Anis, Dill, Majoran &c. Safran ist in vielen Küchen bliebter Zusatz zu Mehlnudeln und Reis (Crocus cor hominis Camerar. memorabil. III. 42). Vom Borago rühmt ein alter Denkvers: *Dicit borago, gaudia semper ago.* Als Zuspeise dient auch der Meerrettig, welcher von besonderem Wohlgeschmacke um Bayersdorf gebaut wird; er gilt als Gehirn, Gedächtniss und Magen stärkend. Auch die Früchte von Vaccinium vitis idaea werden unter dem Namen „Preisselbeeren" mit Zucker und Essig eingemacht und bieten eine beliebte Zugabe. — Die als Salat sehr beliebten Gurken sollen nicht aufstossen, wenn man sie von oben nach unten schält! — Schwämme werden mehr in Altbayern (Gebirgsgegenden) als

---

[1]) Camerar. mirabil. medic. XII. 37: „brassica capitata condita in composito, Gumpist, et caro porcina.

[2]) Von alten Wibeslist, in v. d. Hagens Gesammtabenteuer I. 189. Der Wurstgenuss war verboten in Corpus jur. civ., weil aus Blut bereitet (nach Levitic. VII. 26. XVII. 10). — Bratwürstordnung 1486 zu Geroldshofen, Archiv d. histor. Vereins f. Unterfr. III. 1. 162. — In einzelnen armen Orten Bayerns ist der Fleischgenuss so selten, dass der ungewohnte Genuss desselben bei Recruten in der Kaserne Anfangs Brechen erregt.

[3]) Vermöge einer Stiftung 1317 erhielten die Cistercienser zu Ebrach während der Fastenzeit Feigen zum Nachtische, Archiv d. histor. Vereins f. Unterfr. I. 1. 317. — Des Abends eine Feige oder drei umgestülpte Zwetschgen zu essen, wird noch heute von Vielen als besonders heilsam empfohlen.

als in Franken als Zugemüse oder Salat genossen und werden in Städten zu Markte gebracht Champignons (Agaricus campestris), Brätlinge (Agar. laetifluus), Speisemorcheln (Morchella esculenta), Stock- oder Steinmorcheln (Helvella escul.), Eierschwämme (Merulius cantharellus), Rainschwämme, Edel-, Stein- oder Kuhpilz (Boletus edulis), der Butterpilz (Bol. luteus), der gelbe Ziegenbart und Korallenkeulenschwamm (Clavaria flava et coralloides) u. s. w. Beim Genusse derselben ist die Sentenz Plin. natur. hist. XXII. 47: „quae voluptas tanta ancipitis cibi" nicht ausser Acht zu lassen. — Die Kartoffeln[1]) kamen im Mainthale später, als in andern Gegenden Deutschlands, in Anbau, 1741 wurde zuerst Kartoffelbrod gebacken. In ärmeren Gegenden sind Kartoffel und Kaffee, resp. Cichorienbrühe, oft die einzige Nahrung. Nach einem Volkswahne soll man die Kartoffeln beim Kochen und Genusse nicht zählen, weil sie sonst nicht ausschlagen (ähnlich wie bei der unheilvollen Volkszählung Davids, I. Paralip. XXI, XXVII, 24). — Fischspeisen finden sich seltener auf dem Tische des gemeinen Mannes, hin und wieder Stockfische oder Häringe. (Letztere wurden in Franken 1766 durch ein Landmandat verboten.) — Milch- und Mehlspeisen in verschiedener Form — im Spessart auch wohl von Buchwaizen (Polygonum fagopyrum) — stehen ebenfalls auf der Speisekarte des Landmannes. Häufiger Genuss derselben soll „verschleimen", wie fette Speisen „viel Galle machen".

Eine Hauptbeschäftigung und reiche Erwerbsquelle in vielen Gegenden Bayerns war von jeher der Weinbau und war auch in einer fränkischen Stadt, in Nürnberg, nach dem Zeugnisse Roseublüt's (290) vor Zeiten der bedeutendste Weinmarkt: „Und sucht ein Mann in 100 Königreichen, Doch findet er des Weinmarkts nirgends gleichen". Der fränkische Wein genoss früher im Auslande sogar zuweilen vor dem rheinischen den Vorzug, bis er diesen in Folge der häufigen „in der guten, alten Zeit", schon im 14. Jahrhunderte oftmals verpönten Weinschmiere allmälig verlor. Bereits der würzburger Polizeicodex von 1372 handelt u. A. „Von win machen". „Man verbütet auch allermenniglich es sy phaff oder leyhe herr oder knecht frawe oder man riche oder arm, daz niman eheinen win machen sol mit keinerley gemechte noch gross noch klein noch mit namen mit gebrantem wine denn allein mit kemmen und mit beren"...

---

[1]) Nach einem Berichte aus Gersdorf auf der Rhön im Journal von und für Deutschland 1786. 78. wurden die ersten Kartoffeln allda 1720 gebaut und sollen seitdem viele Leute am Dampfe (Asthma) gestorben sein!

Eine ähnliche Verordnung gegen die weitgediehene Weinschmiere ergeht daselbst 1487, worin die beeidigten Unterkäufer anzeigen müssen: „ob ein Wein schimmelt oder nit, ... ob er gemacht mit senff oder sonst geuerlich schmeckt." — Ein kaiserliches Mandat zur selben Zeit verbietet „das mehrmalige Einschwefeln, die Vermischung des Weines mit „Aland-, Salm-, Wermuth- und andern Gewürzweinen, sowie mit Beerwein, Kempwein, Sponwein, Malfasier und Reinfall." — Im Weine suchte das Volk seine Panacca bei Unwohlsein, sowie am Abende Erholung nach mühevoller Tagesarbeit, bis die Weinglocke zu Bette rief[1]).

Im übrigen Bayern steht das Bier als Nationalgetränk seit ältester Zeit in Ansehen. Um das lange Zechen und Schwärmen in den Schenken die Nacht hindurch zu verhindern, wurde in München wie in andern Städten zur bestimmten Zeit die „Birglocken" geläutet (1331). Auf dies Zeichen mussten die Wirthshäuser geräumt werden. Wie der Wein ward auch das Bier Gegenstand polizeilicher Ueberwachung. So heisst es in der Enzdorfer Gerichtsordnung (Oberpfalz): „Von den Wirthen-Aichordnung: „ihre Kandel sollen bezaichnet sein und sollen sie die öffentlich auf den Tisch tragen. Wer das Maass nicht einhält, zahlt 24 Regensb. Pfennig." 1472 kostete ein Maass Bier 1 Pfennig; „wenn es dem Bräuer im Sommer gerinnt, soll er es anders woher beziehen und um einen Heller höher ausschenken." — Seitdem sich der Chemismus bei Bereitung dieses Volksgetränkes geltend gemacht und statt guten Hopfens gesundheitsschädliche Surrogate besonders in grösseren Städten Eingang gefunden, ist die Gesundheit des Publikums vielfachen Insulten preisgegeben, so dass oft nur in Landgemeinden, wo sich jeder Ortsnachbar seinen Trank nach Vorschrift seiner ehrlichen Altvordern bereiten kann, ein gesundes Bier zu finden ist. Während nach Böhm's Bericht (omn. gent. mor. III. 15) Bier

---

[1]) Das älteste Zeugniss für die Heilkraft des Frankenweins findet sich in der Schrift der hl. Hildegard, subtilit. div. nat. creat. III. 54. IX. 5, wo auch des heunischen Rebsatzes gedacht wird. Die erste mir bekannte Verordnung wider das Weinschmieren erschien 1343, dann 1487. Die Sprichwörter: „In Reben steckt das Leben", und „Frankenwein ist Krankenwein" s. in Pistor. paroemiograph. 666. Ueber den Wein als Präservativ bei der 1681 auch zu Würzburg grassirenden Epidemie vgl. Jahrbücher d. fränk. Weinbauvereins III. 25. Reben und Trauben gingen auch als Schildfiguren über in die Wappen einiger Mainorte, z. B. von Friekenhausen, Sommer- und Winterhausen. Ein trinkender Häcker ist das Wahrzeichen Kitzingens.

im Anfange des 16. Jahrh. am Maine verachtet war, hat es in neuerer Zeit den Genuss des Weines vielfach verdrängt.

Auch der Branntwein stand schon frühzeitig in Gebrauch. So empfiehlt eine Handschrift des Schultheissen von Frickenhausen (1320) den von Modena her in Deutschland eingeführten Branntwein unter dem Namen „gebrauntes Wasser" als Bewahrungsmittel wider die Pest und andere ansteckende Krankheiten. Seine belebende Kraft wirkte bald so verführerisch, dass besonders Feldarbeiter sich seiner als Reizmittel zu bedienen begannen. 1460 begeisterte sich ein bamberger Dichter zu einem Lobgedichte auf denselben, woraus hervorgeht, dass dass das gebrannte Wasser als Getränk bald allgemein beliebt war, so dass „schier Jedermann" Branntwein trank und das öffentliche Ausschenken ein Gewerb geworden war. Heute noch steht er als ein sicheres Schutzmittel bei schädlichen Witterungs-Einflüssen und „angesetzt" mit Pfeffer, Kalmus u. s. w. als Verdauung befördernd und von Flatulenz befreiend in Ansehen. Allgemein aber wird er in verschiedenen Formen von den Gebirgsbewohnern, wo er als Respirationsmittel von Vortheil, in Gebrauch gezogen. Aeusserlich findet er seine Anwendung zu Einreibungen als stärkend und Ermüdung benehmend.

„Wenn man einem Säufer Branntwein zu trinken gibt, der durch einen Todtenlappen geseiht worden, so verliert er seine Trinklust" (Bayreuth). „Will man die Gäste bei Tische bald trunken machen, so giesse man Rübsamen oder etwas Hollunderwasser unter das Getränk. Als Mittel wieder eingewurzelte Trunkenheit wird gerühmt: Man nehme 4 Quint Spiessglanzwein, 2 Quint Ipecacuanawein, 1 Quint Asafötidatinctur und giesst dieses Gemengsel ganz oder theilweise dem Trunkenbold unter das Getränke. Reicht dieses für das erste Mal nicht zu, so wird eine zweite kleine Gabe davon gewiss sicher wirksam sein." — „Wenn man den Schaum vom Bierglase, bevor man trinkt, nicht etwas abbläst, so haben die Hexen Gewalt über den Trinker (Altbayern und Pfalz)." — „Der Genuss von sieben bitteren Mandeln oder von Kohl soll keine Berauschung aufkommen lassen [1]), Waschen der Geschlechtstheile mit kaltem Wasser die Berauschung vertreiben."

Vom Kaffee [2]), diesem Labsale des weiblichen Geschlechtes, heisst es sprichwörtlich: „Kalter Kaffee macht schön" und

---

[1]) Qui comedit caules, non sentiet ebrietates.

[2]) Leider sind für dieses Getränke viele zum Theile ungesunde Surrogate im Umlaufe. Vgl. Laubender, die 42 Surrogate des Kaffee's.

„Dicksatziger Kaffee setzt sich vor die Wurmlöcher." — Der Thee, früher schon in England und Holland bekannt, kam 1634 in Deutschland in Gebrauch. — Essig kommt als Zusatz zu vielen Speisen und Getränken, um deren Wohlgeschmack zu erhöhen; am Charfreitag angestellt, soll er von besonderer Güte werden. Er gilt als schätzbares Hausmittel, welches innerlich, mit Wasser vermischt, als kühlendes Getränke bei Fieberkranken, äusserlich erregend, schweisstreibend, blutstillend, auf glühenden Kohlen verdampft aber antiseptisch wirkt. Die Stelle des aromatischen, erregenden Cölnischen Wassers vertritt in vielen Bürgerhäusern der Karmelitengeist, welcher nach geheim gehaltener Vorschrift [1]) seit beinahe 200 Jahren im Carmeliten-Discalceaten-Kloster zn Regensburg bereitet, mit Gebrauchs-Anweisung, verkauft wird und starke Abnahme findet.

Die Scheu, welche man früher vor dem Genusse frischen Wassers hegte, herrscht jetzt nur mehr unter wenigen Personen, welche, um ihren Durst zu löschen, zuvor ein Stück Zucker darin auflösen [2]). Sprichwörtlich sagt man: „Wasser trinken macht klare Augen; Trinken im Aerger ist schädlich; Im Wasser soll man keine Gesundheit trinken." Auch hört man häufig den Spruch: „Wein auf Bier, das rath' ich dir; Bier auf Wein, das lasse sein." Unter dem Essen oder bei durch Laufen und heftige Bewegung erhitztem Körper zu trinken, wird mit Recht als schädlich angesehen. Alte Reime rathen an: „Ein Trunk auf den Salat Schad't dem Doctor ein' Ducat'; Ein Trunk auf ein Ei Schad't dem Doctor zwei [3])."

Nürnberg 1806. 8. Archiv des histor. Vereins f. Unterfr. IX. 2. 161. Seitz, Hydrologia franconica, Nürnb. 1714. 8. Vorr. Surrogate des chines. Thee, Chocolade, Tabak, Kaffee (gedörrte Gartenbohnen und geröstete Brodrinde).

[1]) Die ächte Vorschrift zur Bereitung des Karmelitengeistes (Aqua Carmelitarum) vom Apotheker Baudet in Langres (nach den Angaben eines Fraters des ehemal. Karmelitenklosters von Faubourg-St-Germain): Rec. Herb. Melissae recent. Mp. 3, Cort. Citri recent., Nuc. Moscatae, Sem. Coriandri, Caryophyll., Cort. Cinnamom. ana Unc.I. C. c. infund. Vini albi generosissimi, Spiritus Vini rectificati ana Libr. 2. Stent in maceratione per 24 horas, saepius agitando; dein destillent e cucurbita vitrea Libr. 2. (*Journ. de Pharm. et Chimie. Juin 1844.*)

[2]) Ein alter Mönchsvers sagt: *Mensibus in quibus R, Noli tu bibere water*, eine Regel, welche die Küche bezüglich des Genusses der Krebse beobachtet.

[3]) Sie erinnern an die Regel des Regim. schol. Saliternae:
Singula post ova pocula sume nova.

Das Trinkwasser muss nach dem Gebetläuten besegnet werden, sonst trinkt man sich eine Krankheit oder gar den Tod hinein. Wasser entgiftet man durch Brod (Schwaben). Ehe man in's Flussbad steigt, soll man drei Kiesel aus dem Bach nehmen und diese auspucken und über den Bach werfen. Die „Hundsköpf" (Kaulquappen) hält man für giftig, desshalb soll man um die Zeit nicht baden, wo diese im Wasser zu finden (Schwaben). Die auf der Oberfläche stehender Wasser lebhaft hin und wieder gleitende Wasserwanze (Hydrometra lacustris) wird in Brunnen gerne gesehen, weil sie das Gift aus dem Wasser ziehen und letzteres gesund machen soll (Ochsenfurt). Rückwärts über die Hand darf nicht in Gläser und Häfen gegossen werden, sonst erkrankt der davon Geniessende.

Den Handel mit den verschiedenen Landeserzeugnissen begünstigten seit alter Zeit die Flüsse Bayerns, diese Pulsadern für Verkehr und Pflege der Kultur. Sie übten einen mächtigen Zauber auf die Einbildungskraft des Volkes und knüpften sich an dieselben viele Sagen und Ueberlieferungen aus der Zeit der an ihren Ufern oft unter schweren Kämpfen vollzogenen Entwickelung geistiger und materieller Interessen. Kein Wunder, dass die altdeutsche, vielleicht mehr keltische Sage von bösen Fluss-, Brunnen- und Seegeistern immer noch spuckt. So widmeten auch der Beobachtung des Mainstromes („hochentsprossen, lang genossen, vielverflossen", wie ihn Pistorius, Paroemiogr. 657 nennt) die Anwohner schon frühe die genaueste Aufmerksamkeit. Aus dem Falle des „Gewäders"[1]) entlang seinen Gestaden deutete man auf früher oder später eintretende Winterfröste. Am St. Gallentage war die Fahrt über den Fluss bei Marktsteft[2]) höchst gefährlich, am Feste der hh. Petrus und Paulus fordert er, wie man ziemlich allgemein sagt, ein Opfer. Die älteste Charakteristik des Mainwassers findet sich in Subtil. div. natur. creat. der hl. Hildegard II. 6: „Mogus[3]) ab origine maris aliquantum tepide impellitur, et quia tardus est, faciliter impedi-

---

[1]) Ephemera vulgata, gemeine Eintagsfliege. Fehr, hiera piera sive de absinthio 69.

[2]) Weisthum von Marktsteft in Select. Norimb. IV. 233.

[3]) Den alten Namen Moin (Schmeller W. B. II. 588) bringen Einige mit der altnordischen Schlange Moinn in Beziehung, die Flusswindungen in's Auge fassend. Thurneisser l. c. 275. — Unter allen bayerischen Flüssen hat er das geringste Gefäll (von 2470') wegen der vielen Krümmungen und des vielen Sandes und Schlammes, den er mit sich führt. Walther, topogr. Geogr. 56.

tur et cessat, et ideo etiam aqua ejusdem fluminis pinguis est et arena ejus limosa. Aqua ejus in cibo et in potu sumta et caro hominis in balneo perfusa, seu facies lota, cutem et carnem lucidam et laevam facit, nec hominem transformat nec infirmum reddit. Carnes quoque cum ea coctas albas reddit et inflat, quoniam in cursu suo aspera non est, sed lenis. Et pisces ejus noviter capti sani sunt et diu durare possunt, quia propter levitatem ejusdem aquae non fatigantur nec inde laborant, ideo et caro eorum durat. — Das Wasser der Pegnitz nennt Thurneisser im Pison 1572. VI. 65. „gar schwer und ungesund, welches einen nitrischen Geschmack hat, aus dem obersten Theil der Erde rinnend und als ob es aus einem Moos käme schmeckend." Dagegen rühmt Fries (Würzb. Chronik) das Wasser der Rednitz als besonders klar und entleitet daher den Namen Radiantia. — Als Schützer gegen Wassergefahr wird in Franken der hl. Nicolaus, auch wohl der hl. Christoph (an der Salzach) und der hl. Zeno (Reichenhall) verehrt. — Vom Starnbergersee sagt man, dass er keine Leiche eines in ihm Ertrunkenen zurückgibt, vielmehr alle aufrecht stehend in seinem lehmigen Grund aneinanderreiht, und nach dem Volkswahne soll der Walchensee dereinst ausbrechen und das ganze Bayernland überschwemmen.

Feurige Kugeln oder andere Zeichen am Himmel bedeuten Völkerunglück, Krieg, Hungersnoth, Pest.

Zu den verschiedenen Vorzeichen, welche das Volk für alle schwerere Bedrängnisse hat, gehören auch die „Hungerbrunnen" (intermittirende Quellen). Hin und wieder finden sich solche in Bayern; wo nämlich in gewöhnlichen Zeiten kein Wasser zu finden, bricht solches in manchen Jahrgängen in ergiebigster Menge hervor und immer folgt nach der Volksmeinung solcher Erscheinung Misswachs: im J. 1815 und neuerdings noch 1853 wurde allgemein dieses Fliessen der Hungerbrunnen beobachtet. So befindet sich auch in Thalkirchdorf zwischen Immenstadt und Staufen ein Hungerbach. Er verursachte wie in früheren Jahrhunderten im ganzen Allgäu Schrecken, als er im nassen Jahre 1816 auf einmal zu fliessen und ausserordentlich zu schäumen begann. Nach der Theurung trocknete er wieder ein. Im J. 1838 floss er auf's Neue, aber nicht so schäumend, mit nachfolgender Theuerung. Darauf vertrocknete er wieder. Bei Mindelheim ist ein ähnlicher Hungerbach, der aber nie gänzlich austrocknet. — In der Pfalz findet sich einer im Walde eine Stunde von Kaiserslautern. — Seyfried, Medull. mirab. nat. 268, berichtet: „In Franken liegt ein vornehm adelich Stammhaus an einem Berge, woselbst ein Brunn hervorquillt, der immerfort schön und klares Wasser unausgesetzt ausgibt. Wenn aber Jemand aus diesem Geschlecht sterben soll, verliert der Brunnen etliche Wochen sein Wasser. Ein ander adelich Geschlecht dieses Landes hat gleicher Gestalt eine Vorbedeutung bevorstehender Todesfälle in deme, dass ein sonsten gar schöner reiner Brunnquell etlich Wochen zuvor durch einen unbekannten Wurm trüb gemacht wird. — G. A. Will, praes. J. G. Baier, de fontibus annonae difficultatem portendentibus, vulgo Hungerbrunnen (Altdorf. 1709, 4.) enthält Nachrichten von Hungerquellen in Bayern. In einem mir gehörigen Exemplare findet sich folgende Randbemerkung: Bei grossen Mohr, ni fallor prope Hilpoltstein, sive Bezenstein, mitten auf einer Wiesen ist dergleichen, wann er fliesst, legen es die Benachbarten von künftigem Hunger aus. — Zu Guntersbühl (bei Nürnberg) ist eine solche Quelle, heisst die alte Gotterenmühl (?), weil sie gleichsam vaticinirt ist, quod divinum. Anno 1746 blieb sie im Sommer, ni fallor, aus. Auf der Oberubürg ist dergleichen." — Ueber Hungerbrunnen in der Oberpfalz vergl. Paullini curiöses Kabinet 163.

Auch das Vorfinden durch manchfache Dinge roth gefärbten Wassers gab dem Volke vielfach Anlass zu prognostischen Deutungen. Schon Conrad von Megenberg bemerkt in seinem Buche der Natur 82: „Also vindet man auch oft, daz sich das wazzer ferbt in der erden und gar rot herfür fleuzt; so wänent die ainvältigen daz ain hailtum da sei; also pauten Kelhaimer ain hülzen cappeln über ainen roten wazzerfluz an der Tuonaw oberhalb Regenspurg. — A. Libavii Singular. I. 268: „Anno 1583 piscina glacie concreta in ditione Pabebergica, sub glacie et in ejus extima superficie cruenta apparuit." J. L. Hartmann, fränk. Blutgeschichte oder histor. und theolog. Bericht von dem neulich in Blut verwandelten Wasser im Stadtgraben zu Kitzingen. Rotenburg 1676.

Gewitter suchte man seit alter Zeit durch Errichtung hoher Schauer- oder Hagelkreuze von Holz oder Stein an den Markscheiden der Felder, als Hagelableiter, unschädlich zu machen. Auch Schauer- oder Hagelbenedictionen [1]) wurden seit grauer Zeit gegen die Zauberer, welche den Hagel erregen, angewandt. In einem dieser Wettersegen wird ein Unhold Fasolt, in einem

---

[1]) Eine schon bei den Römern vorkommende Ceremonie nach Cicero, consolatio: „Imbres autem, nimbi, procellae, si a nostris conseeratae sunt, id antiquissimis populi romanae ritibus et ceremoniis receptum est." — Plinius, hist. nat. II. 54: „sacris quibusdam et precationibus vel cogi fulmina."

andern Merment cum sociis genannt. (Vgl. Gelasius di Cilia, thesaur. 88; C. H. Agrippa a Nettesheim, opera I. 460 (Exorcismus spirituum aërorum); J. Pictorii Villing. de illorum daemonum qui sub lunari collimitio versantur, ortu et nominibus. Basil. 1563. 8. 14.) Im Ochsenfurter Gau musste der Flurer einst an gewissen Tagen zwischen Ostern und Pfingsten ein geweihtes Kreuz als Schutz vor Gewittern um die Ortsflur tragen. Gleichen Nutzen sollte das Läuten geweihter Glocken während des Gewitters gewähren. (Julii statut. rur. 1584: campanarum benedictarum usus, cum imminent tempestates, adversus potestates tenebrarum. Gropp, coll. script. Wirceb. I. 665. 763. II. 32. 53. 842. 951. Horsch l. c. 74. Nürnb. Verk. 1806. 93.) Bei Gewittern verbrennt man auf dem Lande die am Palmsonntage geweihten Palmzweige (von Salix caprea, früher von Juniperus Sabina, Bock, Kr. B. 351). In Müller, Repertor. v. landesherrl. Verordn. sind jene über Verbot des Läutens bei Gewitter 1803, über Flurritt und Hagelprozession (I. 282, 300. II. 65) gesammelt.

Bei der grossen Sonnenfinsterniss 1654 gebot der Rath zu Nürnberg, in Speise und Trank sich mässig und des Wandelns im Freien sich zu enthalten, kein Obst oder Gemüse zu geniessen und einige Tage das Vieh nicht weiden zu lassen. — Während der Sonnenfinsterniss 1725 wurden vermöge würzb. Landesverordnung die offenen Brunnen bedeckt und das Vieh im Stalle zurückgehalten. (Gropp II. 845.) Nach Panzer, Beitr. II. 315. bedeckte man auch an einigen Orten Bayerns bei der Sonnenfinsterniss 1851 die Brunnen, damit sie nicht durch den vom Himmel fallenden „Traen" vergiftet würden.

Bäder der alten und neuen Zeit. Die an ein einfaches, rauhes, von Entsagung begleitetes Naturleben gewöhnten Germanen liebten Baden und Schwimmen im freien Flusse. Kein Wunder, dass auch nach Abschüttelung des römischen Joches die Neigung der Deutschen zu Bädern vorherrschend blieb. Mit der Ausbreitung des Christenthumes wurde vorzüglich durch den Orden des hl. Benedict der Gebrauch der Bäder immer mehr im Volke verbreitet. Der Stifter († 543), selbst ein Umbrier, gestattete nach der Sitte seiner Landsleute seinen Ordensbrüdern (Regul. c. 46) einen mässigen, den Kranken aber den durch das Leiden gebotenen Gebrauch der Bäder. Durch die Benedictiner wurde der Gebrauch der Badestuben, welche den Deutschen aus den Römercolonieen bekannt waren, im ganzen Abendlande eingeführt, obgleich andere Orden den Bädern abhold waren. Wie allgemein das Baden war, geht daraus hervor, dass gemeinsames Baden der Weiber und Männer bereits vom hl. Bonifacius (Statut. Bonif. ap. Luc. Dacher, tom. I. 507); verboten wurde, und dass späterhin die Enthaltung vom Baden als kirchliche Strafe galt. Von Kaiser Heinrich IV. († 1106) heisst es in den Hildesheimer Annalen: „Non balneatus et intonsus et ab omni Dei servitio privatus." (Pertz, Monum. Germ. 5. 109. I. 47). Der Gebrauch der Bäder war besonders seit den Kreuzzügen unter allen Volksklassen zum Lebensbedürfniss geworden. Mochte dieses auch darin seinen besonderen Grund haben, dass damals der Gebrauch von Leibwäsche und deren regelmässiger Wechsel weniger allgemein war, als jetzt; immerhin galt das Baden für eine heilsame diätetische Uebung, welche zu den sieben grössten Freuden jener Zeit gezählt wurde. Wer keine eigene Badstube — stuba balnearia — im Hause hatte, was im 16. Jahrh. in allen Häusern wohlhabender Bürger der Fall war, besuchte wöchentlich wenigstens einmal die öffentliche, in welcher Anfangs Bademägde, später Badeknechte die Gäste mit lauem Wasser begossen, rieben und kneteten. Selbst in den kleinsten Städten wurden solche Anstalten errichtet, um auch den Aermsten den Genuss dieser Wohlthat zu gönnen. Das Baden galt zu den Hauptfröhlichkeiten des Lebens, und ward das Freibad bei festlichen Gelegenheiten, wie Hochzeiten, zum Besten gegeben: „Wiltu ein Tag froehlich sein? gehe in's Bad. — Wiltu ein Wochen froehlich sein? Lass' zur Ader. — Wiltu ein Monat froehlich sein? Schlacht' ein Schwein. — Wiltu ein Jahr fröhlich sein, nimm ein jung Weib" &c. (1501). Meistens waren die Badstuben um ziemlich hohe Summen zu Gunsten der Gemeindekasse verpachtet. In vielen Klöstern oder auf dem ihnen zugehörigen Boden wurden Badstuben (Stubae balneatoriae oder Vaporaria) errichtet, um die Wallfahrer und Pilger aufzunehmen. Selbst milde Stiftungen hatten ihre Badstuben. Durch Legate frommer Personen wurde Armen an gewissen Tagen die unentgeltliche Benützung der Bäder ermöglicht (Selbäder). So bestimmt eine Stiftung: „Die armen Siechen sollen alle 14 Tage ein Bad und $1/2$ Maass Wein erhalten im Hospitale zu Iphofen." (Reg. rer. boic. XI. 248.) — Nachdem bereits auf dem Concil von Wien 1267 den Juden das Baden in den Badstuben der Christen verboten worden, bestimmte auch das Concil von Freising 1440, dass kein Christ mit Juden essen oder baden dürfe. — In der Schulmeisterordnung von Nabburg (Oberpfalz) wird 1480 den Schülern das Baden verordnet. — Nach der Badeordnung von Gerolzhofen von 1445 mussten die beiden Bader wöchentlich vier öffentliche Bäder bereiten. Im J. 1557 wurden nur noch der Mittwoch und Samstag als Badetage festgesetzt.

Erwachsene Badegäste, sie mochten sich schröpfen lassen oder nicht, zahlten daselbst zwei neue Pfennige, ein 9jähriges Kind einen neuen Pfennig. Blutentziehungen nach dem Bade waren allgemein im Schwunge: „Arbeyt in dem mayen ist dir nicht schad, Lass' zu der Ader und mach' dir lustig Bad." (Regim. sauitat. fol. 6ᵇ. Nueremberg 1508.) Grosses Vertrauen hatte das Volk auf die Bäder im Frühjahre, besonders im Mai (Maienbäder); sie sollten den Körper vorzüglich stärken und reinigen. Man gab sich zu solchen Maienbädern gegenseitig Geschenke. Auch die Wochentage hatten ihre Bedeutung. Ein altes Spruchgedicht sagt: „Am Montag baden die truucken, am Aftermontag die reichen, am Mittwoch die witzigen, am Donnerstag, die gryndig vnd lausig seind, am Freytag die vngehorsamen, am samsstag die hochvertigen." Und im Spottgedichte auf die Ersäufung des durch seine falschen Denunciationen verhassten fürstlichen Dieners Has 1466 heisst es nach Fries Chr.: „Dan nah dem heut ist freitag, Und allenthalben ain gemaine fag Ob in dem bad irgend ein Man Sein raum nit wol haben kann, Derselb am freitag (wo das Baden verpönt war) wider kere, So findt er dann die kubel lere, Nun ist dir schon das bad bereit: Dazu gibt man dir itzt das gleit Und ist der maister auch nit feren. Der sol dir netzen, zwagen, scheren" ... — Wie jedoch das Umsichgreifen des Aussatzes ehedem nicht ohne Einfluss auf den Badgebrauch blieb, indem man allenthalben Schwitzbäder als Schutz- und Hilfsmittel gegen jene Krankheit empfahl, so erlitt er mit dem Schlusse des 15. Jahrh., wo die Syphilis zur Epidemie erwuchs, mit den im Mittelalter in grossen und kleinen Städten fleissig besuchten Frauenhäusern, einen gewaltigen Stoss, indem sowohl das an manchen Orten übliche gemeinsame Baden beider Geschlechter, als die häufig von den anrüchigen Badern vorgenommenen blutigen Operationen zur Verbreitung der Seuche beitrugen. Nach manch traurigen Erfahrungen mieden allmälig die niederen Volksschichten die öffentlichen Badestuben, während sich die höheren dem Gebrauche der mit dem 16. Jahrh. in Ansehen kommenden naturwarmen Quellen, „Wildbäder", zuwandten. — Wie nothwendig die Errichtung von Badeanstalten besonders für die Gesundheit der Fabrikarbeiter, Landleute, Taglöhner, namentlich in Orten, wo Flussbäder fehlen, wurde bereits im Mildheimer Noth- und Hülfsbüchlein anerkannt, und liessen sich dieselben eben so leicht herstellen, als die Judentauchen, welche sich freilich oft in kläglichem Zustande befinden.

Während im frühesten Alterthume die Bäder in den Fluthen der Flüsse, im Mittelalter in den Badstuben genommen wurden, kam der Gebrauch der Heilquellen [1]) mehr in der neueren Zeit in Aufschwung. In der ersten Reihe steht Kissingen. Die frühesten Nachrichten über ein Wildbad daselbst finden wir in einer Urkunde vom J. 1544 und die erste Beschreibung der beiden damals bekannten Quellen, des Säuerlings und des Badebrunnens (Pandurs) in Dr. Ruland's Balnearium restauratum vom J. 1579. Was die Sorgfalt des Fürstbischofs Julius, welcher selbst die Heilkraft des Kissinger Wildbades auf den Rath seines Leibarztes Prof. Gottfr. Steeg benützte, für den Badeplatz gewirkt, wurde durch die Schweden 1643 vernichtet. Desto rascher blühte Kissingen im 18. Jahrh. empor, wo eine Reihe trefflicher Fürsten den Herzogsstuhl von Franken schmückte. Als Friedrich Karl von Schönborn 1739 das alte Bett der Saale ableitete, um die seitherigen Quellen vor Ueberschwemmungen zu sichern, fand sich die Zierde, der Rakoczy. Weitere Verdienste erwarben sich Adam Friedrich von Seinsheim, Franz Ludwig, die Könige Max I. und Ludwig I., unter welch' letzterem es ein Bad ersten Ranges wurde. Cfr. Agricola de natur. effl. e terr. 99. Hornung. cist. med. ep. 96. 112. Weckerlein, grau Ungeheuer XIX. 53. — Das nahe Boklet wurde erst im J. 1720 durch einen Zufall von Pfarrer Georg Schöppner von Aschach auf seine treffliche Heilquelle aufmerksam, welche ihm durch die Natur beschieden. Nachdem Pfarrer Schöppner, selbst leidend, und nach ihm Viele aus der Umgegend ihre Gesundheit wieder gefunden, liess Fürstbischof Christoph Franz von Hutten die Quelle fassen. — Das Bad Brückenau steht als solches etwa 100 Jahre in Ruf; obwohl die dortigen Quellen schon früher von der nächsten Umgebung benützt wurden, liess doch der um das Wohl seines Stiftes rastlos besorgte Fürstbischof von Fuld, Amand von Buseck, 1747 die Quelle fassen, mehrere Kurhäuser &c. aufführen. — Das Ludwigsbad bei Wipfeld mit seinen erdig-salinischen Schwefelquellen hat sich erst im Anfange dieses Jahrh., nachdem der dortige Vorsteher Nic. Müller 1810 auf die Heilkräfte aufmerksam gemacht hatte, als Badeort zu verdientem Rufe emporgeschwungen. — Die Bitterquelle zu Kastell, Wildbad am Steigerwald, war schon im 16. Jahrh. fleissig besucht. Die erste Nachricht besitzen wir

---

[1]) Schon um's J. 1400 verfasste der bekannte Nürnberger Meistersänger und Barbier Hans Folz: „Ein puehlin von allen paten die von Natur heisz sein"; und 1513 erschien in Würzburg: „Newe heilsame vnnd nützliche baden fahrt. Beschriben durch Dr. Gualterum H. Rivium medicum et chirurgum." — Mineralbäder sind 18 aufgeführt, obenan steht Wiesbaden.

in der Descriptio inclytae urbis Franciae Kittingae (Kitzingen) sitae in ripa moeni, per M. Joannem Hofferum, Francum. Wittebergae 1556":

> *„Exerit ad laevam montis sua culmina nomen*
> *Castelli retinens arx: illinc balnea Franci*
> *Thermarum repetunt et morbida corpora curant."*

Der Würzburgische Archiater Dr. Joh. Posthius lieferte um 1590 die erste Beschreibung seiner Heilkräfte in Hornungi cist. med. epist. 190. Wegen des starken Besuches liess Graf Wolfgang ein grosses Gebäude 1601 zur Fassung der dortigen Quelle und Aufnahme der zahlreichen Kurgäste errichten. Eine neuere Beschreibung des nicht mehr besuchten Bades findet sich im Journal von und für Franken 1791. III. 2. — Weitere mehr und minder besuchte gute Heilquellen sind zu Neuhaus bei Neustadt a/S., Sennfeld bei Schweinfurt, Hassfurt. — Die Entstehung des romantisch gelegenen Wildbades bei Rothenburg a. d. T. soll nach Dr. Joh. G. Brebiss (kurzer Bericht &c. 1709) in's Jahr 1356 fallen, wo nach dem grossen Erdbeben am St. Lucastage die Quelle zum Vorschein gekommen sein soll. Bereits 1400 ward von dem rastlos thätigen Bürgermeister Heinrich Toppler ein Badhaus errichtet. — Auch das Wildbad Burgbernheim wurde schon vor 1000 Jahren geschätzt. 1128 soll sich Kaiser Lothar das dortige Bitterwasser von da zur Befreiung vom Nierengriese nach Nürnberg haben bringen lassen. Bischof Gottfried III. von Würzburg (der Ort gehörte seit 30. Mai 1100 zum Stifte, cfr. Reg. rer. boic. I. 49) liess angeblich 1208 die Quellen untersuchen und zwei fassen. Kaiser Karl IV. (1340 bis 1378) gebrauchte das Wasser in Nürnberg mit Erfolg gegen Magengrimmen, Markgraf Albrecht 1485 zur „Verwehrung" des Lendensteines und der Gelbsucht. 1487 wurde das erste und 1718 das jetzige Badhaus aufgeführt. Nach manchfachen Schicksalen ist das Bad in neuerer Zeit leider ziemlich vergessen. — Ein gleiches Schicksal erlebte das Wildbad zu Mörrnsheim im Bisthum Eichstätt, das 1674 von Dr. Mich. Raph. Schmutzen von Poystorff beschrieben wurde. — Erwähnenswerth ist noch das Wildbad zu Weissenburg. Cfr Horst, opp. onn. II. 403. Mercklin, Monogr. 1651; Döderlein, Monogr. 1720. Bayer. Annal. 1833. 4. In Oberfranken findet sich in der Nähe Wunsiedels die treffliche Heilquelle Alexandersbad, 1734 entdeckt und 1741 gefasst, ferner der vorzügliche Eisensäuerling zu Steben bei Naila, erst in neuerer Zeit benützt. — In der Oberpfalz sind zu nennen die längst bekannte Wiesenauer Stahlquelle (Landg. Waldsassen), welche in Wirkung und Stärke dem Pyrmonter Stahlwasser gleichgeachtet wurde, und die eisenhaltige salinische Schwefelquelle in Neumarkt, welche schon 1550 in den Epistol. medic. des Dr. Langius, Leibarztes des Pfalzgrafen Otto, rühmend erwähnt wird. Vielfach vergessen, wurde erst 1774 ein schönes Badhaus gebaut. Cfr. Camerar. memor. med. cent. VII. 8. Lang. epist. med. 609. Baier oryctogr. Nor. ed. II. 4. Thurneisser, Pison 235. — Die schwefelhaltige Stahlquelle bei Grossalbertshofen (bei Sulzbach) besass früher nach älteren Schriftstellern bedeutende Celebrität. In Niederbayern ist zu erwähnen die 1837 entdeckte Stahlquelle in Kellberg bei Passau. Das Schwefelbad zu Abbach, welches bereits 1262 bekannt ist, richtete 1465 Meister Jörg, Wundarzt in Regensburg, zu einem Wildbad ein. Seit jener Zeit nahm der Besuch des Bades zu, so dass Kaiser Karl V. 1532 daselbst gegen Podagra Hilfe suchte, und bei seinem Weggange dem damaligen Besitzer, Arzt Hopfinger, ein Geschenk von 1000 Ducaten machte. 1754 war die Kurfürstin Marianne mit grossem Gefolge und Prunke im Wildbade. Cf. Beccher, Phys. subterr. ed. Stahl 532. Thurneisser, Pison 163. Hornung. cist. epist. med. 493. 504. — Die nahe verwandte Mineralquelle am südöstlichen Theile des Burgfriedens von Abensberg wurde bereits 1441 von der Gräfin Klara als heilsam erprobt. — Die Schwefelquellen in Höhenstadt, 3 Stunden von Passau, wurden 1713 von Abt Abundo von Fürstenzell zu einem Heilbade erhoben. — Auch Oberbayern ist reich an Mineralquellen. Die eisenhaltig-salinische Schwefelquelle Rosenheims mit Soolbad und Molkenanstalt erfreut sich eines wohlverdienten Rufes; ebenso die erdig-salinische Schwefelquelle und Molkenanstalt in Kreuth, welches durch die königliche Huld Max I. zu einem mit allem Comfort ausgestatteten Asyle für Leidende erhoben wurde. Die nächsten Höhepunkte eröffnen das interessanteste Rundpanorama in Bayern. — Die erdig-salinische Schwefelquelle (Kanizerbad) bei Partenkirchen ist bereits in Aventin's Chronik als solche erwähnt. Cfr. Bayer. Annal. 1835. 40. Schmeller, W. B. II. 612. — Von den nächsten Anwohnern werden benützt das Theresia-Mineralbad am Ammersee, jenes zu Adelholzen im Landg. Traunstein, zu Schäftlarn, das Bad Brunnthal bei München, wo Leidende aus weiteren Kreisen die Kaltwasserkur gebrauchen; ferner die Jod- und Bromhaltige Adelheidsquelle zu Heilbrunn, Landg. Tölz; schon im Jahre 1059 bekannt, ward sie 1530 von Herzog Wilhelm IV. und der Kurfürstin Henriette Adelheid 1659 als Bad gebraucht. — Auch Benediktbeuern besass eine Heilquelle, welche 1636 Mal. Geiger beschrieb. — Salinische Bäder werden ferner benützt in Traunstein, Reichenhall (Achselmannstein), in Annabrunn bei Mühldorf, dessen Bewohner die Quellen in arthritisch-

rheumatischen Affectionen und Unterleibsleiden rühmen, zu
Wartenberg u. s. w. — In Schwaben und Neuburg ist zu erwähnen
das Wildbad bei Wemding, dessen Schwefelquellen bereits im
14. Jahrh. benützt wurden (cfr. Thurneisser, Pison. 154. Hornung,
Cist. ep. med. 454. Bayer. Annal. 1833. 14. 147); ferner das
Krumbad, Landg. Kulmbach, eines der ältesten Bäder Deutschlands, war schon im Mittelalter sehr berühmt und besucht. —
Quellen und Bäder, welche in der älteren Zeit Beachtung fanden, waren zu Dunzenbach, ein „Gesundwasser bei Donauwörd",
beschrieben von J. N. Duval in der Nürnberger Zeitung 1759
27. Juli; zu Gebsattel (A. Libavii Singular. IV. 92), Lauterbrunn (Thurneisser l. c. 160), Nördlingen (Ephemer. ac. natur.
cur. II. 2. 10), Obernsees (Wöchentl. histor. Nachr. v. Franken.
1768. 362), Oster- oder Walbrunn (ebend. 1767. 32. 311).

In der Auswahl dieser und anderer Heilquellen sind Aerzte
und Laien häufig nicht sehr sorgsam und werden jene vielfach
im Sommer von vermögenden Hypochondristen, Podagristen
und andern geplagten Lebemännern selbst ohne ärztlichen Rath
besucht, um dann wenigstens den Trost zu haben, dass das
hingebrachte Geld bei der Heimkehr keine besondere Belästigung
macht. Ebenso ist auch in geringeren Kreisen das Trinken
von Racoczy, Bitter- und Selterserwasser oft ohne besondere
Indication und im Uebermaasse im Schwunge.

Tanzen. Ausser den Bädern sind als gymnastisch-diätetische
Uebungen auch die früheren volksmässigen allgemein gepflegten
Tanzvergütungen vielfach in Vergessenheit gekommen, welche,
verbunden mit Gesang und Musik, viel zur geselligen Unterhaltung
früherer Generationen beitrugen, und auf die Agilität des Körpers grossen Einfluss ausübten. Aus mehreren Andeutungen
der Geschichtschreiber entnehmen wir, dass bei den in die Maingegenden eingewanderten heidnischen Franken während religiöser
Ceremonien und Feste nackte Jünglinge und Jungfrauen[1]) im
Kreise ihrer Eltern und Verwandten öffentliche Tänze aufführten, eine Sitte, welche, vom Christenthume streng verpönt,
noch bis in das 16. Jahrhundert Spuren hinterlassen hat. Zu
solchen Belustigungen gaben seit ältester Zeit verschiedene
Feste Anlass, besonders das St. Johannisfest. Wie bedeutend
dasselbe früher gewesen, geht aus den Predigten der Heidenbekehrer und Bischöfe hervor, welche gegen dasselbe als heidnischen Unfug eifern. Der h. Eligius mahnt im 7. Jahrh. die

---

[1]) Gropp, Samml. III. 38. 40. Carrichter, Deutsche Speisekammer 17.
Vgl. Adrian, der Maientanz oder die Gründung von Würzburg.

Deutschen, am Johannisfeste keine Sonnewendlieder oder andere teuflische Gesänge (choraulas vel cantica diabolica) sowie Tanz und Sprünge zu üben. Das ganze Mittelalter hindurch wiederholte Verbote haben jedoch jene Festlichkeiten nicht gänzlich abzustellen vermocht, und an einigen Orten gaben die Priester den am Vorabende angezündeten Feuern und dem Umtanzen derselben sogar kirchliche Weihe. Unser trefflicher Ethnograph Johann Böhm von Aub erzählt (Omn. gent. mor., leg. et ritus III. 15): „Am Johannisabende der Sommersonnenwende bekränzte sich die Jugend beiderlei Geschlechts mit Beifuss und Eisenkraut (Artemisia vulg. und Verbena offic.) und schaute durch Ritterspornbüschel (Delphinium consolida)¹) in das lustig auflodernde Johannisfeuer, wodurch sie ihre Augen das Jahr über vor Krankheiten zu schützen vermeinte. Beim Nachhausegehen nach Tanz und Gesang verbrannte man diese Kränze unter dem Rufe: „„Mit diesen Blumen verbrenne und verschwinde alles Unglück!"" Wie sonst in Lohr am Main, so zünden zu Margetshöchheim und Veitshöchheim bei Würzburg²) die Knaben am St. Johannisabende ein Feuer an, wozu sie zuvor im Dorfe Holz gesammelt haben, mit dem Rufe: „Kommet herbei, ihr jungen Knaben, Helft das Holz zusammentragen, Zum G'hannsfeuer, Der Haber ist theuer; Wer kein Holz zum Feuer git (gibt), Lebt das heurig Jahr auch nit." Sie tanzen und springen dann um's Feuer. Ebenso bettelten in Nürnberg trotz alten Verbotes bis in die neuere Zeit die Knaben zum 24. Juni Holz und andere Brennmaterialien, verbrannten solche an dem Bleicherweiher vor dem Spittlerthore und sprangen über die Scheiterhaufen, wodurch sie auf's ganze Jahr Gesundheit zu erhalten glaubten (cfr. Ovid. Fast. IV. 781). — Auch auf den Höhen des fränkischen Jura und besonders rings um die Ortschaften an den Hassbergen leuchten noch am Abende vor dem Johannistage die „Sunnwendfeuer". Auch in der Oberpfalz, in Ober- und Niederbayern lodern noch lustige Feuer, welche von Alt und Jung unter verschiedenen Bräuchen und Aberglauben übersprungen werden.

---

¹) Cf. Menzel, christl. Symbolik. II. 276.

²) Die Johannisfeuer wurden auch im Fürstbisthume Würzburg kraft Landesverordnung vom 9. Juni 1780 streng verboten „wegen mancher dabei vorgehender Entehrungen geheiligter Worte und Dinge, thörigten Aberglauben, unanständiger Ausschweifungen junger Leute, und oft damit verknüpfter Feuersgefahr" Landmandate III. 196. — Am 20. Juni 1653 erliess der Rath zu Nürnberg ein Verbot „der alten heidnischen bösen Gewohnheit des Sonnenwendt- oder Zimmetsfeuers". S. Neu. lit. Anz. 1807. 318.

Würzburgische Urkunden des 14. Jahrh. führen unter dem Namen Tanzfleck und Tanzstatt einzelne freie Plätze in dieser Stadt auf, wo einst unter dem kühlen Schatten der Linden Alt und Jung an Sonn- und Feiertagen mit Tanz und Spiel sich belustigte. Selbst auf dem Rathhause daselbst fanden zweimal im Jahre festliche Male und Tänze sämmtlicher Rathsglieder und deren Familien statt, einmal am Adauctustage im Grünenbaumsaale zum Gedächtnisse der Anwesenheit Kaiser Albrechts daselbst am 30. Aug. 1303[1]), das andere Mal zur Fastnachtzeit; und als dieser Brauch gegen Ende des 16. Jahrh. erlöschen zu wollen drohte, richteten nach dem Rathsprotokollbuche mehrere Familien von Rathsgliedern am 25. Januar 1592 eine Bittschrift an den Rath, das alte löbliche Herkommen nicht absterben zu lassen. Auf der Synode unter Bischof Mangold 1298 wurde verboten, in Kirchen und Kirchhöfen Tänze aufzuführen[2]). Auch die Geistlichen in den Stiften und Klöstern vergnügten sich mit Musik und Tanz an verschiedenen hohen Festen, besonders während des Narrenfestes (festum stultorum)[3]), herstammend von den Saturnalien der Römer. Dieses Fest, von den Franzosen spottweise La Fête des Sous-Diacres, d. i. Fest der besoffenen Diaconen (saouls D.) genannt, ist so alt, dass es schon vom Concil zu Toledo 633 verboten wurde und lange vorher bereits der h. Augustin (in Homil. de Kalend. Januarii) dagegen eiferte. Wegen der dabei geübten Unfläthereien und Missbräuche fand sich das Domcapitel in Würzburg bewogen, 1376 diese Tanzunterhaltung in den Kirchen streng zu untersagen. Ein ähnliches Verbot traf 1385 die Tanzmusiken bei Aufnahme von Ordenspersonen in Klöstern, wobei man, wie das Sprichwort sagte, der Welt nochmals (unter Aufführung gröblichen Unfuges) einen Tritt versetzen wollte[4]). Dem Clerus wurde zwar auf den Synoden 1298, 1407, 1452 und 1589 die Theilnahme an den Tanzbelustigungen des Volkes streng untersagt, aber, wie es scheint, ohne Erfolg. Tanzte doch selbst der eifrige Fürstbischof Gottfried 1455 in einem Gasthause zu Bischofsheim an der Tauber so leidenschaftlich, dass ihm, wie

---

[1]) Fries' Chronik bei Ludewig 603.

[2]) Himmelstein, Synod. Herbip. 143. 293: „Melius est etiam in festis diebus fodere vel arare, quam choreas ducere".

[3]) Eine Urkunde des Neumünsterstiftes bestimmt den Beitrag jedes Chorherrn zu diesem Narrenfeste. Reg. rer. boic. IX. 366. X. 152. Spiess, archival. Nebenarbeiten. II. 76.

[4]) Die Mummereien am Nicolausabende und in der Christnacht wurden 1756 untersagt (Landesverordn. I. 302. II. 714).

Fries berichtet [1]), eine ungewöhnliche beschwerliche Blase an der Leber auffuhr, davon er erkrankte und starb. Nach Joan. Boehmi Aubani Omn. gentium mores &c. libr. III. c. 15 wurden am Aschermittwoch alle Mädchen, welche das Jahr über den Tanz besucht hatten, von den Jünglingen auf einem Pfluge, worauf zugleich ein Pfeifer sass und muntere Weisen blies, an einem Orte zusammengeführt. War dies geschehen, so wurden sie in einen Fluss oder See gezogen, wie Böhm (welcher Seelsorger in der Reichsstadt Ulm war) vermuthet, dass diese Mädchen durch diese Handlung wieder gereinigt oder versöhnt werden sollten, weil sie sich an den Festtagen gegen das Kirchengebot ihres Leichtsinnes nicht enthielten. — Merkwürdig lauten die Bestimmungen der Dorfordnungen zu Euerdorf und Nüdlingen vom Ende des 16. Jahrhunderts [2]): „Es sollen die jungen Gesellen in ihrer Kleidung, Kittel und Röcken und nicht im Leib wie eine Badmaid im Hemd tanzen [3]), auch ehrbar, züchtig und ehrlich, und nicht schreien, wie Unsinnige." Dann: „Das Tanzen soll nicht vor der Vesper beginnen, beim Mariäläuten aufhören und soll man dabei züchtiglich und ehrlich, unter Mantel und Kittel tanzen und spielen, worüber der Platzmeister den Tanz- und Spielgenossen ein Handgelöbniss abnehmen soll. Auch soll nicht ohne Wissen und Willen des Pfarrers und Schultheissen getanzt werden." Seit Ende des 17. Jahrhunderts finden wir, dass die Regierung die häufigen Tanzvergnügungen als sittenverderbend betrachtete und auf jede Weise zu beschränken suchte; 1756 wurden die Tänze im Frühlinge gänzlich abgestellt, 1764 aus dem erwähnten Grunde alle Kirchweihfeste im Bisthume auf einen einzigen Tag, den Sonntag nach Martini verlegt [4]), von Fürstbischof Adam Friedrich am 8. Januar 1765 alles Tanzen an hohen Festen untersagt, an den übrigen Sonn- und Feiertagen aber im Sommer von 5—10, im Winter von 5—9 Uhr zwar ein ehrbarer Tanz gestattet, die ärgerlichen Walzer und Schleifer [5]) aber wurden für immer verboten. Dadurch wurde den Schwelgereien, Ausschweifungen, Raufereien und vielen andern Unordnungen, welchen

---

[1]) Chronik, bei Ludewig 812.
[2]) Archiv des histor. Vereins f. Unterfr. I. 1. 134. V. 2. 105.
[3]) So wurde auch der Tanz im blossen Hemd und Wamms zu Amberg 1554 verboten (Schmeller, W.-B. I. 449).
[4]) Müller, Repertorium der landesherrl. Verordnungen in Kirchensachen. II. 51.
[5]) Den Tanz in medicinischer Beziehung würdigte zuerst wieder Horsch l. c. 134.

sich das Landvolk an den verschiedenen Kirchweihfesten der Umgebung überliess, engere Grenzen gesetzt, allein die Gelegenheit hiezu in unmittelbar reichsritterschaftlichen und ganerblichen Orten, wo es noch lange Particular-Kirchweihen gab, noch reichlich geboten. Zur Zeit J. Böhms zogen die jungen Leute mit Waffen und einer Pauke zur Kirchweihe wie zu einer Schlacht, — kein Wunder, dass sie oft mit blutigen Köpfen heimkehrten.

Auch heute noch finden die Bewohner Bayerns am Tanze grosses Vergnügen, und bieten verschiedene Feste besonderen Hochgenuss. Im Hügellande zwischen Saale und Main sind in den letzteren Jahren, nach der von der Behörde dictirten Pause, wieder die alten Maientänze eingeführt worden. Allein wegen der Ungunst des Clima's wurden sie in den Hochsommer verlegt und statt des aufgerichteten „Maie" bildet eine schattige Linde den Mittelpunkt des Tanzplanes. Der voigtländische Maieutag dauert zwei Tage und zwei Nächte lang. In Oberbayern wird wohl der „grüne Mayen" aufgerichtet, jedoch ohne Tanz. — Die grösste Summe öffenkundiger helllauter Freudigkeit drängt sich noch beim Landvolke auf den Kirchweihtag (Kirmes, Kirwe, altb. Kirta) zusammen. Ein reicherer Schmaus, fröhliche Gäste im Hause, Musik und Tanz bilden seine Geleitschaft. Im Fichtelgebirge und seinen Vorlanden, im Frankenwald und im Bambergischen ist hiebei der sogenannte Plantanz üblich. Am förmlichsten wird er im Mistelgau abgehalten. — In Oberbayern und Schwaben werden am „Kirta" ebenfalls nach Herzenslust die verschiedensten Tanzweisen aufgeführt.

Neben dem Tanzen scheint auch unsern Altvordern das **Wettrennen** als angenehme und nützliche Belustigung der männlichen und weiblichen Jugend gegolten zu haben. So berichtet auch Joan. Boehm. Aub. l. c. L. III. c. 15 von der Feier der Ostern auf dem Lande: „Man pflegte durchgehends Kuchen zu backen; einer der Reicheren des Ortes stellte einen, zuweilen zwei Kuchen als Preis auf, den ersten für die Jünglinge, den zweiten für die Mädchen. Auf einer Wiese versammelte sich am Abende das Volk sehr zahlreich und nun begannen die beiden Parteien, jede um ihren Preis zu rennen." — Das in neuerer Zeit als treffliche Körperübung mit Recht empfohlene und mit viel Eifer geübte Turnen, leider wieder in grosse Abnahme gekommen, wird z. Z. durch die Obsorge der Regierung in den Schulen eingeführt. — Auch das in ganz Bayern, besonders an Sonntagen, vom Landvolke geliebte Kegelschieben, die in Altbayern oft grossartig veranstalteten Scheiben- und Eisschiessen geben viel Gelegenheit, die körperliche Rüstigkeit des Volkes zu zeigen.

Epidemieen. Um die Gränzen dieser Abhandlung nicht zu überschreiten, möge ein kurzer Ueberblick auf die epidemimischen Krankheiten[1]), welche in der ersten Hälfte dieses Jahrh. Bayern heimsuchten, gestattet sein.

Das 19. Jahrh. charakterisirt sich in den beiden ersten Dezennien durch Unregelmässigkeit der Witterungsverhältnisse. Mit dem Kriege, den das Jahr 1800 überkam, gewann der exanthematische Typhus eine Ausdehnung, welche erst 1814 ihre Grenzen fand. In Würzburg trat er im Frühjahre 1800 besonders unter der Garnison contagiös auf, sporadisch unter den Bewohnern; Aerzte, Wundärzte und Handwerker, die in den Lazarethen zu thun hatten, wurden öfters angesteckt. Gleichzeitig herrschte daselbst eine Blatternepidemie, welcher während des sehr heissen Sommers von Juli bis October Scharlach mit Masern folgten; die im Südosten Deutschlands herrschende Ruhr trat auch dort sporadisch auf. Gleichzeitig wüthete in Bamberg eine bösartige Blatternseuche.

Nach einem gelinden Winter trat in Würzburg neuerdings im März 1801 der Scharlach heftig auf, grassirte während des heissen und trockenen Sommers bis zum August, daneben zeigten sich Blattern, Wechselfieber und Katarrhe. In der Umgegend von Sulzbach suchten 9 Ortschaften von 1801 an heftige Nervenfieber heim, die bis 1806 währten. — Nach einem kalten und schneereichen Winter folgte 1802 ein heisser, trockener Sommer. Im Februar und März traten in Würzburg neben Typhus die Blattern sporadisch auf, im Februar bis Juni Wechselfieber, vom August bis November in- und extensiv der Keuchhusten, im November und Dezember weitverbreitet der Scharlach. Nach dem heissen Sommer folgte im November anhaltender Regen mit dichtem Nebel und bei sehr flauer Witterung entstand gegen den 25. November im fränkischen Städtchen Röttingen a. d. T., welches gegen 250 Familien umschloss, das mörderische Schweissfieber, eine dem englischen Schweisse gleiche Krankheit. Bei den meisten Befallenen trat in 24 Stunden der Tod ein. Erst durch die diätetischen Maassnahmen des Physicus Thein von Aub und des seit dem 3. Dez. thätigen Dr. Sinner von Würzburg ward der Krankheit Einhalt gethan. Der Letztere fand 9 Leichen und noch 84 Kranke vor, welche bis auf einige genassen. — In den Jahren 1802—1804 ward unter der Bevölkerung des gebirgigen

---

[1]) Die hier gebotene Skizze erscheint als Bruchstück einer grösseren Arbeit, der Geschichte der Volkskrankheiten in Bayern seit den ältesten Zeiten, welche s. Z. der Herausgeber bei grösserer Musse zum Abschlusse zu bringen hofft.

Landstriches zwischen Bamberg und Bayreuth in Folge grosser Noth durch mehrere Missärnten der Abdominaltyphus, vom Volke „hitzige Kopfkrankheit" genannt, epidemisch beobachtet. Nachdem dieses Jahr unter heftigen Stürmen geendet, begann das folgende mit grosser Kälte, welche im Februar einer nasskalten, veränderlichen Witterung Platz machte. Erst der Juni war wärmer und von häufigen Gewittern begleitet. Nachdem der Juli freundlich und trocken, war die Witterung während der zweiten Jahreshälfte regnerisch und kalt. In Würzburg herrschte wieder der Keuchhusten, besonders hartnäckig im Februar und März und viele Opfer fordernd, ebenso im Januar, Februar und September der Scharlach, im Juni und Juli das Wechselfieber. Die Influenza, welche in diesem Jahre ihren Gang von Ost nach West durch ganz Europa nahm, liess Franken unberührt.

Die Witterung des Jahres 1804 war wie die der drei nachfolgenden Jahre sehr unregelmässig. Nach einem kalten Winter trat mit dem Mai grosse Wärme ein, welche sich im Juni steigerte und von häufigen Gewitterregen unterbrochen war. Dem von kaltem Regen begleiteten August folgte ein warmer September, und mit dem October kalte Witterung. In vielen Orten Frankens forderten in diesem Jahre die Blattern zahlreiche Opfer. So starben in Geussfeld bei Gerolzhofen von 270 Seelen in zwei Monaten 16 Kinder im Alter von 1 — 10 Jahren. — Zu den ätiologischen Momenten, welche die früheren epidemischen Krankheiten, die in den Chroniken oft unter dem Collectivnamen „Pest" eingezeichnet sind, wachriefen und unterhielten, gehörte neben grosser Unreinlichkeit in Wohnungen und öffentlichen Strassen, Vernachlässigung vieler, jetzt gültiger Maassregeln, vorzugsweise das Beerdigen der zahlreich gefallenen Opfer innerhalb der Städte und Dörfer. Diesem Missstande ward in diesem Jahre durch landesherrliche Verordnung in ganz Bayern gesteuert.

Die Witterung des Jahres 1805 war eine unerquickliche, meist kalt und regnerisch, und dem entsprechend die Ernte ungünstig mit folgender Theuerung. Die Influenza, welche Deutschland und Frankreich überzog, trat mit Heftigkeit im November in Erlangen auf, sowie in vielen Ortschaften Nordschwabens. Der Typhus, welcher durch Truppentransporte im Dezember in Bayern, besonders in Landshut, Augsburg, München, heftig auftrat, erreichte im Frühling 1806 in Ingolstadt und nach wiederholter Missernte und sehr mildem Wetter am Schlusse des Jahres 1806 in Goldkronach pestartige Höhe.

Auch das Jahr 1806 brachte keine guten Witterungsverhältnisse. Nach einem flauen Winter währte die unfreundliche Witterung lange, und übte auf die Vegetation nachtheiligen Einfluss. Auch in Eichstädt herrschte im Herbste neben Scharlach und Keuchhusten der Typhus. In Bamberg erlagen in den Jahren 1806—9 sehr viele Kinder dem Croup und Scharlach. —. In der Umgegend von Sulzbach herrschte 1806 ein Faulfieber unter den Schweinen, an dem unter 586 erkrankten Thieren 165 zu Grunde gingen. Mit Beginn des Jahres 1807 nahm ein durch wenige schöne Tage unterbrochener, lang andauernder Winter seinen Anfang; der Sommer war dagegen heiss, brachte öfter schwere Gewitter und Ueberschwemmungen. Die Ernte war reich an Getreid und Obst. In Würzburg kam der Scharlach neuerdings epidemisch zur Geltung, daneben sind Anginen, Keuchhusten und „falsche Menschenblattern" sehr häufig. Auch der Typhus tritt hin und wieder auf. Während in Bamberg die Blattern in diesem Jahre ihren letzten Umzug hielten, grassirte im Spätsommer an der Gränze (Meiningen) die Ruhr. — Im November stellte sich bereits der Winter, und erst Anfangs April 1808 mildere Witterung ein. Die Wärme des Juni und Juli wechselte bald mit kalter, feuchter Temperatur. In Erlangen traten typhöse Fieber mit Heftigkeit auf, wie im Herbste in Regensburg. Im Februar herrschten die Blattern heftig in Hettstadt und Erlabrunn bei Würzburg, ebenso in Römelsdorf bei Burgpreppach. Sporadisch traten sie im März in Würzburg auf. In Gossmannsdorf (bei Ochsenfurt) grassirte neben Blattern der Scharlach und erlagen ihm vom 4. Januar bis 5. Mai 9 Kinder. Der Dezember brachte einen kalten Winter, welcher mit manchfachem Witterungswechsel bis Ende April 1809 währte. Bei einem freundlichen Mai brachte der weitere Sommer wenig heisse Tage. Nach ziemlich veränderlichem Wetter trat Ende August Kälte ein. Vom Anfange dieses Jahres bis gegen den Sommer hin herrschte der Typhus epidemisch in Gossmannsdorf; die Ruhr, welche besonders in Süddeutschland zur Herrschaft kam, veranlasst durch Truppenzüge, in Hassfurt und andern Orten; in Bayreuth trat im Spätsommer der Petechialtyphus, ebenso im franz. Militärspitale zu Augsburg, Landshut und Amberg auf. — Erwähnenswerth ist noch die Ausbreitung der Maul- und Klauenseuche unter dem Vieh im Juli an der Nordgrenze Frankens (Meiningen).

Die Witterung des Jahres 1810 zeichnete sich durch Kälte und Nässe aus. Im Januar und Februar war es ziemlich kalt, ebenso blieb es im Frühling. Während der Mai einige schöne Tage brachte, war der Sommer kühl und erst im September trat anhaltende schöne trockene Witterung ein. Im Januar und Februar erschienen wieder Masern in verschiedenen Orten

Frankens (Gossmannsdorf), der Scharlach im Sommer zu Bamberg, Bayreuth, welch' letztere Stadt auch im Mai von Influenza heimgesucht ward; im Winter 1810—11 stellte sich der Scharlach mit Keuchhusten in Würzburg, Regensburg und überhaupt in Bayern, im Dezember der Typhus in der Garnison zu Salzburg ein. — In dem durch seine Hitze, Fruchtbarkeit und seinen Kometen denkwürdigen Jahre 1811 trat die über ganz Europa verbreitete Ruhrepidemie auch in Franken epidemisch auf, so im Sommer im Norden Frankens (Meiningen), dann Würzburg; im Herbste herrschte der Scharlach in Aschaffenburg. Nach einem sehr milden Spätjahre wurde es im Dezember sehr kalt. Der Februar 1812 brachte einige milde Tage, im März blieb es kalt, in den weiteren Monaten folgte wechselndes, rauhes Wetter mit häufigen Regengüssen bis zum Herbste. Der August und September brachten erst einige wärmere Witterung. In Bayern war schon in den ersten Monaten des Jahres 1812 eine Typhusepidemie ausgebrochen. Die Krankheit befiel in der Gemeinde Eppenschlag (im Landg. Grafenau) bis Mitte April 27 Personen, wovon 13 starben; im nahen Flecken Schönberg starben von 70 Erkrankten 7. Im Januar und Februar griff in Bayreuth der Croup epidemisch um sich. Im Herbste bis zum Schlusse des Jahres trat in vielen Orten Frankens wie in Aschaffenburg der Scharlach verheerend auf. Auch die nie ganz verschwindenden Nervenfieber [1]) nahmen einen epidemischen Charakter an, begleitet von nicht unerheblicher Lethalität. In Kloster Zell bei Würzburg wurde ein Militärspital eingerichtet und erreichte 1812/13 der exanthematische Typhus eine grosse Contagiosität. Aerzte und Wärter fielen als Opfer. — Der Winter von 1812/13 war äusserst streng und für die französische Armee verhängnissvoll; der Sommer 1813 war kalt und feucht und im Juli und August folgten grosse Ueberschwemmungen. Bereits im Frühjahre 1813 fanden unter dem Militär und Personen, die mit ihm in Berührung kamen, an verschiedenen Orten, so zu Amberg, in den Gerichtsbezirken Sulzbach, Burglengenfeld, Grafenau und Cham, im März in Nürnberg, in den Spitälern zu Hof, Bayreuth, auf der Plassenburg und zu Bamberg, dann in Altdorf und Regensburg häufige Erkrankungen an Typhus statt, und waren andere über ganz Bayern verbreitete epidemische Krankheiten, wie Masern, Scharlach, Keuchhusten die steten Begleiter. Als aber die grossen Truppenbewegungen im Herbste bei rauher, nasskalter Witterung über

---

[1]) Cfr. Der Typhus von Dr. Fr. Seitz. 1847.

ganz Deutschland stattfanden, gewann der Lazarethtyphus eine unerhörte Ausdehnung. Die durch Noth und Elend von Allem entblösten, halbverhungerten Soldaten, deren erfrorenen, mit Wunden bedeckten Füsse in Lumpen gehüllt waren, breiteten das flüchtige Contagium mit den sie begleitenden Fuhrleuten in die entlegensten Winkel aus. Nachdem er am Norden Frankens (Meiningen) eine reiche Ernte gehalten, breitete er sich mit Heftigkeit in Bamberg, wo in den Spitälern von 300—400 Kranken täglich 20 starben, dann in Lichtenfels, im Bezirke Banz, Schesslitz, Hof, Kulmbach, Ebermanustadt, auf der Plassenburg, zu Bayreuth, Gefrees, Münchberg und Selb aus. Grosse Verheerungen richtete er an in Mittelfranken, so zu Schnaitach, Nürnberg, Erlangen, Gräfenberg, Lauf, Hersbruck, Scheinfeld, Marktbibart, Ansbach, dann in den am Maine gelegenen Orten, wie in Hassfurt, Kitzingen, Ochsenfurt und dem nahen Hohestadt und Gossmanndorf, in Würzburg, wo sich im November und Dezember zwischen 2000—3000 franz. Kranke in den Lazarethen befanden, ferner im grossen Militärspitale in Kloster-Zell, wo Hunderte von Kranken nach Ablauf des exanthematischen Typhus der Ruhr erlagen; dann im Bezirke Mellrichstadt, wo von 427 Erkrankten 121 starben, im Bezirke Bischofsheim, wo 1067 Kranke und 328 Todesfälle vorkamen; weiterhin in Retzbach, Karlstadt, Lohr a. M., wo namentlich die Russen viele Opfer liessen, in Miltenberg, wo gegen Ende Dezember 100 Typhuskranke lagen, Aschaffenburg. Im südlichen Bayern folgte der Typhus den Truppenmärschen, so in Dinkelsbühl, Wallerstein, Nördlingen, Donauwörth, und verheerend in Ingolstadt, dann in Dillingen, Lauingen, Neuburg, Kelheim, Abensberg; ferner in Regensburg, Stadtamhof, Straubing und Passau, in Waldmünchen und Amberg, endlich in den Bezirken Laufen, Teisendorf, Traunstein, Weilheim und Tölz. Während im Allgemeinen die Lethalität durch Opium, Kampher, unmässigen Genuss von Branntwein, Aderlass erhöht ward, wurde der grösste Nutzen, namentlich beim Mangel von Aerzten, die häufig Opfer ihrer Pflichttreue wurden, durch exspectatives Verfahren, Luftwechsel und reines frisches Wasser gestiftet. — In 15 Würzburgischen Ortschaften ward nebenbei das Rindvieh durch die Löserdürre arg heimgesucht. — Der Winter des Jahres 1814 war weniger kalt als lang, und währte bis gegen Mai. Die Monate Juni, Juli und mehr der August brachten warme Witterung; hiebei war die Häufigkeit der Nebel charakteristisch. Der Typhus währte auch noch in der ersten Jahreshälfte in manchen Orten Frankens mit Heftigkeit; in Hof sank im Anfange des Jahres 1814 die Zahl der kranken Soldaten von 300 auf 107, in Bayreuth von 400 auf 228, in Bamberg auf 134. In der zweiten Hälfte trat erst ein Umschwung im Gesundheitszustande ein, welcher im folgenden Jahre ein durchaus günstiger blieb [1]). — Wie das Jahr 1816 denkwürdig ist durch seine eigenthümlichen Witterungsverhältnisse, Mangel an Sonnenschein mit anhaltender Nässe, Missernte mit weitverbreiteter Noth und Theuerung, so ist es durch Abnahme von aussergewöhnlichen Krankheiten und geringe Sterblichkeit charakterisirt. Im Frühjahre wurde in Würzburg eine Keuchhustenepidemie beobachtet. — Trotz der Noth, welche bis zur Ernte 1817 eine namenlose Höhe erreichte, traten in Bayern wenige epidemische Krankheiten auf, als wenn für dieselben nach der allgemeinen Durchseuchung der empfängliche Boden verloren gegangen wäre; nur Orte, welche die Epidemie verschont hatte, konnten zahlreichere typhöse Erkrankungen aufweisen; so trat im Januar 1817 in Fürstenstein (bei Passau) der Typhus auf, zu gleicher Zeit in Reindorf und Schlag (bei Regen); im Sommer typhöse Pneumonieen zu Ziegendorf und Altdettelsau (bei Kloster Heilsbronn), im August der Typhus in Nürnberg, ebenso im Herbste im Landgerichte Brückenau mit Ruhr; dann zu Stubenberg im Landg. Simbach; endlich im November und Dezember in Uffenheim. — Im Sommer herrschte das Puerperalfieber im Gebärhause zu Würzburg. Im Herbste und Winter breitete sich in der Gegend von Wertheim der Scharlach epidemisch aus. — Im auffallenden Gegensatze zu den vorausgegangenen sechs nassen Jahren stehen die nachfolgenden sechs durch Trockenheit ausgezeichneten Jahre. — Nach einem sehr früh eingetretenen, jedoch nicht besonders kalten Winter erfolgte 1818 ein sehr heisser Sommer. Das Jahr war sehr fruchtbar und gesegnet, die Getreideernte gedieh vortrefflich und an Allem war Ueberfluss. In diesem und folgenden Jahre herrschte in Bamberg eine ausgebreitete Scharlachepidemie, wobei sich die Zahl der davon Befallenen auf 400 erstreckt haben soll. Die Krankheit erlosch in röthelnartigen Formen und traten bei Personen, welche mit den Erkrankten in Berührung kamen, Anginen und rheumatische Schmerzen auf. Auch in Würzburg herrschte der Scharlach vom Juni 1818 bis März 1819, ebenso im Winter

---

[1]) Vom October 1813 bis Juni 1814 mögen in Bayern 40000 Typhuserkrankungen mit 9000 Todesfällen vorgekommen sein, hievon kommen 16000 Erkrankte mit 2500 Verstorbenen auf das Grossherzogthum Würzburg. Von den im ehemal. Mainkreise 5752 Erkrankten standen 3657 im Mannesalter, 1345 im Jünglings-, 453 im Kindes- und 297 im Greisenalter, mit 1067 Todesfällen.

1818/19 in Hanau. In Erlangen tritt der Keuchhusten epidemisch auf. Bemerkenswerth ist noch, dass nach dem sehr heissen Sommer dieses Jahres vom October bis März 1819 im Gebärhause zu Würzburg das Kindbettfieber neuerdings epidemisch herrschte. In einem Dorfe der Pfarrei Waldkirch, Landg. Burgau, ward der Typhus epidemisch beobachtet. — Das Jahr 1819 war durch einen heissen Sommer und ausserordentliche Fruchtbarkeit ausgezeichnet. In Folge der grossen Hitze und Trockenheit kam im Spessart unter den jagdbaren Thieren eine der Wuth ähnliche Krankheit vor. Im Gebärhause zu Würzburg herrschte im Winter 1819/20 vom Dezember bis März eine weitere Kindbettfieberepidemie und ebenso vom October bis Januar in Bamberg, Ansbach, Nürnberg und Dillingen. Die Krankheit hörte im Frühjahre 1820 auf bei dem Einflusse einer veränderten Witterungsconstitution und wohl besserer hygieinischer Vorsorge! Der Typhus war eine seltene Erscheinung und zeigte nur im Sommer das Militär in München zahlreiche Erkrankungen. — Auch das Jahr 1820 machte sich durch Trockenheit bemerkbar. Im Frühlinge grassirte der Schweissfriesel in einem bei Bamberg gelegenen Dorfe. Im Ochsenfurter Gau ward der Scharlach epidemisch und forderte im kleinen Orte Hohestadt vom August bis 21. Febr. 1821 im Verhältnisse zur Einwohnerzahl viele Opfer (12 Kinder). — Im Spätherbste und Winter trat in Ottering und Badersdorf (Dörfern im Landg. Landau an der Isar) der Typhus epidemisch auf und erlagen von 46 Erkrankten 7 Personen. — Die Witterung des Jahres 1821 war im Ganzen veränderlich; der Frühling war sehr mild, der Sommer trüb und regnerisch, der Herbst aber durch schöne Tage und der ganze Jahrgang durch Salubrität ausgezeichnet. Der Winter war ein sehr gelinder und der Schluss dieses wie der Anfang des Jahres 1822 von heftigen Stürmen begleitet. Der Sommer war trocken und heiss. Im Anfange des Jahres forderte der Typhus in Postmünster und Waldburgskirchen (Landg. Pfarrkirchen) von 42 Erkrankten 12 Opfer. Die in andern Theilen Deutschlands grassirenden Rötheln und Scharlach fanden in Franken keinen Eingang. Im Herbste starben in Neuburg an der Kamel (Landg. Krumbach) von 19 Erkrankten 3 an Typhus. — Nach einem kalten Winter folgte 1823 ein rauher Frühling, die Monate Mai und Juni waren warm, dagegen die weitere Jahreshälfte kühl und ausserordentlich trocken. Wie in andern Städten herrschte auch im Herbste zu Bamberg wiederholt eine Kindbettfieberepidemie, welche besonders in der dortigen Entbindungsanstalt tödtlich auftrat. Die in ganz Deutschland verbreiteten Masern, mit Keuchhusten, wurden in Franken wenig beobachtet. Im Frühjahre 1824 wurden durch Ueberschwemmungen des Rheines, Maines und der Donau grosse Verheerungen angerichtet, und mögen die hin und wieder zur Geltung gekommenen Malariafieber dadurch begünstigt worden sein. Im Frühjahre herrschte in Aschaffenburg der Scharlach. Im Februar trat in Adelsberg (Landg. Gemünden) der Typhus auf, meist unter jungen Leuten, verschwand im März, um von der zweiten Hälfte des Juni bis September bei anhaltender Nässe fortzuwähren; er forderte 10 Opfer; im August bis Dezember herrschte er in Zwiesel (Landg. Regen), ebenso in Faulbach bei Stadtprozelten und einigen andern Orten in der Nähe im Dezember ohne besondere Lethalität. Auch die Pocken kamen in Franken zum Ausbruche, wenn auch ohne bösartigen Charakter. Während des nassen Herbstes erhob sich in Dillingen und Umgegend die Ruhr heftig, ohne Franken zu berühren. Vom November bis Januar 1825 trat das Puerperalfieber im Gebärhause zu München auf. — Auch im J. 1825 herrschten in Franken, besonders in Würzburg und in Grosslangheim, Anfangs Juni die Blattern in verschiedenen Formen. Im Frühjahre machte sich die Intermittens in Würzburg geltend und kehrte in den folgenden Jahren in regelmässigen Frühlingsepidemieen wieder, nachdem sie seit der grossen Seuche, welche 1811 ganz Deutschland durchzog, äusserst selten geworden und seit 1820 nur sporadisch vorgekommen war. Im Herbste trat in Sulzthal (Landg. Euerdorf) der Typhus auf und starben bis 30. Nov. von 50 Ergriffenen 8; weniger heftig herrschte er in den nahegelegenen Orten Wasserlosen und Oberthulba. Der Schweissfriesel, welcher im Flecken Isen und dessen Umgebung (im Bezirke von Erding) auftrat, blieb local begränzt. — Im J. 1826 war die Hitze und Dürre vorherrschend; sie erstreckte sich noch über den September hinaus und breitete sich über den Norden und Süden Europa's mit all ihren Folgen aus. Auch im Nov. und Dez. war das Wetter sehr mild. Zur Seite gingen viele Erderschütterungen. Das damals 36 Familien zählende Dorf Eppenreuth (bei Kulmbach) ward von einem bösartigen Typhus heimgesucht, indem in einigen Monaten von 28 Erkrankten 8 erlagen; auch in den nahen Orten Grünlas und Grafengehaig herrschte er. In diesem und folgenden Jahre erfolgte in verschiedenen Orten Frankens epidemische Verbreitung des Scharlach, in Erlangen des Keuchhustens. — Auffallend ist die Jahresreihe von 1826—36, wo der Winter nur ein einzigesmal, 1829/30, seinen gehörigen Charakter annahm. Nachdem bis Mitte Januar 1827 Schneegestöber und Regen gewechselt hatten, fiel am 15. viel Schnee und brachte Kälte und heitere

Tage. Doch dauerte die Winterkälte kaum sechs Wochen. Eben so verderblich und anhaltend wie im Vorjahre wirkten Hitze und Dürre im J. 1827. Der November dagegen war nass, trüb und unfreundlich, der Dezember ohne Schnee, begleitet von fortdauernd reguerischem, mildem Wetter. Auch in diesem Jahre wurden viele Stürme und Erdbeben beobachtet. Im Sommer herrschte der Typhus sehr stark in Neustadt a. d. A., besonders in der Windsheimer Gasse, und raffte in kurzer Zeit 30 Menschen weg. Auch in Versbach bei Würzburg trat er mit rheumatischen Erscheinungen auf. — Der Winter war gelinde und regnerisch und währte die Kälte kaum vier Wochen. Während 1828 in Südeuropa eine ungeheure Dürre und Trockenheit herrschte, erreichte in Deutschland die gleiche Temperatur bis gegen Ende Juni ihre Höhe, worauf nasses Wetter eintrat, mit folgendem mehr trockenem Herbste. Vom September bis April 1829 herrschten in Ansbach die Masern, jedoch gutartig. — Der Winter 1828/29 zeichnete sich durch rasche Uebergänge zu hohen Kältegraden und von diesen zur milderen Temperatur aus. Im Ganzen dauerte die Kälte gegen fünf Wochen. Im Sommer gab es öfter Gewitterstürme mit Hagelschlag bei anhaltend nasser, unbeständiger Witterung. Auf ungewöhnlich rauhen Herbst folgte ein für Europa vier Monate anhaltender, kalter Winter, in der ersten Hälfte mit viel Schnee. Die Salubrität dieses Jahres war im Ganzen gut. Während in Franken hin und wieder Masern (Ansbach) mit Keuchhusten (Erlangen) in der ersten Jahreshälfte vorkamen, traten im Südosten Bayerns, in Vorderfischen (Landg. Weilheim, Oberb.) und Eschelkam (an der Nordspitze Niederbayerns) die natürlichen Blattern epidemisch auf. — Im Herbste ward im Spitale zu Bamberg der Petechialtyphus mehrfach beobachtet.

Im Verlaufe des Jahres 1830 war durch die vielen Gewitterstürme, oft begleitet von verderbendem Hagel, eine kühle, nasse, ungünstige Witterung vorherrschend. Der November war unbehaglich durch trübes, nebliges, nicht trockenes Wetter; während des mässig kalten Dezembers wechselten Regen und Schneegestöber bei vorherrschendem West- und Nordostwinde. Nebenbei wurde öfters Höherauch mit vulkanischen Erschütterungen beobachtet. Der Gesundheitszustand war im Allgemeinen günstig. Die Kinder wurden von Masern heimgesucht. Seit dem Jahre 1830 wurde ein erneutes Hervortreten des exanthematischen wie Abdominaltyphus beobachtet. Letztere Form gewann besonders zur Zeit der ersten Cholerapandemie (1830—37) an Boden. In Augsburg und Zweibrücken trat er epidemisch auf. — Der Januar und Februar des Jahres

1831 brachte gleichfalls wechselnde, nicht sehr kalte Witterung, der Frühling war rauh und veränderlich, mehr trocken als nass, der Sommer war Anfangs feucht und rauh, vom Juli an aber warm und heiter, von Mitte August an wieder nass und kalt; des Herbstes erste Hälfte war freundlich und warm, die zweite aber veränderlich und kalt. Der Winter war gelind mit wenig Schnee bei herrschendem Westwinde. Das an den manchfachsten Naturerscheinungen reiche Jahr brachte häufige Nordlichter. Die Influenzaepidemie, welche auf dem Continent ihren Gang von Ost nach West genommen hatte, trat auch in Franken mit Heftigkeit auf, so im Mai in Bamberg, wo zwei Drittheile der Bewohner, jedoch ohne bedenkliche Folgen für das Leben, befallen wurden, dann in den Monaten Juni und Juli in Ansbach, wo nebenbei der Keuchhusten (wie in Erlangen), Masern und Scharlach unter den Kindern herrschten. Im Norden Frankens (Meiningen) war unter den Kindern in Folge von Masern die Sterblichkeit gross. — Im Winter 1831/32 erreichte die Herrschaft des Typhus in Bamberg eine bedeutende Höhe. — Der Januar 1832 war meist trübe, feucht und nebelig, im Februar stellte sich mässige Kälte auf kurze Dauer ein. Der Frühling war kalt und trocken. Auch der Sommer war kühl und noch am 23. Juni trat Frost ein. Zugleich herrschte grosse Trockenheit und Wassermangel. Lästige Hitze und Dürre stellte sich im Juli und August ein. Die erste Hälfte des Herbstes war trocken und gelind, die zweite veränderlich und rauh, der November war veränderlich, stürmisch, regnerisch, der Dezember ziemlich mild und feucht. Der Winter war unbeständig, mässig kalt. Auch in diesem Jahre herrschte Westwind vor. Der Gesundheitszustand war gut, die Sterblichkeit gering. In München trat in den Wintermonaten das Puerperalfieber auf. Im Norden des Fichtelgebirges erhob sich im Landgerichte Münchberg und in Weissenstadt der Typhus. Sein Auftreten in Mitte des April zu Herzogsmuth und in der Umgegend im Landgerichte Wolfstein verursachte viel Schrecken. — Sporadisch traten Wechselfieber, Masern, Varizellen, Keuchhusten, Scharlach auf. Letzterer herrschte in Ansbach vom Dezember 1832 bis Juli 1833. Im Dezember wurden daselbst wegen einiger im November erfolgten Erkrankungen an natürlichen Blattern drei ausserordentliche Impfungen vorgenommen; trotzdem währten die Varioliden bis in den Mai hinein. — Vom 28. Dezember 1832 bis 27. Januar 1833 war es kalt, der Februar mild, regnerisch, bisweilen stürmisch. Der Frühling fing mit heiteren, aber kalten Tagen an, worauf im April sehr veränderliches, rauhes Wetter folgte; erst der Mai brachte sehr schönes, warmes Wetter. Des Sommers Anfang war sehr freundlich, bald wurde aber die Witterung veränderlich und kühl, blieb jedoch mehr trocken als nass. Bei seltenem Regen trat sehr niederer Wasserstand und grosse Dürre ein. Die häufigen Gewitter mit Winden und Regen im Juli und August drückten die Temperatur ganz herab. Höchst gelinde, regnerisch und stürmisch war die Witterung des November und Dezember und mahnte viel an den Frühling. West- und Nordwestwind herrschten vor. Der allgemeine Gesundheitszustand war nicht erfreulich. Der Krankheitscharakter war gastrisch nervös. Der Scharlach trat vielfach epidemisch auf, so in Ansbach von März bis August, daneben Masern mit Keuchhusten im Frühjahre und Sommer, dann sporadisch Nesselsucht und Varicellen. Die Influenza ward in Bayern wieder epidemisch, im Mai in Würzburg, im Juni bis August sehr ausgedehnt in Ansbach. In Obermassfeld bei Meiningen zeigte sich der Schweissfriesel. — Wie in München kamen auch im Norden Bayerns, in Thulba (Landg. Hammelburg), und im Dezember in Marktheidenfeld typhöse Fieber vor. Im Winter 1833/34 herrschten um Ochsenfurt die Masern. — Der Januar d. J. 1834 brachte äusserst milde Witterung, nur im Februar gab es einige Nachtfröste. So weit die Erinnerung reichte, war dieser Winter der gelindeste und rief bald die Vegetation hervor; für viele Gegenden war schon im Frühlinge nachtheilige Trockenheit eingetreten und sie mehrte sich bei der immer mehr steigenden Hitze des Sommers. Hin und wieder zeigten sich schwere Gewitter, so am 26. Juli, wo die Rhöngegend arg verwüstet ward. Auch der November und Dezember waren gelind und mild. Erderschütterungen wurden häufig beobachtet, so am 28. Februar in Reichenhall, 17. Dezember in Koblenz, ein Meteor am 13. September in Bayreuth. Nachdem bereits im Beginne des Jahres die Blattern in Sulzfeld, einem wohlummauerten, terrassenartig, eng zusammengebauten Orte am Maine (bei Kitzingen) aufgetreten und einige Opfer gefordert, brach der Schweissfriesel aus, und raffte nach sehr kurzer Krankheit bereits im März 3 Personen im Alter von 21 bis 31 Jahren hinweg; gegen Ende April starben 2 im Alter von 30 und 32 Jahren, und griff hiemit die Krankheit rapid um sich nur unter Personen in den besten Lebensjahren. Sämmtliche weitere 40 Erkrankungen fielen in den Zeitraum vom 1—11. Mai, und endeten hievon 17 tödtlich bis zum 12. Mai, wo allmälig trockene, warme Witterung eintrat. Auch in dem eine Stunde entfernten, auf einem Hochplateau gelegenen Kältensondheim, sowie in Iphofen kamen neben Blattern ähnliche Erkrankungen vor. Als Ursache sprach man den reichlichen Genuss des schlechten Mostes vom Vorjahre an. Bei der ersten Rathlosigkeit griff man zu Venaesection und Arzneien, welche den Tod beschleunigten. Unbeschreibliche Angst, Abgeschlagenheit, Beklemmung, heftiges Herzklopfen, colliquative Schweisse, Collapsus, Tod bei vollem Bewusstsein waren die Erscheinungen in den ungünstig verlaufenden Fällen. In gelinden Erkrankungen zeigte sich nach 18—20 Stunden unter Nachlass der Beschwerden ein Frieselausschlag, der aber oft wieder zum Verderben der Kranken zurücksank. — Auch die Ruhr breitete sich im Sommer und Herbste in Süddeutschland aus, so in Würzburg, Bamberg, Dillingen und Umgebung, Amberg und im bayerischen Walde. Im Januar 1834 erhob sich der Typhus zu Baumetengrün (Landg. Kirchenlamitz), im Mai zu Friedberg (Niederbayern), im Herbste zu Höttingen (Landg. Aub) und zu Stellberg (Landg. Brückenau). — Der Winter 1834/35 war fast eis- und schneelos. In den Sommermonaten herrschte ausserordentliche Hitze und Trockenheit. Der November begann mit grosser, bis zum 17. währender Kälte, welche von da an wieder Regen und milder Witterung Platz machte. Der Dezember war bei mässiger Kälte meist trüb und nebelig. In den Wintermonaten 1834 und 35 herrschte der Typhus vielfach, so in Bamberg und Würzburg. Die Influenza machte sich noch in hohem Grade geltend, besonders im März in Kreuzwertheim. Im Herbste grassirte in Würzburg das Puerperalfieber. — Zur gleichen Zeit und im Winter 1835/36 wüthete der Scharlach heftig in Regensburg. Nach einem höchst milden, windigen, sehr wechselnden Winter und Frühjahre machte sich der Sommer 1836 durch anhaltende Hitze, Trockenheit, Wassermangel fühlbar. Heftige Erdbeben wurden öfter bemerkt, so am 12. und 20. Juni in Innsbruck, am 5. November in Basel, ein Nordlicht am 18. November in Frankfurt am Main u. a. O. Während der Wintermonate von 1835/36 herrschten im Landgerichte Werdenfels mit den Masern die Blattern, in Eschenlohe fielen durch eine mörderische Lungenseuche 120 Stück Rindvieh, im Unterloisachthale war eine Wechselfieberepidemie weit verbreitet und in Mittenwald ward von Anfang November 1835 bis Mai 1836 durch den Typhus einer anderen Weltseuche die Bahn geebnet. Von 150 Typhuskranken erlagen etwa 40. — Hin und wieder trat die Ruhr auf. Im August fand die asiatische Cholera in nördlicher Verbreitung aus Oberitalien ihren Weg nach Bayern, suchte am 17. August Mittenwald, am 22. August Altötting, am 16. September Neuötting, am 8. October München, dann Freising heim, gelangte durch Verschleppung von München am 13. November nach Uffenheim. Daselbst starb der griechische Capitän Miaulis. Dessen Wärter nebst Frau und Kind erkrankten gleichfalls, und währte hier die Cholera nach Eintritt des Winters bis 2. Januar 1837. Man zählte daselbst 200 Cholerinen und 7 Fälle von Cholera exquisita, wovon 4 einen tödtlichen Ausgang nahmen. In ganz Bayern erkrankten vom August 1836 bis zum März des nächsten Jahres 2626, wovon 1231 (46,9 Proc.) erlagen. — Im Gegensatze zum Abschnitte 1830 — 37 thaten sich die Jahre 1837—47, wo für die zurücktretende asiatische Cholera der exanthematische Typhus die Herrschaft übernahm, durch Wärme und Trockenheit hervor. Die mittlere Temperatur des Jahres 1837 war im Juni mit August 14,46° R. Im Anfange des Jahres fehlten die Entzündungen fast gänzlich, der Krankenstand war gering, doch konnte man sehen, wie gegen Ende Januar und Anfangs Februar alle Krankheiten einen gleichartigeren Charakter annahmen, und mehr zur Influenza hinneigten. Nachdem sich in Schweinfurt diese Krankheit epidemisch gezeigt, bildete sie sich auch in Würzburg mehr aus, so dass sie um die Mitte Februars sich zur Epidemie steigerte und fast alle Bewohner der Stadt ergriff. Mit dieser Ausdehnung stand die Intensität im umgekehrten Verhältnisse, indem sie ziemlich gelind verlief, und nur wenige starben. Ganz Bayern überzog die Influenza in gleicher Weise, und erreichte im Allgemeinen im März ihren ex- und intensiven Höhepunkt. Nach einem unbeständigen, feuchten Frühjahrswetter trat der Typhus in Passau und im Umkreise von 6—8 Stunden im Sommer, wo die Witterung ebenfalls rasch wechselte, epidemisch auf; von 520 Erkrankten starben in Passau 46 Personen. Im August raffte dieselbe Krankheit in Wüstenzell bei Marktheidenfeld mehrere Bewohner hinweg. Im Frühlinge des folgenden Jahres zeigte sich in Naila der Typhus, in Herlheim (Unterfranken) der Schweissfriesel epidemisch. Der Sommer war kühl bei einer mittleren Temperatur (Juni mit August) von 12,75° R. In Monheim zeigte sich der Typhus vom Juni bis Ende November. — Die Wintermonate 1838/39 waren mehr feucht, windig, wenig kalt und zeigte sich hin und wieder der Typhus in leichteren Formen. Der Sommer war sehr warm bei einer mittleren Temperatur (Juni mit August) von 13,64° R. Am 20. Juni verheerte ein schweres von Schlossen begleitetes Gewitter grosse Flächen der schönsten Felder, Wiesen und Weinberge an mehreren Orten Frankens (Schweinfurt), und am 25. Juli, wie anderwärts, besonders in der Gegend von Burghausen. Im Herbste herrschte in München, wie auch in Würzburg, der Scharlach. Der Typhus trat im October und November in Oberfranken in den Bezirken Gefrees, Thurnau und in Bayreuth epidemisch auf, im Dezember in Frankensees. Die Witterung der Wintermonate 1839/40 war eine sehr milde, und grassirte während derselben im Dezember der Typhus im Steigerwalde im unteren Theile des Gaisgrundes, in Vestenbergsreut, dann in Breitenlohe, Burghaslach, im April im Ebrachgrunde, Schlüsselfeld &c.; ebenso kam er im Winter 1839 in Weilheim, Rehau und Rothenberg, dann, wenn auch in nicht sehr gefährlicher Weise, in München zur epidemischen Ausbreitung, und erreichte hier im Juni grosse Intensität. Im Juli und August, wo es, wie im ganzen Sommer, bei einer mittleren Temperatur von 13,13° R., viel regnete, blieb die Epidemie auf gleicher Höhe. An vielen Kranken sah man Sudamina und Petechien. Neben typhösen Fiebern verbreitete sich im März die Influenza in München, und traten besonders unter dem Militär die Blattern in gutartiger Form auf. Vom Januar 1840 bis zum Erlöschen der Typhusepidemie Ende März 1841 gingen in München 90 Soldaten verloren. Auch in Ingolstadt trat um Mitte des September 1840 der Typhus mit Heftigkeit auf, vom November bis Februar 1841 in Weissenstadt. In Fürth gewann der Scharlach im J. 1840 grosse Ausdehnung. Im Sommer dieses und der beiden nächstfolgenden Jahre hielt die Ruhr in Frankreich, der Schweiz, Belgien, grossen Umzug, und ward in Bayern besonders Regensburg schwer berührt. Im Winter 1840/41 herrschte der Scharlach in Ausbach. — Bei allgemeiner Verbreitung in Deutschland ward auch in Bayern die Influenza vielfach beobachtet, so besonders in den Wintermonaten in München. Erst im Mai, wo ziemlich veränderliche Witterung eintrat, schwand die Influenza mit nachfolgenden häufigeren typhösen Fiebern. Die nasskalte Witterung bei einer mittleren Sommertemperatur von 13,22° R. begünstigte deren Auftreten auch in andern Theilen Bayerns, so im Pfarrdorfe Windheim (Landg. Ludwigstadt), wo der Typhus im Juni, Juli und August, besonders nach anhaltendem Regen, zunahm, und im September bei Eintritt freundlicher Witterung nachliess; ferner in Steben auf dem Fichtelgebirge, in Bayreuth, dann besonders in Thurnau und im Landgerichte Lichtenfels. Im Dorfe Kauernhofen (Landg. Forchheim) waren in drei Wochen bis zum 26. Juni 127 Personen erkrankt und 8 gestorben; ebenso herrschte er sehr verheerend in der Strafanstalt Kaisheim. In Erlangen grassirte der Keuchhusten. Im Dezember begann wieder in München bei trübem, regnerischem Wetter der Typhus epidemisch um sich zu greifen, besonders tödtlich unter jungen Leuten. Im Januar und Februar 1842 liess er an In- und Extensität bei anhaltend kaltem

Wetter nach, um intensiven Erkrankungen der Respirations-Organe auf einige Zeit zu weichen. Nebenbei herrschten Blattern und Rheumatismen. Im Juli bis Ende September traten, besonders beim Militär, typhöse Fieber von schlimmer Form auf, und starben von 364 Kranken 42 im Spitale. Auch in Ingolstadt kamen sie häufig vor. Während im Herbste der Typhus seine Herrschaft aufgab, rückte er im August 1842 bis März 1843 im Süden Bayerns in der Richtung gegen Tyrol aufwärts von Gmund über Tegernsee, Rottach und Egern bis an die Grenze der Pfarrei Kreuth. Unter etwa 1500 Menschen, welche auf der schmalen Strecke, auf welcher die Epidemie auftrat, wohnen, erkrankten 180, und starben 31 Personen. Im Februar 1843 ward zu gleicher Zeit das bei Tegernsee unbekannte Wechselfieber beobachtet. Wie dort hatten auch schon typhöse Fieber im Norden Bayerns, in der Rhön, im J. 1841 Opfer gefordert, um sich im J. 1842 epidemisch auszubreiten. In den Frühlings- und Sommermonaten dieses Jahres (letztere zeigten eine mittlere Temperatur von 15,48° R.) brach westlich vom Sinngrunde her eine Ruhrepidemie in den Amtsbezirk Bischofsheim ein, und suchte besonders die Orte Oberbach, Wildflecken und den Bergort Reussendorf heim, während in Oberweissenbrunn und die Brend herab gegen die Saale hin nur sporadische Erkrankungen vorkamen. Dagegen trat der Typhus in Oberweissenbrunn im März auf, im April in Bischofsheim, Frankenheim und Unterweissenbach, im Juni in Schönau, und verbreitete sich auch in geringerem Grade nach dem im Bezirke Neustadt gelegenen Brendlorenzen; fast gleichzeitig erschien die Krankheit in den höher gelegenen Orten des Bezirkes Kissingen und dann in Waldberg, wo ein Dritttheil seiner Bewohner, in den übrigen durchseuchten Orten aber nur ein Fünftheil ergriffen wurde. Im Juli bis September kamen noch Keuchhusten, Angina und Aphthae gangraenosae neben Typhus vor, von da bis Dezember, während der Höhe der Epidemie, waren alle anderen Krankheitsprozesse zurückgedrängt. Mit der Abnahme der Seuche traten zuerst rheumatische Krankheitsformen wieder hervor, besonders unter Kindern. Scharlach mit folgenden Varicellen, Varioliden und Parotitis polymorpha liessen sich allenthalben sehen. — Gleichzeitig, wie auf der Rhön, herrschte eine Typhusepidemie im Spessart, besonders zu Weibersbrunn und Rothenbuch. Vom September 1842 bis März 1843 erlagen in ersterem Orte (mit ungefähr 800 Bewohnern) 29, in letzterem (bei etwa 1000 Einwohnern) 33 Personen. Auffallend ist die Bemerkung, dass fast alle Fälle mit einem Gefühl von Ziehen, Steifigkeit im Nacken begannen (Meningitis cerebrospinalis?). — Im Herbste 1842 verbreitete sich der Typhus auch im Landgerichtsbezirke Bamberg II. und um Herzogenaurach. — Im October dieses Jahres ward von München der Typhus in Thalmannsfeld eingeschleppt. Im Dezember und Januar 1843 war die Seuche nicht nur im ganzen Orte, sondern auch nach Syburg, Nenzling und Leibstadt verschleppt worden; ebenso im Februar 1843 nach Mannholz. In Büttelbrunn währte die Epidemie vom Sommer 1843 bis April 1844 fort und ward von hier im October 1843 nach Salenhofen verschleppt. Auch Monheim ward hart heimgesucht. Die Krankheit dauerte bis in's Jahr 1844, und fielen im Sommer und Herbste in Reutenbuch, Gersdorf und Leiburg noch manche Opfer. — Im Frühjahre trat der Scharlach in Würzburg epidemisch auf. Die mittlere Jahrestemperatur zeigte 6,90° R., die mittlere des durch Nässe ausgezeichneten Sommers 13,38° R. — Im October trat der Typhus in Augsburg in verheerender Weise auf, forderte in $2^{1}/_{2}$ Monaten 200 Opfer, und war eigenthümlicher Weise auf die günstiger situirte, gegen Norden hinziehende, sog. untere Stadt (besonders in der Umgebung des Domes, die Kreuzstrasse &c.) beschränkt. Um dieselbe Zeit grassirte der Typhus auch im nördlichen Bayern, im Landgerichte Gräfenberg epidemisch. Im Dorfe Grossenbuch erkrankten gegen 60 Personen, wovon 8 starben. Ebenso trat er im Vilsgrunde in der Oberpfalz auf. — Das Jahr 1844 war durch höchst unbeständige feuchte Witterung und anhaltenden Westwind bei einer mittleren Sommertemperatur von 13,12° R. charakterisirt, und ist dieser Factor wesentlich als ätiologisches Moment für den im Sommer und Herbste dieses Jahres über einen grösseren Theil Bayerns verbreiteten Schweissfriesel anzusprechen. Anfangs August ward das schon öfter von dieser Krankheit bedachte Landgericht Neumarkt (an der Rott) heimgesucht, dann in allmäliger Steigerung und Ausdehnung die Bezirke Altötting, Mühldorf, Vilsbiburg, Mitte September Erding, später Landshut, Dingolfing und endlich Landau. Von den Erkraukten wurden gegen 7 °/₀ hinweggerafft. — Zu Weidenberg auf dem Fichtelgebirg herschte vom October bis Januar 1845 ein typhöses Fieber, ebenso im October in Münnerstadt und Umgebung mit einer zeitlichen Ausdehnung bis zur zweiten Hälfte des Jahres 1845. Einem langen, kalten, schneereichen Winter folgten Ueberschwemmungen durch die Flüsse und eine unbeständige, nasskalte Witterung bei einer mittleren Jahres-Temperatur von 6,40° R. und einer mittleren Temperatur des Sommers von 14,66° R. Im Januar war die Influenza in Regensburg epidemisch verbreitet. Der Typhus, welcher auf der Rhön festen Fuss gefasst hatte, forderte in Poppenlauer vom 27. Februar bis 15. Juli 14 Opfer. Auch herrschte er in Friedritt, Burglauer, Rannungen und besonders in Windheim, wo der Krankheit vom 24. Juni bis 1. November von 31 Kranken 8 erlagen. Auch im Städtchen Erding an der Sempt erhob sich im Mai der Typhus, und währte ziemlich bösartig bis August, nachdem von 378 Erkrankten 35 gestorben waren. Ebenso wurden in München häufig typhöse Erkrankungen beobachtet. Im Juli, August und September herrschten daselbst überdiess die Morbillen. Auch in andern Theilen Bayerns zeigte sich der Typhus epidemisch, und mag die ungünstige Witterung und folgende Missernte nach jeder Richtung die Ursache abgegeben haben. In Freising, im Bezirke Ebermannstadt und Miltenberg und in den Wintermonaten 1845/46 trat der Typhus an der böhmischen Grenze um Eslarn und zu Neukirchen am Brand im Bezirke Gräfenberg auf. — Die beiden nachfolgenden Jahre 1846 und 47 waren durch grosse Hitze und Trockenheit ausgezeichnet. Die mittlere Temperatur des Jahres 1846 betrug $16{,}60^0$ R. Im Frühjahre bis gegen den Sommer hin verbreitete sich der Typhus im Spessart epidemisch und wurden im Sommer in Weibersbrunn häufig Erkrankungen an Ergotismus wahrgenommen. Im Sommer und Herbste grassirte die Ruhr in Franken und erlagen ihr in Gossmannsdorf bei Ochsenfurt 13 Personen. Hin und wieder trat der Scharlach auf, und behauptete sich bis zum Jahre 1849. In Erlangen zeigte sich der Keuchhusten epidemisch und im November bis Februar 1847 das Puerperalfieber im Entbindungshause zu Würzburg. Der Abschnitt der Jahre 1847—57, wo der gastrische Krankheitscharakter und hiemit die Cholera zur neuen Herrschaft gelangte, zeichnete sich durch grosse Unregelmässigkeit in der Witterung aus. Ein schneereicher Winter veranlasste wieder im Frühjahre 1847 weitausgedehnte Ueberschwemmungen. Ungewöhnlich starke Nordlichter wurden beobachtet. Die mittlere Jahrestemperatur betrug $6{,}60^0$ R. und jene des Sommers $14{,}47^0$ R. Bei allgemeiner Verbreitung erhob sich im Dezember die Influenza in Erlangen. Bei einer mittleren Jahrestemperatur von $7{,}35^0$ R. und einer Sommerwärme von $14{,}95^0$ R. werden im J. 1848 typhöse Fieber häufig beobachtet und entwickelten sich in Landshut zur Epidemie. — Im Jahre 1849 verursachten häufige Gewitterregen in vielen Gegenden grossen Schaden. Die mittlere Jahrestemperatur betrug $6{,}89^0$ R. und die Sommertemperatur $14{,}39^0$ R. — Im Winter 1849/50 herrschte in München der Scharlach mit Keuchhusten epidemisch. — Ein schneereicher Winter brachte wieder wie in den voraufgegangenen Jahren ausserordentliche Ueberschwemmungen durch die Flüsse, und zeigte das Jahr 1850 eine mittlere Temperatur von 6,70° R., im Sommer 14,67° R. Im Frühjahre und Sommer herrschten in Franken die Masern, Blattern und Scharlach. In den Jahren 1850—53 kam der Typhus abdominalis mit seinen charakteristischen Symptomen in ausgeprägter Form und vorherrschend oft vor.

Endemische Krankheiten. Zu ihnen gehört vor Allem der Kropf mit dem das Knochengerüst des Menschen oft verunstaltenden Kretinismus, dem Resultate der dem Kindesalter angehörigen Rhachitis. Beide sind in den dem Sonnenlichte und frischer Luft weniger zugänglichen Gebirgsthälern Oberbayerns, besonders um Bergtesgaden, häufiger, als im nördlichen Theile dieses Kreises. Der edle Menschenfreund, Pfarrer Jos. Probst eröffnete am 17. October 1852 zu Ecksberg bei Mühldorf eine Heil- und Pflegeanstalt für Kretinen, wobei ihm Dr. M. Ludw. Medicus zu Mühldorf treulich zur Seite steht. In Schwaben und Neuburg ist der Kretinismus selten, und nur in Oberstdorf (Landg. Sonthofen) und in den düsteren, feuchten Seitenthälern der, meist der Kalkformation angehörenden, Hochalpen als endemisches Uebel bezeichnet. — In Niederbayern findet sich Kropf und Kretinismus häufiger im gebirgigen Theile, im bayer. Walde, als im Flachlande. Der letztere ist am ausgesprochensten am Fusse des Arber in und um Bodenmais. Auch die Bevölkerung Passau's hat Reichthum an Kröpfen aufzuweisen. In der Oberpfalz gibt es nur Spuren von Kretinismus im Landgerichte Falkenstein und Waldgebiete des Landgerichtes Wörth. Der Kropf ist nur häufig in Neustadt an der Kulm zu finden. In Oberfranken tritt letzterer in einigen ärmeren Orten des Bezirkes Bayreuth, sowie in dem im Bezirke Kronach gelegenen Walddorfe Wilhelmsthal auf. Elend und Noth, feuchte, enge Wohnungen, schlechtes Trinkwasser sind als Quellen dieser Erscheinung zu erkennen. Der in Oberfranken seltenere Kretinismus wird häufiger im Gebiete des Muschelkalks, in Mittel- und Unterfranken beobachtet. Auch hier findet er sich weniger auf luftigen und sonnigen Hochebenen, als in den Thaleinschnitten des Maines, der Saale und Tauber, am westlichen Abhange des Steigerwaldes und der Hassberge. Iphofen, am Fusse des Schwamberges (welcher nach Glauber's Meinung, Prosper. Germ. III. 34. 260 „voll Salpeter steckt"), auf ausgedehnten bis über Bullenheim hinziehenden Gypslagern, galt mit einigen Nachbarorten lange als die Heimath der Kretinen „(Tollpatschen, Tölpeln, Wechselbutten"), nach dem alten Reime: „Hüttne (Hüttenheim), Bullne (Bullenheim), und Iphof, Hat's' kein' Buckel, hat's 'n Kropf." Beachtenswerth ist Dr. Fr. A. Vogt's Bemerkung, dass der Kretinismus im Mainthale nur auf der linken, nördlichen Seite vorkommt, so bei Würzburg in Zell, Erlabrunn und Heidingsfeld, während er in den der Sonne mehr zugänglichen, gegenüber liegenden Orten fehlt. Das prägnanteste Beispiel eines Kretins war die Margaretha Mähler in Rieneck. — In der Rheinpfalz finden sich kaum Spuren der Krankheit. — Idioten, geistig zurückgebliebene Menschen, finden sich hin und wieder. — Im Allgemeinen steht fest, dass mit dem Schwinden von Armuth und Noth, dem Fortschritte geistiger und körperlicher Entwicklung, besserer Pflege der Säuglinge u. s. w. auch diese den Culturzustand einzelner Orte kennzeichnende Gebrechen verdrängt werden. — Das Wechselfieber, das Product der Malaria stehender Gewässer, Sümpfe und Moräste, sucht in Oberbayern besonders die Bewohner des Dachauer und Erdinger Mooses und der benachbarten Ortschaften, dann der flachen Landstriche, welche an das Donaumoos grenzen und soweit die Donaualtwässer bei Ingolstadt nachtheilig wirken, jährlich im Frühjahre heim. Kleinere Entwicklungsheerde für diese Krankheit bilden auch die Filze und Moore gegen das Hochland oder theilweise ausgetrocknete Seeen. So ist der Filzler bei Weilheim derart an das stereotype Auftreten dieser Krankheit gewöhnt, dass er sich für ungesund hält, wenn er aufwächst, ohne vom „Frörer gebeutelt" worden zu sein. — In Schwaben herrscht „das kalte Fieber, der Frör" in der Niederung, im Donaugebiete, besonders im nördlichen Theile des Bezirkes Günzburg, dessen Ortschaften theils an der Donau, theils in den kleineren Flussthälern der Günz, Kammel, Mindel und Biber liegen. In Niederbayern tritt es am Ufer der Donau (Bogen), der Isar, der Vils und des Inn, sowie an versumpften Weihern auf. Letztere bilden auch die Hauptheerde für diese Krankheit in der Oberpfalz um Bodenwöhr, Weiherhammer, Vilseck. Ueberschwemmungen durch die Vils erzeugen sie oft bei Hirschau und Amberg, durch die Donau bei Wörth, die Altwasser der Altmühl bei Riedenburg. In Mittelfranken tritt das Wechselfieber öfter auf im unteren Aischgrunde, wo viele Fischweiher, im unteren Altmühlthale, wo bei schwachem Gefäll viele Altwässer und häufige Ueberschwemmungen hervorgerufen werden. — In Oberfranken hat es seinen Sitz an den Torfmooren des Fichtelgebirgs, im Aisch-, Ebrach- und Maingrunde, welche Ueberschwemmungen ausgesetzt sind, in Bamberg auf der sog. Weide, in den Moritzhöfen und Dürrschnitz bei Bayreuth. — In Unterfranken wird es beobachtet bei Schweinfurt auf dem Moorboden eines früheren Seebeckens, in Würzburg im Pleichacher Viertel, welches an die morastigen Seeen des Stadtgrabens grenzt. — In der Rheinpfalz sind die Wechselfieber epidemisch. Doch haben sie in den Rheinniederungen durch die Correctionen des Stromes bedeutend abgenommen, so dass nur noch Germersheim und Ludwigshafen als ihre Heerde gelten, obwohl auch die niederen Rheindörfer bei Ueberschwemmungen und feuchten Jahrgängen nicht frei davon bleiben. — Der Typhus erscheint in ganz Bayern fast nur in München einen bleibenden Heerd gefunden zu haben, während er anderwärts nur in kleineren Epidemieen localisirt auftritt. Im Spessart trat er im Jahre 1846 und 1851 bei grossem Nothstande mit grosser In- und Extensität auf. — Masern, Scharlach mit Keuchhusten, Blattern sind Krankheiten, welche bald da, bald dort, oft in nachweisbarem geordnetem Gange und regelmässiger Wiederkehr durch das ganze Gebiet in leichteren oder folgeschwereren Epidemieen auftreten. — Die Blattern, vulgo Durschlechten (vom altdeutschen *urslaht*, Ausschläg) haben seit Einführung der vom Volke mit Vertrauen aufgenommenen Schutzpockenimpfung ihre Gefährlichkeit verloren. — Eine seltsame von Dr. Fr. A. Vogt, Bavaria IV. 213, erwähnte Volkskrankheit ist die Starrsucht in Billingshausen (Unterfr.). „Die davon Befallenen bleiben plötzlich bildsäulenartig in der Lage, worin sie sich eben befinden, stehen. Die Augen sind starr auf einen Punkt gerichtet, die Sehaxe ist convergirend, das Gesicht blass, todtenähnlich, der Mund zusammengezogen, die Finger sind halbgekrümmt, Hand und Kopf in kaum zitternder Bewegung; der Zustand währt fünf Minuten und tritt besonders nach Erkältung ein."

Die medicinischen Volksbücher haben sonst wie jetzt in hygiastischer Beziehung auf die geistige wie körperliche Cultur einen wesentlichen Einfluss geübt, und sind wohl geeignet, die jeweilige Bildungsstufe und Anschauungsweise eines Volkes zu kennzeichnen. So sind zu erwähnen die Schriften der hl. Hildegardis † 1175; — ferner jene des für seine Zeit mit vielen Kenntnissen ausgerüsteten Albertus Magnus; — dann das um 1350 geschriebene „Buch der natur von Conrad Megenberg" († 1374), gedruckt zu Augsburg 1475; ed. Pfeiffer, Stuttgart 1856; es enthält viele Stellen über populäre Heilkunde und die ältesten deutschen Krankheitsnamen; — weiterhin Ortolffs von Bayerland, Doctors der Ertznei, Artzbuch; dieses in der deutschen Incunabelliteratur namhafte Arzneibuch, eine Compilation aus verschiedenen Büchern jener Zeit, ward um 1430 von einem Würzburger nach seinen Lebensverhältnissen unbekannten Arzte verfasst und war in zahlreichen Handschriften verbreitet, zuerst gedruckt 1477 in Nürnberg; — ebenso „Eyn nützlich büchlein vil bewerter Arzney", welches, die erste Sammlung der Volksheilmittel, 1529 der Jatromathematiker Joh. Schöner von Karlstadt a. M. herausgab. — Aehnliches bietet G. H. Rivius, kurze nützliche pflegung der gesuntheyt. Würzburg, bei Joh. Miller, 1549. — Joh. Langii, archiatri elector. Palat. epistolae medic. (Frcfti 1589) enthalten viele pathologische Notizen und Volksmittel aus der Ober- und Rheinpfalz. — Von erheblichem Einflusse waren die besonders im 16. Jahrh. erschienenen Kräuterbücher eines Otto Brunfels († 1534 zu Bern), des Hieron. Bock (geb. zu Heidesheim im Zweibrücken'schen 1498, † 1555), des Leonh. Fuchs (geb. zu Wembdingeu 1501, † 1565), des Joachim Camerarius, eines der gelehrtesten Aerzte und Botaniker seiner Zeit (geb. 1534 zu Nürnberg, † 1598), des Jacob Theodor von Bergzabern (Tabernaemontanus), Bocks Schüler, † 1590, u. s. w. — Eine wichtige Rolle spielten ebenso die Kalender, wie z. B. der hundertjährige Kalender des Moriz Knauer, Abts von Langheim, der barmherzige Samariter, der getreue Eckart, der Kemptener Kalender u. s. w. mit ihren Aderlasstafeln und medicinischen Vorschriften. — Manche guten Belehrungen und Zwecke verfolgten die von Zeit zu Zeit ergangenen sanitätspolizeilichen Verordnungen[1]). — Grosse Verdienste hat sich die 1652 zu Schweinfurt gegründete Academia caes. natur. cur. Leopold. Carolina[2]) erworben. Ihre seit 1677 gedruckten Jahrbücher bieten eine reiche Fundgrube für den Entwicklungsgang der Natur- und Heilkunde in Deutschland, und regten deren Mitglieder unter dem ärztlichen Stande zur Erforschung und Beobachtung der Natur an, wie sie auch viele schädlichen Vorurtheile und Aberglauben beseitigten. Für Franken ist hier auch der mehrjährige Aufenthalt des Arztes und Alchemisten Joh. Rud. Glauber[3]) (geb. 1604 zu Karlstadt, † 1668 zu Amsterdam) um 1650 anzuführen, in dessen Werken, besonders

---

[1]) So verbot Hauptmann Kuno von Wiersberg 1449 dem Rathe von Bayreuth das Abhalten einer Prozession nach Mangersreuth bei Kulmbach, wo man die Abwendung der in B. hausenden Pest erflehen wollte, weil er fürchtete, dass durch Zusammenfluss vieler Menschen die Seuche weiter verbreitet werde. — In Franken ward 1792 Hofmann's Verhalten bei hitzigen Krankheiten empfohlen, 1793 Faust's Gesundheitscatechismus.

[2]) Cfr. Meding, l'Académie impér. Léopold.-Carol. des naturalistes. Paris 1854.

[3]) Glauber's Verdienste würdigte neuestens Chevreul, im Journal des savans 1850. 293. — Sein berühmtes Sal mirabile (Tract. de nat. salium in opp. chymic. p. 495), 1658 zuerst bereitet, wurde durch die Strassburger Pharmacopoe 1725 officinell: Sal catharticum laxans et purgans, cujus usus pro natura homiuis novitatis avida nunc viget.

in der Prosperitas Germaniae, die Rudimente einer physical. Topographie des Maingebietes niedergelegt sind. Nicht ohne dauernden Einfluss blieb die „Heilsame Dreckapotheke" des wunderlichen, weder durch tiefes Wissen noch Charakter ausgezeichneten Polyhistors Chr. Frz. Paullini (Frankf. 1696). — Auch ist zu erwähnen der 1715 und 1726 in Nürnberg gedruckte „Trost der Armen" von Dr. Joh. Nic. Seitz [1]) († 8. Mai 1714, 68½ J. alt), welcher 41 Jahre in Ochsenfurt als Physicus wirkte. — Unter allen Volksbüchern des letzten Jahrhunderts wirkte am mächtigsten und nachhaltigsten auf die Geistescultur des Landvolkes das „Mildheimer Noth- und Hilfsbüchlein" des trefflichen R. Z. Becker in Gotha. Dasselbe war so recht geschaffen, um durch belehrende, unterhaltende Erzählungen und artige Holzschnitte bei Jung und Alt im Bürger- und Bauernstande sich zu empfehlen. Der hochherzige Fürstbischof Franz Ludwig führte es in den Diöcesen Würzburg und Bamberg ein. Mittels Regierungsausschreibens 1789 empfohlen und 1790 in 2500 Exemplaren im Fürstbisthume Würzburg verbreitet, trug die Lectüre dieses Buches, wozu 1799 Placidus Muth, Abt und Rector der Universität Erfurt (geb. 30. Dez. 1753 in Poppenhausen) einen zweiten Band fügte, viel zur Hebung der geistigen und sittlichen Kräfte des Volkes bei. Auch im Markgrafenthum Ansbach wurde das „Noth- und Hilfsbüchlein" und „Schley's Volksfreund", dann in Nürnberg 1785 „Der neue Volkslehrer" als Schulbücher eingeführt. — Mit den französischen Kriegen begann man wenig Werth mehr auf das Volksthümliche zu legen, welches von da an allmälig in den Hintergrund gedrängt wurde [2]). — Zur Pflege und Fortdauer des Aberglaubens hat auch in neuester Zeit die Presse das Ihrige beigetragen; so sind zu erwähnen die bei „Louis Ensslin zu Reading" (Enssl. u. Laibl. in Reutlingen) erschienenen „Albertus Magnus bewährte und approbirte sympathetische und natürliche ägyptische Geheimnisse für Menschen und Vieh", sowie das vielfach unter dem Volke verbreitete Reutlinger „Colomannusbüchlein" u. s. w.

Krankheitsursache, Aberglaube. Die bereits oben erwähnte uralte, auch den Germanen geläufige Vorstellung vom dämonischen Wesen der Krankheiten, welche, wie die Gicht, Fallsucht,

---

[1]) Sein Buch, die Frucht 46jähriger ärztlicher Erfahrungen, bietet eine reiche Quelle für die Geschichte der fränkischen Volksmedizin; er beseitigte in ihm die absurden Ansichten von den Aderlasstagen und vom Urine. Minderen Einfluss übte das Buch des Marktbreiters J. H. Seifried, Medulla mirabilium nat. 1694 aus.

[2]) Cfr. Horsch l. c. 329. 331.

Wechselfieber geisterartig in den Lüften umherschweben, Menschen und Vieh unversehens anfliegen, anpacken, anfallen oder als neckende Elbe unsichtbar drücken und mit ihren Geschossen verwunden, hat sich in der Volksmedizin noch nicht verwischt (Alpdruck, Hexenschuss). In einem später angeführten Gichtsegen wird eine personificirte Schaar von Gichten, welche im Felde umher irren, von der h. Anna in das wilde Heer, aus welchem sie herkommen, verbannt. — Erkrankt Jemand plötzlich auf dem Felde, so hört man noch hin und wieder die Phrase, er sei über eine „Unstätte" (locus infaustus) gegangen, d. i. über einen Ort, dessen Genius die Verletzung seines Gebietes durch Erkrankung bestraft. Diese Vorstellung hängt zusammen mit biblischen Anschauungen bei Tobias VIII., Matth. XII. 43, Lucas XI. 24, wo von an wüsten Orten gebannten oder irrenden, menschenfeindlichen Dämonen die Rede ist. Erwähnung verdient eine Stelle bei Eckhardt comment. de rebus Franc. orient. I. 426: „Loca haec vulgus adhuc *Vnstelen* sive loca incerta vocat, de quibus nempe nescitur, ubi sint. Cum enim aliquis huc illucque ambulat, et cum vel morbus subito iuvadit, vel ei membrum aliquod corporis dolet, rationis ignari dicunt, *er seye über eine unstete gegangen* sive calcasse cum locum, qui, ubi sit, nesciatur; et quia is sanctus sit, genius loci illum punisse somniatur, tanquam violatorem et contemptorem sui". Diese Unstätten sind wohl die „loca incerta, quae colunt pro sanctis" im Indicul. superstition. et paganiar. XVIII. in Epistol. S. Bonifac. ed. Würdtwein, Mog. 1789, p. 126 ff. — Cfr. Falkenstein, antiquitat. Nordgav. I. 285. — Ueberhaupt ist der alte Aberglaube an das Anhexen der Krankheiten noch nicht ganz erloschen, noch täglich hört man bei Erwähnung des Wohlbefindens einer Person die Phrase: Unberufen, dreimal, siebenmal, zehnmal unbeschrieen, was schon bei den Griechen und Römern üblich, $\alpha\beta\alpha\sigma\kappa\alpha\nu\tau\omega\varsigma$, praefascine hoc nunc dixerim, Plaut. Asinar. II. 4. 84. — Auch einzelne sich plötzlich einstellende, ungewöhnliche Aeusserungen organischer Vitalität, Reflexerscheinungen, wie Zuckungen, Niesen u. s. w. wurden für ominös angesehen. Nider, de moral. lepra I. 9: „si membrum aliquod salierit, redire ad lectum, si quis dum se calceat, sternutaverit." — Der gemeine Mann, der schon den blosen neidischen und boshaften Wünschen gewisser, mit dem Teufel im Bunde stehender Personen wirkliche Erfolge zutraut, sucht sich bei dem Lobe eines Kindes oder eines Stückes Vieh gegen die Wirkungen des „Vermainens", d. i. des Bezauberns durch Anhauchen oder heimliches Bestreichen durch die fromme Clausel „(Unser Herr) Gott behüet's" und wo thunlich durch Besprengen mit Weihwasser sicher zu stellen (cfr. Schmeller, W.-B. II. 587). Das Beloben eines lebendigen Gegenstandes gilt desshalb als unheilvoll, begründet auf Ecclesiastic. XI. 30. — Das Beschreien, Anthun, fürchtet man besonders für unmündige Kinder[1]) von Seite alter Weiber, vulgo Hexen, und suchte sonst dagegen durch Thee und Bäder von Beschreikraut (Sideritis, wahrscheinlich Stachys recta) zu schützen. Ein Stückchen Wachs vom Osterstocke.[2]) angehängt, sichert gleichfalls dagegen. Ist man verhext, so schlage man unter Nennung des Namens der Hexe in's Dreiteufelsnamen einen Nagel in einen Balken, soweit der Nagel in den Balken eingetrieben wird, soweit dringt er der Hexe in den Kopf ein (Schwaben und Franken). — Noch heutzutage empfiehlt man wider Hexenspuck drei Kreuze am Abend vor Walburgis über die Stuben- und Stallthüren zu zeichnen, dann 3 Brodbröckchen, 3 Kohlenstückchen und 3 Salzkörner in der Tasche stets bei sich zu tragen. Ist eine Drude oder Hexe im Zimmer und man wendet den Brodlaib im Tischkasten herum, so kann dieselbe nicht mehr hinaus. — Geschäfts- oder Handelsleute halten es für ein Unglück, wenn ihnen beim ersten Ausgang Morgens ein altes Weib oder ein Schwein begegnet, und kehren bei solchem Begegnen oft unverrichteter Dinge wieder um. — Auch soll man ja keinem Unbekannten ein getragenes Hemd oder Kleid schenken, weil derselbe dadurch dem früheren Besitzer Unheil zufügen kann. Die Schalen genossener Eier dürfen nicht ganz, sondern nur zerknittert hinweggeworfen werden, damit Niemand dadurch Schaden zufüge, ein schon den Römern bekannter Rath; Plin. hist. nat. XXVIII. 2: huc pertinet ovorum, ut exsorbuerit quisque calices protinus frangi. Petron. Arbitr. satyr. III. 233. — So herrscht auch vielfach

---

[1]) Ephem. ae. nat. cur. III. 7—8 obs. 78. Seitz l. c. 153: „Wann aber die Kinder beschryen und bezaubert seyn, so waschen die Fränkische Weiber das Kind mit Beschreykraut, dieses ist aber eine leere Einbildung: sollte aber ein Kind bezaubert seyn, so haltet man es vor eine gewisse Cur gegen das Bezaubern, wenn man etwas weniges von den Kleidern, Leinwath oder andern Gewandt, wann anderst die Zauberin bekannt ist, von ihr haben kann, selbige verbrennt und den Bezauberten damit räuchert." — Ein Beispiel der Ausdorrung eines Weibes, durch Aufhängen ihres Halstuches im Schlote beabsichtigt. 1758, in den fränk. Samml. XIX. 83. — Unter dem Namen Berufskraut führt Nemnich im Polyglottenlexic. I. 61 verschiedene Pflanzen auf, welche früher gegen Pädotrophie gebräuchlich waren.

[2]) Zu Ostern fand früher auch eine Benedictio ciborum und am Tage des h. Johannes des Täufers eine Benedictio potus statt, Julii statut. rur. 1584; jetzt noch Segnen des Weines, „Johannessegen".

der Wahn, wer den 108. (109.) Psalm, Deus laudem meam &c., täglich zweimal ein Jahr lang bete, könne seinen Feind damit todt beten. — Ein schauerliches Beispiel von Aberglauben an die magische Kraft ungeborner Kinder aus neuerer Zeit bietet der in Mitte des vorigen Jahrh. zu Bayreuth hingerichtete Hundssattler, welcher den Wahn hatte, der Mensch werde fliegen können, wenn er neun Herzen von ungebornen Kindern ässe. Er hatte zu diesem Zwecke bereits acht schwangere Frauen ermordet, aufgeschnitten und die noch zuckenden warmen Herzen gegessen (Meissner, Skizz. XIII. 107). Aehnlich betrübend sind Nürnberger Berichte von 1577 und 1601 von Unmenschen, welche schwangere Frauen bei lebendem Leibe aufschnitten, um aus den Fingern ungeborner Kinder sich Diebslichter zu schaffen. Auch nach einem in der Pfalz kreisenden Wahne soll der Finger eines ungetauft verstorbenen Kindes unsichtbar machen, so dass noch vor 40—50 Jahren bei Speyer der Kirchhof bewacht werden musste. Ein ähnlicher der öffentlichen Sicherheit gefährlicher Aberglaube herrschte in Mittelfranken unter Gaunern, dass nämlich das Blut, welches man mit drei Holzscheitern aus den Genitalien eines unschuldigen Knaben auffängt und bei sich trägt, bei Diebstählen unsichtbar mache. Im Ochsenfurter Gaue spuckte der Aberglaube, mittels Menschenfettes Diebstähle entdecken zu können. Zu diesem Ende wird ein benedicirter Spiegel auf der Rückseite mit solchem Fett bestrichen, welches der Bestohlene sich selbst verschaffen muss, worauf sich dem Hexenmeister das Angesicht des Diebes im Spiegel zeigt. Bei Hinrichtungen suchten sich bis in die Neuzeit Einzelne Blut und Fett des Armensünders zu verschaffen. Ueberhaupt schrieb die sympathetische Therapeutik des Mittelalters dem Blute von Enthaupteten und den Knochen vermoderter Leichname Erhängter grosse Heilkräfte zu. Moos, welches auf der Hirnschale eines am Galgen schwebenden Skeletts gewachsen, stillte Blutungen jeder Art, und schützte gegen Hieb, Stich und Schuss[1]).

---

[1]) Ephem. ac nat. cur. II. 2. G. 27. 425. Die sog. „Passauerkunst" stammt aus dem Anfange des 30jährigen Krieges; wer die mit Zaubersprüchen beschriebenen Zettel des Nachrichters Kaspar Neithard oder des Studenten Christian Elsenreiter von Passau verschluckte, glaubte hieb- und kugelfest zu sein. Solche Zettel wurden auf dem Leibe getragen und nicht allein in den Schlachten des 7jährigen Krieges, sondern auch in neuester Zeit (1866) an ihre Wirksamkeit von altbayerischen Soldaten geglaubt.

Stadien der Krankheit, Hilfe dagegen, Hausmittel. — Die Vorläufer einer Krankheit, welche sich noch nicht deutlich ausgeprägt hat, aber durch fieberhafte Erscheinungen sich kund gibt, belegte das Volk früher mit dem Namen Meichler oder Mänchler. (Vgl. Erlang. gel. Anz. 1752. 30. Matthiol. Kr. B. ed. Camerar. 1590. f. S. 417. Schmeller, W.-B. II. 544.) Dagegen bezeichnet man den erneuten Eintritt eines früheren Leidens oder die Nachwehen einer nicht gehörig zum Verlaufe gelangten Krankheit, der einer alten übel behandelten Wunde, mit der Phrase: Den alten Höfel bei sich haben, der alte Höfel wird angereizt. (Vgl. Delius, fr. Samml. IV. 487. Schmeller l. c. II. 160. Der altdeutsche Name Hufel schon in Conrads von Würzburg Marienlob.) Am Untermain bezeichnet man leichtes schmerzloses Unwohlsein mit „sich schelmern, kobern, eine Nieth, ein leichtes Uebergängle bekommen", im Allgäu „den Ehren", in der Pfalz „die Ploh". — Wer zugleich mit Andern erkrankt, hat „die Seuch, die 'rum geht", die „Sucht, die gleichwohl keine besondere Beachtung findet, indem man höchstens ein „Hausmittel" im eigenen Arzneischatze hervorsucht oder schwitzt. Zu diesem Zwecke steckt man sich in's Bett, so dass kaum die Nase sichtbar ist, trinkt Thee von Hollunder (vulgo Holler, von dem es sprichwörtlich heisst: „vor dem H. zieh' den Hut"), Linden- oder Wollkrautblumen. In der Pfalz holt man zum Schwitzen auch in einem Sacke einen Ameisenhaufen, steckt ihn in den Backofen, und dann glühend heiss in's Bett und legt sich darauf. Im Odenwalde, Spessart und in Franken wird oft im Beginne schwerer Krankheiten heisser Wein getrunken, um die Krankheit „herauszutreiben". In Würzburg rathet man, um Schweiss zu erregen, in den Urin des Kranken Kupfervitriollösung zu thun, und an's Feuer zu stellen, kocht er, so schwitzt der Patient. — Geht die Noth an den Mann, wird die Krankheit bedenklich, „fabelt" der Kranke, „stacht's", wie der Odenwälder sagt, dann gedenkt man zu „brauchen". Man schickt den Urin zum Doctor, wenn ein solcher die Gegend beglückt, verlangt ohne besondere Auseinandersetzung des Leidens „ebbes zum überschig un uneschig", und hofft durch ein kräftiges Brechmittel die Grundursache alles Leidens, alle Unreinigkeit, alles Ungesunde aus dem Körper zu entfernen. Neben den Winden (vapeurs), die sich überall hin verschlagen können, ist vorzüglich die Galle ein arger Sündenbock, der alles Unheil stiftet; „sie liegt im Magen, sie ist ausgetreten, in's Geblüt übergetreten, in den Kopf gestiegen, sie ist verschossen, hat Lunge und Leber angezündet" u. s. w. Geht's schlimmer, so darf der Doctor kommen. Hilft das erste Glas Medizin nicht, so hat's der Doctor nicht getroffen, man schickt das Wasser zu einem andern Doctor, oder wendet sich nebenbei zu einem Schinder oder Schäfer, der Sympathie kann. Uebersteht der Patient die Krankheit, so hat die letzte Medizin geholfen. — Ist das Geblüt verdorben, so hilft nur Aderlass und Schröpfen. Stirbt der Patient, obgleich man Alles gethan, so tröstet man sich, dass die Zeit aus ist, dass für den Tod kein Kraut gewachsen, dass man's ihm schon lang angesehen, dass was in ihm steckt, dass wir alle denselben Weg gehen müssen u. dgl., und weiss sich auf alle möglichen Wahrzeichen zu erinnern, welche dessen Tod ankündigten. — Eine vernünftigere Obsorge für die Gesundheit als die geschilderte, in der tieferen Volksschichte der Gebirgsgegenden, auch hin und wieder in den bayerischen Provinzen übliche, hat sich überall in Städten und offenen Dörfern eingebürgert. Man schickt, wenn leichteres Unwohlsein durch entsprechende Diät und Anwendung einiger Hausmittel nicht weichen will, zum Arzte, dem man die weitere Sorge für den Patienten überlässt. Zieht sich das Leiden „trotz vieler Gläser voll Arznei" in die Länge, so wird, geht die Geduld des Patienten zu Ende, der Arzt mit den Worten, „es hilft doch nichts, ich brauche nichts mehr", verabschiedet, und die Zuflucht einige Zeit zu einem Urinpropheten oder sonstigen Quacksalber genommen, oder man zieht, besonders in besseren Kreisen, einen oder mehr Aerzte weiter zu Rathe.

Hausmittel werden bei leichterem Unwohlsein gar viele, oft in unzweckmässigter Weise [1]), gebraucht. Manche sorgame Hausfrau pflanzt in den Hausgarten für Küche und Krankheit geeignete Gewächse, so Mentha und Melissa in einigen Arten, Salvia offic., Thymus vulgaris, Chamomilla roman., Origanum majorana, Satureia hortensis, Artemisia absynthium, abrotanum und dracunculus, Malva vulg. und arborea, Althaea ros. und offic., Hesperis matronalis („Matrinar."), die beiden Species von Monarda (zu Thee). An vielen Zäunen und Mauern findet sich der Holluuderbaum (Sambucus nigra, Holuntar, Grimm D. M. 617), welcher wie der Holder (Flieder), der von ihm den Namen entborgte, hin und wieder als Geburtsbaum benützt wird. Die früher an freien Plätzen und in Gartenanlagen prangende Linde

---

[1]) Hier wäre freilich oft des Plinius und Seneca Warnung wohl zu berücksichtigen, Histor. natur. XVII. 45: „Imprimis autem cavendum, ne ex remediis vitia fiant, quod evenit nimia aut intempestiva medicina"; Epistol. II.: „nihil aeque sanitatem impedit, quam remediorum crebra mutatio."

(Tilia parvifolia, seltener graudiflora), wegen der Blüthe geschätzt, ist seit dem 17. Jahrh. durch Acer pseudoplatanus, platanoides, Aesculus hippocastaunm, und neuerdings durch Robinia pseudacacia, sowie in Alleen durch die Pappel vielfach verdrängt worden. Feld, Wiesen und Wald finden von kräuterkundigen Weibern fleissigen Zuspruch und werden für Haus oder Apotheke ihrer Heilschätze beraubt. Man bewahrte noch im vorigen Jahrh. in den Apotheken die Fette der verschiedensten Thiere, deren Geiger in seiner Pharmacopoea universalis über 30 aufzählt, verbannte aber diesen der Verderbniss ohnehin leicht unterworfenen unnützen Kram in neuer Zeit aus denselben. Gänsefett, von dem ein alter Mönchsvers sagt: *Anseris unguentum valet hoc super omne talentum*, steht noch in hohem Ansehen. Dachsfett soll Zellgewebsverhärtung vertheilen, die Haare grau färben, Hasenfett fremde Körper aus den Wunden ziehen; Hundsfett wird bei Lungensucht genommen; ausserdem erhält noch der Bauer Bären-, Enten-, Fisch-, Fischreiher-, Igel-, Wildekatzen-, Menschen- oder Armesünderfett, Mankei- oder Murmelthierfett vom Apotheker aus der Büchse, die mit Schweinefett oder gefärbtem Talg gefüllt ist. Als Salben sind in Gebrauch die Kropfsalbe (Unguent. kalijodat.), die Kapuziner-, Franzosen-, Mercurial- oder Reutersalbe (Unguent. neapolitan.) gegen Einquartierung an verschiedenen behaarten Körperstellen; Zinksalbe; die Nerven- oder Mutterstärke, Rosmarinsalbe (Unguent. roris marini); der „alte grüne Napoleon" (Unguent. populeonis, bestehend aus Oculi populi und Fett, gefärbt mit Curcuma und Indigo); „rothe Prinzipitat- oder Augensalbe" (Unguent. hydrarg. praecip. rubr.), Althäasalbe und Schwefelsalbe. Von den Oelen figurirt das „Scorpioneuöl" (Ol. olivar.), Glieder- oder Kienöl (Ol. terebint.), Bilsenkraut- oder Bilsensamenöl (Ol. hyosciam.), Regenwurmöl (Ol. papav.), Ameisenöl (Spirit. formic.), Spicköl; Lorbeeröl; Hanföl, Leberthran, (stinkendes) Philosophenöl (Ol. terebint. sulfuratum, dem Rindvieh beim Blutharnen eingeschüttet, auch von Menschen bei Kolik und Magenkrampf genommen, Hof); Durchwachsöl (Ol. olivar.); flüchtig Element, flücht. Salbe (Linim. volatile). — Von Arzneipflanzen finden Anwendung, von den zusammenziehenden: Eichenrinde, Eicheln und Gallen, Nelkenwurzel, Salbeiblätter, grüne Wallnussschalen; von rein bitteren: Bitter- oder Quassiaholz, Enzianwurzel, Bitterklee, Tausendguldenkraut, bittere Kreuzblume; von gewürzhaft-bitteren: Kalmuswurzel, Citronen- und Pomeranzenschalen, Wermuth, Rainfarn, Wurmsamen, Farnkrautwurzel; von auflösend-bitteren: Löwenzahn-Kraut und Wurzel, Andorn, Erdrauch; von schleimig-bitteren:

Isländisches Moos (Lungenmoos), Huflattichblätter; von Würzmitteln: Ingwer, Kardamomen, Zittwerwurzel, Zimmtrinde, Gewürznelken, Veilwurzel, Muscatnuss; von ätherisch-öligen Mitteln: Kampher, Baldrianwurzel, Kamillen, Sternanis, Anisöl, Dillöl, Kümmel, Koriander, Thymian, Majoran, Pfeffer- und Krauseminze, Melisse, Lavendel, Rosmarin, Raute, Flieder, Schafgarbe, Quendelöl; von geistigen Mitteln: Wein, Weingeist, Branntwein, Salmiakgeist („Flüchtig und geschwind"), Hofmannstropfen, Anhaltwasser (Spiritus anhaltinus), Karmelitengeist, Robert Whytt, Opodeldok &c.; von narcotischen Mitteln: Stechapfelkraut, Bilsen-Kraut oder Samen, Safran, Hanf, Pfingstrosen-Wurzel und Samen, Tabak, Bittersüss, Mutterkorn; von scharfen Stoffen; Wohlverleihblüthen, Veilchenwurzel, Stiefmütterchen, Bertramswurzel, Pfeffer, Meerrettig, Senf, Zeitlose, Alantwurzel, Meerzwiebel, schwarze und weisse Niesswurz; von abführend-scharfen: Zaunrübenwurzel, Coloquinthen, Jalappe („Resinajalapp", „Resinagalopp"), Sennesblätter, Rhabarber, Aloë; von Balsamen und Harzen; Teufelsdreck, Myrrhe, Weihrauch, Wachholderbeeren, Sadebaum-Spitzen und Oel, Bernstein, gem. Terpentin, Perubalsam („Wunderbalsam"), Storax, Bärlappsamen („Schlangenpulver, Streumehl"); von schleimigen Mitteln: Eibischwurzel, Malven, Kletten- und Queckenwurzel, Königskerzen, Salep, Quittenschleim, Arab. Gummi; von Zuckermitteln: Rohrzucker, Manna, Lakrizen, Möhrensaft, Rosinen, Feigen, Honig.

Von zusammengesetzten Mitteln finden Anwendung: rothes Markgrafenpulver (Pulv. temperans ruber Stahlii bei Krämpfen), Hufeland's Kinderpulver, Temperirpulver (Pulv. temperans), Kapuzinerpulver (Pulv. pediculorum).

Von chemischen Präparaten: Blauer Galizenstein (Cuprum sulf. bei Wunden des Schafs), Augennix, weisser Galizenstein (Nihilum album, Zincum sulfur. bei Augenentzündung); Stahltropfen (Tinctur. ferri pom.); Borax, Bitter- und Glaubersalz.

Von Pflastern werden hoch geachtet das sog. Oxicruci-, Dürrband-, Trennpflaster-, auch Durchwachssalbe, Unbekannt (Emplastrum oxycroceum), bei „Angewachsensein" der Kinder, Hernien, Verrenkungen oder „um Unrath herauszuziehen"; ferner das Emplastr. Dyachylou, genannt Triachel-, Triangala- oder Stengelpflaster; das Emplstr. matris als Schwarztäfel- oder Mutterpflaster u. s. w.

Manche in der populären Materia medica früher angeführten Insecten; z. B. Hirschschröter (Glauberi opp. chym. Francof. 1658 p. 37), Maiwurm, Spinnen, zahnschmerzstillende Käfer

u. A. sind viel in Vergessenheit gekommen; nicht minder die auf Baumstämmen wachsenden Schwammarten (Boletus salicis, fagi, nucis u. s. w.), deren jeder besondere Heilkräfte inwohnen sollten (cfr. Hildegard. subtil. I. 172).

Die Krankenpflege ist in den tieferen, wie ärmeren Volksschichten, wie sonst die Beachtung der Gesundheit, oft eine recht rücksichtslose, und nur geeignet, den Fortschritt der Krankheit zu begünstigen. Der vom Arzte gebotenen Diätetik werden unzweckmässige Nahrung und Getränke entgegengesetzt, auf mässigen Temperaturgrad und erneuten Luftzutritt keine Rücksicht genommen, der Kranke mit schweren Betten belastet, kurz Alles gethan, was die vis medicatrix zu hemmen vermag. In besseren Kreisen ist das Krankenregime meistens geregelt. Als Getränke wird Kranken frisches, oft durch eine glühende Holzkohle „gelöschtes", oder durch Zucker und Pflanzensäfte versüsstes Wasser, oder solches mit Brodrinde oder Aepfelschnitzen, oder Selterserwasser mit Milch, auch mit Weinessig angesäuertes Wasser oder Limonade gereicht...

Körperlänge, Lebensdecaden. Die Körperlänge des erwachsenen Menschen soll dem Masse des Körpers bei ausgespannten Armen gleich sein. Diese bereits von Plinius Hist. nat. VII. 17 angeführte Angabe findet sich im deutschen Mittelalter zuerst bei der h. Hildegard, lib. divin. op. I. 4. 15: „nam longitudo staturae hominis latitudoque ipsius, brachiis et manibus aequaliter a pectore extensis, aequales sunt", und ähnlich bei Zahn, l. c. 1696. III. 46, wo sich verschiedene Abbildungen von Messungen des menschlichen Körpers nach dessen gesammten Längenverhältnissen und einzelnen Gliedern, jedoch ohne Beziehungen derselben auf krankhafte Vorgänge finden. — Wenn (nach einer Stelle aus Schlesien in Grimm l. c. 1117) die Länge vom Scheitel bis zur Fusssohle kürzer ist, als die Breite des Körpers mit ausgespreizten Armen, soll Gefahr von Auszehrung vorhanden sein. Das Messen der Glieder, z. B. des Armumfanges bei Atrophie, ist bekannt. — Im Allgemeinen ist der Körperbau der bayerischen Volksstämme von mittlerer Grösse, jedoch finden sich in älterer wie neuer Zeit merkwürdige Beispiele von ausserordentlicher Körperlänge und Stärke. So mass der 1439 zu Rotenburg an der Tauber enthauptete Raubritter Wilhelm von Elm $8^1/_2'$, Ritter Neidhard von Fuchs zu Burgpreppach 1499 war (nach Mencken script. II. 1326) von riesenhafter Grösse; Johann von Schwarzenberg 1531 mass 6' 9"; auf seinen Fingergelenken wuchsen callose Knüppeln, welche er von Zeit zu Zeit wie die Nägel beschneiden musste (Camerar. hor. subseciv. I. 381). Thesaurus, aus dem Geschlechte der Fraunhofer, Herzog Ludwigs Hofmeister, † um 1503, bewahrte bis über das 100. Lebensjahr hinaus eine ungewöhnliche Körperstärke. In Eggenthal (Bez. Kaufbeuern, Schwaben) warben preussische Werber 1736 einen Riesen Namens Joseph Gross, 21 Jahre alt und 7' hoch um 5532 fl für die preuss. Garde, wovon der Angeworbene 2532 fl, dessen Aeltern 2000 fl, die Herrschaft 300 fl Auswanderungsgebühr und dessen Brüder 700 fl erhielten. — In Mittelfranken betrug 1858 das durchschnittliche Gewicht der aus den Städten kommenden Couscribirten 115 Zollpfunde, während die Conscribirten aus der Landbevölkerung 117 wogen. Dieser Ueberschuss des Gewichts ist Folge einer kräftigeren Muskel- und Knochenbildung der Landbevölkerung im Vergleich mit den Städten. Was die Körperlänge betrifft, so stimmen die Stadt- und Landbevölkerung überein, indem das durchschnittliche Mass 5 Fuss 8 Zoll bei beiden beträgt.

Als Beispiele seltener Körperverkümmerung in älterer Zeit verdienen der Bamberger Georg Martinet (in Camerar. hor. subseciv. III. 15), dann die regelmässig gebaute C. H. Stöber, Goldschlägerstochter von Fürth, welche vom 15—17. Lebensjahre (1776) nur 2' 4", im 20. Lebensjahre 3' mass (Lavater, physiognom. Fragm. IV. 72), und in neuer Zeit die Familie Gümbel zu Mömbris im Kahlgrunde, wovon einer, Namens Peter, 3' gross bei vollkommenem Ebenmasse, als Indianer auf den Jahrmärkten herumgeführt wurde. Krüppel heissen in Schwaben „Koge" und ein Wunderdoctor „Kogenflicker".

Schon in ältester Zeit suchte man das Lebensalter des Menschen in einzelne Zeitabschnitte einzutheilen und nahm die verschiedenen Stufen seiner körperlichen Entwicklung zum Ausgangspunkte. So fand sich in einem Manuscripte der ehemal. Cistercienser-Abtei Ebrach vom J. 1450 nachstehende symbolische Tafel der Altersdecaden des Menschenlebens, welche man modificirt noch jetzt häufig auf bildlichen Darstellungen findet:

X iar, ein kint, ein kitz, eine wachtel.
XX iar, ein jüngling, ein bock, eine taube.
XXX iar, ein man, ein stier, eine elster.
XL iar, wolgetan, ein lew, ein pfau.
L iar, stille stan, ein fuchs, eine henne.
LX iar, abe gau, ein wolf, eine gans.
LXX iar, die sel bewar, ein hund, ein geier.
LXXX iar, der welt tot, ein katze, eine eule.
XC iar, der kinder spot, ein esel, ein fledermaus.
C iar, gnad dir got.

Schlaf. Die Schlaflosigkeit wird häufig ohne nachweisbare Ursache, meist aber durch unmässigen Genuss aufregender Getränke, mangelhafte Nahrung, geistige Anstrengung oder psychische Aufregung am Abende, oder mangelhafte Körperbewegung hervorgerufen. Gegen diesen qualvollen Zustand stehen dem Volkswahne viele Mittel zu Gebote: Gebe Hasengalle im Weine zu trinken, so erfolgt tiefer Schlaf; soll der Schläfer wieder erwachen, giesse Essig (in Schwaben Saumilch) in den Mund. Oder gebe Galle von einem Aale in Wein zu trinken, so erfolgt Schlaf von 36 Stunden; gibt man hierauf Rosenwasser ein, so erfolgt Erwachen. Oder lege, um gut zu schlafen, Bilsenkraut unter das Kopfkissen. Auch empfiehlt man die lebhafte (?) Vorstellung der Aehren „eines im graulichen Rauche wogenden Getreidefeldes"; ferner soll man kein schneidendes Instrument über Nacht frei auf dem Tische liegen lassen; man soll ein frisch abgestreiftes Hasenfell[1]) unter das Kopfkissen legen. Nimm zwei Hasenohren, lege sie einem, der nicht schlafen kann, unter das Kissen (Spessart). — Nimm Muscatenöl und Rosensalbe, eines so viel als des andern, rühr's wohl durch einander, salbe alsdann wohl damit die beiden Schläfe, das Genick, die Naslöcher, an beiden Armen die Pulse, und die Sohlen an den Füssen. Dieses thue etliche Tage nach einander, wenn du zu Bette gehen willst, es bringt den natürlichen Schlaf. — Um eine Gesellschaft bei Tische einzuschläfern, nehme man gepulverte Hasengalle unter Bier oder Wein; um sie wieder zu erwecken, flösse man Essig in den Mund (Franken). — Nach schwäbischem Wahne macht Eichhorn- oder Fledermausschmalz, in die Schläfe gerieben, Schlaf. Im Gegentheile kann man nicht ruhig schlafen, wenn die Ueberzugsfalten des Kopfkissens nach aufwärts gerichtet sind. Wenn man in feindseligen Gedanken an eine gewisse Person, die Ecken an deren Kopfkissen einschlägt, bereitet man derselben eine schlaflose Nacht. So ist es auch Redensart, Fremde beim Besuche einzuladen, sich nieder zu setzen; sonst tragen sie dem Hausbesitzer und seinen Kindern die (nächtliche) Ruhe hinaus. Wenn man das Herz (oder den Kopf) einer Fledermaus ohne Wissen bei sich trägt, kann man nicht ruhig schlafen (Franken, Schwaben). Will man zur vorgenommenen Stunde erwachen, so bete man Abends vor dem

---

[1]) Auffallender Weise galten Haut und Fleisch des wachsamsten und schlaflosesten Thieres, welches desshalb schon im hohen Alterthume sprichwörtlich geworden, als Hypnotica. Plin. hist. nat XXVIII. 28. 79: „somnos fieri lepore sumto in cibis Cato arbitratur. Ephemer. acad. nat. curios. dec. I. 6 — 7. 243.

Einschlafen ein Vaterunser für die Verstorbenen unter Benennung der Stunde, um welche man erwachen will (Unterfranken), oder man klopft die vorgenommene Stunde beim Schlafengehen an's Bett (Sachsen). Die Mahnung, das Buch, aus welchem man eine Stelle im Gedächtnisse behalten will, die Nacht über unter den Hauptpfülben zu legen, erinnert an den Vers des Serenus Samonicus de medic. 916 (cap. 49 quartanae typo medicando): *Maeoniae Iliados quartum suppone timenti.* — Allgemein verbreitet ist die Sage vom Alp[1]), incubus (in der Pfalz „Wiedemännel", auch „Aufhocker"), einem die Schlafenden quälenden zottigen Nachtgespenste, — ein lästiges Phänomen, dessen Ursachen in Stockungen der Blutcirculation und krampfhaften Affectionen des Thorax durch unzweckmässiges Lagern des Körpers, oder Ueberladungen des Magens zu suchen sind. Auch im Alterthume war der Alp gefürchtet: „Strigas, ut ait Verrius, Graeci Syrnia appellant, quod maleficis mulieribus nomen inditum est, quas volaticas etiam vocant." (Cfr. Ovid Fast. VI. 130.) Schott, Phys. cur. ed. II. Wirceb. 1667. p. 216 erzählt eine selbst gemachte Erfahrung vom Alp (Alb): „Diebus praeteritis cum multa de spectris legerem, audirem, meditarer, post noctis medium, dum semisopitus in lecto jaceo, videor audire felem ingredi cubiculum, lecto adrepere, tandemque ascendere, opprimor mox tanto pondere, ut nec vocem exprimere, nec brachia movere, tametsi summo conatu adniterer, possem; paulo post perfecte evigilo et errorem meum corrigo. Nisi perspectum habuisse morbum, jurassem a spectro felis specie me oppressum". — Gegen Alpdrücken hilft folgender Spruch: „Komm' morgen, ich leih' dir was (der Gegenstand wird beliebig angegeben); dann kommt die Drud sicher am andern Morgen (Oberfranken). Wenn man eine Person, welche ein Alp drückt, dreimal beim Namen nennt, muss er nachlassen. — Der Schlaf zur Mittagsstunde (bei entblösstem, der Sonnenhitze, ausgesetzten Haupte) gilt als nachtheilig. Der mittägliche Schlaf (nach dem Essen) galt bereits im hohen Alterthume als ungesund und gefährlich, weil während dieser Zeit Dämonen ihr Unwesen treiben sollen, z. B. der Dämon meridianus im Psalm 90, 6.,

---

[1]) Ephemerid. acad. nat. cur. III. 9—10. obs. 56. Von einer dämonischen Störung im Schlafe wird in dem Hausbuche des Würzburger Jesuitencollegiums II. 79 berichtet: „Anno 1757 vir quidam honestae conditionis noctu saepius a spectabili hirco ad lectum suum adstante impeditus, demum instituta per sex dominicos dies in honorem S. Aloisii devotione, a nocturna hac infestatione penitus liberatus fuit. — Grimm, Deutsche Mythol. 676.

der dämonische Gott Pan bei Theocrit. Idyll. I. 15 (wo den Hirten verboten wird, während dieser Zeit auf der Syrinx zu spielen) und Idyll. 48: „φεύγειν τὸν μεσαμβρινὸν ὕπνον"; Plaut. Mostell. 3. 2. 8: „non bonus somnus est de prandio"; Hildegard. Physic. VI. 55. So herrschte auch nach Fränk. Mercur 1795 St. 39, und Schmeller W.-B. I. 87 in Bundorf bei Königshofen im Grabfelde die Sage vom gefährlichen „Unter" oder der Mittagsstunde von 11—12, in welcher man den Spuck von Dämonen fürchten muss. — Beim Erwachen mit dem linken Fusse aus dem Bette zu steigen, gilt für ein schlimmes Omen. Ein ähnlicher Wahn über das Verwechseln der Schuhe beim Ankleiden am Morgen herrschte schon bei den Römern nach Sueton. vita Divi Octaviani Augusti. — Joh. Chrysost. homil. ad Ephes. XII. — Auch dem Mondlichte werden dieselben schädlichen Einwirkungen auf den menschlichen Organismus zugeschrieben, welche bereits dem römischen Alterthume bekannt waren[1]). Der Schlaf vor Mitternacht gilt allgemein als der stärkendste.

Träume. Während des Schlafes ist die psychische Thätigkeit nicht in Unthätigkeit versunken; sie geht fort und erzeugt Traumbilder, welche, in ihrer Entstehung wohlgeordnet und bedeutungsvoll, beim Erwachen oft als sinnlose Fragmente erscheinen. „Man verkennt", sagt Greiner (Der Traum und das fieberhafte Irrsein, Altenb. 1817, 153), „ganz den Werth und den Reichthum der Vermögen der Seele, wenn man die Träume für blosses Spiel der Phantasie erklärt. Den Traumbildern liegt allemal ein Sinn zu Grunde, denn entweder spricht er einen gewissen Zustand des Träumenden oder das Gefühl eines Bedürfnisses desselben aus oder die geheimen Wünsche, Begierden und Leidenschaften des Träumenden machen den Inhalt der Traumbilder aus, oder sie stellen die reine Thätigkeit der Psyche, Gedanken, Vorstellungen und Ideen aus der Vergangenheit, Gegenwart oder der ihn berührenden Zukunft in Bildern dar. Diese untereinander laufenden, mannigfaltigen wechselnden Bilder zu sichten, nach ihrer, oft so tief unter Bildern, die uns im Wesen gar sonderbar und grotesk erscheinen, versteckten Bedeutung zu unterscheiden, ist freilich schwer, doch nicht unmöglich." — Den alten Völkern waren nicht alle Träume erklärbar und sie hielten sie deshalb für etwas Uebernatürliches, für eine unmittelbare Wirkung und Sprache Gottes selbst; sie glaubten, die Gottheit offenbare ihren Willen dem Menschen

---

[2]) Macrobii Saturnal. VII. 15. Kellner, synops. ephemer. acad. nat. cur. 748. luna.

in seinen Träumen. (Cfr. Homer. Iliad. I. 63, die Träume kommen von Zeus her; Cicero, de divinat. L. I. C. 64). Auch nach der Bibel[1]) ertheilt die Gottheit im Traume Ermahnungen, Warnungen, Weisungen, oder sie spricht durch Bilder und Symbole, in welchem Falle die Träume eines Auslegers bedurften, wesshalb die Traumdeuter sehr gesucht und geachtet waren. Vom grauesten Alterthume bis auf die neueste Zeit hatte in der Traumsymbolik der Aberglaube ein grosses Feld seiner Thätigkeit. Ein reichhaltiges Substrat für Träume ging auf unserem Gebiete verloren durch Aufheben der bayerischen Lotterie.

Die Meinung, dass Träume am Morgen in Erfüllung gehen, ist uralt und schon ausgesprochen in Theocrit. Idyll. XX. 2, dann Horat. Satyr. I. 10. 33: „*vetuit me tali voce Quirinus, Post medium noctem visus, cum somnia vera*"; Ovid. Heroid. XIX. 195: „*Namque sub Aurora, jam dormitante lucerna, Somnia quo cerni tempora vera solent*"; dann in Bürgers Lenore. — Ebenso ist der alte Wahn, dass Traumbilder von (trübem) Wasser einen bevorstehenden Unfall andeuten, allgemein verbreitet. Nider. formic. II. 4—6: „Sicut homini, in quo habundant frigidi humores, occurrit in somnis, quod sit in aqua vel in nive. Si quis dormientis digito, vel manu aquam frigidam circumdederit, statim se in aqua jacere somniabit. Vidua quaedam quotiescunque somnulum habebat, in quo sibi peditare videbatur in aqua, postmodum in brevi magnam tristitiam sensit." — Ein Traum von Sterben bedeutet eine Hochzeit in der Verwandtschaft und umgekehrt. Ein Traum von ausgefallenen Zähnen verkündet den Tod von Verwandten (Franken und Pfalz). — Schlafrosen, Schlafkunze (cfr. Schmeller, W.-B. II. 314, Grimm, D. M. 1155), d. i. moosartige durch Einstiche von Wespen (Cynips rosae) erzeugte Auswüchse auf den Zweigen der Heckenrose (Rosa canina) und Weidenrosen, d. i. bitschelartig entartete Spitzen der Weidenzweige, schaffen, unter das Kopfkissen gelegt, nach dem Volkswahne angenehme, bedeutungsvolle Träume. Nach Wagenseil (de lib. imp. civit. Norimberg. 76) dienten zu diesem Zwecke um's J. 1697 in Altdorf die Ammoniten, unter

---

[1]) So Job 33, 14—16: „Per somnium in visione nocturna loquitur Dominus." — Die Auslegung der Träume unter dem Volke unterstützte im 17. Jahrh. besonders die Uebersetzung des „Traumbuchs Apomasaris", welches Johann Lewenklaw aus einem griech. Originale in der Bibliothek des kaiserl. Raths und Kriegsproviantobersten in Ungarn, Hieron. Beck von Leipoltsdorf in's Lateinische übersetzt hatte, und in's Deutsche übertragen, mehrmal gedruckt, und im bekannten Calendar. oecon. perpet. des J. Colerus wieder abgedruckt wurde.

das Hauptkissen gelegt; vielleicht ein Ueberbleibsel des alten römischen Brauches: „Caprinum cornu, qui non dormit, sub capite ponis." Sext. Placit. Papyr. medic. animal. ed. Ackermaun. 43. Vergl. auch Epist. S. Bonifac. ed. Würdtwein, Mogunt. 1789, 126. (De tempestatibus et cornibus et cochleis.)

Unglückliche Tage, Todesanzeigen. Unter den Wochentagen ist von Alters her der Freitag ominös. „Multi in die Veneris nolunt ungues praescindere, aut indusium mutare, aut novo vestimento indui: ne fortunam aut valetudinem irritent." Zahn l. c. I. 287. „Natus in die Veneris sancta mortuos et subterranea omnia visurus dicitur! Verum ego natus eadem die anno 1641 nihil hactenus praeter aliqua spectra nocturna ab aliis aeque visas advertere potui." Ibidem 396. — Wer am Donnerstage erkrankt, hat nach Oberpfälzer Ansicht wenig Hoffnung auf Genesung. Auch der erste April gilt als ein Unglückstag [1]). In einem alten Manuscripte steht am Rande die Aufzeichnung: Sunt tres dies in anno, si quis infirmatur istis diebus, non vivet; primus dies Aprilis, primus Augusti et ultimus dies Decembris. — Nicht ohne mächtigen Einfluss auf den Volkswahn, besonders in Altbayern, blieb die „Wahrhaftige Prognostica aus Aegypten, welches in Ihro kgl. Majestät bestellten Dr. Plein, Horatii Astronomi Turnelli Bibliothek gefunden worden, wie folgt: Es sind nämlich 42 Tage unglücklich in dem ganzen Jahre, wie solches ein griechischer Schriftsteller bezeuget, welcher Mensch an einem solchen Tage krank wird, kommt nicht leicht davon. Als den 1. 2. 6. 11. 17. 18. Jannar, den 8. 16. 17. Febr., 8. 12. 13. 15. März, 3. 15. 17. 18. April, 8. 10. 17. 30. Mai, 1. 17. 20. Juni, 1. 5. 6. Juli, 1. 3. 18. 20. Aug., 15. 18. 30. Sept., 15. 17. Oct., 1. 7. 11. Nov., 1. 7. 11. Dez. — Hierbei ist zu bemerken: 1. Wenn ein Kind an diesen Tagen geboren wird, bleibt es nicht lange am Leben, und wenn es am Leben bleibt, wird es armselig und elend. 2. Wenn sich einer an diesen Tagen verheirathet, die verlassen gerne einander, und leben in Streit und Armuth. 3. Wenn einer reisen thut, kommt er gemeiniglich ungesund wieder nach Hause, oder leidet am Leib und seinen Sachen Schaden. 4. So soll man auch an diesen Tagen keinen neuen Bau anfangen, kein jung Vieh absetzen, das zur Zucht bleiben soll, es hat kein Gedeihen, viel weniger etwas aussäen oder pflanzen, man fange an was man will, so kommt Alles zu Schaden. In diesen abgesetzten 42

---

[1]) Journal von u. für Deutschland. 1784. 257. Verkündiger. 1811. 69. St. Fränk. Provincialblätter von Degen. 1805, März. S. 232.

Tagen siud nur fünf Tage die unglücklichsten, darinnen man auch nicht reisen soll, als: den 3. März, den 17. August, den 1. 2. und 30. September. Hierbei ist wieder zu merken, dass drei Tage sind, die gar unglücklich sind, und welcher Mensch dariunen Blut lässt, der stirbt gewiss in 7 oder 8 Tagen, als nämlich: Den 1. April ist Judas der Verräther geboreu. Den 1. August ist der Teufel vom Himmel geworfen worden. Den 1. Dezember ist Sodom und Gomorrha versunken. Welcher Meusch in diesen drei unglücklichen Tagen geboren wird, der stirbt eines bösen Todes, oder wird vor der Welt zu Schanden, und selten alt." — Noch hält man in Oberbayern den 30. Juli, und 29. Aug. als „Schwendtage", sowie den 1. April, 1. Aug. und 1. December für Uuglückstage, vor denen man sich bei allen Unternehmungen hüten soll. Aehnlich berichtet Zahn l. c. I. 287: „Vulnera 15. Calend. April., 1. Aug. et 3. Calend. Decembr. inflicta lethalia perhibentur, atque iis diebus natos mala plerosque morte iuterire dicunt." Im 15. Jahrh. war nach Nider, de morali lepra I. 9. dies fausti et iufausti, die Tagewahl bei den Bewohnern des Nordgaues allgemein im Schwunge. Dieses Tagewählen wird bereits verboten in Levitic. III. 19. 26. Deuteron. V. 18. 10, dann in der Ageuda Herbip. 1482.

Auch fürchtet man die bekannten climacterischen Jahre[1]), „wo sich die Natur verändert", besonders das 63. und 77. (vulgo Galgenzahl). Alle sieben Jahre ändert sich der Meusch, heisst es im Sprichworte. Bereits Seneca (de benefic. VII. 1) sagt: „licet nescias, quare septimus quisque annus aetati signum imprimat." — Der gigantische heilige Christoph wurde im Mittelalter allgemein als Schutzpatron[2]) vor dem gähen Tode verehrt, besonders vom Ritterstande, auf dessen Burgen und Kapellen sein Riesenbild häufig an Wänden angemalt war, damit man es immer vor Augen habe, mit der Umschrift:

Christophore sancte, virtutes sunt tibi tantae,
Ut (Te) qui mane videt, nocturno tempore ridet,
Ne (nec) Satanas caedat (caedet), nec mors subitanea laedat (laedet).

Und: *(Christophori sancti specimen quicumque tuetur)*
Christophori faciem quacumque in luce videris,
Isto namque (nempe) die non morte mala moricris (morietur).

---

[1]) Vergl. Seitz l. e. S. 655 von den Staffeljahren. Das 63. Lebensjahr war als κλιμακτηρικός ἐνιαυτός bei den Römern gefürchtet. Aull. Gell. noet. attic. XV. 7.

[2]) Spangenberg, henneberg. Chronik. 234. 241. Spiess, archiv. Nebenarbeit. II. 82. Molan. de sacr. pictur. 27. Ein Segensspruch, dass einem kein Unglück widerfahre, im Archiv d. histor. Vereins f. Unterfr. V. 2. 167.

Unter Rittern und Bürgern bestanden bis zum Schwedenkriege Christophsgesellschaften, welche diesen Heiligen gläubig verehrten [1]). — Wer alt werden will, muss viel schimmeliges Brod essen. (Oberpfalz). Gelbe Flecken in Kreuzform in der Leibwäsche deuten auf Krankheit, dunkle sogar auf den Tod (Pfalz). Dass von 13 an einer Tafel versammelten Personen eine bald darauf sterben müsse, ist wahrscheinlich aus der Bibel hergenommen. Matth. 26. 20. Marc. 13. 18. Luc. 22. 14. Joh. 13. 21. Vergl. Rehm, fränk. Volksfreund 1794. 305. Schmeller, W.-B. I. 412 („Dreizehn des Teufels Dutzend"). — Ein gleicher Wahn ist, dass der Tod in gleicher Stunde mit der Geburt eintreten werde (Ephem. acad. nat. cur. II. 4. obs. 85). — So oft die Rufe des Kukuks beim erstmaligen Hören, so viele Jahre darf man noch leben (Rheinpfalz). — Nach Schott Physic. curios. 667 herrschte zu Bamberg vor Alters die solenne Ahnung bei dem Todesfalle eines Rathsherrn: „in curia Bambergensi ordinarium esse dicitur, ut senatore aliquo morituro fragor iuxta sedile eius audiatur." Meister Franz, der berüchtigte Scharfrichter zu Nürnberg, berichtet, dass er den bald erfolgenden Befehl zur Enthauptung eines Gefangenen am Zittern seines an der Wand hängenden Richtschwertes voraus erkannt habe. Der alte Kirchner zu St. Jobst bei Nürnberg (1850) will bemerkt haben, dass eine freiwillige Bewegung des Bahrtuches und ein unheimliches Geräusch in der Kammer der Leichenrequisiten jeder Zeit dem Absterben eines Ortsbewohners vorausgegangen seien. — Wenn am Weihnachts- oder Neujahrsabende an dem geschmückten Christbaume die Lichter angezündet werden, erscheinen die Personen, welche im nächsten Jahre sterben, im Schatten ohne Köpfe (Mittelfranken). — Auffallende weisse Färbung der Ohren und eingefallene Gegend hinter denselben bieten eine schlimme Prognose. — Von einem Kranken mit einer facies hippocratica sagt man: Er sieht aus, wie der Tod von Ypern oder Forchheim [2]). Läuse hat man an alten Leuten nicht gerne. Bei Sterbenden verlassen sie den Kopf und kriechen nach wärmeren Körpertheilen herab [3]). — Die Prognose [4]) festzustellen, träufelt

---

[1]) Mehreres hieher Gehörige in Zahn l. c. I. 286 ff. u. A.

[2]) Journal von u. für Deutschland. 1787. 95. 1788. 570.

[3]) Pediculi mortem hominis praesentiunt. Mizaldi memorabil. centur. IV. 381.

[4]) Ueber die Dies morborum critici vergl. Cels. med. III. 4. Plin. hist. nat. XXVIII. 2. Cornel. Pleier, Physic. zu Kitzingen, Med. crit. astrol., und Zahn, specula phys. med. I. 56. 58.

man in Schwaben von der Milch einer Wöchnerin, welche ein Knäblein säugt, einige Tropfen in den Urin des Kranken; sinkt sie zu Boden, so stirbt der Kranke, bleibt sie in der Mitte, so muss Patient eine langwierige Krankheit durchmachen, schwimmt sie aber oben, so geneset er bald; — oder man rührt auch diese Milch mit dem Urin des Kranken, gerinnt sie, so kommt der Kranke auf, wenn nicht, so stirbt er; — oder man weiche in des Patienten Harn 24 Stunden lang Brennnesseln ein, bleiben sie grün, dann geräth er wieder, werden sie schwarz, so stirbt er. Aehnliches berichtet Thomai Weltgärtlein: „Zu erkennen, ob ein Kranker sterben oder wieder genesen werde: Wann eine Brennnessel, so mit des Kranken Harn genetzt gewesen, den nächsten Tag ganz dürr geworden, ist es ein Zeichen, dass der Kranke sterben werde. Der Beifuss, einem Kranken ihm unwissend unter das Haupt gelegt, hat diese Kraft, dass wann er darüber entschläft, versiehet man sich der Besserung, hergegen aber, wenn kein Schlaf erfolgt, des gewissen Todes. Welches alles doch dem Willen Gottes nichts benimmt." — Ob ein Kranker an der „Auszehrung" leide, d. h. ob er der Krankheit unterliege oder nicht, machen zwei beschäftigte alte Weiber in Untergriesbach und Obernzell (Niederbayern) von der geheimen Kunst des „Abwendens" Gebrauch. Sie erhalten das Körpermaass und die Angabe der Krankheitsdauer vieler Kranken von weit und breit, und beantworten durch Messen mit der ausgespannten Hand auf unbekannte Weise die an sie gerichtete Frage. — Wer auf dem Krankenbett das hl. Abendmahl geniesst, kommt (nach pfälzischem und oberpfälzischem Wahne) nicht mehr auf; der Kranke dagegen, welcher stirbt, stirbt nicht an seiner Krankheit. — Man reibt die Fusssohlen des Kranken mit ein wenig Speck, oder wenn er an der Stirne schwitzt, wischt man den Schweiss oder auch den Beleg der Zähne mit Brod ab, und gibt Speck oder Brod einem Hunde zu fressen; frisst es der Hund, so wird der Kranke wieder gesund; frisst er es nicht, dann stirbt der Kranke. — Oder man lege einem Menschen, der schwer krank ist, einen Smaragd auf's Herz; wird der Kranke sterben, so zerspringt der Stein. — Legt man einem Kranken Goldwurz unter den Kopf, so fängt er an hell zu singen, wenn er „sterblich" ist; schweigt er still, so wird er gesund (Schwaben). — Fällt ein Bild unversehens von der Wand, so verkündet es den eingetretenen Tod eines entfernt wohnenden nahen Anverwandten. — In der Pfalz hat man folgende Vorzeichen eines baldigen Sterbens: Wenn Kinder vor einem Hause, besonders eines Schwererkrankten, singen oder gar ein Begräbniss im Spiele darstellen (oder nach Bayreuther Wahne Kreuze auf der Strasse herumtragen), bedeutet das seinen Tod. Den Tod eines nahen Verwandten zeigen an drei Blutstropfen, die ohne Veranlassung und unversehens aus der Nase fallen; das Klopfen und Poltern an der Wand in der Nacht; das Zusammenschlagen der Glocken um 12 Uhr des Mittags oder in der Nacht den Tod im Hause; das Absterben des Apfelbaumes im Garten den baldigen Tod des Familienhauptes; dessgleichen ein heftiger Nachtsturm den Tod eines schwer erkrankten Bekannten oder den bereits erfolgten eines fernen Verwandten oder eines Erhängten[1]). — Will man wissen, ob ein Abwesender lebendig oder todt sei, dann nehme man von einem Laibe Brod zwei Bröckelein, lege sie drei Finger breit von einander, ebenso mache es zu gleicher Zeit mit zwei Kohlen, dann nimm eine Nähnadel, und fädle $^1/_2$ Elle Faden doppelt ein, mache unten einen Knopf; stecke ein Bröckelein Brod durch, halte es in die Höhe, dass es den Tisch nicht berührt, und sprich: „N. N., bist du lebendig, so geh' auf das liebe Brod, bist du aber todt, so geh' auf die Kohlen; erhebt sich das eine oder andere, so wird man inne, ob Einer in der Fremde lebt oder todt ist (Schwaben). Wer ein Erdhuhn oder eine Hausotter beschädigt oder nur sieht, der muss selbiges Jahr sterben (Bayreuth). Wenn man ein Papier verbrennt, und jeder der Anwesenden einen Punkt sich aussersieht, so kann man erfahren, wer den Andern überleben wird.

Das abergläubische Mittelalter wurde bei Krankheiten einzelner Personen sowohl als während gefährlicher epidemischer Seuchen von einer Menge von Todesvorboten[2]) geschreckt. Obenan stand der Klageruf der Todtenvögel (verschiedener Species von Strix, insbesondere des Käuzchens (Strix passerina), in der Pfalz „Kibitz", in Mittelfranken „Klagemutter" genannt, welches sich als Lichtfreund auf Häusern, in denen der Kranken halber länger Licht gebrannt wird, niederlässt)[3]). Das Krächzen

---

[1]) Cfr. Grimm, Rechtsalterthümer 39.

[2]) Kellner, synops. ephemerid. 835. Journal v. u. f. Deutschland. 1786. 51. Virgil. Aeneid. IV. v. 462: ferali carmine bubo —. Hildegard, subtilit. VI. 35: „ulula mortem hominis scit" &c. Matth. Kemnat. Chron. in Quell. u. Erläuter. d. bayer. Gesch. II. 88. Krünitz, Encyclopädie 109. 295. Das Todtenkäuzchen soll rufen: Mit, mit! Gropp, Samml. I. 764. Ludewig, Geschichtschreiber 929.

[3]) Ovid. Metamorphos. V. 549:
Foedaque fit volucris, venturi nuncia luctus,
Ignavus bubo, dirum mortalibus omen.

eines Raben auf dem Dache, Geheul und Scharren der Hunde[1]) und Katzenschrei, vor dem Hause des Kranken, ungewöhnliches Grillenzirpen und die Begegnung des hässlichen Käfers Blaps mortisaga weissagten einen baldigen Sterbefall. Die Bergfeste Rotenberg bei Schnaittach (Landg. Lauf) ward vor dem Tode eines dortigen Grafen von grossen Schaaren von Raben gleichsam bestürmt, nach Albert. M. de animalib. VIII. 2. 6. Wenn ein im Käfig gehaltener Kreuzschnabel (Loxia curvirostris) plötzlich erkrankt und stirbt, soll dies den baldigen Tod des Hausherrn andeuten; nach Andern soll derselbe die Krankheit des Hausherrn an sich ziehen und ihn davon befreien. — Wenn das Schmalz im Kübel nach dem Auslassen weich bleibt oder plötzlich flüssig wird, stirbt Jemand aus der Familie oder Verwandtschaft. Nach dessen Tode erreicht das Schmalz seine vorige Consistenz wieder (Franken und Oberpfalz). — Der schnelle Tod eines Kanarienvogels fällt mit jenem eines entfernt wohnenden Anverwandten zusammen. Schiebt ein Maulwurf vor einem Hause oder zeigen sich plötzlich schwarze Ameisenhügel in Parterrewohnungen, so verkündet dies einen Todesfall im Hause (Franken und Oberpfalz); ebenso wenn Elstern (Corvus pica) um das Haus schwärmen. Auch der Seidenschwanz (Ampelis garrul.) galt als Unheilsbote. — Ferner wird die Erscheinung des Todtenkopfs, „Todtenvogels", Sphinx (Acherontia) Atropos, welcher einen schwachen Ton von sich gibt, für die Anzeige eines bevorstehenden Todesfalles erachtet. — Dessgleichen wird die Todtenuhr (Anobium pertinax)[2]), „Erdschmiedlein", „Erdwandschmied" genannt (Mittelfr.), wenn man sie in der Wand oder im Gebälke schlagen, picken hört, gefürchtet. — Verwelken und Absterben von Gewächsen und Bienen, welche der Hausvater oder die Hausmutter im Garten mit besonderer Vorliebe gewartet, bisweilen auch nur Erbleichen ihrer Blätter werden als sympathetisches Vorzeichen baldigen Ablebens ihrer Pfleger angesehen[3]). Wenn Jemand beim Acker- oder Gartenbauen ein Zwischenbeet zu säen vergisst, oder wenn im Garten oder

---

[1]) Grimm, D. Mythol. 632. Hunde sind geistersichtig, schon bei Homer, Odyss. XVI. 160. Virgil. Georg. I. 470: obsternique canes — signa dabant. S. Hildegard., subtil. VII. 20: „canis, ubi tristia futura sunt, tristis ululat." Einige unterscheiden hier: Heult der Hund mit in die Höhe gerichtetem Kopfe, so wird der Kranke wieder genesen; neigt er sich beim Heulen zur Erde, so wird die Krankheit tödtlich endigen.

[2]) Ephemer. acad. nat. cur. III. 9—10 p. 138. III. et IV. obs. 200.

[3]) Ephemerid. acad. nat. cur. II. 6. 378. Adlzreiter, annal. boic. II. 181.

Felde eine weisse Gelbrühe wächst, oder wenn Dorschen, Bohnen, Klee, Rosen- und andere Sträucher weisse Blätter haben, so wird dieses als sicheres Zeichen betrachtet, dass bis zum Schlusse desselben Jahres Jemand aus dieser Familie sterben werde (Ober- und Unterfranken). — Auch in der Oberpfalz herrscht ein ähnlicher Wahn: Weisses Kraut bedeutet einen todten Mann, weisse Erddotschen (Dorschen) eine todte Frau. Werden sie wieder grün, zeigt es bloss Krankheit an. In der Rheinpfalz werden sie ausgerissen und unter der Dachtraufe begraben. — Löscht ein Licht von selbst aus, gibt's bald eine Leiche im Hause. — Auch Untersaat auf dem Acker deutet auf einen Todesfall in der Freundschaft. — Wer den Löffel beim Essen fallen lässt, muss bald sterben. Wer Nachts ohne Licht spinnt, spinnt sich sein Bahrtuch (Oberpfalz). — Die fette Henne (Sedum telephium), Wund- auch Knäblingskraut genannt[1]), dient seit Jahrhunderten zur Prognose des Wohlbefindens, der Krankeit oder des Todes einer abwesenden befreundeten Person, weil sie, im Namen derselben in einem Topfe gezogen, durch ihr Gedeihen, Verwelken oder Absterben diese Zustände des Abwesenden genau anzeigen soll. Oder man bricht von diesem Kraut einen Stengel ab und steckt ihn an einen Ort unter das Dach des Hauses, aber ganz mit den Gedanken auf die Absicht gerichtet, welche man im Sinne hat. Ist nun die Person noch am Leben, so fängt das Kraut an fortzuwachsen und gewinnt oben neue Blätter, obgleich die alten verwelken; wenn aber die Person nicht mehr am Leben ist, so verwelkt es gänzlich. Auch hängt man Zweige dieser Pflanze über das Bett des Kranken, wo sie, lange frisch bleibend, dessen Genesung, bald welkend, den Tod anzeigen sollen. Wenn man beim Bettmachen in den Kissen kranzartig zusammengeballte Federn fühlt, gelten diese sog. „Todtenkränze" als sicheres Zeichen naher Auflösung des Kranken. — Ein noch hin und wieder geübter übler Brauch ist, den Sterbenden das Kopfkissen wegzuziehen[2]). So bemerkt das Noth- und Hilfsbüchlein, Würzb. 1790, S. 19: „bis die sicheren Zeichen des Todes kommen, darf man den Kranken ja das Kopfkissen nicht wegziehen. Dieses ist eine sehr schlimme Gewohnheit." Liegt ein Sterbender in einem Erbbette, so muss man es ihm vorziehen, sonst kann er nicht sterben (Mittel- und Oberfranken).

---

[1]) Schmuck, thesauriol. secret. natur. chym. medic. 1642. II. 37. Seyfried l. c. 705.

[2]) Cfr. Questel, Diss. de pulvinari morientibus non subtrahendo. Jen. 1683. 4. — Der Brauch der Vererbung des Kopfkissens im Arch. d. hist. Ver. f. Unterfr. I. 1. 132.

Wenn im Neumünsterstifte zu Würzburg ein Vicar starb, erhielt der Unterkirchner $^1/_2$ Goldgulden oder das Kopfkissen des Verstorbenen (cfr. Arch. d. hist. Ver. f. Unterfr. I. 1. 132). — In der Pfalz betrachtet man in hitzigen Krankheiten das Nasenbluten als ein schlimmes Vorzeichen. Der Kranke, glaubt man, lebe nur noch so viele Tage, als er Tropfen Blutes verliere. In Franken gilt es als gutes Zeichen. — Der Speichel, welcher einem Krankenbesucher im Munde zusammenläuft, ist sehr ungesund, man soll ihn ausspucken (Schwaben und anderwärts). — Kommt man das erste Mal zu einem Kranken, und möchte man wissen, ob er stirbt, so spreche man leise:

Ist's dein Ende, so rühr' deine Hände,
Ist's zur Buss', rühr' deinen Fuss.

Rührt der Kranke die Hände, während dieses gesprochen wird, so kommt er nicht mehr auf; rührt er aber die Füsse, so wird es besser (Oberland). — In der Gegend von Hof übte ein berüchtigter Mensch ein Mittel, um zu bewirken, dass ein anderer sterben müsse: „Nimm von einem verfaulten Sarg einen Nagel und von dem Menschen, welcher sterben soll, ein Stück Kleid und nagle es, unter Angabe der Zeit, wann der Mensch sterben soll, in des Teufels Namen an den Galgen." — Schlimme Vorzeichen bei Krankheiten sind, wenn die Kranken nach der Uhr oder nach einer gewissen Stunde fragen (welche letztere dann auch die Zeit ihres Todes sein wird), oder wenn sie das Bett und Zimmer zu verlassen wünschen („Wandern"), wenn sie auf dem Bette kratzen (Flockenlesen), ferner wenn das Nachtlicht schwach und matt brennt. Wird ein Kranker todt gesagt, bevor er wirklich verschieden, so soll er wieder genesen und noch lange leben (Unterfranken).

Wenn nach Vollendung eines Neubaues bei dem Bauspruche der Zimmermann das Glas vom Dache herabwirft, und dasselbe zerbricht, so wird der Besitzer des Hauses bald sterben. — Wenn die Glocke einen ungewöhnlich dumpfen Ton von sich gibt oder während des Eilfuhr- oder Abendläutens zugleich die Stunde ausschlägt, stirbt bald Einer in der Gemeinde (Franken, Oberpfalz). — Stirbt Einer in der Gasse, oder nach Andern, stirbt Einer in einem Hause, welches auf einem freien Platze steht, nicht an einer Strasse gelegen ist, so müssen bald darauf in derselben Gasse oder auf demselben Platze, wenn auch in verschiedenen Häusern, drei Personen nachsterben. — Stirbt eine Wöchnerin, so müssen zwei andere bald nachsterben. —

Manche Personen wollen die Gabe besitzen, den Tod kranker Leute vorauszusagen zu können; sie glauben dieselben einige Tage zuvor als Schattenbilder vor sich vorüber schweben zu sehen. Der Glaube an Ahnungen ist unter allen Ständen verbreitet. (Cfr. Sonntag, de spectris et ominibus morientium. Altdorf 1703.)

Ist Jemand in einer Familie lebensgefährlich erkrankt, so werden die Nachbarsleute oder die nächsten Anverwandten oder die Taufpathen des Erkrankten an das Sterbelager gerufen, um dem mit dem Tode Ringenden das letzte Stündlein zu erleichtern (Mittelfranken). — In manchen Familien wird bei Annäherung des Verscheidens[1]) zum Verscheuchen des Bösen an den vier Enden des Bettes mit dem geweihten Lorettoglöckchen unerbittlich geläutet und dem Sterbenden eine geweihte Kerze in die Hand gegeben, auch das rothseidene Lorettohäublein aufgesetzt[2]). Kann ein Mensch nicht sterben, so soll man drei Ziegel auf dem Dache aufheben. Stirbt ein Mensch ruhig oder lächelt bei Todeseintritt, so ist seiner Seele gute Aufnahme im Jenseits beschieden. Der Angstschweiss im Todeskampfe entsteht beim Kampfe des Teufels und Engels um die Seele. Zur Erleichterung der Todesstunde besprengt man die Stube mit Weihwasser. Der Tod steht am Fussende, und um ihn die Teufel, Grimmassen schneidend, um den Sterbenden von bussfertigen Gedanken abzubringen (Schwaben). Man öffnet ein Fenster, gleichsam um der scheidenden Seele den Aufflug zum Himmel zu erleichtern. Mund und Augen des Entschlafenen müssen geschlossen werden. Diese Sitte war schon bei den Hebräern, Griechen und Römern gebräuchlich[3]). In Franken wird zu diesem Ende ein Tüchlein aufgebunden, in Nürnberg die Augen mit einem darüber gehefteten mit Wasser befeuchteten Läppchen geschlossen. — Fasst man den Verstorbenen an den grossen Fusszehen, so kommt sein Geist nicht wieder in's Haus, auch vertreibt das die Furcht vor der Leiche. — Eines hieher gehörigen Wahnes gedenkt Panzer, Beitr. z. d. Myth. II. 305: „Sonst ist eine gemeine Tradition unter den Leuten,

---

[1]) Nach Fürstb. Julius' Kirchenordnung 1589 sollen bei den Sterbenden Weihwasser, imago crucifixi und brennende Lichter aufgestellt werden. Zu Würzburg glauben andächtige Personen, wer stets jeden Donnerstag die sogenannte Todesangst in der Kirche besucht, der werde eines leichten Todes sterben.

[2]) Gropp, coll. scriptor. I. 204: „qui cum extremum jam spiritum trahere videretur, candelam ex more ceream in manus ejus parentes posuerunt ardentem." Schmeller, W.-B. II. 91: Loretoglöcklein.

[3]) Plin. hist. nat. XI. 55: „Oculos morientibus operire, Quiritium ritu sacrum est." Tobia XIV. 15. Homer. Odyss. IX. 425. XXIV. 294. Iliad. XI. 426. XVIII. 345. Virgil. Aeneid. IX. 487. Ovid. Metamorph. III. 503. — Heroid. I. 113. Auch das Waschen der Leichname und die Leichenhemden werden schon von Homer (Iliad. XVIII. 353) und Luc. D. mort. 10, 6 erwähnt. Schott, de singular. antiqu. in German. jurib. p. 91.

dass, wenn das Wasser, womit ein Todter nach seinem Ableben abgewaschen wird, etwa an einem Orte, worüber die Leute gehen müssen, und nicht vielmehr an einem heimlichen Winkel ausgegossen wird, so bei denen, die darüber gehen, nichts als Schwären und Blattern an ihrem Leibe verursache; daher man auch bei solchen unverhofften Zufällen zu sagen pflegt: „Man sei über einen Guss gegangen." — Das Waschen und Ankleiden der Leichen wird in der Regel von eigens dazu aufgestellten Personen (Todtenweib, in Wunsiedel noch im vorigen Jahrh. „die Elendin" genannt) besorgt, in Altbayern meist von den Angehörigen oder befreundeten Personen, und nur ausnahmsweise von fremden Händen, den „Todtengräbern" oder „Seelennonnen", wie im Iunthale. — Wohl allenthalben umschliesst die Leiche ein Sarg. Im Bergtesgadenerland besassen früher die sehr armen Gemeinden Eine gemeinsame Todtentruhe; am Grabe wurde die in ein Leintuch genähte Leiche herausgenommen und auf einem Brett hinuntergelassen; in der Jachenau wird die Leiche in offenem Sarge begraben und nur vor der Einsegnung das Gesicht mit einem kleinen Brettchen bedeckt. — Thränen dürfen nach oberpfälzischem Glauben nicht auf den Todten fallen, sie brennen ihn und er kann nicht ruhen. — Wird der Leichnam mit einem Hemde bekleidet, in welches der Name einer lebenden Person eingezeichnet ist, so muss letztere bald nachsterben. — Auch soll man der Leiche keinen Hemdzipfel, kein Band oder Schleife im Munde lassen und desshalb ein Stück Holz oder Rasen unter das Kinn befestigen, weil sie sonst daran kauet und so einen Verwandten nach sich in's Grab zieht[1]). Soll Letzterer von der ihn befallenden Abzehrung errettet werden, so muss das Grab geöffnet und das Band &c. entfernt werden, dann wird's besser mit ihm (Hessen). — Bleiben die Glieder eines Leichnams lange Zeit weich und biegsam, so wird bald einer seiner Verwandten sterben.

Nach dem Waschen und Ankleiden der Leiche wird in Unterfranken der Todte auf's Stroh gelegt, in Oberfranken auf das Todtenbrett, welches sich zum gleichen Gebrauche in der Familie forterbt. Fast durch ganz Oberbayern, besonders an der Amper, zwischen Leeh und Isar, auch im Traungau, sowie in Niederbayern, im Wald und theilweise in der Oberpfalz besteht die Sitte, die Todtenbretter an den sog. Kirchenwegen, aber auch sonst an den Strassen, Feldwegen, neben den Feldkreuzen oder unter Bäumen als Denkzeichen aufzustellen, Sie sind oft bemalt, mit Inschriften versehen &c.

---

[1]) Eine Erinnerung an den slavischen Vampyrismus.

Bei einem Sterbfalle muss man nach einem in ganz Bayern kreisenden Wahne alle beweglichen Gegenstände im Hause verrücken, alle Gefässe mit Getränken schütteln, dreimal an die Fässer pochen, das Samengetreide, das Mehl im Kasten rütteln, die Spiegel verdecken und abhängen, damit deren Amalgam nicht verderbe, die Bienenstöcke, Vogelhäuser, Blumentöpfe an einen andern Ort bringen u. s. w., weil diese Gegenstände sonst verderben. Stirbt in Schwaben der Bauer, so müssen seine Leute dreimal an die Immenbänke klopfen, sonst stehen die Bienen ab und der Honig macht Durchfall und andere Krankheiten. In der Oberpfalz wird nebstdem noch das liegende Vieh im Stalle aufgetrieben, sonst steht das Vieh um, der Same geht nicht auf u. s. w. — Ist der Todte weggetragen, so werden in der Oberpfalz die Fenster wieder geschlossen und ein Topf Wasser aus der Hausthüre geschüttet, damit er nicht wiederkehre. Um Falkenstein nimmt die Seelnonne während des Leichenzuges das Stroh, worauf die Leiche gelegen, und zündet es an dem Feuer an, welches in einem alten Hafen bereit gehalten wird, damit die Seele des Verstorbenen zur Ruhe komme. — Brennt das Licht im Zimmer eines Verstorbenen sehr düster, oder bleibt das Gesicht des Verstorbenen längere Zeit weich, so wird einer der Verwandten ihm bald nachfolgen. — Eine Brandenburg-Culmbach'sche Verordnung von 1738, die Begräbnisse betr., spricht noch von „allerhand von den Schreinern und Schlossern bei Verfertigung der Särge getriebenen ungereumten und aberglaubigen Vorbildungen." — Den Verstorbenen soll man keine Stiege hinauftragen, sonst bleibt der Tod im Hause und Einer der Hausangehörigen muss sterben. — Bei Todesfällen pflegt man im Sterbhause und in den Wohnungen der Verwandten die Vorhänge so lange vorzuziehen, bis die Leiche beerdigt ist. — Der Leichenwagen oder der Sarg einer Leiche darf nicht rückwärts gefahren werden. — Die Sitte, bei der Beerdigung Blumenkränze und Sträusse den Leichenwagen nachzutragen und auf den Grabeshügeln niederzulegen, erinnert an die ähnliche römische: Virgil. Acneid. VI. 884. — Nach der Würzb. Leich- und Trauerordnung vom 7. Juli 1747 (Landes-Verordnungen II. 490) „sollen dem Todtensarg weder die bisher gewöhnlichen Striche von Rosmarin oder Buchskränze, noch sonstige Bruderschaftszeichen in das künftige mehr aufgelegt werden". — Hemden und Kleider eines Verstorbenen fallen bisweilen in Stücke, wenn die Leiche in der Erde vermodert. — Regnet es in das offene Grab, so ist das ein glückliches Zeichen für den Verlebten. Im Sprichworte heisst es: „Dem Gerechten regnet es in's Grab." — Ist die Leiche in den Sarg gelegt, so wird dieser dreimal gehoben, ehe er auf die Bahre gebracht wird, damit der Todte seine Ruhe bewahrt. Häufig wird dieser Brauch in der Art geübt, dass die Bahre bei dem jeweiligen Ueberschreiten einer Thürschwelle je dreimal niedergesetzt wird (Wunsiedel). Letztere Sitte wird auch in der Oberpfalz, in Niederbayern, dann an der Glon, am Inn, ferner zwischen Inn und Salzach geübt, damit nicht der Geist des Verblichenen, zürnend über die Lieblosigkeit einer zu leichten und raschen Entfernung aus dem Hause wiederkehre und die Hausbewohner mit Spuck strafend belästige. Auch wird während des ganzen Actes der Bestattung mit allen Glocken geläutet, „um die arme Seele leichter aus dem Fegfeuer zu lupfen". — Wenn man dem Leichname eines Mannes nicht das Rasirmesser und den Kamm und dem eines Weibes nicht Faden in den Sarg legt, so muss einer der nächsten Verwandten sterben (Bayreuth), oder nach anderer Meinung, wer sich des Rasirmessers und Kammes bedient, verliert die Haare (Unterfranken). — In Schwaben gibt man einer verstorbenen Kindbetterin eine Scheere und eine Pfanne in den „Todtenbaum" mit. — Damit der Todte nicht wieder komme, soll man, sobald die Leiche ausgetragen wird, einen Eimer Wasser hinten her giessen, die Hausthüre schliessen und auf alle Thüren drei Kreuze machen (Bayreuth). — Auch im Sterben und Begräbnisse sieht der Volksglaube in der Pfalz seine eigenen Zeichen. Lächelt ein Todter im Sarge, so stirbt bald Jemand aus der Familie, ebenso wenn bei einer Leiche sich die geschlossenen Augen von selbst öffnen, wenn Jemand eine Thräne auf dieselbe fallen lässt, wenn der Geistliche vor dem Sterbhause warten muss, wenn der Sarg nicht feststeht. Der Träger, welcher zuerst die Bahre niederstellt, stirbt zuerst oder Jemand aus seiner Familie. Ergreift der Todtengräber beim Einscharren zuerst den Spaten, so ist der zunächst Sterbende ein Mann; erfasst er die Schippe, so ist's ein Weib. Brennt beim Todten kein Licht, so hat er im Grabe keine Ruhe. Wer eine „Todtenblume" an Jemanden verschenkt, veranlasst dessen baldigen Tod. — Wenn der Leichnam auf dem platten Leibe liegt, so sterben dessen nächsten Anverwandten (Bayreuth). Wenn der Leichnam im Sarge auf der rechten Seite liegt, stirbt Jemand männlichen Geschlechts aus der Familie, wenn auf der linken, Jemand weiblichen Geschlechts (daselbst). Wer die vom Todten hinterlassenen Kleidungsstücke anzieht, den kneipt er noch vier Wochen und er muss sterben (daselbst). — Wenn die Freunde um den Verstorbenen sich nicht grämen wollen, müssen sie ihm ein Stück Rasen auf die Brust legen (daselbst). Wer den ersten Spaten voll Erde in die Grube wirft, an dem hat der Tod keinen Theil (daselbst). Der dumpfe Schall beim Zuwerfen des Grabes bedeutet, dass bald Einer aus der Familie nachsterben wird (daselbst). — Wenn es in einem Grabe „schmatzt", so stirbt Jemand aus der Familie des Verstorbenen. — Unheil und Tod verkündend ist besonders die „Wihklog" (Wehklage). Nach dem Volksglauben ist dies ein wirrer, geheimnissvoller Knäuel, welcher unter Jammern und Aechzen dahinrollt (Voigtland). — Sinkt das Grab eines kürzlich Verstorbenen ein, so wird Einer aus der Familie sterben. — Für das Beerdigen von Ehegatten und Freunden im gemeinsamen Grabe finden sich bereits in ältester Zeit Beispiele, wie in Ilias XXIII. 82; Euripid. Alcestis 365; Ovid. Metamorph. IV. 154; Virgil. Aeneid. X. 907. Kaiser Maximilian I. 1505 versprach aus Dankbarkeit und Liebe gegen den Markgrafen Friedrich von Brandenburg, „dass man ihn dereinst zu seiner Majestät in das Grab legen dürfe". (Lang, Geschichte von Bayrenth I. 114.) In neuer Zeit dienen hiezu die Familiengrüfte.

Die Ruhe des Verstorbenen kann auf mauchfache Weise gestört werden. So haben zu allen Zeiten Sagen und Lieder erzählt, wie übermässiger Schmerz und Wehklage der Hinterlassenen um die Verstorbenen deren Ruhe störe, gleichsam die Sympathie der Seelen mit den Manen. (Altd. Blätt. I. 174. Bürger's Lenore.) Vergl. Ecclesiastic. XXII. 11—13. XXVIII. 16—24. Samuel II. 12. 23. Ep. Pauli ad Thessalonic. I. 4. 13. In Phocylidis carmen admonitor. 96 wird die Störung der Ruhe der begrabenen Leichname ernstlich verboten, wie dies auch im christlichen Mittelalter geschieht. Wer durch Wiederausgraben von Leichen aus den Gräbern und Grüften die Ruhe der Bestatteten stört, nimmt ein schlimmes Ende. In Verbindung mit dieser Anschauung stand das früher von einigen Päpsten erlassene Verbot, Leichname zu seciren. Ebenso die noch geübte Vorschrift, dass alle am Grabe Stehenden drei Schollen Erde auf den Sarg werfen, damit der Tode sanft ruhe. Auch wird dessen Ruhe gestört, wenn nicht alsbald dessen Leibwäsche gereinigt wird.

Vor Jahrhunderten dienten beinahe alle bei dem Leichenbegängnisse erforderlichen Gegenstände auch als sympathetische Hausmittel, einzelne davon werden noch heutzutage von Abergläubischen gesucht und verwendet [1]). Der Termin der Trauer-

---

[1]) Das sog. Bahrrecht, um den unbekannten Mörder zu entdecken, fand lange Zeit Anwendung. Ein Beispiel aus Franken in Meister Franz' Tagebuch 155. — Dobeneck's Volksglauben II. 103. Schottel, de singular. antiq. in Germ. jurib. p. 86. Müller u. Falke, Zeitschr. 1856. 222.

kleidung soll streng eingehalten und die Kleider sollen mit dem letzten Tage desselben abgelegt werden, sonst trauert man eine neue ein (Franken).

Mensch und Wurm. Von dem uralten bei verschiedenen Völkern des Alterthums vorkommenden Glauben, dass zwischen Mensch und Wurm, beiden Kindern der Almutter Erde, ein verwandtschaftliches Verhältniss [1]) obwalte, und dass der aus Würmern künstlich zusammengesetzte Menschenleib nach dem Tode wieder in Würmer zerfliesse, einer besonders in der Bibel [2]) vielfach angedeuteten Idee, war auch das gesammte deutsche Mittelalter und dessen Heilkünstler befangen. Jeder Mensch und jedes Thier ward diesem Wahne zufolge im Innern von einem Wurme bewohnt und benagt [3]) und allmälig getödtet [4]), wie viele bildliche Darstellungen jener Zeit versinnlichen. Da man selbst bis in die neueste Zeit die Brut von Würmern (Ascariden) durch Umbildung von Darmschleim entstehen liess, auch vielfach die Erzeugung von „Würmern" (Maden, Musca carnaria u. s. w.) in Geschwüren beobachtete, so kann es nicht auffallen, wie sich die Ansicht von einem verwandtschaftlichen Verhältnisse von Mensch und Wurm so lange erhalten konnte (Generatio aequivoca).

Kirchhöfe. Die christliche Kirche, welche die aus der Gläubigengemeinde Verstorbenen nur sichtbar und leiblich dahingeschieden, unsichtbar und geistig aber mit derselben fortlebend, unsterblich betrachtet, verordnete frühzeitig, dass die aus jeder einzelnen Pfarrei verstorbenen Neubekehrten nicht mehr auf heidnischen Begräbnissstätten und andern nicht geweihten Plätzen,

---

[1]) Plaut. Aulularia 4. 4. 1. Persii Satyr. VI. 56. 59. Theophrast. Paracels. opp. ed. Huser IX. 184, wo er den Wurm als Geschwister des Menschen nach Job's Sentenz bezeichnet.

[2]) Psalm. 22. 7: „Ego sum vermis et non homo". — Job. 25. 6: „quanto magis homo putredo et filius hominis vermis (σκώληξ, — bei Homer. Iliad. XIX. 25 u. XXII. 508. 9 εὐλή). Cfr. Job 7. 5; 21. 26. Isai. 66. 24; 51. 8. Jud. 16. 17. Marc. 9. 44 ff.

[3]) Ortus sanitatis de animal. 34. Ettner's Hebamme 890. Nach Schott, phys. cur. 739 soll auch jeder Baum von einem Wurm benagt sein: „vermem in sua quemque nasci arbore, proverbium est apud Germanos nostros." — S. Pompon. Festi de verborum significat. fragment. ed. Lindemann. II. 278.

[4]) Sirach. Sapient. X. 11. Becher. phys. subt. ed. Stahl. 294. Anderer Ansicht ist die Aesopische Mythe, fabul. 135, wonach der Wurm (Lumbricus terrestris) als Arzt auftritt. Merkwürdig erscheint die Benützung älterer Anschauung über das Verhältniss des Menschen zu Wurm und Schlange von Seite Isidors (Origin. XII. 4) zur religiösen Symbolik.

sondern zunächst an dem täglichen Versammlungsorte der Gläubigen, in der Pfarrkirche oder dem Kloster, in geweihtem Boden beerdigt werden sollten, damit so der Verlebte fortwährend gleichsam in der Nähe und im täglichen Andenken seiner die Kirche besuchenden Freunde und Verwandte verbleiben möge. Kleriker und Laien, welche durch namhafte Schenkungen Verdienste um die Kirche sich erworben, fanden ihre Ruhestätten im Innern des Tempels selbst, oder in angebauten Gruftgewölben und Kreuzgängen, in welchen das Ewiglicht brannte. Auch wurde ihr in den Todtenbüchern (Necrologia) aufgezeichneter Sterbetag (Anniversarius) alljährlich mit einer Todtenfeier begangen. Die Pfarrer hielten Anfangs streng darauf, dass die ihrer Seelsorge anvertrauten Gläubigen nur an solchen Stätten beerdigt wurden, und sich nicht anderswo Begräbnissorte wählten, weder in ihren Wohnungen, Gärten, auf dem Felde oder in Hainen, nach heidnischer Sitte, noch in andern Kirchen oder Kirchhöfen [1]). Erst später wurde gestattet, dass Personen, welche ausserhalb ihrer Pfarrei gelegene Kirchen und Klöster mit Stiftungen bedacht hatten, auch allda bestattet werden durften. Ketzer, Selbstmörder und Excommunicirte [2]) fanden nach ihrem Tode kein Begräbniss auf geweihtem Boden, sondern wurden nächst den Kirchhöfen zur Erde bestattet. Nach Sax, Geschichte von Eichstädt 388 herrschte noch 1805 dort der Wahn, dass jene Flur, in der im Laufe des Jahres ein Erhängter auf dem Friedhofe beerdigt worden, nächsten Sommer vom Hagelschlag heimgesucht werden solle. Derselbe Wahn kreiste nach Rehm, fränk. Volksfreund 1794. 299. auch um Schwabach. — Die Gräber eines solchen Leichenfeldes wurden nach Ablauf eines gewissen Zeitraumes, wenn die Leichname vollkommen vermodert waren, geöffnet, und die daraus gesammelten Gebeine in Kärnern (carnarium) oder Beinhäu-

---

[1]) Iringi episc. Wirceburg. epist. encycl. ad clerum dioec. 1262. 1. Aug.: „ne quis in aliis ecclesiis vel locis minus religiosis sibi eligat sepulturam". Wibel, cod. dipl. Hohenloh. 71. Statut. synod. Herbipol. 1329: „sub interminatione maledictionis aeternae prohibet, ne quis sepulturam apud alien. eccles. eligat. Himmelstein, synod. Herbip. 177. Der latein. Name Coemeterium, vom griechischen κοιμητηριον, in Urk. 1168; fundus parochialis ecclesiae cum suo coemeterio; sepultura in cimiterio, 1186; cimeterium quod lichof („Leichenhof") dicitur, 1213; capella in cimiterio, 1283.

[2]) Durch die Beerdigung auf ungeweihtem Boden (vor Kilchon, Grimm, D. M. II. 1177) ward die Ausschliessung von der christlichen Kirchengemeinde für diese und jene Welt symbolisch angedeutet.

sern¹) — gewöhnlich Gruftgewölben unterhalb einer der Pfarrkirche nächst benachbarten Todtencapelle — aufgehäuft. Da die Pfarrkirchen gewöhnlich in Mitte einer Stadt, eines Dorfes oder auf einer Anhöhe nächst denselben lagen, befestigte man die Kirchhöfe mit Mauern und flüchtete dahin bei feindlichen Ueberfällen die besten Habseligkeiten der Einwohner²). Die Wände nach innen waren bisweilen mit „Gaden", Kramläden, versehen. Auch dienten die Kirchhöfe als Versammlungsplätze der Gemeinde zu gesellschaftlichen Besprechungen, Beschäftigungen und Vergnügungen³). An hohen Kirchenfesten fanden daselbst feierliche Tänze statt⁴). Auch pflanzte man allda Obstbäume und Küchengewächse⁵). Für die Reinlichkeit auf den Kirchhöfen trugen bischöfliche Erlasse von Zeit zu Zeit eifrige Sorge⁶).

Obgleich bei den früher häufig wiederkehrenden heftigen Seuchen durch die mitten in den Städten verwesenden Leichname grosse Ansteckungsgefahren für ihre Bewohner erwuchsen, gestattete die Kirche nur ungern, oft gar nicht, die Verstorbenen ausserhalb des Kirchhofes und der Stadtmauer zu beerdigen, und kehrte alsbald nach Beendigung der Epidemie wieder zum alten Herkommen zurück⁷). Zu Nürnberg wurde bereits 1427

---

¹) Ossophylacium, in quo ossa fidelium reponuntur, 1350. Ossorium, 1589. Julius' Kirchenordnung bei Himmelstein, synod. Herbip. 403. 481.

²) Fries' Chronik in Ludewig's Sammlung, 676, 832, 835. Gropp, Sammlung II. 755. Mone, Anzeiger VI. 239. Selecta Norimb. IV. 230.

³) So diente 1344 der Kirchhof zu Schwarzach als Flachsdörre Ludewig, scriptor. Bamberg. I. 27.

⁴) Im Capitul. Carol. M.: „admoneantur fideles, ne super tumulis mortuorum de ritu paganorum manducare aut bibere praesumant." Die Synodalstatuten 1298 verboten diese Choreas et cantilenas in coemeterio. Himmelstein, synod. Herbip. 143. 362. 395. Statut. Bamb. 1491.

⁵) Nach Cicero, de legib. II. 25 war seit Cecrops' Zeiten Sitte: „Terra sepulcrum obducens frugibus obserebatur, ut sinus et gremium quasi matris mortuo tribueretur, solum autem expiatum frugibus ut vivis redderetur. Eine Verordnung vom 16. Dec. 1701 in den Landmandaten II. 520 untersagt, die Kirchhöfe als Baum-, Krautgärten oder Viehweiden zu benützen, was in der neuesten Zeit wiederholt geschah.

⁶) Schon 1298 wurde untersagt, „ne domus in coemiteriis reaedificentur, nec fimus nec immunditiae quaedam admittantur. Mandat. I. 520. 1701. „Sauber und rein und vor Vieh bewahrt."

⁷) Aus diesem Grunde durften weder zu Athen (Ciceron. epist. ad divers. IV. 12), noch zu Rom (Cicero de legib. II. 23) Leichen innerhalb der Stadtmauern beerdigt werden. Die Novellae Leonis Cap. LIII. bestimmen, „ut mortuos sepelire liceat tam intra civitatem quam extra". Dagegen nach Digestorum liber XLVII. tit. 12: „Divus Hadrianus rescripto

der Kirchhof zu St. Johannis ausserhalb der Stadt angelegt, 1518 erweitert, 1519 ein zweiter, der zu St. Rochus, gebaut und in dem erwähnten Jahre verboten, in den Kirchen und innerhalb der Stadtmauern Verstorbene zu beerdigen, in Kitzingen 1542, in Marktbreit 1566. Die wohlthätigen Folgen letzterer Verordnung rühmt Wagenseil 18: „ad conservandam aëris insitam bonitatem facit, tum mundities summa, tum, quod cadavera humana universa foris extra urbem terrae mandantur." Fürstbischof Julius verordnete 1589, die Gräber sollten in rechter Tiefe gemacht werden, damit sie nicht von Thieren aufgewühlt werden und durch schädliche Dünste Unheil anstiften möchten; kleine Kinder, welche noch nicht ein Lebensjahr zurückgelegt, sollten nicht von den Ammenfräulein, sondern von dem verordneten Todtengräber, die ungetauft Verstorbenen aber an einem besonderen Platze auf dem Kirchhofe bestattet werden. Nach Pausan. V. 4 und Virgil. Aeneid. VI. 427 fand die Beerdigung kleiner Kinder unter dem Stadtthore statt. In späteren Zeiten geschah dies unter dem Wettervordache der Wohnungen. So nach Fulgentius Plancíades de prisco sermone post initium p. 171 ed. Munker: „subgrundaria sepulchra, quia infantes non 40 dies nati, sepeliebantur in subgrundiis domorum." Fürstbischof Friedrich wies 1563 den Anhängern von Luthers Lehre zu Würzburg einen abgesonderten Begräbnissplatz ausserhalb der Vorstadt Pleichach an, in der Absicht, die Abgefallenen zum Rücktritte zu bewegen. Man nannte damals diesen Platz mit Anspielung auf die Bibelstelle Matth. XXV. 32. „zu den Bockshörnern oder zu der Peterleinswurzel" (cfr. Gropp Samml. III. 257). Mit dem Eintritte der Reformation begann man in allen allgemein oder zum Theile übergetretenen Ortschaften, Kirchhöfe ausserhalb der Mauern anzulegen und, damit diesen Gottesäckern die kirchliche Weihe nicht fehle, mit Kapellen zu zieren. In der Mitte des Leichenfeldes wurde gewöhnlich ein steinernes erhabenes Crucifixbild angebracht, und später der ganz umzäunte oder ummauerte Raum kirchlich eingeweiht. Zu Würzburg begrub man bis zur Säcularisation die Verstorbenen in den Kirchen und auf den Kirchhöfen der Pfarr- und Klosterkirchen, und wurde erst 1804 ein Kirchof ausserhalb der Stadtwälle angelegt[1]); nur

---

poenam statuit XL aureorum in eos. qui in civitate sepeliunt." Nach Buxtorf l. c. 704 müssen die Leichenäcker der Juden 50 Ellen von den Wohnungen entfernt sein. — Vergl. Scharold, Beiträge z. ält. Chron. v. Würzb. II.

[1]) Horsch, Topographie 71. Scharold, Medicinalwesen 13. Begräbnisse in Kirchen mussten, kraft Landesverordnung vom 22. Januar 1796

in den Klöstern begräbt man noch heutzutage in Grüften unter der Kirche. In Folge der durch das Noth- und Hilfsbüchlein verbreiteten Belehrung über den Scheintod ward die Leichenschau angeordnet und errichtete man hin und wieder im Lande Grabhäuschen und Leichenhäuser[1]). Wiewohl Niemand gesetzlich verbunden ist, einen Verstorbenen in die bei grösseren Städten errichteten Leichenhäuser bringen zu lassen, so ist dies doch fast zur Regel geworden, da der hauptsächlichste Zweck, möglichste Sicherstellung vor der Gefahr, lebendig begraben zu werden, und die Gewinnung eines schicklichen Locales, um aus den oft beschränkten Wohnungen die Leiche entfernen zu können, erreicht wird. Schlimmer ist es in dieser Hinsicht auf dem Lande bestellt, wo wie in hundert andern Dingen das tief eingewurzelte Vorurtheil gegen diese Anstalten schwer zu beseitigen ist, wenn es gleichwohl oft für den Todten an gesonderten Kammern gebricht und er auch in der Wohnstube neben der Familie oder gar im Backofen (Oberfranken) oder auch im Keller (Unterfranken) seine letzte Herberge finden muss.

Die bei den alten Hebräern und Juden bräuchliche frühzeitige Beerdigung, begründet auf Deuteron. XXI. 23; Psalm. CXLVI. 4; (Homer. Iliad. XXIII. 71), obgleich nach Vorschrift des Buches des Lebens, Sepher Chajim, bei den Juden mit grosser Vorsicht vorgenommen, wurde erst spät Gegenstand polizeilicher Aufmerksamkeit. (Buxtorf, synag. jud. 704. Journ. von u. für Deutschland. 1784. 227. 1789. 284. Fränk. Mercur. 1796. 25. Kramer, Repertor. I. 69.) Im Volke spricht man noch vom „Knicken" todtkranker Juden, damit sie nicht an einem Sabbate sterben. Während die Juden in herkömmlicher Weise mit nach Osten, ihrer alten Heimath, gerichtetem Gesichte bestattet werden, war nach Aelian. var. histor. V. 14 bei den Athenern Sitte, die Leichen mit nach Westen gerichtetem Antlitze zu beerdigen, was schon nach einem Delphi'schen Orakel dem Solon (um 594 vor Chr.) geboten wurde (Plutarch. vit. Solon. XIV.).

---

wohl ausgemauert und gewölbt werden. — Nach dem Regierungsblatt f. Frank. 1803. 30 sollte in Kirchengrüften, Ordens- und Schlosskapellen kein Begräbniss mehr gestattet werden.

[1]) Noth- und Hilfsbüchlein I. 9. II. 259. Eine Castellische Verordnung vom J. 1787 verbietet, einen Verstorbenen unter zweimal 24 Stunden zu beerdigen. Journ. v. u. f. Deutschland. 1788. 352. 1789. 284. Bundschuh, fränk. Mercur. 1796. 431. Seitz, Trost der Armen 239. „Die hl. römische Kirch hat klar geboten, dass Niemand vor 24 Stunden soll begraben werden wegen der Ohnmachten, welche oftermalen von dem Tod seyn nicht unterschieden worden."

Die Verzierung der Kirchhöfe mit geschmackvollen Gartenanlagen ist ein schönes Zeichen der Pietät unseres Jahrhunderts[1]).

Am spätesten richtete die medizinische Polizei ihre Aufmerksamkeit auf die an den Galgen aufgeknüpften Leichname, deren Verwesungsdünste bis 1800 die Luft im Umkreise der Städte verpesteten.

Die Stätten, auf welchen Menschenmorde oder Unglücksfälle sich ereignen, pflegt man seit Menschengedenken durch steinerne Kreuze oder Bildstöcke zu bezeichnen. Das älteste Denkmal dieser Art in Franken, vom Jahre 1378, steht südlich unweit Heidingsfeld am Maine.

Kindesalter.
Pflege in gesunden und kranken Tagen.

Wenn viele Völker des Alterthumes, so auch, nach dem Berichte des Galenus de sanit. tuend. I. 10 die alten Germanen, noch im 2. Jahrh. n. Chr., ihre neugebornen und heranwachsenden Kinder durch öfteres Baden in kaltem Wasser körperlich abzuhärten strebten, so hat diesem zum Gegensatze das spätere deutsche Mittelalter die Kinder, laut der pädagogischen Versregel:

Sicut porcellus, velut agnus, sicut asellus,
Vesci, vestiri, debent puerique feriri,

mit überaus warmer Bekleidung, Kopfbedeckung und Einsperren in heissen und dunstigen Stuben zu verzärteln, die freie Körperentwicklung aber durch beengende Wickelkissen und Binden zu hemmen gesucht. In neuerer Zeit ist man glücklicher Weise von dieser Unsitte wieder zurückgekommen, und gestattet dem kindlichen Körper freiere Bewegung und zweckmässigere Bekleidung[2]).

---

[1]) Ueber die Beerdigung in Särgen (Sarcophagus, aus Steinplatten, hohlen Baumstämmen, später Brettern bestehend, auf die Entstehung der Menschen symbolisch hinweisend (Hom. Odyss. XIX. 163. Cicero de legib. II. 22: „antiquissimum sepulturae genus, redditur enim terrae corpus, et ita locatum ac situm, quasi operimento matris obducitur") vgl. Spiess, archival. Nebenarbeit. II. 33. Journal von u. für Franken. I. 488. 572. 744. V. 758. — „Mortuus in *feretro* positus", 1329.

[2]) Kinderleben und Kinderkrankheiten hat Rochholz in seinem vortrefflichen Buche „Alemannisches Kinderlied und Kinderspiel", Leipzig 1857, geschildert.

Bei der Geburt eines Kindes pflegte man vor Zeiten (und bisweilen noch heutzutage), Geburtsbäume, Fruchtbäume oder Ziersträucher, wie auch Bruchkraut, Sedum Telephium, zu pflanzen, deren Wachsthum, Gesundheit und Dauer man mit dem Leben der Neugebornen sympathetisch verknüpft wähnte. Aus dem Siechen oder Absterben eines solchen Baumes prognosticirte man Krankheit oder Tod jener Person, in deren Namen der Baum gepflanzt worden. Beispiele hievon [1]), sowie von dem sympathetischen Absterben von Blumen und Bäumen bei und nach dem Tode ihres Besitzers, finden sich in dem Ameisenspiegel Nider's 2. 1, in Ephemerid. acad. nat. curios. II. 6. p. 378. obs. 189. III. 2. p. 45. III. 3. obs. 62. III. et IV. obs. 200. Die Prinzessin Barbara von Bayern, Aebtissin im Angerkloster zu München, starb 1474 gleichzeitig mit einem von ihr gepflegten Rosmarinstocke. — Neugeborne Kinder werden nach der Kindersage vom Storche oder vom Ammenfräulein aus Quellen und Brunnen [2]) gebracht. — Ein Kind, an einem goldenen Sonntage geboren, ist ein Glückskind, kann Geister sehen und verborgene Schätze wittern. Schwer geborne Kinder werden einen harten Tod erleiden [3]), Kinder, welche an Lichtmess geboren sind, holt die hl. Maria bald wieder aus dieser Welt. Gewisse Krankheiten stellen sich, oft alljährlich, immer am Geburtstage ein [4]).

Wenn die Eihäute den Kopf des Kindes bei der Geburt so umhüllen, dass sie eine sog. Glückshaube (Wehmutterhäublein) bilden, erlebt der Neugeborne viel Glück auf der Welt. Eine solche Glückshaube wurde vormals von den Eltern getrocknet und sorgfältig als Familienheiligthum bewahrt, weil man das Wohlergehen des Kindes daran geknüpft glaubte [5]). In der

---

[1]) Sueton. Galb. I: „Fuitque mos Caesaribus triumphantibus, laureas confestim eodem loco pangere, et observatum est, sub cuiuscunque obitum, arborem ab ipso institutam elanguisse." De la Cerda, comment. in Virgil. Aeneid. VII. 59. Ovid. Metamorph. VIII. 454.

[2]) Vergl. Wolf, Beiträge z. deutsch. Mythol. I. 165.

[3]) Vergl. Zahn l. c. I. 287. III. 32.

[4]) Ephemerid. acad. II. 4. 193. III. 1. 21. III. 2. 211.

[5]) Die Sage stammt aus dem römischen Alterthume. Ael. Lamprid. Anton. Diadumen. IV.: „solent pueri pileo insigniri naturali, quod obstetrices rapiunt, et advocatis credulis vendunt, siquidem causidici hoc juvari dicuntur. Journal von u. für Deutschland 1786. 226. 1788. 575. „Helmlein oder Labhäublein" bei Seitz l. c. 84, wo auch die übrigen älteren hieher gehörigen Bräuche und Aberglauben vorkommen. Vergl. Grimm, D. M. 829. — Die Naturaliensammlung des M. Zach. Goetze

Pfalz wird sie sorgsam in Band verwahrt und dem Kinde angehängt. Die Nabelschnur eines Kindes muss man aufheben, dann muss sie das Kind nach dem 7. Geburtstage selbst rücklings in's Wasser werfen, so wird es fortan recht gedeihen (München). Wird dem Kinde bei dem ersten Einbinden, die rechte oder linke Hand eingebunden, so soll das Kind linkisch werden. — Gibt man dem Kinde vom Badewasser zu trinken, so soll es eine helle Stimme bekommen. — Man glaubt, missgestalteten Theilen des Gesichts durch Eindrücken, Hervorziehen eine gefällige Gestalt geben zu können [1]). — Wünscht die Mutter die Stirne des Neugebornen schön und erhaben, so muss sie dieselbe am ersten Tage früh nüchtern öfters nach dem Kopfe zu belecken. (Dieses erinnert unwillkürlich an Plinius' Tradition vom Bären, Hist. nat. VIII. 54.) — Wie das Bad das neugeborne Kind von aussen, so reinigt es nach des Volkes Ansicht ein „Säftle", Manna- und Rhabarbersaft, von innen. Horsch (l. c. 44) klagt mit Recht über den Missbrauch der Hebammen, dass sie, um das Kindspech abzuführen, allzu voreilig Laxantia reichen, (welche unstreitig öfter die Gelbsucht veranlassen). Auch das Stuhlzäpfchen aus Seife spielt eine Rolle in der Kinderpraxis. — Nach einem allgemein kreisenden Wahne bleiben Kinder, welche von Gelbsucht befallen worden, gesünder, da hiermit „das Gift" herauskommt. — Bei Kopf-Blutgeschwulst der Neugebornen werden häufig Aufschläge von Branntwein oder von aromatischen Kräutern („dermatische, rematische, romanische Gekräuter", Pfalz) mit Wein gemacht. — Selbststillen war sonst (nach Horsch 42) in allen bürgerlichen Familien gewöhnlich. Wenn man heute noch zahlreiche Beispiele auf dem Lande findet, wo Kinder bis zum zweiten Jahre an der Brust trinken, so ist doch diese Ehrenpflicht der Mütter vielfach vergessen worden. Die Milch einer schwanger gewordenen Amme wird gewöhnlich für schädlich gehalten, was wohl in der zweiten Hälfte der Schwangerschaft der Fall ist; ebenso die Milch einer menstruirenden Frau. — Erschwert eine verstopfte Nase dem Kinde das Saugen, so wird die Nase mit Oleum Majoranae gesalbt oder Schmalz hineingestrichen. — Mutterlos erzogene Kinder

---

zu Osnabrück enthielt das „Amnion, h. e. interior membrana, qua Hans Sachs, sutor et poëta, in utero inclusus obtectus fuit, ita laborata, ut imaginem ejus justae magnitudinis ad pectus usque summa arte factam repraesentet &c." (Celeberrimor. viror. epist. ad Zach. Goetz. acced. museum Goetzianum. Vitbg. 1716. 269. Ranisch, Lebensbeschr. d. Hans Sachs. Altenb. 1765. 274.)

[1]) Vergl. Zahn l. c I. 286. III. 32.

nährt man in besseren Familien mittels Nudeln¹) mit Milch, mit Zuckerwasser oder Anis- und Fenchelwasser gemischt, mit einem Getränke von geröstetem Reis oder Gerste, Zwieback, später mit Gries, Graupenbrei, dann mit Fleischbrühe. In Bauernfamilien ist der Mehlbrei, „Muss" das stereotype Futter für die Kinder und wird es ihnen mit Löffeln oder Schnullern hineingestopft. Diese Nahrungsweise (Aufpäppelung) ist vielfach in Uebung, und wird es noch lange währen, bis ihre Schädlichkeit allgemein eingesehen wird. Die Schnuller, Schlutzer, werden mit Semmelmehl und gestossenem Zucker gefüllt und mit süsser Milch, im Spessart und auf der Rhön auch wohl mit Branntwein (Kulam) befeuchtet.

Wohleingepackt wie eine Mumie, wird der Säugling in den Bauernhäusern in das Bett der Wöchnerin gesteckt, oder er kommt in die Familienwiege. Auf die Schädlichkeit des Schaukelns in der Wiege (in der Pfalz Schockel, Nanane, Wal genannt) ist vorlängst in den Ephemer. acad. nat. cur. III. 4 obs. 51. aufmerksam gemacht worden. Man soll nach Ansicht mancher Basen die Wiege immer dem Sonnenlichte zu gerichtet stellen, und diese Richtung nicht ändern, bis das Kind sechs Wochen alt geworden, sonst wird es schielend werden; nach Andern muss sie mit Recht so gestellt werden, dass das Kind das Tageslicht nicht gerade im Gesicht habe, weil ein zu starkes Licht ihm die Augen schwächt. Indessen darf auch die Wiege nicht so stehen, dass es das Licht gerade hinter sich hat, weil es sonst leicht schielen kann. — Auch soll man keine leere Wiege schaukeln, weil sonst das hineingehörende Kind voller Aissen wird; ferner nicht über die Wiege schreiten, weil das Kind sonst nicht mehr wächst (Schwaben). — An der Wiege wurde ehemals ein Drudenfuss angebracht, welcher vor den Nachstellungen des Teufels sicherte ²). Man bindet in gleicher Absicht den Kindern aus den Klöstern bezogene geweihte Amulete und Medaillen an, oder man wäscht sie mit dem S. 83 erwähnten Beschreikraut.

Wenn in Folge einer mangelhaften Pflege das Gedeihen des Neugebornen stillsteht, oder einer grossen Schwäche Platz macht, und so das Kind wie ausgewechselt ist, so ist es nach dem auch noch in Franken, besonders in der Oberpfalz, Oberbayern, gültigen Glauben durch die namentlich vor der Aussegnung wirksame Gewalt einer Hexe, Drud oder des bösen

---

¹) Turundae. Ephemer. acad. I. et II. app. 207.
²) Schmeller, W.-B. I. 477.

Feindes mit einer „Butte", Wechselbalg, einem leiblich verkümmerten Unholde, verwechselt worden [1]). — „Damit die Hexen nicht kommen und das Kind gegen einen Wechselbalg oder Kielkropf, ein krankes, schwächliches Kind, umtauschen können, muss nach einem besonders in München kreisenden Wahne die Nachgeburt mit Papier wohl zugebunden drei Tage lang unter dem Bette der Wöchnerin stehen bleiben und dann in fliessendes Wasser geschüttet werden. Zu gleicher Zeit muss Nachts beständig ein Licht (besser drei) brennen. — In Forchheim steckt man zu gleichen Zwecken ein Messer in den Thürpfosten oder stellt einen Besen verkehrt hinter die Thüre. Bisweilen legt Nachts, nach dem in der Oberpfalz herrschenden Wahne, der böse Feind, wenn die Mutter schläft, neben ihr Kind noch ein zweites, vollkommen ähnliches. Greift die Mutter beim Erwachen nach dem rechten Kinde, so ist's gut und die Butte verschwindet. Erwischt sie den Wechselbalg, so ist's um ihr Kind geschehen. Das unterschobene bleibt klein, krüppelhaft, elend und fexig. — In der Pfalz werden während der Geburt alle Thüren fest verschlossen, die Schlüssellöcher verstopft gegen die Unterschiebung des Wechselbalgs durch die Hexen oder den Teufel, meist in Katzengestalt; darum brennen bis zur Taufe ein oder drei Lichter (Weilerbach und Umgegend). — In Mittelfranken empfiehlt man auch, den neugebornen Kindern ein Gebetbuch unterzubetten; sonst wird an seine Stelle ein Wechselbalg gelegt, der zwar nicht alt wird, aber die Eltern unsäglich quält, oder das Kind wird unter die Bettstelle oder Wiege verschleift. Ueber die Thüre hinaus geht diese Macht nicht.

Kleine, besonders Wickelkinder, können nicht bloss ausgewechselt, sondern auch „verschrieen" werden, und zwar von jedem Menschen. Sagt Jemand, besonders ein altes Weib [2]), öfter zu einem Kinde: „Das ist ein schönes, hübsches, starkes Kind", dann ist es beschrieen; es nimmt ab und muss beständig gähnen. Um die Wirkung des Verschreiens zu verhüten, muss man derartigen Ausrufungen stets „Behüt's Gott!" beifügen. Thut es der Sprechende nicht selber, so soll es ein Zweiter leise für ihn thun. Ist ein Kind oder ein Stück Vieh unversehens beschrieen worden, so muss eine Weibsperson ein Fürtuch darüber decken und unter dem dreimal wiederholten Spruche: „Hat dich verschrieen ein Mann, Hat dich verschrieen ein Weib,

---

[1]) Infantes suppositii. Ephem. acad. nat. cur. II. 8. 207.
[2]) Es ist dies wohl ein Ueberbleibsel des bereits S. 14 erwähnten römischen Aberglaubens vom schädlichen Zauberblick bejahrter Frauen.

Hat dich verschrieen eine junge Dirn', Jetzt will ich's von dir kihr'n (kehren)!" dreimal über dasselbe herabfahren, als wollte sie es abwischen (Oberpfalz). — „Wenn ein Kind beschrieen ist: Man stehe mit dem Kinde gegen der Sonne Aufgang und spreche: Sei mir Gott willkommen Sonnenschein, wo reit'st du hergeritten, hilf mir und meinem lieben Kind, Gott der himmlische Vater bitte, helfe mir bitten den heiligen Geist, dass er wolle geben meinem Kind sein Blut und Fleisch. † † †" — Auch nach Pfälzer Wahne soll man ein Kind nicht loben, sonst hat es Unglück und stirbt. Thun es Fremde, so sagen sie: „Gott behüt's, Gott bewahr's!" — Kommt das Kind mit einem bläulichen Streifen von einem Auge über die Nase zum andern auf die Welt, so dauert die Kümmerniss der Mutter um das Leben ihres Kindes zwei volle Jahre; denn nach dieser Zeit ist erst die Gefahr vorüber, dass es stirbt. Fällt gar die Niederkunft auf einen unglücklichen Tag, so ist die Sorge eine fortwährende; ein Kind, das in der Walburgisnacht geboren wurde, gehört den Hexen; erstickt das Kind, das am Gründonnerstag zur Welt kommt, nicht schon während der Geburt, so stirbt es auf dem Schaffot; ein Kind geboren am 1. April, dem Tage des Judas Ischariot, oder am 1. August, dem Tage des Engelsturzes, kommt unter den Strang, wenn es nicht vorher in Armuth und Elend zu Grunde gegangen (Oberpfalz). — Wenn man Steinöl auf die Brust der kleinen Kinder streicht, bleiben die Druden fern und saugen ihnen die Brust nicht wund, was sie sonst gerne thun (Altbayern).

In der Oberpfalz gibt man Kindern ein gekochtes Staarenherz zu essen, damit sie gelehrig und gemerkig werden. — Im berauschten Zustande erzeugte Kinder bekommen Wasserköpfe, oder werden blödsinnig. — Wenn eine Mutter die Alterswochen eines Kindes unter einem Jahre vergisst, so glaubt man ganz sicher, dass das Kind für das ganze Leben dumm bleibe; die Mütter bewahren daher sorgfältig die Alterswochen ihrer Kinder im Gedächtnisse (Mittelfr.). — Kinder mit ungewöhnlich grossen Köpfen (deren Fontanellen weit von einander stehen), „Kreuzköpfen", sind sehr eigensinnig und talentvoll, aber leben nicht lange. Gescheidte Kinder werden nicht alt. Kindern unter sieben Jahren soll man die Haare nicht abschneiden, sonst wird ihr Gedächtniss schwach. — Der sich im zweiten Lebensmonate bildende Gneis (Scborrhoea capilitii) wird selten durch Oeleinreibung und Waschen mit lauem Seifenwasser beseitigt, da dieser „Dreck" für gesund gilt. — Zum ersten Kämmen des Kindes muss ein neuer, noch ungebrauchter Kamm verwendet werden. — Die Mutter soll dem Kinde die ersten Nägel abbeissen und nicht abschneiden, dann leidet es nie am Nagelumlauf (Franken), — oder dann stiehlt es nie (Pfalz). Regnet es auf ein Kind, welches noch nicht ein Jahr alt, so bekommt es Sommerflecken, oder es wächst nicht mehr. Im Gegentheile heisst es bei erwachsenen Kindern, welche vom Regen benetzt worden, sie würden schneller wachsen (Unterfranken).

Damit das Kind bald reden lerne, schenkt ihm sein Pathe ein Planderei, Frauenei, von einer jungen Henne, auf welches der Name des Kindes geschrieben wird. Am besten eignen sich hiezu Eier, welche zwischen den Frauenfesten Mariä Himmelfahrt und Mariä Geburt gelegt worden. — Seitz l. c. 153 sagt: „Noch wundersamer ist es, dass wann zwei Kinder seynd, und das eine, so aufanget zu reden, das andere, so noch nichts reden kann, anhaucht, so wird dasjenige, so reden kann, so lang nichts mehr reden, bis das andere, so nicht reden kann, auch anfängt zu reden; dessen Ursach hat noch niemand ergründet, und bestehet dieses Ding nur aus der Erfahrnuss." — Frühzeitiger Fleischgenuss verursacht trübe Augen. — Vor vollendetem ersten Lebensjahre soll man das Kind nicht in den Spiegel schauen lassen, sonst stirbt es (Franken) oder wird eitel (nach Pfälzer Lesart). Wägen und Messen des Kindes schadet dem Wachsthume und Gedeihen desselben. Beides ist noch hin und wieder in Uebung, um sich dadurch vom Wohlbefinden des Kindes zu überzeugen. — Lächelt das Kind im Schlafe, so heisst es, es spiele mit den Engeln; zeigt es krampfhafte Zuckungen, risus sardonicus, so wird es von Dämonen geschreckt.

Bei **Kinderkrankheiten** ist der Doctor besonders in armen Gegenden bei der niederen Volksklasse eine überflüssige Person. „Was kann man auch an so kleinen Geschöpfen brauchen, doctoriren; sie können nicht sagen, wo es fehlt. Am besten ist's, wenn sie sterben, da gibt es schöne Engel im Himmel." — Brüche welche nach der Lehre von Ammen von „Winden" herrühren („Windbrüche") werden reponirt, und frisch ausgehobene Pflanzen vom Bruchkraut, Sedum telephium [1]) oder eine Zwiebel auf die Bruchstelle gebunden, welch' letztere man nach einiger Zeit umgekehrt wieder in die Erde pflanzt. Andere in Unterfranken empfehlen, ein junges Eichbäumchen in der Johannisnacht, 24. Juni, zu spalten, das am Bruche leidende Kind, den Kopf voran, im Namen der hl. Dreifaltigkeit stillschweigend

---

[1]) Eine verschiedene Curmethode in Bock's Kr.-B. 122. Die Pflanze heisst desshalb Bruchwurz, Knabenkraut. Dierbach, Beitr. I. 16. Auch die Herniara glabra heisst Bruchkraut.

durch die Spalte zu ziehen, und den Baum sodann wieder zu verbinden¹). Ist der Spalt verwachsen, ist der Bruch geheilt. — Wenn ein Kind einen Bruch hat, es mag denselben gleich von Mutterleib an mit auf die Welt gebracht oder erst später den Schaden erlitten haben, so muss man vorerst dessen ganzen Taufnamen wissen, danach einen Nagel nehmen von einem Hufeisen, das ein Pferd verloren hat, doch dass alle Nägel noch darin sind, und wenn das Neulicht auf einen Freitag eintritt, gehe man Morgens früh vor Sonnenaufgang auf das Feld, und zwar, wenn das Kind männlichen Geschlechts ist, zu einem Eichbaum, wenn weiblichen Geschlechts, zu einem Birnbaum, schlägt mit einem Hammer den Nagel gegen Sonnenaufgang in den Baumstamm und zwar mit drei Streichen. Beim ersten sprich: „Jesus geboren", beim zweiten: „Jesus verloren", beim dritten: „Jesus wieder gefunden, heilet jetzt N. N. (hier wird der ganze Name des Kindes genannt) des Kindes gebrochene Wunden." † † † Darnach kniet man auf den Erdboden vor dem Baume nieder und betet ein Vaterunser (Ochsenfurt). An abgelegenen Waldstellen bindet man zu gleichem Zwecke Holz-Aeste oder Bäumchen kreuzweise zusammen, damit es zusammenwachse (Frankenwald). Bei diesem Leiden setzt man im Aischgrunde eine Meerzwiebel in einen Blumentopf, begiesset sie aber nicht, sondern lässet das schadhafte Kind, so oft die Erde des Topfes trocknet, darauf harnen. — Ein bewährtes Pulver mit Hilfe Gottes, wenn ein Kind ein Brüchlein hat, ist vielen geholfen worden: Nimm schwarze und weisse Sanikel-Wurzel, gedörrt, sauber geschabt und klein gestossen, durch ein Sieb gesiebt, alle Morgen auf dem ersten Löffel voll Muss oder Suppe nüchtern eingegeben im Abnehmen des Mondes; einem kleinen Kinde so viel als man zwischen drei Finger nehmen kann; man kann es auch bei alten und erwachsenen Leuten anwenden. — Wenn ein Kind einen Bruch hat, denselben schmiere mit Fuchsschmalz, der Bruch heilet. — In der Pfalz reibt man auch Hefenbranntwein mit Anisöl ein. — Bei Nabelbruch („Windnabel") wird in Franken und in der Pfalz eine halbe Nussschale,

---

¹) Das scheint römischen Ursprungs zu sein. Marcell. Empiric. de medicam. p. 229: „Si puero tenero ramex descenderit, cerasum novellam radicibus suis stantem mediam findito, ita ut per plagam puer trajici possit, ac rursus arbusculam coniunge, et fimo bubulo, aliisque fomentis obline, quo facilius in se, quae scissa sunt, coëant, quanto autem celerius arbuscula coaluerit, et cicatricem duxerit, tanto citius ramex pueri sanabitur. — Eine ähnliche Operation war, nach Grimm D. M. 1119, noch im vorigen Jahrh. in England bräuchlich.

oder ein konisch geschnittenes Stück Korkholz, in Leinwand oder Schafleder genäht, oder ein umwickeltes Geldstück aufgelegt, und mit Heftpflasterstreifen und Nabelbinden befestigt. — „Bewährtes Mittel, wenn einem Kinde der Nabel heraus geht oder gross wird: Durchwachs (Rosmarin) nebst dieses Krautes Samen dem Kinde auf den Nabel gebunden, so geht er wieder hinein. Oder: Man lege ein Pflästerlein von Schiffspech oder Harz auf, welches auch gut ist." — Findet in der Oberpfalz die Hebamme, das „Krückerlweib", wie es am Regen heisst, am Leibe des Neugebornen einen Schaden, so wird am nächsten Charfreitage vor Sonnenaufgang ein Weidenstämmchen geschlitzt, das Kind durchgeschoben und der Spalt wieder verbunden. Sobald dieser verwächst, soll auch der Schaden heilen. — In Schwaben wird bei Nabelbruch ebenfalls Durchwachs auf's „Näbele" gebunden. — Wunde Stellen bestreuet man mit Hexenmehl, Streumehl, in der Pfalz „Perlenpulver" genannt, semen lycopodii.

Bei Soor (Aphthae), Schwämmchen der Kinder, in der Pfalz auch „Kahnen" genannt (wegen der Aehnlichkeit des abgestorbenen Mundschleimhauteepithels mit Kahnen auf Wein), reinigt man die Mundhöhle einigemal mit Brauntwein oder mit einer Lösung von Borax in einfachem Wasser oder Rosenhonig. Früher band man einen jungen Frosch über den geöffneten Mund, und wenn derselbe gestorben, einen zweiten und dritten, welche den Krankheitsstoff anziehen sollten [1]). Auch wird der Name des Kindes, verkehrt auf Papier geschrieben, in den Schlot gehängt; wenn das Papier von Rauch braun wird, vergeht das Leiden (Unterfranken). — Auch bei Mundfäule (Stomacace), vulgo Mundschel [2]), kommt ebenfalls eine Auflösung von Borax in Anwendung. Oder man zieht den Schweif einer schwarzen Katze zuweilen durch den Mund [3]). Ein Mundfäulungssegen

---

[1]) Camerar. memorabil. medic. VIII. 87. IX. 40. 44. 47.

[2]) Ueber die Etymologie des Wortes vergl. Conr. Gesner. de Chamaenerio in Val. Cordi annotat. in Dioscorid. Argent. 1561 p. 215: „Inferiores quidam Germani, Frisii praecipue puto, hanc herbam (Sancti Antonii, Epilobium angustifolium), privatim Schulmont appellant, nescio qua etymologia, nisi forte quasi *Schelmund*, ut superiores Germani dicerent, quod ad crustas et ulcera oris quibus excoriari, *Schelen* dicunt nostri, videtur, praecipuam vim habeat, in illo praesertim morbo et stomacace, quam accolae quidam Oceani regionibus illis peculiarem Scharbock appellant." Cfr. Seitz, Trost 130. Dierbach, Beitr. I. 20.

[3]) In andern Gegenden Deutschlands bindet man Säckchen mit Chenopodium vulvaria, welches den Namen Mundfaulkraut trägt, auf den Rücken. Zu Würzburg hiess diese Pflanze früher spottweise Vicarienbasilicum.

aus Frickenhausen am Main und ähnlich in Ochsenfurt, dreimal über den Mund des Kindes zu sprechen und dreimal hinein zu hauchen, lautet: † „Job, Job[1]) ging über Land, Er trug ein Stäblein in der Hand, Da bekam[2]) ihm Gott der Herr; Gott der Herr sprach: Job, Job, warum trauerst du so sehr? Herr, warum soll ich nicht traurig sein, Es will meinem Kind sein Zung und Mund verfaulen" † † † (dreimal). Oder: „So ein Mensch die Munddurchfäule hat, so spreche man Nachfolgendes, es hilft gewiss: Job zog über Land, der hat den Stab in seiner Hand, da begegnete ihm Gott der Herr und sprach zu ihm: Job, warum trauerst du so sehr? Er sprach: ach Gott, warum soll ich nicht trauern, mein Schlund und mein Mund will mir abfaulen. Da sprach Gott zu Job: Dort in jenem Thal da fliesst ein Brunn, der heilet dir, N. N., dein Schlund und dein Mund, im Namen Gottes des Vaters, des Sohnes, und des hl. Geistes. Amen. Dieses sprich dreimal des Morgens und des Abends, und wenn es heisst: „Der heilet dir N. N.", so bläst man dem Kinde dreimal in den Mund" (Frankenwald, ähnlich in Schwaben.) — Eine Salbe für die Mundfäule: Nimm abgezogenes weisses Vitriol für drei Kreuzer in eine halbe Mass Wasser, den Mund mit einem Lümplein ausgewaschen.

Kinderkrämpfe (*Eclampsia infantum*) kennt das Volk unter verschiedenen Bezeichnungen als Gefrais (Gefreisch, Seitz l. c. 124), Krämpfe, Unkraut, Gichter, Dinger (Pfalz), Convulsionen, und kennt für deren Entstehung viele Ursachen. So klagt schon das alte Nürnberger Kochbuch 1703 Bd. II. S. 506: „Die Schwangeren sollen nicht geniessen — zumal der Pastinak und Petersilienwurzel eine nicht geringe Ursache sind des so häufig bei uns grassirenden Fraises oder sog. Unkrautes der Kinder, weil diese Wurzeln allhier in grosser Menge und mehr als an einigen andern Orten gekocht und gegessen werden"[3]). Gewöhnlich wird auch öfters Unwohlsein der Mutter während der Schwangerschaft, verzögerte Geburt oder mit mehr Recht das Zahngeschäft und der hiemit verknüpfte Congestionszustand des Gehirns und seiner Häute als Ursache beschuldigt. Kommt es nur zu leichten Zuckungen der Gesichtsmuskeln, Mundverzerrung, Augendrehen, Zähneknirschen (Knerfeln), so sind es die „stillen, innerlichen, Kopf-, Zahn-, Wangengichter", welche am gefähr-

---

[1]) Job, als Muster der Krankengeduld (Tobia II. 15) erscheint öfters in Segensformeln. Vergl. Grimm, D. M. 1195. Hoffmann, Fundgrub. II. 237. Mone, Anz. III. 279. VI. 462. 474.

[2]) Das altdeutsche bequam (begegnete ihm).

[3]) Dasselbe behauptet Seitz l. c. 127.

lichsten sind; bei Convulsionen der Glieder aber sind es „äusserliche Gichter."

Präservative sind vielfach im Schwange; so wenn der Gevatter vor der Taufhandlung das Kind aus den Händen der Hebamme nimmt und dreimal um den Tisch trägt. Man hängt dem Kinde in Franken und anderwärts einen Mauskopf, welcher dem lebenden Thiere abgebissen wurde, in einem Säckchen als Amulet um, oder eine Bernsteinschnur, eine Elephantenlaus (Anacardium), oder eine Kette von dem seit alter Zeit gerühmten Gichtsamen (Semen Paeoniae). So sagt schon Matthiol. Kräuterb. ed. Camerar. 314: „Päonienwurzel in die Wiege gesteckt, bewahrt vor dem Schrecken, welcher die Kinder gemeiniglich in der Nacht befällt"; und Schnitzer, archiat. Bamberg. 1602 in Hornung. epist. med. cist. p. 45: „Paeonia officinalis infantum collo subnexa comitialem morbum sanat. Id de Paeonia mascula verissimum comperi." — In der Pfalz werden auch drei Maulwurfszähne oder je drei, sechs oder neun Schneckenzähne in einem scharlachrothen Läppchen, oder ein Halsband von kleinen elfenbeinernen Oliven umgehängt. In der Bliessgegend (Pfalz) wird das Kind nach jedesmaligem Wickeln vorsorglich mit dem am Bettvorhange hängenden Lorbeerstrausse bekreuzt und mit Weihwasser besprengt. Auch hält man als Präservativ zuweilen einen Kreuzschnabel im Kindszimmer. — „Dass die Kinder sicher sind vor fallender Sucht und Gichtern Taglebens, mache denselben das Näbelein zu Pulver, so ihnen abgefault ist, und menge so schwer Lendsklauen darunter, gib's ihnen in Milch oder Brei ein, so sind sie sicher und frei."

Beim Ausbruche der „Gichter", während dessen man das Kind nicht berühren soll, weil sonst das berührte Glied nach der Genesung lahm würde, werden nachstehende Mittel angewendet: Gegen Gefraisch bewahrt man als Familienheiligthum in Franken und anderwärts die sog. Regenbogenschüsselchen. Man giesst dann in ihre Vertiefung Muttermilch und träufelt sie dem kranken Kinde in den Mund. Sonst pflegte man solche „Fraischschillinge" auch als Amulete anzuhängen (cfr. Arachne &c. 624). Wo nach nach dem fränkischen Volksausdrucke der Regenbogen sich tränkte[1]) hinterliess er ein Regenbogenschüsselein,

---

[1]) Die Vorstellung des Volkes vom Tränken des Regenbogens war schon den Römern bekannt, wie aus Stellen bei Virgil. Georgic. I. 380, Ovid. Metamorph. I. 270, Seneca, natural. questiones I. 6. hervorgeht. Vergl. Schott, phys. curios. 1313. Ephemerid. acad. nat. cur. II. 5. 418, Hasenest, Acta phys. med. colleg. Onold. IV. 197, Vulpius, Curiositäten VII. 25, Streber, Abhandl. der k. Acad. der Wissensch. in München IX. 1. 1860. 167.

d. i. kleine schüsselartig vertiefte, kreuzergrosse runde Münzen von Gold oder Silber, auf welche gewöhnlich ein Rosskopf oder eine astrologische Figur geprägt ist, wahrscheinlich celtischen Ursprungs. In manchen Gegenden werden sie auch Schlangenkröncheu genaunt. Zwischen Gagers und Sittenbach an der Gerichtsgränze von Friedberg fand man 1300—1400 Stücke solcher Schüsselchen. (Cfr. v. Hundt, Alterthümer des Glongebietes, Oberbayer. Archiv XVI. 295—313. — Doederlein, de generatione patellarum Iridis. Weissenburgi 1728. p. 14: „patellae Iridis potui febricitantium injectae, pro pulsando morbo strenuam conferunt operam, — partum accelerant, — visum conservant.") — Man legt dem Kinde einen von einem jungen Mädchen beim Jungenlichte gesponnenen Garnstrang unter das Kopfkissen. — In Schwaben empfiehlt man gegen Kindsgichter das Pulver von einem abgefallenen Nabel einzugeben. — Gefraischsegen aus Neuhaus (Oberfranken): „Gott der Herr und der hl. Petrus gingen mit einander über die Haide, da begegnete ihnen das Gefraischlein. Spricht Gott der Herr: Gefraischlein, Gefraischlein, wo willst du hin? Ich will in das Haus brechen, will Fleisch fressen, will Blut lassen, will zwischen Vater und Mutter ein trauriges Herz machen. Spricht Gott der Vater: Gefraischlein, Gefraischlein, dies sei dir verboten. Fahre aus diesem Kind und komme zu diesem Kind nimmermehr. Alsdann wird über das kranke Kind dreimal das Zeichen des hl. Kreuzes gemacht und dazu gesprochen: Im Nam. Gott. d. Vat. u. s. w." Wenn die helfende Person in das Krankenzimmer tritt, während sie „braucht", und wenn sie weg geht, darf sie Niemand anreden, auch nicht grüssen. — Wenn ein Kind das „Unkraut" hat, so soll der Pathe — wenn's ein Mädchen ist, der männliche, wenn ein Knabe, der weibliche Pathe, — sein Hemd ausziehen und das Kind schnell hineinwickeln, so wird's entweder alsbald gesund oder stirbt (Pfalz). — Ferner wird im Spessart empfohlen, von einem Auerhahnmagen, getrocknet, verbrannt, pulverisirt, dem Kinde täglich eine Messerspitze voll einzugeben. — Im Oberlande (Oberfranken) bekommt der Fuhrmann bei Heimfahrt, dem Fahren des sog. Kammerwagens, dreimal ein Glas zum Austrinken. Hat er es dreimal geleert, so wirft er es dreimal über seinen Kopf und den Wagen rücklings. Zerbricht es nicht, so wird es wider das Gefraisch angewendet. — Das kranke Kind wird so gebettet, dass es auf zwei Bänke zu liegen kommt. Dann trägt es der herbeigerufene Pathe im Namen Gottes unberufen dreimal um den Tisch herum, legt es wieder in sein Bett und entfernt sich (Oberfranken). — In Niederbayern und Schwaben wird die geweihte Fraishaube

aufgelegt und zwar bei allen möglichen Krankheitsformen, wo
der „stille Fraisen"[1]) im Spiele sein könnte. — „Vor Gichtern
bei jungen Kindern. Nimm für 6 kr. Stenzmarin, welches in
ein Blätzlein gemacht, und zwischen 11 und 12 Uhr dem Kind
in's Häublein gemacht, und den 3. Tag in der nämlichen Stunde
herausgethan, und alsdann klein zu einem Pulver verstossen
und dem Kinde alle Tage davon ein klein wenig im Breilein
gegeben, dann verlieren sich die Gichter." — Man hängt dem
Kinde den Felsenknochen vom Gehörgauge eines Schweines
(Fraisknochen) an. Der Vater sticht sich in den Finger und
gibt dem Kinde drei Blutstropfen aus der Wunde in den Mund.
Die Mutter kauet Knoblauch und haucht dem Kinde im Namen
der hl. Dreifaltigkeit dreimal in den Mund. Man hebt den
oberen linken Fensterflügel aus und bedeckt das Kind damit.
(Die hier wirkende Kälte wird besser durch kalte Ueberchläge
erzielt.) Man kehrt stillschweigend eine Schindel auf dem Dache
um. Man bedeckt das Kind mit einem blauen Leintuche. Die
Mutter legt ihm ihre seideue Brautschürze; ein Schwalbennest
vom Hause oder ein Pferdchufeisen unter das Köpfchen. Man
bindet ein mit Saft von Sempervivum tector. befeuchtetes Tuch
um den Kopf des Kindes. Treffliche Wirkung sieht man vom
Auflegen lebender Thiere auf verschiedene Theile des Körpers.
Der von Federn entblösste After einer lebendigen jungen Taube[2])
wird an den After des $1/2$ bis $2^{1}/_{2}$jährigen Kindes, welches
während dieser Operation auf der Seite liegen muss, befestigt.
Die Taube stirbt an immer gesteigerter Athemnoth oft schon
nach fünf Minuten, bleibt aber zuweilen auch am Leben. Im
ersteren Falle wiederholt man die Cur, indem man eine zweite
und dritte Taube aufbindet. Das Kind geräth bald darauf in
einen ruhigen Schlaf und geneset (thierischer Magnetismus)[3]).
Auch empfiehlt man dagegen, eine frisch geschlachtete Taube
in zwei Hälften zu theilen und so noch ganz warm auf die
Fusssohlen des kranken Kindes zu binden. Früher und nicht

---

[1]) Unkraut. Schmeller, W.-B. II. 388. Die stillen Gichter der
kleinen Kinder. Nach demselben W.-B. I. 617 trägt man an einigen
Orten Bayerns Fraispaternoster aus den Wirbeln von Coluber natrix.

[2]) Cfr. Froriep, Tagesberichte über Fortschritte der Natur- und
Heilkunde. 1850. 164. Canstatt's Handb. III. 375.

[3]) Celsus de medic. V. 27. empfiehlt eine ähnliche Adalligatio contra
serpentum morsus, und Joh. Schöner in seinem Arzneibuch 1529: „Nym
ein schwartze henne, rupf sie vmb den arss vnd hab den hindern vber
den giftigen pyss, geet das gift in die henne, doch halt sie als lang
darob, bis sie ersterbe."

selten noch jetzt lassen Eltern ihren von Fraisen befallenen Kindern die Reliquien des hl. Valtentin von den Franziskanern in Würzburg auf den Kopf setzen.

Zwei Phänomene der Evolutionsperiode sind es noch, welche das Kindesalter auf die manchfaltigste Weise belästigen, und den Herd zahlreicher Krankheitsformen bilden, der Durchbruch der Zähne und die Wurmkrankheit.

„Geifert, gafert" das Kind, so deutet dies auf Eintritt des Zahnens. Zur Erleichterung desselben kommen viele Operationen in Anwendung, von welchen mir nachstehende bekannt sind. Wenn eine Wöchnerin zum ersten Male ausgeht, nimmt sie eine Brodrinde mit sich und macht daraus bei der Rückkunft einen Schnuller, dann wird das Kind nie Zahnweh bekommen. — Wenn die Eltern oder Verwandten den Kopf einer lebenden Maus abbeissen und solchen in ein leinenes Säckchen eingenäht, dem Kinde anhängen (ohne jedoch, nach schwäbischer Vorschrift, einen Knopf in den Faden oder das Band zu machen), wird das Zahngeschäft gut von statten gehen. Der Vater benetzt früh nüchtern unbeschrieen den rechten Daumen mit Speichel und bestreicht damit im Namen der hl. Dreifaltigkeit das obere und untere Zahnfleisch des Kindes. In Schwaben schmiert man an das Zahnfleisch Wein, in welchem Hasenhirn gesotten worden. Um das Zahnen zu erleichtern, werden von einem Hasen beide Kinnbackenknochen an die Wiege des Kindes rechts und links angenagelt. Dem zahnenden Kinde werden die Samen der getrockneten Schötchen von Thlapsi bursa pastoris („Hirtentäschel", vielleicht weil die Zähne mit den Samenschoten einige Aehnlichkeit haben, Signatura plantarum) in ein rothseidenes Fleckchen eingebunden um den Hals gehängt, nach vollendeter Zahnung aber von der Mutter stillschweigend rückwärts in fliessendes Wasser geworfen [1]). — Das schmerzlose Zahnen zu befördern: Die gelben Blüthen von Berberis officinalis werden zuerst in ein leinenes, dann in ein roth seidenes, 2□" grosses Säckchen eingenäht, und zwar mit rother Seide. Alles Nähezeug, Nadel, Seide dazu, sowie die Blüthen, müssen in

---

[1]) Im württemb. Correspondenzblatte 1847 Nro. 7. 8. berichtet Dürr, dass man Amulete mit dem frischen Kraute von Verbena officinalis zu diesem Ende anhänge und zwar am 11. Tage eines Monats 11 Uhr Vormittags. Diese Anhängsel sind gegen die Herzgrube gerichtet, und werden, nachdem sie einen Monat lang getragen, in's Feuer geworfen. Nach Ephemerid. acad. nat. cur. I. 6—7. 242. zeigte vormals frühzeitges schnelles Zahnen eine kurze Lebensdauer, langsames dagegen ein hohes Alter im Voraus an.

einer besonderen Schachtel beisammen liegen gelassen werden. Das genähte Säckchen hängt man um den Hals des zahnenden Kindes und zwar alle vier Wochen ein neues, unbeschrieen, am nämlichen Datum des Monats und zur nämlichen Stunde. Das Anhängsel darf niemals vom Halse genommen werden, selbst nicht bei dem Baden des Kindes, und muss auf dem Rücken hängen. Das alte Säckchen wird sogleich unberufen verbrannt und dazu werden drei Vaterunser gebetet. Sollte man einmal während der vierwöchentlichen Frist das Säckchen an dem bestimmten Tage abzunehmen vergessen, so muss man es hängen lassen, bis wieder vier Wochen verflossen sind, und erst dann, wie gesagt, durch ein anderes erneuern (Ochsenfurt). — Dass die Kinder Zähne bekommen, die Goldwurzel (Chelidonium majus) angehängt, so bekommen sie Zähne ohne Schmerzen. — Ein altes Hausmittel war nach Camerarii hort. med. phil. 51: „Cum aqua florum Centaureae cyani destillata extrahitur succus ex cancro vivo contuso, et eo gingivae puerorum in dentitione illinuntur." — Manche Anhängsel zur Beförderung der Zahnung werden als Familienheiligthümer aufbewahrt, so bisweilen ein grüner herzförmiger Malachit, welcher in Silber gefasst und mit einer Oese versehen ist; ferner die rechte von einem Menschen abgebissene, gleichfalls in Silber gefasste Maulwurfspfote [1]). — Man legt einen Hasenkopf mit starken Zähnen, auch den gedörrten Nabelschnurrest unter das Kopfkissen. — Man hängt Samen von Verbascum thapsus und thapsiforme in einem leinenen Fleckchen dem Kinde um, und zwar auf die Brust, wenn die vorderen, auf den Rücken, wenn die hinteren Zähne hervorbrechen, eine Schnur von Glasperlen, oder hängt ihm bei zunehmendem Monde den Zahn eines einjährigen Füllens um den Hals. — Man hängt dem Kinde Veilchenwurzel (rad. ireos florentinae) [2]) oder einen Wolfszahn um den Hals und lässt es öfters darauf kauen, oder ein Säckchen mit Haaren, welche den Hasen bei der Paarung ausgegangen. Man hängt allüberall dem Kinde Schnüre von Perlen, Kügelchen von wohlriechenden Substanzen oder Korallen oder Ketten von den reifen Samenkörnern der Gichtrose (Paeonia

---

[1]) Plinius, hist. nat. XXX. 7 empfiehlt: „dente talpae vivae exemto sanari dentium adalligato affirmant."

[2]) Das geschah schon zu Plinius' Zeiten. Hist. nat. XXI. 83: „Iris rufa infantibus eam circumligare salutare est, dentientibus praecipue et tussientibus") auch wird dieselbe zur Verfertigung der sog. Ambraperlen, welche zu gleichem Zwecke den Kindern um den Hals gelegt werden, benützt.

officinalis, vulgo Zahnperlen) um den Hals [1]). — Das frühe Hervorbrechen der oberen Schneidezähne wird als ein schlimmes Zeichen angesehen, solche Kinder zahnen in die Erde. — Einem zahnenden Kinde soll man nach schwäbischer Vorschrift ein Ei schenken, dann zahnt es leichter. — Die Hunds- oder Augenzähne sollen in besonderem Verhältnisse zu den Augen stehen. Der erste Zahn, der beim Zahnwechsel ausfällt oder ausgezogen wird, muss mit dem Spruch: „Mäuslein, Mäuslein, da hast du einen beinernen, gib mir einen steinernen!" in ein Mäuseloch geworfen werden, dann werden die zweiten Zähne so weiss, wie Mäusezähne (Franken). Oder auch man soll ihn verbrennen und nicht wegwerfen, damit ihn kein Hund verschluckt, sonst bekommt das Kind Hundszähne (daselbst). — Den ersten Milchzahn, den das Kind verliert, muss die Mutter verschlucken, dann bekommt es niemals Zahnschmerzen. — Der erste ausgefallene Zahn unter einer Eiche vergraben, erleichtert den Durchbruch der übrigen. — Zähne, welche um das siebente Lebensjahr ausgefallen, soll man aufheben; sie stillen im späteren Alter das Zahnweh. — Weit von einander stehende Zähne bedeuten weite Reisen und Versorgung im Auslande. — In der Dissertation des Nürnberger Arztes C. J. Apin, de dentitione infantum (Erlang. 1751. 4. S. 28) werden nachstehende zwei damals im Schwunge gehende sympathetische Mittel zur Beförderung des Zahnens aufgeführt: „Dum infanti paratur prima pulticula, huic paululum lactis materni addatur, quae si invicem probe fuerint decocta, infanti dentur et ita dentes sine omni dolore in conspectum venturos esse affirmant. Dentes qui infantibus primo ceciderunt, quercui juniori sub certo siderum nexu implantantur et hac ratione non solum dentibus perpetuam conciliari firmitatem, sed etiam a quovis dolorum genere immunes tamdiu vindicari, quamdiu quercus illa vigeret. Letzteren Brauch berührt auch Grimm l. c. 1125.

Eine andere grosse Plage des Kindesalters und zugleich der allgemeine Sündenbock für alle erdenklichen Leiden ist die Wurmsucht, Helminthiasis. Insbesondere rufen die im Mastdarme oft in grosser Menge sich erzeugenden Spulwürmer (Ascarides vermiculares), welche oft erst mit dem Eintritte der Pubertät verschwinden, lästige Zufälle hervor. Unsicher und ohne tiefere Begründung ist die mit vielem Fabelhaften ausgeschmückte Scheidung der einzelnen Krankheitsformen, welche unter dem

---

[1]) Bereits zu Plinius des Aelteren Zeit suchten die Mütter ihre Kinder durch Korallenzweige vor Krankheit zu schützen.

Namen „Würmer" im Mittelalter bei Schriftstellern und in der Volkssprache im Schwunge waren. Man verstand unter Wurmkrankheit meist eine Menge in den Symptomen unklare, latente Krankheitsformen, wie dies schon aus der Schrift der hl. Hildegard hervorgeht [1]). Ein in Camerarii syllog. memorab. IX. 26 und Cardani var. rer. VIII. 43 erwähntes Curiosum zeigt, welche Kraft man s. Z. den Würmern imputirte: „Italus a vermibus intestinalibus vexatus lingua germanica loqui coepit, iisque expulsis germanizare desiit." — Man suchte die Würmer, welche ähnlich unsichtbaren und unerreichbaren Dämonen die Eingeweide zerstörten, durch Besprechungen aus den leidenden Theilen vorzulocken, wie die zahlreichen, uralten Wurmsegen beurkunden. (Vergl. Graff, Diutisca II. 189, Grimm, D. M. 1184: „Gang vz nesso (Wurm) mit niun nessincliuon" u. s. w; aus einer Tegernseeer Hs.) — Beachtenswerth ist die auch in Wurmsegen vorkommende hl. Zahl 77, welche in älteren Gichtsegen erscheint [2]).

Als gesonderte, einzelnen Organen eigenthümliche Krankheitsformen lassen sich nach der alten Anschauung folgende rubriciren: Meichelbeck, histor. Frising. II. 484 erwähnt einer durch den Wurm hervorgerufenen Knochenaffection (Sanatio miraculosa virginis cujusdam, cujus cranium a latente verme exesum, oleo sacra thaumaturgo virginis Dorfensis curatur.) — Ferner finden sich Würmer im Gehirn eines Knaben nach Pezii thesaur. anecdot. I. 413. — Eine weitere Form erwähnt Greg. Horstii op. omn. II. 323: „Ulcere quodam cacoëthico ambulativo, quod vulgus indicat der schlieffende Wurm, propterea, quod hac atque illac tineae instar, sensim ac sensim caruem exedat" (Brief aus Kempten 1626). — Ettners Hebamme erwähnt des Herzwurmes p. 890: „Jeder Mensch hat einen solchen und muss sterben, wenn er aus dem Munde kriecht und auf die Zunge tritt." Mit dem Namen Geiz-, Veits- oder auch Herzwurm bezeichnete man noch vor 100 Jahren ein dem Kindesalter eigenthümliches Geschwür am Nabel, welches man sich als einen in den Gedärmen wohnenden, dem Kinde alle Nahrung entziehenden und die Abzehrung herbeiführenden grossen Wurm

---

[1]) S. Hildegardis l. c. II. 100. 154. 157. 169. 186. 266. III. 3. 5. 6. 7. 21. 34. 59. IV. 25. 63. V. 9. VI. 15. 63. VIII. 18 (Vermes, Vermiculi, Maden.)

[2]) Velschii sylloge curat. et observ. med. Ulm. 1667. 4. Hieron. Reusneri obs. med. p. 76: „Fama est 77 ejusdem genere diversa esse, curationis difficultate differentia." — Vergl. Hofmann, Fundgruben I. 325. II. 237.

vorstellte. Aeltere medizinische Schriftsteller erzählen viel Wunderbares von diesem Nabelwurm, den man durch Aufbinden lebender Grundeln (Cobitis fossilis, barbatula) oder Laubfrösche (Hyla arborea), in welche der Wurm sich einfrass, aus aus dem Gedärme zu locken suchte. So Camerar. memor. med. XII. 94. 97; „Vermis umbilicalis, animalculum vermiforme, in vena umbilicali recens natorum. Imponitur contra id pisculus fundulus, Grundel dictus, fasciis alligatus per 24 horas, quem devorat vermis, ossiculis relictis. Fascia ab umbilico longiusculum remota pisculus vermem secum trahit, qui totus ex umbilico prolapsus mane mortuus reperitur. Semipedalis magnetudine, figura tereti latiuscula, pellicula duriuscula seu subcrustacea, colore pallido ex luteo albicante." (Vergl. Kellner, synops. ephem. 1356. Journ. v. u. f. Franken. 1792. 458.) Ein Segen gegen den Veitswurm, wobei man mit der Hand dreimal über den Bauch strich, im Arch. d. histor. Vereins v. Unterfr. V. 2. 168. — In ähnlicher Weise gedenkt Velschii syllog. curat. et observ. med. Ulm. 1667. 4. und Hier. Reusneri obs. med. 54. eines Nabelwurmes: „Infantes, qui verme umbilicali laborant, extenuantur valde et tabescunt. Horum plurimos feliciter curabat D. Frid. Olevian. applicando umbilico aut fundulum (Grundel) piscem aut ranam viridem vivam, hac enim ratione vermis extrahitur brevi temporis spacio".

Des Zahnwurmes gedenkt Theophrast. Paracelsus, Werke, ed. Huser II. 217. de dolor. dent. „wan ex acuitate salis der Zan anhebt zu faulen und ist kein ruhe, darnach geht es ad generationem vermis und dann dieselben Würm zernagen mit Schmerzen den Zahn, darin er geboren ist, hebt an und frisst aus seiner Natur, dann ein jeglicher Wurm, daraus er geboren ist, das frisst er weg, als tineae die Kleider (Motten), wan nun der Wurm den lufft empfind, so stirbt er." (Caries dentium, wo, wie noch in Franken und Schwaben, die beim Herausnehmen des kranken Zahnes herabhängende Zahnpulpa als Würmchen angesehen wird). — Desselben erwähnen Scribonii Largi composition. medic. ed. J. Ruellius 1529 cap. 53—58, und unter dem Namen „Zenwürm": Nicol. de Metri Arzneib., herausg. von Martius p. 48.

Vom Ohrwurm spricht man bei Otitis. Uralt und noch gebräuchlich ist auch die Bezeichnung „Wurm am Finger" für Panaritium.

Eine weitere Art sind die Haarwürmer (cfr. Hautkrankheiten), welche nach Florinus' klugem und verständ. Hausvater I. 106 „sich in die Därmer legen, auch in die Lung und Leber kommen, dass der Mensch aus- und abdorret an seinem ganzen Leib und sterben muss." (Erklärung der Phthisis, Atrophia, Tabes). Ein Segen vom J. 1621 wider den fliessenden Haarwurm ist im Arch. des histor. Vereins v. Unterfr. V. 2. 169 mitgetheilt, worin drei Haarwürmer, ein weisser, rother und schwarzer vorkommen. Das daran leidende Kind muss siebenmal angehaucht und siebenmal über fliessendes Wasser getragen und gewaschen werden (wahrscheinlich im Anklang an die Bibel, Reg. IV. 5, lava septies in Jordane). — „Ein Spruch für den Haarwurm: Gott der Herr ging zu Acker, er thät drei Fürcht, er fing drei Würmer, der erste ist der Streitwurm, der ander der Gneitwurm, der dritte der Haarwurm; Streitwurm, Gneitwurm und Haarwurm fahren aus diesem Fleischwurm †††." — „So der Mensch Würmer hat: Petrus und Jesus fuhren aus gegen Acker, Ackert drei Furchen, Ackert aus drei Würmer, der eine ist weiss, der andere ist schwarz, der dritte ist roth, da sind alle Würmer todt. Im Namen Gott. d. Vat. u. s. w. †††. Sprich diese Worte dreimal" (Sulzfeld a/M.). — Ein Segen aus Ober- und Unterfranken und anderwärts lautet ähnlich: „Gott ging zu Acker auf einen rothen Acker, er thät drei Fürch, fand drei Würm, der erste war schwarz, der andere weiss, der dritte war roth, hiemit sind dem N. N. alle seine Würmer todt. ††† Dreimal und mit dem Finger um das Näbele herumgefahren, wenn man die drei höchsten Namen nennt." (Vergl. Grimm, D.W. 495). — Für die Würmer und das Darmgicht: „Herzwurm und Fruchtwurm und Darmgicht, ich gebiete dir bei Gottesgericht, dass du dich sollst legen, nimmer regen, bis die Mutter Gottes ihren zweiten Sohn thut gebären" (Spessart). — Segen wider den Herzwurm: „Unsere liebe Frau ging über Land, da begegnete ihr der Herzwurm. Ei, Herzwurm, wo willst du hin, Ich will in das Nibhaus, Will ihm sein Fleisch und Blut saugen aus. Ei, Herzwurm, das sollst du nicht thun, Du sollst gehen in den grünen Wald, Darinn steht ein Brümlein vor Kalt, Daraus sollst du essen und trinken, Und sollst nimmermehr des N. N. sein Fleisch und sein Blut gedenken. Im Namen Gottes des Vaters † und des Sohnes † und des hl. Geistes † Amen. Dabei muss man beten fünf Vaterunser, fünf Ave Maria und den Glauben, so vergeht es von Stund an" (Ochsenfurt). — Für die Würmer: „Von einem Pferde, welches das erste Mal beschlagen wird, die drei ersten Hufspäne eingegeben." — Würmer treibt man ab, indem man Zwiebeln oder Mausöhrlein in frisch gemolkener Milch siedet und diese frühmorgens trinkt oder indem man drei Morgen hintereinander nüchtern Rossmilch trinkt (Schwaben). — Daselbst gibt man gegen Würmer auch das Pulver von einem zu Asche gebrannten Wurm, der von einem Menschen abgegangen ist, und lässt drei Morgen hintereinander Rossmilch trinken. — Wider die Würmer: Man muss sich nach einem Ort umsehen, wo sich Molche in grosser Zahl aufhalten, und darauf Acht geben, welchen Weg sie nehmen, wenn sie nach dem Regen kriechen. In diesen Weg legt man einen Gürtel, so dass sie darüber kriechen müssen. Bindet man darauf den Gürtel einem Menschen, oder auch einem Vieh, das von Würmern geplagt wird, um den Leib, so bleibt kein Wurm bei ihm. — Für die Würm bei Menschen und Vieh: † R a b h q † H a s b a † E b n L H a † K a c K a a b u l a † K a s H a S † a † a o † b ††† o † Das auf ein Zettelchen geschrieben und auf den Schaden gelegt. — Ein am Bandwurme, Taenia, Leidender, der viele Wurmmittel ohne Erfolg gebraucht hatte, soll auf Anrathen das Pulver eines von ihm abgegangenen getrockneten Wurmstückes genommen haben, worauf nach einigen Stunden unter heftigem Bauchkollern der vollständige Abgang des ganzen Wurmes erfolgte (Unterfranken). — Tabernaemontanus, Kräuterbuch, herausg. von Bauhinus (Basel 1731. Fol. 5. 25) eifert wider die „Landstreicher, Spinnenfresser, Henkersbuben und Landverräther, die Tyriakkrämer, die ihren Wurmsamen neben vermeynten und verfälschten Arzneyen sehr hoch rühmen und durch sondern Betrug den Kindern Wurmsamen eingeben; obgleich sie keine Würmer haben, so überkommen sie dann die Würmer in einer Nacht, — sie säubern und waschen die Würmer, so von den Kindern abgehen, trocknen sie am Feuer und vermischen sie mit ihren Wurmsamen. Wann sie nun einem Kind solchen Wurmsamen eingeben, so erzeugen sich Würmer in dem Kinde, welches früher deren keine hatte. Wenn sie nun ihren Wurmsamen diesen Kindern eingeben, so gehen davon allerdings Würmer weg (wie man noch in Schwaben wähnt), allein der Same zu diesen Würmern bleibt in den Eingeweiden zurück und werden die Kinder sehr geschwächt" &c. Hier ist also von der künstlichen Erzeugung von Intestinal-Helminthen durch den Genuss von pulverisirten Helminthen, in denen der Same dieser Entozoën enthalten, die Rede. (Tabernämontan, fürstbischöfl. Speyer'scher Leibarzt, † 1590). — Die Probe, ob ein Kind Würmer habe oder nicht, wird in der Pfalz so angestellt, dass man eine mit Blei und mit „Spitzglas" (Antimonium crudum), auch zuweilen mit „venerisehem Glas" (Vitrum venetum pulveratum) gefüllte halbe Nussschale auf den Nabel bindet. Sind am folgenden Morgen (als Abdruck der Nabelfalten) Furchen im theilweise eingetrockneten Brei entstanden, so leidet das Kind an Würmern, welche in der Nacht herausgekrochen und von der Lockspeise gekostet haben; fehlen dagegen die Einkerbungen im Brei, so sind keine Würmer zugegen! — Andere suchen die Anwesenheit der Würmer dadurch zu erforschen, dass sie den Kindern Gesalzenes, besonders Häring, zu essen geben und darauf achten, ob sich nicht Kolik einstellt, ferner ob die Kinder nicht mit Heisshunger, besonders nach Brod, aus dessen häufigem Genusse dieselben entstehen sollen, behaftet sind. — Gegen Würmer empfiehlt man in der Pfalz neben andern wurmabtreibenden Mitteln Stuhlzäpfchen von „Peterlewurzel" (Radix petroselini) oder von Speck oder Seife; ferner Ochsengalle, allein oder mit Nussöl, Leinöl, Terpentinöl u. s. w., bald verschluckt, bald eingerieben, bald in Klystiren beigebracht; ferner Absude von Hagenbutten- oder Citronenkernen, Brennnesselsamen und sogar Tabaksblätter zu Klystieren. Ferner eine Mischung von Pfeffer, Schalotten und Häring, der man Essig nachtrinken lässt; ebenso eine Verbindung von Pfeffer, Salz, Mostsenf und Honig; dann rühmt man Spargeln, Nüsse mit den Häuten, frische Erdbeeren, Heidelbeeren und Himbeeren, bittere Mandeln, hie und da Wurmmoos (Jod). — Gegen Spulwürmer empfiehlt man dort auch, einen weissen Nähfaden klein zu schneiden, auf Butterbrod gestreut zu essen! — Auch empfiehlt man anderwärts, drei Tage nach dem Vollmond gleiche Theile Knoblauch, Asant, schwarzen Kümmel und Kampher zu nehmen, dann Schiesspulver und Küchensalz je eine Messerspitze voll, und sieben Körner schwarzen Pfeffers. Alles wird fein gepulvert, in ein Leinwandbentelchen gethan, und dies mit Theer auf den Nabel des Kindes geklebt und 9 Tage lang mittelst einer Binde festgehalten. Am 8. Tage erhält das Kind ein Abführmittel von Sennesblättern, und wird dann am 9. Tage das Säckchen entfernt und verbrannt. Nach dieser Prozedur darf erst dem Kinde neue Leibwäsche angelegt werden. — Auf der Rhön sucht man die Würmer durch einen Bissen schwarzes Brod, welches die Kinder kurze Zeit in den Mund nehmen und wieder weglegen, anzulocken, um ihnen dann durch Trinken von Wermuthbranntwein den Garaus zu machen. — Weiterhin werden sie bekämpft mit dem Absud von Flores tanaceti vulgaris oder dem rohen oder eingekochten Safte der gelben Rüben (Daucus carota), gibt Rüben roh bei abnehmendem Monde zu essen, Wurmsamen (sem. Cinae) in Latwerge oder Honig, verschiedene Wurmplätzchen, Knoblauch und Zwiebeln in Milch abgekocht innerlich, oder als Klystiere, in Schwaben auch Sauerampfersamen, Wermuth, frisches Sauerkraut, Krautwasser. Auch bindet man in Franken Abends den Kindern Nussschalen mit Honig oder

Ochsengalle[1]) auf den Nabel. — „Dicke Suppen stopfen die Wurmlöcher".

Die Läuse spielten im Alterthume eine grosse Rolle, und wird in den Chroniken von manchen von ihnen heimgesuchten Opfern berichtet. So in Monum. boic. VII. 33: „Megingozus abbas Benedictoburanus 1064 a pediculis corrasus" (Phthiriasis). Die Urzeugung dieser lästigen Parasiten wird heutzutage vom Volkswahn (in Frickenhausen a. M. und vielen andern Orten) noch alten Weibern, „Hexen", vindicirt, die sie nach Belieben anzaubern können. — In Schwaben glaubt man, dass derjenige, welcher von dem Oel trinkt, in welchem eine gesprenkelte Eidechse ersoffen ist, voller Läuse wird. Dasselbe soll geschehen, wenn man rohe Kastanien isst; nach fränkischem Glauben, wenn Kinder Aepfel ungeschält essen. — Noch im vorigen Jahrhunderte, wo man nicht so sehr auf Reinlichkeit hielt, waren Läuse mit den „Nissen" bei Kindern (wie bei Erwachsenen) so heimisch, dass man allgemein behauptete, sie seien eine Anzeige von Gesundheit, und sögen die Schärfe der Säfte ein; man sah es daher nicht ungern, wenn sie sich auf den Köpfen der Kinder in Menge einfanden, und wagte auch nicht, sie zu vertilgen. Heutzutage, wo man den Leib der Kinder reinlicher hält, sind die Läuse ausser Mode und Credit gekommen. — Man wollte beobachtet haben, dass auf die Läuse sowohl die Haarfarbe als das Temperament des Kindes Einfluss ausübe; bei lebhaften Individuen kriechen sie lustiger einher, als bei phlegmatischen! Sie sollen das kränkliche Kind ganz verlassen. Wenn Kinder sich nicht kämmen lassen wollen, hört man die Phrase: „Die Läuse werden dich in den Brunnen ziehen." Als Vertilgungsmittel sind Einreibungen von Laussalbe (Unguent. pediculorum), rother und weisser Präcipitatsalbe, Anisöl und Saft von gequetschtem Colchicum autumnale, und Butter üblich. Andere rühmen Tabakssaft und Hirschfett, dann den Saft von Evonymus europaeus. In Schwaben gilt das fest gewordene Schmalz auf der Brühe, welche man vom gesottenen geräucherten Speck abseits stellt, als vortreffliche Salbe gegen Nisse und Läuse bei Menschen und bei Vieh. — Die Läuse und Nisse vom Kopfe zu vertreiben: Die Spähne oder Abfeilig vom Hirschhorn in Wein getrunken, das lässt nicht Läuse oder Nisse auf dem Kopfe aufkommen.

---

[1]) Ein bereits den Römern bekanntes Hausmittel. Sext. Placit. Papyriens. ex animal. ed. Ackermann 28: „taurinum fel in lana conjectum et ventri appositum, in infantibus praestat, ut lumbricos dejiciant."

Wenn du dieses Pulver oder Abfeilig auf das Haupt streuest, so sterben sie alle davon.

Für das Bettpissen der Kinder gelten mancherlei Ursachen[1]; so seit ältester Zeit der Umgang mit Feuer. Aulus Gell. noct. attic. XIX. 4: „Aristoteles iu problem. physic. quaerit, cur accidat, ut eum, qui propter ignem diutius stetit, libido uriuae lacessat" &c. Desshalb warnt man die Kinder, mit einem brennenden Lichte oder auf der Wiese mit dem geflügelten Samen von Leontodon taraxacum[2] zu spielen, weil sie sonst in's Bett pissen würden. Wenn der Taufpathe[3] während der Taufhandlung und des darauffolgenden Pathenschmausses seinen Urin in der Blase zurückhält oder denselben abschlägt, wird der Täufling ein Bettpisser. Man empfiehlt desshalb, vor Anlegung der Festkleider die Blase sorgfältig zu entleeren (Pfalz und Unterfranken). Auch muss der Pathe ja ein frisches Hemd vor der Taufceremonie anziehen, sonst wird der Täufling das Wasser nicht halten können. — Bei Kindern, welche in das Bett pissen, wird von den Eltern oder Anverwandten einer lebenden Maus der Kopf abgebissen und angehängt (Oberfranken), oder auch zerhackt, mit Haut und Haaren unter Butterklöschen oder ein anderes Gebäck gemengt, mit Zucker und Zimmet bestreut und dem Kinde gereicht. Dieses muss jedoch dreimal wiederholt werden[4]. — Man lehrt auch Kinder, welche mit diesem Uebel behaftet sind, folgendes Gebet: „Heiliger St. Veit, weck' mich bei Zeit, weck' mich zur Stund', wann mir's Pissen ankummt!" St. Veit wird mit dem Häfele abgebildet, wahrschein-

---

[1] Schon Lucretius sucht das Uriniren im Schlaf zu erklären, nat. rer. IV. 1020: „*Pusi saepe lacum propter se ac dolio curta Somno devincti credunt extollere vestem, Totius humorem saccatum ut corpori fundant*" &c.

[2] Der Löwenzahn (dessen Milchsaft im Frühlinge als auflösend ausgesogen wird) führte früher mit Cichoreum intybus den gemeinschaftlichen Namen Cichorie und stand, nach der Signatura plantarum, in Beziehung zur Harnröhre, als Pfaffenröhrlein, Röhrelkraut, Urinaria (Dierbach, Beitr. 73. *Urinaria.* Lobel. II. advers. 84.), Lectiminga. Raius sagt in der Hist. plant.: „Plus lotii derivat in vesicam, quam pueruli retinenendo pares sunt, praesertim inter dormiendum, eoque tunc imprudentes et inviti stragula permingunt." Dieser diuretischen Kräfte wegen heisst die Pflanze im Auslande *Pisse en lit, Kaarsjes pis in t' bed.* Nemnich, Pol. Lex. II. 366.

[3] Dem Tauf- und Firmpathen schreibt man überhaupt ein mächtiges psychisches Einwirkungsvermögen auf seinen Doden (Grimm, D. M. 813) zu.

[4] Cfr. Ephemerid. acad. nat. I. 6. 7. p. 123. Ein ähnliches Antidotum war schon zu Plinius' Zeiten in Brauch, II. N. XXX. 47: „urina infantium cohibetur muribus elixis in cibo datis."

lich weil Patrou der Bettpisser. Aehulicher Brauch in Schwabeu, wo auch, wie in Franken, die armen Seeleu angerufen werden. Nach einer schwäbischen Vorschrift sollen Bettpisser Nachts 12 Uhr im Beinhaus eiuen Todtenkopf holeu, diesen in ihren Strohsack steckeu, uud von Stunde an werdeu sie nicht mehr in's Bett pissen. Auch wird in Schwaben der gesottene Kopf eines nach Sonneuuntergang geschossenen Hasen am Abende, wo er erlegt, zu essen empfohleu. — Oder man gibt dem Bettpisser die Pudenda ciucs Schweines gebraten zu essen, ohne dass er es weiss; ist es ein Knabe, besser die eines Schweines, ist es ein Mädchen, die eiues Bären (Unterfrankeu). — Nimm Klauen von einem Bock, brenne es zu Pulver, gib's dem, der das Wasser nicht halten kann, ein. — Leidet ferner ein Kind an diesem Uebel, so hilft das gepulverte Os penis des Fuchses, besouders bei Mädchen (Schwaben), oder man lege eiuen zufällig auf der Strasse gefundeuen, zusammen gewickelten Strick, unter die Kisseu oder zwischen dessen Matraze und Strohsack. Man lässt Bettpisser in der Pfalz, Unterfranken und Schwabeu in das noch offeue Grab eines Anverwandten, am besten um Mitternacht, harnen. — Andere rühmen die Anwendung der Ruthe.

Kinder, welche tüchtig schreien, „Krischer" in der Pfalz genannt, verrathen ein lebhafteres Naturell als stille. Erstere beruhigt man mit Syrup. papaver. albi oder gar mit Absud von Mohnköpfen („Mageusamen", in der Pfalz „Mageleköpfe"). — Dem gewöhnlichen Erbrechen der Säuglinge schenken Mütter und Hebammen keine besondere Aufmerksamkeit, denn „Speikind, Gedeihkiud". Ist das Erbrochene aber sauer riechend und kommt Hinfälligkeit oder Durchfall hinzu, so reicht man ihm „Windpulver" (Rhabarber, Magnesia und Fenchelsamen), gibt Fenchel-, Anis- oder Chamillenabsud, auf der Rhön wohl auch Branntwein, macht auf den Leib einen heissen Breiumschlag von Brod, Lebkuchen, Zimmt, Muscatuuss und Wein. Gleichwohl gibt man ihnen den dicken, halbgekochten Mehlbrei, die Ursache des Leidens, fort. Bei Aufgeregtheit der Kinder greift man öfters zu Abführmitteln, Manna- und Rhabarbarasaft, Kreuzwurzel- uud Hühnerdarmsaft (Syrup. Chamomillae). — Bei Bauchgrimmen gibt man den Kindern Fenchel- und Chamilleuthee, Anissamen-Absud, Hauswurzsaft, reibt Anisöl oder Bilsenkrautöl in's Näbelchen. — Gegen das Darmgicht bei Kinderu: „Hast du Herzgespan und Darmgicht, so weich' du von dieser Ripp' N. N., wie Jesus Christus vou seiner Kripp'. † † †. Dreimal gesprochen. Die zwei N. N. bedeuten dessen Namen, dem man helfen will." — Segen gegen Grimmen oder Kolik der Kinder: „Die Mutter Gottes ging über Land, Da begegnet ihr der Heiland; Der Heiland sprach: wo willst du hin? Die Mutter sprach: Ich will den Menschen plagen. Der Heiland sprach: nein, nein, du sollst das nicht thun. † † † Dreimal und mit dem Daumen um das Näbelchen herumgefahren" (Ochsenfurt).

Haben Kinder keine Esslust, dabei Schlafsucht und gelbe Augen, so wird in der Pfalz ihnen ein Faden um den Bauch gelegt, dieser sodann um ein frisches Ei gewickelt und dies in die heisse Asche gelegt. Blieb der Faden ganz und zersprang das Ei, so war Magenfieber vorhanden und Gelbsucht. Das Ei wird in einen Maulwurfshügel gesteckt mit den Worten und üblicher höherer Namensnennung: „Mahfieber un Gelsucht, willt du mich begraben, so will ich dich begraben!"

Gegen böse Näbel der Kinder legt man in Schwaben einen mit Kapaunenschmalz bestrichenen rothseidenen Fleck darauf. Die Judenkinder, denen bei der Geburt die Nabelschnur mit besonderer Sorgfalt abgeschnitten und der Nabel mit Salzwasser ausgewaschen wird[1]), sollen für die Kinderpocken mindere Empfänglichkeit haben und solche leichter erstehen, als die Christenkinder, bei welchen es mit dieser Reinigung nicht so genau genommen werde (Unterfranken).

Von Blattern befallene Kinder soll man durch einen Seiher sehen lassen, dann werden sie nicht erblinden. — „Dass die Kinder von den Durchschlechten nicht blind werden: Wenn sie die Durchschlechten bekommen, so hänge nur die Wurzel von Propabiesen an den Hals, so ist Einer der Sorgen überhoben. — Auch Rautenwurzeln, Scabiosenwurzeln an den Hals gehängt, ist probatum." — Seitz l. c. 93 führt das Sprichwort an, dass die Eltern sich ihrer Kinder nicht zu erfreuen haben, es sei denn, dass sie die Blattern oder Durchschlechten überstanden haben.

Gegen den Milchschorf der Kinder (Crusta lactea, Frasem, in der Pfalz Fresem, Flüssel) wird das Freisamkraut (Viola tricolor) als Bad und Arznei angewandt. (Cfr. Hieron. Braunschweig, neu vollkommen Destillirbuch. Frankf. 1597. S. 92. b.) In der Pfalz gibt man neben Dreifaltigkeitsthee auch Huflattich in Milch und wäscht das Gesicht mit fliessendem Wasser, welches das „Flüssel" mit fortführt. Man bestreicht die Krusten mit Mandelöl und gibt Manna- und Rhabarbarasaft, um die „Schärfigkeit" abzuführen.

---

[1]) Nach der Vorschrift des Ezechiel XVI. 4. Vergl. Münchn. Intell.-Blatt 1788. 106.

In der Pfalz schüttet man gegen den **Nachbrand** („Ausschlag im Gesicht") drei Schippen voll glühender Kohlen über den Kopf, jedesmal mit den Worten: „Nachbrand, geh' über Land." — Segen, den Nachbrand (Herpes labialis) zu legen: „Ich höre einen jungen Wald rauschen, Ich will dir N. N. deinen Nachbrand damit vertauschen. Im Namen Gott. d. Vat. u. s. w. ††† Amen. Segne dreimal, der Nachbrand wird jedesmal geblasen und gestrichen, dann bete fünf Vater unser (Odenwald).

Mit dem Namen **Neeres, Neris** (cfr. Schmeller, W.-B. II. 703) bezeichnet man in Mittelfranken und Schwaben einen Ausschlag im Gesichte der Kinder, „welche bei der Geburt nicht gehörig gereinigt wurden", und reicht dagegen Rhabarbarasaft, um gelind abzuführen.

Augenentzündungen kleiner Kinder werden wenig beachtet, höchstens werden sie mit Muttermilch oder mit lauwarmer Kuhmilch gereinigt. Als Präservativ- und Heilmittel für entzündete Augen empfiehlt man, die Kinder bald mit Ohrringen zu versehen, da Gold den Krankheitsstoff anziehen soll. — Wenn ein Kind eine „Blatter" (Phlyctaena) auf dem Auge hat: „Nimm feinen Zucker, stosse ihn zart, rüttle ihn durch feine Leinwand, lege das Kind auf den Rücken und lasse Jemand zu Haupte desselben stehen, der ihm etwas Schönes zeigt, um seine Aufmerksamkeit zu fesseln, lege etwas Zucker auf eine Messerspitze, halte sie vor das Blatterauge und sprich dreimal: „Unsere Frau und Anna gehen mit einander, Blasen vergeh' und zergeh' nicht. Im Namen Gott. d. Vat., Gott. d. Sohn., Gott. d. hl. Geistes. Amen!" — Bei dem Worte „Blasen" blase man jedesmal den Zucker in das Auge. — Auch Goulard'sches und Rosen-Wasser werden oft ungeschickt bei Augenentzündung Neugeborner angewandt.

Von einem Kinde, welches sich in Folge von Indigestion oder Katarrh erbricht, sagt man: „es putzt sich" (Untermain). Bei **Katarrh** gibt man den Kindern Gänsefett oder Olivenöl kaffeelöffelvollweise ein. In Schwaben empfiehlt man Kapaunen-, Gais-, Hasen- oder Hechtschmalz oder Hirschunschlitt in's Herzgrüble, in das Rückgrat und die Fusssohlen zu reiben. — Werden bei erschwertem Athmen, bei Katarrh- und Brustentzündungen die Rippenmuskeln eingezogen, so sind die Kinder „angewachsen". Dagegen helfen Einreibungen mit Fett oder mit „Oel aus der Ampel". — Oder die Kinder werden, wie in Oberfranken und in der Pfalz, unter den Armen gepackt, auch bei den Füssen, und unter Segenssprüchen in die vier Ecken des Zimmers geschwungen, und mag dies helfen, wo Blähungen zu Grunde liegen. — In der Pfalz wird das Kind dreimal durch die Stuhlstempel oder drei Leitersprossen gesteckt, unter Nennung der drei höchsten Namen mit dem Spruche: „N. N., hast du's Anwachsen, so soll es weichen von deinen Rippen, wie Jesus von der Krippen." — Aehnlich lautet ein schwäbischer Segen: „Für Herzgesperr und Unterwachs, Hilf meinem Kind von seiner Sach, Hilf meinem Kind von seinem Ripp, Wie Jesus Christus von der Kripp." Das muss man an drei Freitagen hintereinander Morgens vor Sonnenaufgang dreimal nacheinander sagen, dabei mit Daumen und Zeigefinger von der Herzgrube aus am Rippenrand nach dem Rücken fahren, dreimal auf die Herzgrube hauchen, drei Kreuze darauf machen und drei Vaterunser beten; es hilft ganz gewiss. Wo Gefahr auf dem Verzuge, kann man es an drei aufeinander folgenden Tagen vornehmen. Daselbst empfiehlt man gegen Herzgesperr auch einen Hechtkiefer. — Wenn einem Menschen oder einem Kind angewachsen ist: „Nimm eine Handvoll Gundelreben, Gansblümlein sammt den Wurzeln, wie auch ohne die Wurzeln, eine weisse Zwiebel sammt der Haut, eine Handvoll Vierfingerkraut, selbiges klein zusammengeschnitten, hernach nimm 4 Loth Geisbutter, welche vergehen soll, alsdann die Kräuter daran gekocht, Glaubens lang. Solches in einem Lümplein ausgepresst, hernach gerührt, wie Schmalz, und lass es gestehen, alsdann den Menschen, allwo er angewachsen, zu schmieren, vom Herzgrüble bis um die Ripplein etlichemal." — Oder nimm Gänseschmalz und beschmiere den Ort damit, wo das Kind angewachsen ist, nenne es zuvor mit seinem Namen und sprich: Jetzt schmier' ich dich in der Mitt' da schmier' ich dir drei Ripp'" Im Namen G. d. V. u. s. w. ††† und so dreimal mit dem zweiten Finger der rechten Hand darüber gezeigt bei den drei höchsten Namen und dabei dreimal gehaucht, darnach nimmt man es bei den zwei Armen und schlenkert es dreimal hin und wieder (Ochsenfurt). — Wenn die Kinder angewachsen sind, tunke zwei Daumen in das Ampelöl und bestreiche das Kind unter dem Herzen, und spreche: „Herzgespan und Anwuchs geh' aus den Rippen, wie Jesus aus der Krippen, geh' über Meer und Stein, und lass das Kind keusch und rein." Im Namen G. d. V. u. s. w. ††† Amen. Fünf Vaterunser, fünf Ave Maria und den Glauben zu Ehren der Kreuzigung Christi gebetet (Odenwald). — Wie alt vorberegte Benennung zeigt folgende Stelle: „Hertzgespan oder Herzgesperr, Cardiaca, nominatur cordis palpitatio, Καρδιακή, ein zittern oder klopfen des hertzens vnd der brüsten, so man an den Kindern Hertzgespan nennet, also dass ihnen das Hertz stätigs bochet vnd dieselben geängstigt werden durch Hercheln vnd Rosseln."

(Tabernäm., Kr.-B. 136. 935.) Schmeller l. c. III. 574: „Gegen die Krankheit dient *Leonurus Cardiaca*, welche daher auch den Namen Herzgespann führt."

Wenn Kinder anhaltend schreien, so geschieht es bisweilen; dass bei der Schwäche der Thoraxmuskeln die Exspiration immer schwächer wird, während die Inspiration nicht gehindert ist, so dass endlich durch dies Missverhältniss die Exspiration sistirt. Das Volk sagt: „Das Kind bleibt aus", „hat sich verfangen", „es ist hinter den Athem gekommen". Man klopft bei diesem gefahrlosen Zustande den Kindern mehrmals auf den Rücken (wodurch die Thoraxmuskeln zur erhöhten Thätigkeit angeregt werden) oder steigert die Vitalität durch Besprengen mit kaltem Wasser. — Dies lässt wohl im Stiche, wo wirklicher Glottiskrampf, sog. „Stickfluss" eintritt. — Wenn ein Kind angegriffen wird: „Schneid' von drei Tisch-Ecken untenher von jedem Eck ein Spänlein, ein wenig Salz und Brod, auch von eines Bockes Bart ein wenig, alles unbeschrieen und zusammen dem Kind mit ungebleichtem Garn in einer ungeraden Stunde angehängt, mit diesen Worten des Kindes Namen genannt, N. N., das häng' ich dir an zur Buss', im Namen Gottes des Vaters, des Sohnes und des heiligen Geistes."

Gegen blauen Husten (Keuchhusten, Pertussis) finden nachstehende Heilmethoden Platz. Man gibt Coccionella gepulvert mit Pottasche. — Man bindet drei grosse Stücke Candiszucker in eine Schweinsblase, hängt sie 24 Stunden lang in fliessendes Wasser, reicht den darin enthaltenen Zuckersaft dem kleinen Patienten und wirft dann die Blase unbeschrieen wieder in das Wasser (Unterfranken). — In Schwaben gibt man den Kindern Kelleresel ein. — Bei Keuchhusten wird ferner ein Stück Kalbfleisch mit dem Urin des Kindes in einem Topfe unbeschrieen und unbesehen rücklings in fliessendes Wasser geworfen; wie das Kalbfleisch fault, schwindet der Husten. Man gibt auch Zwiebelsaft mit Zucker oder Gänsefett, ferner ein Getränk von filtrirtem Leinöl, Honig, Provenceröl, oder legt Nürnberger Pflaster auf die Magengegend. — Kleinen Kindern die Hitze zu stillen: „Man nimmt drei Regenwürmer aus der Erde und schneidet des Morgens drei Spänchen aus drei verschiedenen Bornstielen oder Schwengeln, womit man das Wasser aus den offenen Brunnen zu ziehen pflegt. Alles dieses bindet man in ein Läppchen zusammen und hängt solches drei Tage lang nacheinander dem Kinde um den Hals, aber alle Tage mit frischen Regenwürmchen und Spänchen."

Als Schutzmittel gegen Halsbräune (Croup, Angina membranacea) werde stets ein schwarzseidenes Floretband um den

Hals getragen. Als heilende Salbe bindet man den Dotter eines frisch gelegten, noch warmen Eies, mit etwas feinem Mehl gemengt, oder ein mit Unschlitt, auch mit Butter, bestrichenes blaues Zuckerpapier um den Hals des kranken Kindes, und reicht dazu einen Löffel Wachholderlatwerge (Unterfranken). Auch ein Cataplasma, bestehend aus einem vom Hause frisch herabgenommenen, klein gestossenen, in Milch oder Wein gekochten Schwalbenneste, oder der Umschlag des Hirns von einer schwarzen Katze steht in grossem Ansehen [1]. — Gegen dieselbe macht man Hanfwerg in einem eisernen Ofen recht heiss und legt solches möglichst heiss um des Kindes Hals. Oder man umgibt den Hals mit einem frisch abgezogenen noch warmen Katzenfelle (Hessen). — In Würzburg wickelt man eine Anzahl lebender Kellerrasseln in Tüll und legt dies dem kranken Kinde über Nacht um den Hals. — In Schwaben wird empfohlen, Rossbollen mit Essig zu verrühren und vom Croupkranken gurgeln zu lassen! — Wider die Bräune: „Nimm drei Krebse, welche aber männlichen Geschlechts sein müssen, stosse sie lebendig in einem Mörser, giesse drei Löffel voll weissen Essig darunter, darnach winde den Saft durch ein Tuch, und nimm es Abends, wenn du dich in die Ruhe begeben willst, ein, netze ein wollenes Bletzlein darein, damit bestreiche den Mund inwendig an allen Orten,' und schwenke ihn auch oft mit solchem Wasser aus. Hilft es nicht in einem Tage, so muss man zwei oder drei Tage nach einander mit dem Einnehmen und Ausgurgeln fortfahren. — Oder man wickle einer Natter (Vipera) einen carmoisinrothen seidenen Faden etliche Male um den Hals, und erwürgt sie so; den Faden bindet man dann dem Kranken um den Hals; es hilft.

Kinder sollen nicht unter den Füssen Erwachsener oder unter Tischen und Stühlen durchkriechen, weil sie dann nicht mehr wachsen. Damit die Kinder im ersten Jahre gehen lernen, muss man sie über gehenden Teig schreiten machen (Schwaben). Man soll übrigens nach Anderer Dafürhalten die Kinder nicht zu frühe, erst im zweiten Jahre gehen lehren, sie bekommen sonst krumme Beine. Dies betrachtet man auch als Folge vom sog. Versehen der Schwangeren. Ein Beispiel findet sich im 2. Theil des Nürnb. Kochbuchs 1703, 509: „Eine Schwangere, welche die Künste eines Seiltänzers aufmerksam beobachtete,

---

[1] Celsus de medic. IV. 4 und Plinius hist. nat. XXX. 4 rühmen bei Angina: „Vulgo audio, si quis pullum hirundinum ederit, angina toto anno non periclitari."

gebar ein Kind, welches alle Glieder hin und her schlenkerte, nicht stehen und gehen konnte und nach einigen Jahren elend starb."

Bleiben Kinder in Folge von Krankheiten, kümmerlichen Nahrungsverhältnissen bei schlechten, feuchten Wohnungen in ihrer körperlichen Entwicklung zurück (Scrophulosis, Atrophia), so heissen sie verbuttet[1]), Sterblinge, Erdenkinder, die nicht gross gezogen werden können, kränkliche und schwächliche Muttersöhnchen, verhämpelt, verhänselt, verzipft[2]), geplagt vom „nagenden Wurm". Bei Atrophie der Kinder besteht in einem Theile Schwabens ein eigenthümlicher Brauch. „Wenn nämlich ein Kind „trotz des dicken Musses, das es in Menge bekommt und gierig verschluckt", nicht gedeihen will, sondern scheusslich abmagert bei dickem Krötenbauche, so wird der arme Wurm von einer in solchen Dingen erfahrenen Frau für einen „Marzeller" erklärt, und gleich des nächsten Tages nach dem Weiler Marzellstetten (im Bezirke Wertingen) gewallfahrtet oder einem alten Weibe der Gang dahin reichlich bezahlt, um den drei hl. Marzellern (Marcellus, Marcellinus und Marcellarius) die Kerzlein anzuzünden. Jenachdem das eine oder das andere derselben früher abbrennt, wird auf Leben oder Tod oder längeres Siechthum geschlossen, d. h. die Prognose ist fertig und Weiteres zu thun überflüssig. Wenn irgend möglich, wird der kleine Patient auch mitgeschleppt und nach der Andacht wird gespeist, d. h. ein Bauer hat die Verpflichtung, dem kleinen Kranken „Muss" zu reichen und heisst deswegen „Der Mussbauer". — Kindern, welche durch die Glieder zahnen, „abgesetzte Glieder" haben, d. h. an Rhachitis oder Scrophulose leiden, reicht man in Franken Eichelkaffee, Leberthran, auch werden fette Speisen und Butterbrod empfohlen. — In der Rhön werden solche Kinder durch den Spalt zweier starker Baumäste gezogen. — Auch in Oberbayern hat sich ein Mann den Ruf erworben, dass er Rückgratsverkrümmungen (Unterwachs) der Kinder dadurch heile, dass er die Kleinen mehrmals durch den Bogen einer Baumwurzel zieht, welche er so weit vom Boden gelöst, dass das Kind mit Mühe durchzuschieben ist. (Cfr. J. Grimm, D. M.) — In der Pfalz wird das Kind gegen das „Abnehmen" mit dem sog. „Abnehmekraut" (Herba sideritidis) oder Wein am ganzen Leibe gewaschen. — Schwächliche Kinder setzt man in

---

[1]) Delius, fränk. Sammlung IV. 488, u. Rehm, fränk. Volksfreund 1794. 43.

[2]) Schmeller, W.-B. IV. 279.

Franken in den Sand, welcher von der Sonne durchwärmt ist, oder badet sie in einem Absude von „Kuneleskraut" (Thymus serpyllum) zur Kräftigung, oder man destillirt grüne Tannenzapfen in kräftigem Fruchtbranutwein, reibt denselben mit erwärmten Händen in die Haut und lässt ihn eintrocknen. Bisweilen setzt man sie in Malz-, Loh- uud Salzbäder, lässt sie Gersten- oder Eichelkaffee, sowie Leberthran nehmen. — Wenn ein Kind das Abnehmen hat: „Das Kind muss Morgens gegen der Sonne Aufgaug getragen werden, sprich: Sei mir Gott willkommen Sonnenschein, wo reitst du hergeritten, hilf mir und meinem lieben Kinde; Gott den heiligen Vater bitt', dass er meinem Kind helfe; bitt' den heiligen Geist, dass er wolle geben meinem Kind sein natürliches Blut uud Fleisch." — „Ein gutes Pulver für abnehmende Kinder: „Nimm 17 gute Perlen, 13 Corallen, einen Hühnermagen, einen guten Stengel Rosmarin, grünen Majoran, neun Gichtkörner, drei Stengel Mausöhrlein." — Nehmen Kinder im 12—14. Jahre, nach erlangter Pubertät, auf einmal zu, so heisst es, der Wachsknoten sei bei ihnen aufgegangen. — In der Pfalz lässt man Kinder, welche mit „Drüsen" zu schaffen haben, Wasser trinkeu, worin 9 Eier gesotten worden oder das Weisse vom gesottenen Ei mit gelben Rüben geniessen. — Der muthwillige Scherz erwachsener Personen, Kinder mit flachen Händen an beiden Schläfen zu fassen, und so freischwebend in die Höhe zu heben, mit den Worten: „Willst du deinen Doden sehen", verdient als nachtheilig für den zarten Körperbau eine ernste Rüge. — Oefters hört man: „wenn es einem Kinde auf den Kopf reguet (besonders im Mai), wächst es besser."

Um Verkrümmungen der Kinder kümmert sich der Landmann sehr wenig. Bisweilen sucht mau dem Uebel zu steuern durch Einreiben von „Altöl", Hasenschmalz, Weingeist; bei nachfolgender Lähmung durch Kleien-, Malz-, Salzbäder, oder wickelt gelähmte Glieder in Hasen-, Katzen-, Kaninchenpelz, Wachstaffet oder Werg. Bei Klumpfüssen näht man in der Pfalz zwei alte Kamaschenknöpfe, welche ein Metzger getragen, so auf ein Zoll breites und eine halbe Elle langes Stück grünen Wolltuches, dass die beiden Knöpfe, hat man mit dem Tuche eine Achtertour um Fuss und Unterschenkel des Kindes beschrieben, auf dem Fussrücken neben einander zu liegen kommen. Stirbt ein Kind rasch an einer Krankheit, für welche man keine Erklärungsweise findet, so sagt man, dass sich „ein Flüsslein auf's Herz gezogen hat." In Schwaben wird bei dem Tode eines Kindes der Pathe gerufen, damit die Seele leichter scheide.

Der Eintritt in die Schule bildet einen wichtigen Wendepunkt im Jugendleben [1]). Vor Jahrhunderten behandelte man die Kinder in pädagogischer Beziehung gleichsam wie exotische Gewächse. Den Sommer über durften sie sich im Freien herumtummeln, oder mussten ihre Eltern bei der Feldarbeit unterstützen; dagegen hielt man sie den Winter über in der stark geheizten, wenig gelüfteten, überfüllten, niederen Schulstube und in der Furcht vor der Ruthe und anderen entehrenden Strafen [2]). Auch die humane Pädagogik unseres Zeitalters hat noch manche Schattenseiten. Die körperliche Schönheit der Jugend der unteren Volksklassen welkt in Folge schlechter Kost, schwerer Arbeit, der Wohnung in dumpfen Stuben, psychisch-deprimirender Einflüsse und eines oft rohen Umganges gewöhnlich schnell dahin, und macht einer vorzeitigen Altersphysiognomie Platz. Harte Proben stehen dem jugendlichen Gemüthe, besonders auf dem Lande, wie die hier gebotene culturgeschichtliche Skizze vielfach nachweist, noch ausserhalb der Schule bevor. Die Phantasie, das Denken des Kindes empfängt oft in frühesten Tagen kaum verwischbare Eindrücke für das reifere Alter. Am häuslichen Herde, im Gesindezimmer und in der Spinnstube werden schauerliche Spuckgeschichten aufgetischt, welche leider in treuer Erinnerung fortlebend die Charakterrichtung des Zuhörerkreises vielfach bedingen. Kaum getraut sich das so geängstigte Kind bei eingetretener Dunkelheit vor die Thüre, geschweige an entlegene Orte ohne Begleitung. Die früh eingeimpfte Furcht und Neigung zum Sagenhaften ist treuer Führer bis zum Grabe, wenn nicht bessere Einflüsse die nebelhaften Vorurtheile verscheuchen. „Niemand glaube", sagt mit Recht Göthe, „die ersten Eindrücke seiner Kindheit verwinden zu können." Die dort gelegten Keime tragen ihre traurigen Früchte in geistiger wie leiblicher Beziehung und ist hier die vorzüglichste Quelle zu suchen für die Fortdauer des im Jugendalter der Völker angebahnten Aberglaubens.

---

[1]) Horsch l. c. 55. 57.

[2]) Ein interessantes Bild des Schullebens entwirft Hugo von Trimberg in seinem Renner (um's Jahr 1300 in Bamberg vollendet). Während dieser als erstes Mittel der Kinderzucht die Ruthe empfiehlt, lehrte Walther von der Vogelweide ein Jahrhundert zuvor im Sinne des Quinctilian: „Niemand mag mit Gerten Kinderzucht behärten."

Pubertät.

Schwangerschaft, Geburt.

Der erwähnte Meister Hugo von Trimberg, Schullehrer zu Theuerstadt bei Bamberg, hat in seinem Lehrgedichte den Charakter, die Sitten und Mängel des weiblichen Geschlechts seiner Zeit mit derben Zügen trefflich geschildert. Viele seiner Sentenzen bestehen noch jetzt, mehr oder minder verändert, sprichwörtlich im Munde des Volkes, und verdienten, wie so viele andere, auf physiologische Verhältnisse bezügliche Reime und Denksprüche der populären Tradition, wenngleich oft sehr brutalen und obscönen Inhalts, gesammelt und der Vergessenheit entrissen zu werden. Auch die Augsburger Nonne Clara Hätzlerin hat in ihrem Liederbuche 1470 (herausgegeben von Haltaus 1840) werthvolle Mittheilungen über die mittelalterlichen Anschauungen vom Geschlechtsleben des Weibes aufbewahrt[1]). Dem Forscher auf diesem Gebiete bietet sich ein weites Feld von Geheimnissen dar, in welches einzudringen nur eingeweihten Hebammen vergönnt ist und dessen Schleier zu lüften selbst dem bekannten Verfasser der *Secreta mulierum*, dem Pseudo-Albertus, nur wenig gelang. — Der romantische Nimbus, in welchen der Minnegesang die Frauen gehüllt, war schon im 14. und mehr noch im 15. Jahrh. zerflossen und von der niedrig-sinnlichen Anschauung, die man zu Anfang des 16. Jahrh. von dem schönen Geschlechte hatte, zeugt die erzprosaische, fast peinliche Specificirung der weiblichen Schönheiten, wie man sie damals bei Autoren trifft. — Bebel beantwortet in seinen 1506 veröffentlichten „Facetien" (III. Fol. 89) die Frage: „Quibus mulier perfecte formosae naturae dotibus praedita sit?" dahin, dass ein vollkommen schönes Weib dreimal sieben körperliche Reize besitzen müsse. Später (1530) wurden dann die einundzwanzig Schönheiten auf dreissig gesteigert. — Nach heutigen Volksansichten bestehen die „sieben Schönheiten" eines Mädchens in folgenden: 1) Blaue Augen, schwarze Haare (oder auch schwarze Haare, blaue Augen); 2) griechische Nase, 3) kleiner Mund; 4) Grübchen in den Wangen; 5) Grübchen im Kinn; 6) dicke Augenbraunen; 7) lange dunkle Wimpern. (Bisweilen sieht man noch gern eine nette Zahnlücke und feine Sommersprossen!)

---

[1]) Cfr. von der Hagen's Gesammtabenteuer.

Hieher gehörige, landesübliche Gebräuche sind nachstehende: Wenn ein Mädchen einen Topf kochenden Wassers vom Feuer hebt und derselbe hört auf zu kochen, so ist es nicht mehr keusch. Gibt man einem Mädchen das Pulver von verbrannten Epheuwurzeln, so kann es, wenn es nicht mehr Jungfrau ist, den Urin nicht halten. — Auf den Monatsfluss, dessen regelmässiger Verlauf von so hoher Wichtigkeit für die weibliche Gesundheit ist, beziehen sich folgende Erfahrungen. Wenn die Menstruation das erstemal eintritt, begiesse die Mutter oder eine Verwandte mit dem Wasser, worin das Hemd des Mädchens gewaschen worden, einen rothen Rosenstock, dann wird diese Menorrhoë immer regelmässig erfolgen und das Mädchen dabei gesund bleiben. — So viele Finger die Mutter bei der Wäsche des vom erstmaligen Monatsblute befleckten Hemdes in das Wasser taucht, so viele Tage wird künftighin die Menstruation ihrer Tochter andauern. — Der Glaube an die Schädlichkeit des Menstrualblutes rief bei vielen Völkern die Sitte hervor, dass sich die weiblichen Individuen während ihrer Menstruation absondern müssen. Wie Moses diesem Excrete inficirende und nachtheilige Wirkung beilegte, und die Menstruirenden für unrein erklärte, so finden wir bei den Römern ähnliche Ansichten, die den bei uns noch kreisenden Märchen zu Grunde liegen. Plinius (Hist. nat. l. VII. cap. 13) sagt: „sed nihil facile reperiatur mulierum profluvio magis monstrificum. Acescunt superventu musta, sterilescunt tactae fruges, moriuntur insita, exuruntur hortorum germina et fructus arborum, quibus insedere, decidunt; speculorum fulgor aspectu ipso hebetatur, acies ferri praestringitur, eborisque nitor; alvei apium emoriuntur, aes etiam ac ferrum rubigo protinus corripit, odorque dirus; et in rabiem aguntur gustato eo canes, atque iusanabili veneno morsus inficitur." — Auch die Statut. synod. Herbipol. 1298 verbieten: „ne quis accedat ad praegnantem vicinam partui vel quae est in fluxu meustrui." — Abgesehen von der Haltlosigkeit solcher Ansichten, lässt sich nicht in Abrede stellen, dass das Menstrualblut in heissen Gegenden eine gewisse Schärfe erhalten könne, sowie es auch für begründet erachtet werden muss, dass unter dem heissen Klima des Südens, wo der Chemismus bei organischen Ausscheidungen schnell auftritt und die Secretionen in Folge des klimatischen Einflusses, des Temperamentes und der Leidenschaften sich qualitativ anders als bei uns verhalten müssen, das Menstrualblut leichter als im Norden eine gewisse schädliche Eigenschaft annehmen kann. (Cfr. Haller, Element. physiol. T. VII. L. 38 § 5). — Einer sonderbaren Geschmacksrichtung erwähnt Seneca de benefic. IV. 31: „quid tn, cum Mamercum Scaurum Consulem faceres, ignorabas, ancillarum suarum menstruum illum hiante ore exceptare." — Wie das römische, so schrieb auch das germanische Alterthum dem Menstrualblute grosse magische, bald schädliche, bald heilsame Kräfte zu. „Mulier menstruata intuens speculum, inficit ipsum, quia venenatos radios ex oculo emittit." (Schott, magia universal. 1677. p. 85.) Die hl. Hildegard rühmt in ihren subtil. div. nat. creat. I. 114 Menstrualblutbäder beim Aussatz. Warmes Uterinblut einer Jungfrau über podagraische Glieder geschlagen, lindert den heftigen Schmerz. Ein mit diesem Blute beflecktes Hemd macht fest gegen Hieb und Stich und stillt, in die Flammen geworfen, Feuersbrünste. Junger Wein und Essig, eingemachte Früchte und Gemüse, von einer Menstruirenden berührt, stehen ab, auch verwelken die Blumen und verdorren sogar die von einer solchen Person mit der Hand betasteten Pflanzen, z. B. Heliotropium, Myrtus [1]) u. s. w. — Artemisia campestris auf gewisse Art abgeschnitten befördert den Fluss, in anderer Richtung geschnitten, hemmt es denselben. Ein hart gesottenes, geschältes Ei einige Tage unter der Achsel getragen, stillt heftigen Blutfluss. — Gegen profusen Monatsfluss trinkt man Thee von Schlehenmoos, oder Zimmttinctur und Hoffmannstropfen, macht kalte Ueberschläge bei horizontaler Lage auf den Unterleib, comprimirt ihn mit Backsteinen oder einem Sandsacke, bringt einen mit Essig befeuchteten Schwamm oder ein schwarzes oder doch getragenes Mannshemd in die „Geburt", bekleidet sich mit einem Hemde, das ein Mann eine Woche lang getragen hat, umwickelt den Finger mit ererbtem Flachse (Pfalz). — In Fürth rühmt man Folgendes: Man nimmt neun Gerstenkörner von ungleicher Schwere (genau auf der Goldwaage abgewogen), dazu Alaun in Pulverform, und geniesst Morgens und Abends ein Pulver in Wasser. — In Schwaben empfiehlt man dagegen frische Muttermilch oder die Asche von einem grossen Frosche oder Katzendreck und Rosenöl. — Den Frauen ihre Zeit zu stellen: „Nimm Hirschhorn, schab's und brenne es zu Pulver, nimm dazu dürren Esselsamen, den stosse auch zu Pulver, und gib ihr das Pulver zu trinken in Regenwasser,

---

[1]) Plinius, hist. nat. VII. 13. XXVIII. 23. Columella, R. R. XI. 3. Pallad. R. R. IV. 5: Arbores ex contactu menstruatae arefactae. Ephem. acad. nat. cur. II. 9. obs. 37. Der von Columella R. R. X. 357 angeführte griechische Brauch, ein menstruirendes Weib im Garten umher zu führen, um die Raupen auf den Fruchtbäumen zu vertilgen, war im 16. Jahrh. noch um Nürnberg im Schwunge, wenn die Raupen des Papilio danaus brassicae die Krautplantagen zu verheeren drohten, wie J. Lang in seinen epist. med. p. 500 berichtet.

so vergeht es richtig. *NB*. Du sollst aber vom Hirschhorn nicht zu viel nehmen, dass es nicht zu bald vergeht." — So oftmal man die Ohrfinger an beiden Händen mit einem carmoisinrothen Seidenfaden umwickelt, so viele Tage bleibt der bevorstehende Monatsfluss aus [1]). Der Genuss von bittern Mandeln hemmt ihn. Wenn man Morgens nüchtern neun Pfefferkörner isst, kann man den Ausbruch der Katamenien auf einige Tage verzögern. Bei Retention derselben empfiehlt man in Schwaben Trinken von Geisharn; nach fränkischer Vorschrift nehme man ein Stückchen Brod, welches eine Menstruirende soeben gekauet, in den Mund, worauf sich der Fluss alsbald einstellen wird. Oder man trinke vom Wasser, in dem das Blut einer Erstmenstruirenden aufgelöst oder deren blutiges Hemd gewaschen worden, oder bekleide sich mit einem von frischem Menstrualblute befeuchteten Hemde (Franken). Weibern, welche ihre Zeit nicht haben, oder am Muttergeschwür leiden, hilft Rossmilch (Schwaben). Oder man trinke täglich einige Gläser Regenwasser (vielleicht wegen des darin enthaltenen Ammoniaks) [2]), ferner Quittenschleim mit Wein, Zimmet und Safran angesetzt, Wachholderbeerenthee, oder Absud von Akelei (Glockenblume), Rosenhiefen, Schlehenwurzeln, Tausendguldenkrant (Erythrea Centaurium). Die bei Eintritt der Periode sich einstellenden Krämpfe bekämpft man durch Erwärmung des Unterleibs mit heissen Hafenstürzen und Trinken vom Hauptweibertrost, Chamillen- und Baldrianthee [3]). — „Wenn die Brüste den Mädchen allzu gross werden, so nimm die Hoden eines verschnittenen Ebers. Mit dem rechten Hoden streiche die linke, und mit dem linken die rechte Brust, so werden die Brüste nicht grösser. Oder nimm Melisse, mach daraus ein Pflaster und lege es über die Brüste; es hat gleiche Wirkung."

Die mit Amenorrhoë oder Dysmenorrhoë gewöhnlich verknüpfte „Bleichsucht", „Jungfernkrankheit" findet sich häufiger in Städten als auf dem Lande, wo hinreichende Bewegung

---

[1]) Seitz, Trost der Armen 228. 233. „Magnetische Curen" zur Förderung und Stillung der Menstruation.

[2]) Ephem. acad. nat. cur. III. 7 — 8. 69.

[3]) Verschiedene ehmals übliche Emmenagoga sympathetica s. bei Kellner, ind. ephemerid. 468. Die Phrase: „Die verhaltene Monatszeit legt sich übereinander" bei Amenorrhoë in Delius' fränk. Samml. IV. 487. Auf der Synode zu Würzburg 1298 wurde das Verbot eingeschärft, „ne quis accedat ad feminam coitus causa, quae est in fluxu menstrui, gegründet auf das Mosaische Verbot, Levitic. XVIII. 19. XX. 18. Ezech. XVIII. 6.

in frischer Luft und gesunde kräftige Nahrung die Entwicklung
des Körpers begünstigt. Die grösste Aufmerksamkeit wird hiebei dem rechtzeitigen Eintritte der Menses („Periode", „Sache",
„Geschichte", „Zeit" u. s. w.) geschenkt und deren Verlust durch
allerlei Mittel zu ersetzen versucht. Manche trinken Thee von
Melisse, Mutterkraut (matricaria Parthenium), Pfefferminze,
Quendel, röm. Chamille, Stabkraut (Artemisia Abrotanum), Tausendguldenkraut, Fieberklee, Wachholderbeeren, Beifuss, Sevenbaum-Spitzen und Beeren, Bärentraube, Kreuzblümchen, Rosmarin,
Schafgarbe, Kalmus, auch Branntwein mit Safran oder Aloë.
In Ochsenfurt wird ein Stück Meerrettig gerieben, in $1/4$ ℔
Provenceröl 24 Stunden an der Sonne oder auf dem Ofen digerirt
und Morgens und Abends 1 Löffel voll eingenommen. Auch
Schmiedelöschwasser ist gesucht. Häufige Fussbäder mit Senf
oder Asche, Aderlässe am Fusse werden gerathen; in der Pfalz
auch der Genuss von Maikäfern in Rothwein. In Franken sticht
die Patientin vor Sonnenaufgang während des Marialäutens im
Freien ein Stück Rasen auf einer Wiese aus, lässt den Urin hinein
und setzt unberufen das Rasenstück verkehrt wieder ein. In der
Pfalz hängt man auch neun Messerspitzen voll Salz und ebensoviel Asche während neun Tage an. — Auch empfiehlt man
ihnen grosse Rosinen sammt einem Rosmarinstengel in altem
Wein zu kochen und davon am 1. Tage eine, am 2. zwei, am
3. drei und so fort in steigender Reihe bis zum 12., dann wieder abwärts bis auf eine zu geniessen. — Wenn ein Weibsbild
ihre Zeit nicht haben kann: „Siede einen guten Theil Holz von
rothen Reben in rothem oder weissem Wein, gib ihr davon zu
trinken." — Nimm von drei verschiedenen Köpfen eine Laus
und gib sie einem bleichsüchtigen Mädchen in einem Backwerk
zu essen (Steigerwald). — Manche essen Aepfel, welche der
Quere nach mit einem eisernen Nagel durchstochen, gebraten
worden, oder geniessen mit Wein digerirtes Stahlpulver oder
Stahlwein, indem man neue Schuhnägel zweimal 24 Stunden
in Wein legt, Thee von Weichsel-Kernen oder Stielen, oder
essen Morgens nüchtern Weichseln.

Gegen die chronische Entzündung der Schleimhaut der
Genitalien, weissen Fluss, „wo die Mutter nur Schleim
kocht", „wo die Periode weiss, oder auch das Geblüt hannig"
(sauer, Pfalz) ist, sind viele Dinge in Gebrauch, besonders blutreinigende Tränke von Disteln, Zaunwinde, Wegerich, Bitterklee, Seidelbast, Tausendguldenkraut, Liebstöckel, Bärentraube,
Bittersüss, Schlehenblüthe, Schafgarbe, Enzian, Rosmarin, Salbei,
Eichelkaffee, von zerstossenen Mehlwürmern in Sauerkrautsbrühe, Einspritzungen von kaltem Wasser, oder Salbei, Gerber-

lohe, Weidenblättern, verdünntem Kalkwasser, Trinken von Stahlwasser u. s. w.'

Der Glaube an die Kraft gewisser Stoffe, bei Personen gegen ihre Neigung Liebe und Leidenschaft zu erwecken und Unfruchtbare fruchtbar zu machen, hat seine Quelle im Oriente, wo bei dem auf's Höchste gesteigerten Geschlechtsleben, das sich in der üppigsten und entartetsten Befriedigung wie in der Idee von einer zahlreichen Nachkommenschaft concentrirte, sich gewiss der Wunsch entwickeln musste, Stoffe in der Natur zu finden, welche die Liebe erregen und die Fruchtbarkeit befördern können. Bereits die Hebräer hatten ihr Aphrodisiacum im Dudaiim (I. Mos. 30. 14), wahrscheinlich die in Palästina wildwachsende Atropa Mandragora, deren dicke, rübenartige, graubraune, innen rothe Wurzel sich öfters in eine Gabel theilt, wodurch sie Aehnlichkeit mit einem menschlichen Körper ohne Arme und mit übereinandergeschränkten Beinen erhält, woraus sich später ein in Deutschland kreisender Aberglaube entwickelte; man machte nämlich aus der Wurzel die Alrunen (Alruniken, Alraunichen, Erdmännchen), kleine Figuren, welche man als Schutzgötter des Hauses, gut gekleidet, in einem verschlossenen Orte bewahrte; ihr Besitz brachte nach der Meinung des abergläubischen Volkes Segen in's Haus, schützte gegen Gefahren und Krankheiten, konnte Unfruchtbare fruchtbar machen, die Geburtswehen lindern und das Geburtsgeschäft befördern. (Cfr. Falkenstein, nordgav. Alterth. I. 131.) Aehnlicher Unsinn ward mit der Wurzel der Zaunrübe (Bryonia alba) getrieben. — Wie bei den Griechen, so erhielten sich auch bei den Römern die Liebestränke (philtra, pocula sterilitatis, — amatoria) lange in Ansehen, bis man sie für Gesundheit und Leben gefährlich erkannte („philtra nocent animis, vimque furoris habent", Ovid. de art. amat. L. II.), worauf die Gesetzgebung das Darreichen derselben als veneficium amatorium mit Strafe belegte.

Als Anregungsmittel des Geschlechtstriebes, welcher durch zu häufigen Geschlechtsgenuss, vieles Trinken von Branntwein, starken schwarzen Kaffee, verloren gehen soll, galt auch Sempervivum tectorum, Hauswurz, deren Zucht schon Karl der Grosse seinem Gärtner empfahl: „Et ille hortulanus habeat sub domum suam Jovis barbam." Capitul. de vill. 70. Bereits die hl. Hildegard erzählt von derselben: „Si quis homo eam comederet, qui sanus in genitali natura esset, totus in libidine arderet", und beschreibt dann die Bereitung eines Stimulans aus deren Safte. In L. Apuleii medicamin. herbar. CXXIII. (ed. Ackermann, Norimb. 1788, p. 287) heisst es: „Semperviva ab aliquibus Stergethron

(Liebesreiz) vocatur, eo quod amorifica judicetur, unde et pro foribus a plurimis ponitur, causa expellendi odia, — in domibus etiam plurimi nutriendam serunt. Nascitur quoque parva (Sedum acre?) in parietibus, petris, sepulturis et locis umbrosis." Noch im vorigen Jahrh. ward die Pflanze nach der Tradition einer Nonne des Dominicanerinnenklosters zu St. Marcus in Würzburg zu Liebesträuken [1]) benützt. Sonst pflegte man sie auch zum Schutze gegen Gewitter [2]) und jetzt noch als Mittel gegen Contusionen. — Unter dem Volke gelten nunmehr als Erregungsmittel Eierspeisen (besonders der „Hahnentritt" soll geil machen), dann Hirn, Fische, Krebse, Kartoffeln, Bohnen, Spargeln und Sellerie, Schnecken, Gewürze, wie Pfeffer, von dem es heisst, „er hilft dem Mann auf's Pferd, der Frau unter die Erd'".

Um bei Mädchen sich beliebt zu machen, muss man stets die Wurzel der Ringelblume, Calendula officinalis, in einem violettseidenen Tüchlein bei sich tragen. Ein Mädchen wird einem Jünglinge nichts abschlagen, wenn er die Wurzeln des Baldrian, Valeriana officinalis, und der Eberwurz, Carlina vulgaris, in rothem Wachse verwahrt, bei sich trägt. Hierauf scheint vielleicht auch der Volksspruch hinzudeuten: „Baldrian, greif' mir dran!" — Der Genuss von geistigen Getränken steht noch mehr in Ansehen mit oft entgegengesetzter Wirkung. — In Schwaben werden „die Geilen der Hirsche, ihre Ruthe, Hirschbrunst, Bibergeil, Hägehoden" zur Erweckung der Geilheit genommen. — In der Oberpfalz ist der Glaube, dass man einer Person die Liebe anthun könne, ungemein verbreitet. Die Recepte für Liebesträuke und Liebeselixire sind zahllos. Gewöhnlich werden Theile des eigenen Körpers, Ohrenschmalz auf Brod gereicht, Abgeschabtes der Nägel, Pulver verbrannter Haare, Schweiss und Blut, einige Tropfen Menstrualblut [3]), unberedet

---

[1]) In Casper's med. Wochenschrift 1846. 15. wird ihr — längst in den Officinen, doch nicht in der Volkspraxis obsoleter — Saft als Narcoticum für das Uterinsystem empfohlen. Ein besseres Irritans mag der Saft des Sedum acre abgeben. — Früher ward auch nach Lonicer der Orant (Antirrhinum orantium) „zu Lieb und Buhlschaft gebrauchet".

[2]) Alberti Magni de vegetabil. VI. 2. 3: „Barbam Jovis, qui incantationi student, dicunt fugare fulmen tonitrui et ideo in tectis plantari." Ephemerid. acad. nat. cur. III. 9 — 10. 275. Billerbeck Flor. class. 121. Fest. significat. verbor.: „Sedum — quod nonnullis locis plebis animos invaserit opinio, non feriri fulmine domum, in cujus tegulis Sedum vireat."

[3]) Burchardi decret. poenit. I. 19: „tollunt sanguinem menstruum et immiscent cibo vel potui et dant viris ad manducandum, ut plus diligentur ab eis." Rabani poenit. 854. Canis. antiq. lect. II. 2. 310. Vgl. eine merkwürdige Urkunde vom J. 1421 in den Reg. rer. boic.

und unter gewissen Formeln demjenigen in den Trank gemischt, dessen Neigung man gewinnen will. — Am Böhmerwalde gilt der Wahn, dass, wenn man einer Dirne Hand mit den Pfötchen eines Laubfrosches, der am Lukastage gefangen wurde, blutig ritzt, dieselbe zur Liebe, ja selbst zur Raserei getrieben werde. Harmloser ist der Gebrauch, vierblätterigen Klee unter die Sohle zu legen, um eine Person zu gewinnen. Scincus offic., Stincus marinus (vulgo Stolze Marie) wurde häufig in den Apotheken als Aphrodisiacum verlangt etc. So wie man Liebe gewinnt, indem man Theile des eigenen Ich dem andern Menschen an oder in den Leib bringt, ebenso kann man der entzündeten Liebe wieder los werden. Man verschafft sich zu diesem Zwecke umgekehrt etwas von des Andern Leibe, und macht es im Lichte der Sonne oder in der Nacht des Rauches vertrocknen oder vergehen, dann schwindet die Liebe, nicht selten der Leib. Hieran reiht sich noch die Bosheit, welche verschmähte Liebe oder gebrochene Treue aus Rache ersinnt und vollzieht. Ein solches rachsüchtiges Wesen zündet um Mitternacht eine Kerze an und steckt nach vorgängigen Beschwörungen eine Anzahl Nadeln in dieselbe mit den Worten: „Ich stech' das Licht, Ich stech' das Licht, Ich stech' das Herz, das ich liebe!" Wird der Geliebte nun später untreu, ist es sein Tod. — Ist einem die Liebe angezaubert worden, so trinke er einen Becher von Frauenmilch, dann vergeht die Manie (Franken). — Mittel gegen eine dem Menschen wider seinen Willen eingeflösste Liebe: „Wenn sich Jemand wider seinen Willen an eine Person des andern Geschlechts mit Liebe gefesselt sieht, so ziehe derselbe ein Paar neue Schuhe an, gehe eine Meile weit sehr rasch darin, dass die Füsse in Schweiss gerathen, ziehe nachher den rechten Schuh aus, giesse Bier oder Wein hinein und thue daraus einen Trunk, so wird er von Stund' an geheilt sein. Oder: man nehme einen Zahn von einem todten Menschen und beräuchere sich damit, so wird einem geholfen werden. — Sollte Jemand vermuthen, dass ihm die Liebe in einer Speise eingegeben worden sei, so nehme er Raute oder Mauerraute, Weintrauben und Theriak, von jedem ein Quentchen, lasse es mit einer Zwiebel braten und esse dann alles zusammen. Oder man gehe vor Sonnen-Aufgang in einen Weinberg, ziehe einen weissen Rebenstock aus der Erde, schlage sein Wasser in die Grube ab und werfe nachher den Stock in fliessendes Wasser, dass er hinweg fliesse, so wird einem geholfen. — Als Antiaphrodisiacum galt s. Z. nach Seitz l. c. 444 die Deumente, Mentha, wo das Sprichwort angeführt wird, dass man zu Kriegszeiten weder Deumenten säen noch geniessen soll, denn der Kaiser braucht Soldaten.

Vermuthet ein Mädchen, dem es ein lediger Bursche zubringt, er könnte ihm in den Wein Nagelschabsel gethan haben, und ihm also den Nachlauf anthun wollen, dann fasst es das Glas in den drei höchsten Namen mit drei Fingern an, ist Nachlaufzauber drinn, dann zerspringt das Glas in tausend Scherben (Schwaben). Wie man von der Ehelosigkeit (Hagestolziat) überhaupt dachte, bezeugt eine Nürnberger Parömie: „Alte Jungfern müssen mit den Bärten alter Junggesellen den weissen Thurm fegen" (Schmeller, W.-B. II. 634).

Die aus alter, vielleicht heidnischer Vorzeit stammende kirchliche Ceremonie, dass bei dem Todesfalle eines verlobten Paares der Ueberlebende mit dem Leichname des Entseelten vom Priester eingesegnet wurde, verdammten die Würzburger Synoden 1329 und 1330[1]). Andere bezügliche Aberglauben wurden auf den Synoden 1298 (sub poena excommunicationis prohibentur sortilegia in nuptiis), und 1446 (casus reservatus episcopo, qui maleficiunt conjuges, ne possint coire) streng verboten. Andere Mittel gegen solche Bezauberung bei Seitz l. c. 248; Schmeller, W.-B. II. 713. Das sog. Nestelknüpfen (vgl. Grimm, D. M. 1127), impotentia virilis, sucht der Mann (wie noch in Schwaben) mittelst Urinirens an drei Morgen durch den Ehering zu vereiteln[2]).

Ist Einem durch bösen Zauber die Mannheit genommen, so löst er ihn, wenn er durch den mittelst Daumen und kleinen Finger gebildeten Ring harnt, oder wenn er ein Becherlein Frauenmilch trinkt; oder wer von einer schwarzen oder ganz weissen Henne ein Ei warm hinwegnimmt, über dasselbe hinab in ein neuglasirtes Häfelchen harnt, dann das Ei darin bis auf die Hälfte des Wassers sieden lässt; alsdann werfe man den Urin abwärts in fliessendes Wasser, das Ei aber grabe man in einen „Klemmerhaufen", öffne es ein wenig, dass die Klemmer davon fressen können. Sobald nun die Ameisen dasselbe verzehrt haben, so wird dem nothleidenden Menschen geholfen sein. — Sind aber beide Theile, Mann und Weib, verhext, dann nehme man Herz und Leber eines Hechtes, lege sie auf glühende Kohlen und lasse den Rauch an die Geschlechtstheile gehen (Schwaben). —

---

[1]) „Detestanda consuetudo in locis plurimis nostrae civitatis et dioecesis inolevit, quod uno conjugum ante inthronizationem mortuo, alter superstes cum mortuo juxta feretrum, in quo positus est, a nonnullis sacerdotibus, ac si ambo viverent, inthronizatur; cum igitur juxta apostolum (Corinth. I. 7. 39) mortuo viro sit mulier a lege viri soluta, talia fieri de cetero prohibemus." Himmelstein, synodic. 165. 206. Ein ähnlicher samogetischer Brauch in Haupt's Zeitschr. I. 148.

[2]) Vgl. Ettner's Hebamme 294. 296.

Sauerampfersamen als Amulet getragen, verhütet unfreiwilligen Abgang des Sperma virile (Schwaben). — Den Samenfluss zu verhindern: „Man lasse durch einen ganz unschuldigen Knaben den Samen von Sauerampfer einsammeln und trage denselben bei sich. Nicht nur die nächtlichen Samenausflüsse werden hiedurch verhindert, sondern auch dem, der bereits so entkräftet ist, dass er wachend seinen Samen unfreiwillig ergiesst, wird geholfen werden." — Die verlorene Mannheit wieder zu bekommen: „Kaufe einen Hecht, wie man ihn bieten thut, und trage ihn unberedt an ein fliessendes Wasser, lass' ihm deinen Urin frisch in's Maul laufen, wirf ihn dann in's Wasser hinein und gehe du das Wasser hinauf, so wird dir wieder geholfen. — Nach schwäbischem Glauben hilft Ständelwurz (Knabenkraut, Orchis) unvermögenden Männern wieder auf's Ross. — Einem Bräutigam, welcher sich seiner Entkräftigung so bewusst ist, dass er fürchtet, in der Brautnacht mit Schande zu bestehen, ist zu rathen, vorher durch den Brautring seinen Urin zu lassen. — Oder ziehe vor Sonnenaufgang einen eichenen Weinpfahl aus der Erde, lasse deinen Urin in das Loch und stecke dann den Pfahl umgekehrt wieder hinein. — Wenn man das Mannrecht verloren: „Wenn du von einer Frau bezaubert wirst, dass du mit keiner andern magst zu thun haben, nimm Bocksblut und schmiere die Hoden damit, so wirst du wieder recht." — Die Ansicht Ovid's: *Noscitur ex labiis, quantum sit virginis antrum, Noscitur ex digitis quanta sit hasta viri*, wird oftmals in lasciver Weise vernommen.

Wenn böswillige Leute während der Trauung eines Paares ein Schloss schnell zuschnappen lassen, wird die Ehe unglücklich ausfallen. Hin und wieder wird noch die alte Regel: „Im Maien soll man nicht freien" befolgt. Dieser Aberglaube stammt aus der Römerzeit (Ovid. Fast. V. 487; Plutarch. quaest. roman.: διὰ τοῦ Μαίου μηνός οὐκ ἄγονται γυναῖκες κ. τ. λ.) Auch die Wochentage sind für die Trauung nicht bedeutungslos. Meist findet diese am Dienstage oder auch am Donnerstage statt. „Verum hic, ut fert usus in Franconia, praesertim ruri plures nuptiae die Martis magis quam aliis diebus per hebdomadam benedici solent, nec ideo infausta subsecuta scio connubia." Zahn l. c. I. 287. — In der Oberpfalz wird die Hochzeit gewöhnlich nur am Dienstag gefeiert. „Am Freitag heirathen die Lausigen." — Auch soll man sich nicht trauen lassen, so lange ein Grab offen steht, weil sonst eines der Brautleute alsbald sterben muss. — Schlimmes Wetter am Hochzeitstage bedeutet eine Missehe. — Wenn das Brautpaar vor dem Altare nicht ganz nahe neben einander kniet, so dass dazwischen eine Lücke ersichtlich wird, steht Ehescheidung zu befürchten. Bei der Trauung sollen Braut und Bräutigam von Kopf bis zu Fuss neu gekleidet sein [1]).

Wenn während der kirchlichen Copulation die zur Seite des Bräutigams oder der Braut vor dem Altare brennende Kerze flackert, oder gar verlischt [2]), soll sich das auf früheres Siechthum oder Tod des einen oder andern Ehegatten beziehen. Dieser Wahn herrschte schon zu Zeiten des Johannes Chrysostomus (Expositio epist. ad Corinth. IV. 1). — Regnet es der Braut in den Kranz, so bringt die Ehe trübe Tage (Pfalz). — Ausgelassene Fröhlichkeit und Gelächter der Braut am Hochzeitstage deutet auf deren baldiges Ableben hin.

In manchen Gauen Altbayerns — so zwischen Lech und Isar, geht die Braut vor der Abfahrt von dem älterlichen Hause unbegleitet zu den Pferden und füttert sie mit Brod. Auf einen Porcellanteller legt sie für jedes Pferd einen Schnitt Brod mit geweihtem Salz bestreut, worunter Weihwasser gesprengt und sog. Palmkätzchen gemengt sind. Hat jedes Pferd sein Stück verzehrt, so geht sie dreimal im Kreis um den Wagen und zerschlägt endlich am letzten Hinterrad den Teller in klirrende Scherben. Darauf wird sofort eingestiegen und unter Pfeifen und Trompeten schnell davon gefahren. — Nach oberpfälzischem Wahne darf sich die Braut während des Kirchganges nicht nach des Vaters Haus umsehen, damit sie nicht beschrieen werde, eben so wenig darf der Bräutigam umschauen, weil man ihm sonst nachsagt, er sehe sich nach einer zweiten Frau um. Lässt Eines der Brautleute etwas aus der Hand fallen, bedeutet es frühen Wittwenstand. Regnet es der Braut auf den Kranz, so wird sie reich. Hängt sich ein Spinnfaden daran, so kündet es Glück an. — Wenn der Bräutigam der Braut am Hochzeitsmorgen ein Glas Wein reicht und sie den Mund voll davon behält und ihr Gesicht damit wäscht, wird sie keine Kinderflecken bekommen. — Wer von den Neuvermählten in der Hochzeitsnacht zuerst einschläft, stirbt auch zuerst (Unterfranken). —

---

[1]) Als neu geheiligte Menschen im Sinne des Matthäus XIX. 6. Ephes. IV. 24. Coloss. III. 10. Die früher übliche Benediction des Ehebettes durch den Pfarrer (Gropp, collect. I. 693. 763. 925) ist jetzt nur noch in Oberbayern üblich (benedictio thori et thalami nach dem römischen Rituale). Bened. conjug. maleficio impedit. Gel. di Cil. 179. 183. — thori ibid. 185.

[2]) Es scheint dies ein Ueberrest aus der röm. Vorzeit, wo ähnliche Aberglauben, bezüglich der Hochzeitfackel im Schwung waren. S. Pauli Diaconi comment. in Fest. significat. verbor. ed. Lindemann, corp. grammaticor. II. 656.

In manchen Orten Oberbayerns herrscht der Glaube, dass die Spenden einer Braut oder jungen Frau von besonders segenkräftigender Wirkung seien. Desshalb muss die Braut beim Festmahle in alle Speisen etwas geweihtes Salz [1]) und einige Tropfen vom Johanniswein sprengen, um das Haus und die Gäste für das Jahr vor Blitz, Krankheit und anderem Unheil zu schirmen. — Wenn der Bräutigam der Braut die Strumpfbänder anbindet, wird sie leicht gebären (Grimm, D. M. 1128). In einigen Gegenden Bayerns tragen Neuvermählte als Amulet gegen Unfruchtbarkeit künstlich aus Holz geschnittene Feigen am Rosenkranze oder an den Miederschnüren. — Eine Empfängniss findet nach dem Volksglauben am besten statt nach der Menstruation und sei nicht möglich während der Lactation.

Am ersten Samstage nach der Hochzeit verlässt in manchen Gegenden Oberbayerns die junge Frau ihr Haus und eheliches Bett und macht eine einsame Wanderung zu einem nahen Wallfahrtsorte (so im Traungau nach Mariaegg im Bergenerthal oder in's Kirchenthal bei Lofer), indem sie im Hause ihrer Eltern oder Verwandten diese Nacht im Kirchtagbett zubringt. Denn die Samstagnacht ist der Jungfrau Maria geweiht und solch ein Opfer der Enthaltsamkeit sichert der Ehe den besonderen Schutz der Himmelskönigin.

Als Ursache der Sterilität wird häufig und mit Recht Fettleibigkeit angeschuldigt. Man sucht sie zu heben durch die gegen Bleichsucht üblichen Mittel und besonders durch eisenhaltige Bäder. Der Besuch der Bubenbäder in Bocklet und Brückenau ist oft von Erfolg gekrönt. Der Unfruchtbarkeit begegnet man, wenn man Milch von einem weissen Pferde oder auch eine Mischung von gepulvertem Hirschhorn und Kühgalle eine Weile über ein Weib hält, und ihm dann bei-

---

[1]) Diese Sitte hat eine tiefere Bedeutung. Bereits Homer (Iliad. IX. 214) nennt das Salz das Göttliche, und Plato sagt (Plutarch. Sympos. L. VI. 10), dass den Göttern das Salz das Lieblichste sei. Es wurde bei den Opfern des Alterthums, insbesondere im mosaischen Cultus verwendet: „und all dein Speiseopfer sollst du mit Salz salzen und sollst das Bundessalz deines Gottes nicht fehlen lassen bei deinem Opfer" (Mos. III. 2, 13). — Ein unverbrüchliches, immer bestehendes Bündniss heisst in der hl. Schrift ein Salzbündniss (Mos. IV. 18, 19. Chron. II. 13, 5), und überhaupt war der Gebrauch des Salzes bei Bündnissen und Freundschaftsstiftungen im Alterthume von symbolischer Bedeutung; es wurde bei Schliessung feierlicher Bündnisse als Symbol der Unauflöslichkeit derselben eine Schüssel mit Salz hingestellt, von welchem jede der sich verbündenden Personen einige Körner ass. Bei den Türken und Arabern bestehen noch ähnliche Gebräuche.

wohnt (Hof). — Das Tragen des Herzknochens eines Hirsches am linken Arme war ehedem ein oft gebrauchtes Geheimmittel gegen Unfruchtbarkeit, wie auch die Römerinnen ein ähnliches Amulet zu gleichem Zwecke benützten. — Manche Frauen nehmen auch die Fürbitte verschiedener Heiligen in Anspruch [1]), wie in der S. 25 erwähnten Amorskapelle. — Noch am Ende des vorigen Jahrh. hoffte man durch Vermittlung der Heiligen Kosmas und Damianus in Neapel der weiblichen Unfruchtbarkeit begegnen zu können. — Nach Seitz l. c. 249 dienen Ameisen in Flusswasser abgesotten zu Halsbädern als Mittel wider Unfruchtbarkeit.

Sprichwörtlich heisst es: Die zweite Frau hat einen silbernen Hintern, die dritte Frau ist die Königin; der Mann, welcher zum drittenmale heirathet, hat eine weisse Leber (vgl. Grimm, D. M. 1034). Bei der vierten Ehe stirbt er vor der Frau. — Ein Mädchen soll leichter gebären als eine Frau.

Als ein Beispiel der sonderbaren physiologischen Ideen des Mittelalters möge hier die Stelle aus einer Würzb. Urkunde vom J. 1437 Platz finden, welche die Möglichkeit einer erst zwei bis drei Jahre nach der Empfängniss sich einstellenden Schwangerschaft bekräftigen soll [2]): „Vnd wan wir nu naturlichen sehen, so koren, haber vnd ander getreide vnd sunderlichen ruben gesewet werden, das zu zeiten von gebrechlickeit wegen der ecker, sulcher soemen versiezt vnd erst jm andern oder jm dritten jare vff geet vnd zu krefften kumpt, hirumb, ob des genanten Teufels hawssfrawe also an der Sohet misseling, also das der Somen, so der Mann nicht bei jr were, erste vber zwey oder drey jare aufging vnd zu einem kinde geriet" u. s. w. An manchen Orten herrschte noch zu Ende vorigen Jahrh. der Aberglaube (Bundschuh, fränk. Merc. 1796. 386), dass ein lediges Mädchen, welches Früchte von Birnen oder Mispeln, die auf Hagedornstämme, Crataegus oxyacantha, oculirt worden, gespeist, nicht empfangen, eine schwangere Frau aber, welche dergleichen Obst genossen, nicht gebären könne [3]).

---

[1]) In Aegypten legte man dem Ammonstempel wie in Indien jenem des Schiwa, des Allerzeugers (Phalluscultus), die Kraft bei, unfruchtbare Weiber fruchtbar zu machen, und dieser Glaube hat sich bis auf unsere Tage herab beibehalten; noch sieht man das Beduinenweib um den Ammontempel in Theben herumwandern, um Leibessegen zu erlangen.

[2]) Im Anzeiger des German. Museums, 1855, Nro. 12. Vgl. Schott, phys. cur. Herbip. 1662. pag. 553.

[3]) Seitz l. c. 248: „Es gibt auch Sach, welche die Unfruchtbarkeit verursachen, gleichwie die aus geschnittenen zarten Weyden fliessende

Eine Jungfrau soll nicht zwei miteinander verwachsene Aepfel oder andere Früchte essen; sie bekommt sonst in der Ehe Zwillinge (Unterfr.). — Schwangerschaft zu verhüten: „Wenn ein Frauenzimmer den Finger eines unzeitigen Kindes bei sich trägt oder wenn es den Harn eines Widders oder Hasen trinkt, oder auch Hasenkoth anhängt, wird es nicht empfangen. — Dasselbe wird der Fall sein, wenn man einen Dorn (Zehe) aus dem Fusse eines noch lebenden Wiesels zieht und dem Weibe anhängt (Hof). — Nach einer oberpfälzischen Sage blieben die Töchter des Helden Attila, welcher in seiner Burg auf dem Engelberge hauste, unfruchtbar, weil sie vom Aaronkraut und der Wurzel Bibernell genossen. — Der Brennnesselsamen gilt in Schwaben für fruchtbar machend. — Um die Schwangerschaft zu erkennen, thut man nach Pfälzer Glauben eine geistige Flüssigkeit, Aepfel-, Birn- oder Traubenwein in eine „Boll" (grosser, runder, langstieliger Metalllöffel) und lässt es über Nacht stehen; bricht sich nach dem Genusse die Frau, dann ist's richtig. — Frauen in der letzten Periode ihrer Schwangerschaft sollen besonders bei Vollmond sehr bedeutsame Träume haben, wesshalb ihnen s. Z. namentlich Lottospieler Aufmerksamkeit schenkten.

Allen Respect haben die Schwangeren auch hier zu Lande vor dem Versehen. In der That kann nicht geleugnet werden, dass, wie einerseits sehr viele Miss- und Hemmungsbildungen, die auf irgend einer Krankheit oder einem Stehenbleiben auf embryonalen Bildungsstufen beruhen, mit Unrecht einer mütterlichen Einwirkung zugeschrieben werden, doch andererseits die Möglichkeit des Einflusses der mütterlichen Phantasie, der psychischen und physischen Alteration auf die Bildung der Furcht nachgewiesen ist, und machen sich besonders jene Fälle geltend, wo Sinnesvorstellungen der schwangeren Mutter besonders während oder bald nach der Conception sich

---

Feuchtigkeit, oder Weydenblätter abgekocht, früh nüchtern getrunken." Vielleicht begründet auf die alte Bezeichnung der Salix ὠλεσίκαρπος ἰτέα. Cfr. Homer. Odyss. X. 510. Plinius, hist. nat. XVI. 46 bemerkt hievon: „Ocissime autem salix amittat semen, antequam omnino maturitatem sentiat, ob id dicta Homero frugiperda; secuta aetas scelere suo interpretata est hanc sententiam, quando semen salicis mulieris sterilitatis medicamentum esse constat." Aelian. natur. animal. IV. 23, Salicis semen tritum facultatem liberos gignendi adimit." Isidor. origin. XVII. 7: „Salix, cujus seminis hanc dicunt esse naturam, ut si quis illud in poculo hauserit, liberis careat, sed et feminas infecundas efficit." Albert. M. de vegetabil. VI. 1. 33: „Salicis semen in potu haustum magicis studentes dicunt, quod extinguit libidinem et feminas facit infecundas." Aehnliches berichtet derselbe l. c. VI. 1. 30. vom Pappelbaume. Cfr. Friedreich, Symbolik d. Nat. 322.

in der Bildung der Frucht ausprägen. Schon frühzeitig suchte man polizeilich solchen Unfällen zu begegnen. So heisst es im Rathsprotokoll der Reichsstadt Hall 1622: „Der Kropfend Bettelvogt soll seines Unfleisses, absonderlich aber des abschenlichen Kropfes, der kindenden Weiber wegen, abgeschafft werden." — Bereits die Griechen behaupteten, dass die Aufstellung schöner Statuen zur Veredlung des Geschlechts und Verschönerung der Formen beigetragen, wo schwangere Frauen stets ein Ideal von Schönheit vor Augen hatten, und eine ähnliche Wirkung beobachtete Auffenberg (Reise nach Granada und Cordova II. 100) von den Heiligenbildern in Spanien und Italien, wo die Schwangere oft stundenlang in tiefster Andacht ein schönes Bild der Madonna oder einer Heiligen betrachtet; dort findet man die schönen Züge dieser Bilder häufig in den gebornen Töchtern wieder. Andererseits will man die Bemerkung gemacht haben, dass die deformen Gesichtsbildungen auf dem platten Lande dem Eindrucke zuzuschreiben seien, welchen frazenhaft geschnitzte und bemalte Heiligenbilder in den Kirchen auf die Phantasie der vor ihnen knieenden andächtigen Schwangeren ausübten. Als Hauptmoment für die Verfeinerung der Gesichtsbildung der jüngeren Generation dürften die Fortschritte der geistigen Cultur anzusehen sein. — Begegnet einer Schwangeren in Unterfranken eine Missgestalt, so sagen die Begleiter: „Guck nit üm, was Schwarzes kümmt", um das Versehen zu verhüten [1]).

Schwangere Frauen sollen keine Fische essen, sonst bekommen ihre Kinder Fischköpfe [2]). Ehedem scheint man diese Befürchtung nicht gehabt zu haben, indem man die Pica gravidarum, von welcher nach Seitz l. c. A. 175 auch die Katzen befallen werden, durch freiwillige Fischspenden zu befriedigen suchte. So heisst es im Weisthum zu Schondra (Landg. Brückenau) in Grimm's Weisthüm. III. 887 aus dem 15. Jahrh.: „Item, so ein schwanger frawe darinne nicht funde, das sie ires gelustes gebuset, so wolt sie einen knecht zu ir nemen vnd so fern fischen vnd griffen vnd souil, das sie ires gelusts wol gebuset". (Vgl. Grimm's Rechtsalterthümer II. Ausg. 408.) Ferner nach K. H. Lang's Neuere Geschichte des Fürstenthums Bay-

---

[1]) Zahlreiche Beispiele des Versehens aus älterer Zeit in Kellner, synops. ephemerid. acad. nat. curios. 664. — Pistor. script. II. 92: „1488 uxor peperit duos canes — et tres canes parvos in villa Nempscha" &c.

[2]) Ein Versehen an einem Karpfen in Ephem. acad. nat. eur. II. 5. Vgl. das oben erwähnte Liederbuch der Clara Hätzlerin, S. 287: Von der Natur des Kinds.

reuth 1798—1811. III. 200 erhielten beim Fischen die schwangeren Weiber „Gesellenfische" zum Geschenke. — Auch Nessel, Suppl. chronol. Monast. germ. C. Bruschii berichtet p. 16 von einer „rustica pica gravidarum affecta 1469 pisces expetens".

Unter dem Volke kreisen überhaupt jetzt viele jener Regeln bezüglich der Geschlechtsprognose des Fötus, welche vor dreihundert Jahren der Nürnberger Meistersänger Hans Sachs[1]) in Reimen abfasste. Grosse Aufregung beim Coitus verspricht einen Buben. Rothes, frisches Aussehen der Schwangeren wird sie zur Mutter eines Knäbleins, gelbes, fleckiges, zur Mutter eines Mädchens machen. Die Geburt eines Mädchens geht immer schneller von statten; sprichwörtlich sagt man, Mädchen seien vorwitziger. Delius, fränk. Samml. XLIII. 12 berichtet aus der Volkserfahrung: „Man hat auch sonsten immer dafür gehalten, dass eine schwangere Frau einen Sohn bringen werde, wenn sie munterer und lebhafter als sonsten, im Gesichte blühend[2]), und solches nebst dem Halse ohne Leberflecken sei, den rechten Fuss insgemein vorsetze, mit der rechten Hand am meisten zugreife, wenn der Leib auf der rechten Seite höher, auch die rechte Brust grösser, als die linke u. s. w. Ueberhaupt soll die rechte Seite denen Söhnen und die linke den Töchtern angehören." — Auch nach Pfälzer Glauben gibt's einen Knaben, wenn die Frau nach der Befruchtung zuerst mit dem rechten Fusse aus dem Bette aufsteht, wenn mit dem linken, ein Mädchen. — In der zweiten Hälfte der Schwangerschaft findet sich bei Schwangeren, welche einen männlichen Fötus tragen, auf dem Bauche in der Richtung der Linea alba, vom Nabel bis zum Schamberge herab, ein dunkler Streif, von der Breite eines Bindfadens, welcher bei Schwangeren mit weiblichem Fötus fehlt[3]). Die angeschwollenen Schenkel- und Wadenvenen der Schwangeren (Varices) führen den Namen Kindsadern und wird dagegen Einreiben von Branntwein oder festes Binden ange-

---

[1]) Die 16 Zeichen eines Weibes, so eines Knaben schwanger sei. Göz, Auswahl der Dichtungen von Hans Sachs. I. 26.

[2]) Plin. hist. nat. VII. 5: „melior color marem ferenti."

[3]) Cfr. Delius l. c. VII. 10. Im Spessart herrscht (vgl. Fries in Wolfs Zeitschr. f. d. Mythol. u. Sittenkunde IV. 1. 49) die Sitte („Michenrieder Recept"), dass der Ehemann, vor der Begattung, in Waldgegenden mit dem Holzbeile, an Orten, wo Weinbau getrieben wird, mit einem Weinrebenbunde umgürtet, spricht: „Ruck ruck ru, Du sollst hab a bu! Ruck ruck rad, Du sollst hab a mad", wodurch die Zeugung eines Knaben oder aber die eines Mädchens bewirkt werden soll. Vgl. superstitiosi parturientium et obstetricantium ritus. Kellner synops. ephemerid. 1119.

wendet. — Dem Erbrechen in der ersten Hälfte der Schwangerschaft bei sonstigem Wohlbefinden sucht man zu begegnen durch Chamillen-, Pfeffermünz-, Zimmtthee, Wein u. s. w.; der Verstopfung in der letzten Hälfte durch Bittersalz, Manna- und Rhabarbersaft, Sennelatwerge, Zwetschgenbrühe; bei Urinbeschwerden wird Hanfsamen- oder Mandelmich getrunken, Dämpfe von Chamillen, Kleie angewendet. — Im Allgemeinen nimmt in den arbeitenden Klassen das schwangere Weib auf seinen Zustand wenig Rücksicht, sondern geht bis zur Stunde der Geburt in gewohnter Weise ihrer oft recht harten Arbeit nach, ohne dass es die im Volksmunde lebenden diätetischen Vorschriften, welche auf möglichste Ruhe abzielen, beachtet. — Eine Schwangere soll nicht wägen und nicht auf der Eisenbahn fahren, sonst wird sie „unglücklich" (abortirt) (Unterfr.). — Die Schwangere soll über keinen Kreuzweg gehen, wenn sie leicht entbinden, und vor Sonnwend keine Erdbeeren essen, wenn sie dem Kinde nicht die Freude verderben will. Einer Schwangeren darf nichts abgeschlagen werden; sie darf nicht spinnen, sonst wird ihr Kind gehängt, und aus keinem Brunnen Wasser schöpfen, weil dieser sonst vertrocknet (Oberfr.). — Nach pfälzischem Glauben schlingt sich die Nabelschnur um den Hals des Kindes, wenn in der Schwangerschaft gesponnen und gehaspelt wird, oder die Schwangere unter einem Waschseile durchschlüpft, oder zwirnt. — Ein mit Recht gefürchtetes Ereigniss während der Schwangerschaft ist der Eintritt der Menses. Schon Conrad von Megenberg l. c. S. 33 berichtet: „Der monatleich fluz ist verslozzen an den swangern frawen, ez sei dann daz kint tot, oder diu fraw hab gar vil übrigs pluots. der han ich ain gesehen, diu mit lebentigem kint ir gewounheit het; iedoch lebten iriu kint niht lang nach der gepurt." — Eine Frau, die von Abortus bedroht ist, muss den Keimfleck eines Hühnereies verspeissen, ohne von Jemand belauscht zu werden. (Schw.). — Einer Schwangeren soll man keine Bitte um etwas Essbares abschlagen, sonst bekommt das Kind keine Nase oder einen Wolfsrachen (Schwaben). — In der Pfalz trinken manche Weiber Branntwein, damit ihr Kind schöner werde und eine weisse Haut bekomme. — Ist der Beischlaf auf einem Bette erfolgt, in welchem ein Leilach oder Stroh aus einem andern Bette, darauf früher ein Mensch verstorben, sich befanden, so ist derselbe unfruchtbar, oder das erzeugte Kind stirbt bald. — Unmässiger Geschlechtsgenuss, Vernachlässigung des Wochenbettes von Seite der Wöchnerinnen und harte anstrengende Arbeiten verursachen frühzeitiges Altern der Landleute.

Ausserehelich Schwangere mussten in Marktbreit und Ochsenfurt noch bis Ende des vorigen Jahrh. und in manchen Orten des Spessarts bis in die neue Zeit mit einem Strohkranze auf dem Kopfe und einer Geige oder Ruthe in der Hand Kirchenbusse thun. Getrennt von den Jungfrauen nahmen sie im Bewusstsein ihrer Schuld auch wohl in altherkömmlicher Weise einen besonderen Platz in der Kirche ein.

Versuche zur Abtreibung der Leibesfrucht, gelungen oder misslungen, kommen häufig zur gerichtlichen Untersuchung. Unter den Abortivmitteln, welche seit dem Mittelalter sehr oft in Anwendung gebracht wurden [1]), steht oben an der Thee vom Sadebaum, Sevenbaum (Segelesbaum, Sayling, Juniperus Sabina), welcher unter dem Namen Mägdebaum früher allenthalben cultivirt wurde [2]), in Folge des vielfachen Missbrauchs aber beinahe ganz ausgerottet worden ist [3]). Zweige und Blätter dieses Baumes werden nicht selten mit den am Habitus sehr ähnlichen und als Emmenagoga wirksamen von Juniperus virginiana, Thuia occidentalis, Cupressus sempervirens und Taxus baccata verwechselt und vermengt. Diesen Theespecies wird noch Mutterkorn und Borax, anderwärts Zimmt, Safran, Kreuzbeeren, Aloë, Beifuss, Baldrianwurzel zugesetzt. — In Schwaben ward sonst auch Haselwurz (Asarum) gebraucht. Hin und wieder machen nicht allein Unverheirathete, sondern auch Eheweiber öfters von solchen Abortivmitteln Gebrauch, oder suchen durch anstrengende Leibesbewegungen, Heben schwerer Lasten, Abführmittel, Aderlässe den Abgang ihrer Frucht herbeizuführen, um ihre drückende Lage und tägliche Nahrungssorgen durch die Geburt eines Kindes nicht noch mehr zu steigern.

---

[1]) Die Synoden zu Bamberg und zu Würzburg in den J. 1298, 1446 und 1491 und die Casus reservati 1687 excommuniciren und verweisen diejenigen, welche sterilitatem vel abortum mulierum quomodolibet procurant, unter die casus episcopo reservati. (Abortus wird nach Schmeller l. c. III. 267 „der Ungesund" genannt.) Feuerbach, merkwürd. Verbrechen II. 97.

[2]) Des Baumes gedenkt zuerst die hl. Hildegard l. c. III. 21 unter dem Namen Sybenbaum, ohne jedoch des Missbrauches als Abortivum zu erwähnen. Bock berichtet, Kr.-B. 167, 351, dass die Zweige des Sevenbaumes am Palmtage mit andern Reisern gegen Zauber geweiht, aber auch als Abortivmittel missbraucht würden. Hoffmann, Flor. Altdorf. 1677. Matthiol. Kr.-B. ed. Camerar. 32.

[3]) Eine Warnung vor dem gefährlichen Baume erschien 1791 im Journal v. u. f. Franken II. 3. Auch der den Bienen schädliche Taxus theilte gleiches Loos der Ausrottung. Im fränk. Mercur 1796. 6. 1797. 17. sind die Orte angegeben, an welchen s. Z. der „Säbenbaum" noch im Freien angepflanzt sich befand.

Wenn in sittengeschichtlicher Beziehung manche Orte und Gegenden in Bayern sich heute noch keines besonderen Rufes erfreuen, so muss man doch im Allgemeinen gestehen, dass es nach dieser Richtung im Vergleich mit früheren Generationen besser geworden. Denn es ist eine allbekannte Thatsache, dass in der „guten alten Zeit" die Sitten tief gesunken waren und auch manche Orte in Bayern in besonders üblem Rufe standen. So führt Pistorius, paroemiograph. I. 137 das Sprichwort an: „In Abtswind und Geiselwind Viel Huren und Hexen sind." In ähnlicher Weise spielen auf frühere sittliche Verhältnisse an die Reime eines alten Kitzinger Volkspruches: „Der Wind geht hoch übern Falterthurm Die Kitzinger Mädel sind lauter Hur'n." Auch Bambergerinnen und Schwäbinnen standen in gleichem Geruche. Bereits im 14. Jahrh. sah es in vielen deutschen Städten mit der vielbelobten bürgerlichen Sparsamkeit, Ehrbarkeit und Zucht sehr übel aus. Gewerbsmässige Prostitution ward überall als nothwendiges Uebel „zur besseren Bewahrung der Ehe und Ehre der Jungfrauen" erkannt, sogar von Obrigkeitswegen dazu aufgemuntert, während in früherer Zeit überführte Kupplerinnen als „Verschänderinnen" anderer Frauen lebendig begraben wurden. Bereits 1354 ward in Regensburg ein Frauenhaus für „gelüstige Fräulein", „lichte Fröwlein" eingerichtet. Am 29. Mai 1437 wird dem Rath in München befohlen, ein Frauenhaus einzurichten. Dagegen machte am Dreikönigstage 1437 der Herzog Ernst für Landsberg (Oberb.) eine Stiftung, wodurch er die Unkosten der Aussteuer von vier Mädchen auf die Stadt anwies, weil „oft aus frommen armen Mannes Tochter in Unlauterkeit falle vnd ir jungfräuliche Cron verliese, darumb dass Vater vnd Mutter so arm sind". — Die Hausordnungen für Frauenwirth und Lustdirnen waren obrigkeitlich geregelt. Häufig regte sich bei ihnen der Brodneid gegen Nichtprivilegirte („Bönhäsinnen" genannt). So richteten die „gemeinen Frauen" im Tochterhause zu Nürnberg 1492 eine wehmüthige Supplik um Abwendung der Winkelprostitution an den Rath, bittend: „solches um Gottes und der Gerechtigkeit willen zu strafen, dann wo solches hinfüro anders als bishero gehalten werden sollte, müssten wir Armen Hunger und Kummer leiden." Bei allen Festen strömten Schaaren von Dirnen herbei. Das allmälige Unterdrücken und Eingehen der Frauenhäuser vom 16. Jahrh. an knüpft sich an das Entstehen der Lustseuche, welche in Bordellen die meiste Nahrung fand und furchtbare Verheerungen anrichtete. Man sah sich genöthigt, wie 1496 in Würzburg, die Frauenhäuser in Franzosenhäuser umzuschaffen.

Während der Schwangerschaft wird in manchen Gegenden, besonders beim Landvolke in Schwaben, eine oder auch zwei Aderlässe für dringend geboten erachtet. Wird das „Lassen übergangen", dann ist es kein Wunder, wenn die Geburt von Unfällen, „wilden Wehen" begleitet, „dass das Kind angewachsen ist, oder Muttermäler, böse Augen, Ausschläge mit auf die Welt bringt". Zur Verbreitung dieses alten Volkswahnes hat nicht wenig „Der Krauken und schwangeren Frawen Roos-Gärtlein" von Mittelhäuser beigetragen. — Diese Sitte war s. Z. auch in Nürnberg an der Tagesordnung. Cfr. Hornung l. c. p. 389 Wiburgii ep. ad Schnitzer. 1594. 21. Mart.: „aliud adhuc problema habeo, cur scilicet foeminae Norimbergenses, cum se impraegnatas esse senserint, statim venam secari curant. Hujus facti nullam causam excogitare possum."

In alter und neuer Zeit will man Schreien des Kindes in der Gebärmutter (Vagitus uterinus) gehört haben. „Im J. 1546 hat sich's zu Rotweil am Neckar begeben, dass ein Kind im Mutterleib bitterlich geweint hat. Bald hernach ist der erschreckliche Krieg in Deutschland angangen." Weitere Beispiele aus Dinkelsbühl 1721 und andern Orten bietet die Franconia, Ansbach 1813. I. 237. Wir wissen, dass dies, wie die Respiratio uterina, nur etwa möglich, wenn der Gebäract sich verzögert und das Kind mit dem Munde auf dem Orificium uteri so liegt, dass die atmosphärische Luft in den Mund des Kindes und so in dessen Luftröhre eindringen kann.

Oefterer Empfang des hl. Abendmahls wurde einst laut Julius' Kirchenordnung 1589 von den Kanzeln aus den Schwangeren zur Pflicht gemacht. Andächtige Frauen communiciren noch jetzt alle 14 Tage, um sich einer leichten, gefahrlosen Geburt theilhaftig zu machen [1]). Zu diesem Ende wurden ehemals im Carmelitenkloster zu Würzburg geweihte Scapuliere ausgegeben [2]); auch bedeckte man das Haupt der Kreisenden mit einem Loretohäubchen. — In der Würzburger Hebammen-Ordnung vom 18. Juni 1735 und 11. Mai 1739 wird den Hebammen „scharf untersagt, von dem Gebrauch alles abergläubischen Wesens, bevorab bei den Erstgeburten, sich bei Strafe gänzlich zu enthalten". Auch jene von Nürnberg verpflichtete 1755 die Hebammen „zur Förderung der Geburt und zum Ge-

---

[1]) An andern Orten verehrte man den hl. Gothart als Patron in Kindsnöthen. Adlzreiter annal. boic. I. 426. Geburtfördernde Segen bei Grimm, D. M. 1128.

[2]) Bundschuh, fränk. Mercur. 1797. 541.

deihen des Kindes der göttlichen Gnade und Segens sich nicht verlustig zu machen durch abergläubische, in Gottes Wort verbotene Mittel, Segensprechen, geschriebene Zettel, Anhängen ungebräuchlicher Bändlein; sie sollen alle Missgeburten dem Arzte anzeigen, Nabelschnur, Nachgeburt und Häutlein nicht zum Missbrauch und Ausübung frevelhafter Bosheit verkaufen, sondern wohlverwahren und den Aeltern einhändigen. Sie sollen ferner ohne Vorwissen des Arztes das Zungenbändchen weder mit den Nägeln noch mit der Scheere gewaltsam ablösen (ein Missbrauch, der heute noch bisweilen unter dem Namen „Zungenlösen" geübt wird). Endlich soll das am 3. Tage herkömmliche Westerbad (cfr. Schmeller l. c. IV. 192) fürder gänzlich unterbleiben und das Kind sogleich nach der Geburt gebadet werden."

In der Regel stehen die nun vorschriftsmässig unterrichteten Hebammen den Kreissenden bei und trotz ihrer oft bis zur Erschöpfung und bis zum Eintritt kritischer Zufälle geleisteten Dienste muss oft der Arzt Hilfe schaffen. In der Regel ist diese in Städten häufiger nothwendig als auf dem platten Lande, wo das Weib durch Arbeit und Bewegung in frischer Luft abgehärteter ist. Es bedarf wohl keines Beweises, dass mit Zunahme der Cultur und einer künstlicheren, verfeinerten Lebensweise der natürliche Hergang der Geburt durch manchfache Ursache erschwert werden musste. Rühmen ja schon die hebräischen Hebammen gegen Pharao (Moses II. 1, 15): „nicht wie die ägyptischen Weiber sind die hebräischen, denn kräftig sind sie, und ehe die Wehemutter zu ihnen kommt, haben sie schon geboren." — Wie im Orient überhaupt die Geburten leichter von Statten gehen, so geschieht auch bei uncultivirten Völkern das Geburtsgeschäft in der Regel leicht und glücklich. — Um diesen Vorgang zu erschweren, macht man in Schwaben boshafter Weise mit den kleinen Fingern einen Hacken! — In Schwaben wird von Kreissenden die hl. Margaretha mit dem Drachen angerufen oder man geht nach „Maria Schrei" bei Pfullendorf. St. Margaretha hat den lösenden Gürtel. Man nimmt eine Schnur, ein Schnupftuch, bindet es der Kreissenden in den drei höchsten Namen um die Hüften, und lässt sie unter Anrufung der hl. Margaretha pressen. (Juno Lucina, — Stärkegürtel der Gridur [Greth, Graith]). — Auch zum hl. Christophorus wird in Schwaben wie nach Laiz bei Sigmaringen in gleicher Angelegenheit gewallt. Ebenso wird daselbst der hl. Rochus angerufen, wenn bei der Kreissenden vergebens andere Mittel angewendet worden, als wenn z. B. das Kind „viereckig" liegt und die Kreissende ohne Erfolg „über- und übertrolet" worden, in der Hoffnung, dass das Kind dadurch die richtige Lage bekommen werde; wenn man sie vergebens hat schnupfen lassen, damit das Niessen den Klotz „herausnehme", wenn man der Kindbetterin vergebens Taubendreck in Milch versotten eingegeben u. s. w. (Auch bei Gebärmutterleiden anderer Art, wenn die sog. „Mutter aufsteigt", werden in den St. Rochuskapellen z. B. bei Riedhausen (O.-A. Saulgau, Würtemberg) neben andern Weihgehängen auch eiserne Kröten als Symbol der Gebärmutter aufgehängt. Diese Kröten sind aus flachem Eisen roh geschmiedet, vier unförmliche mit Zehen versehene Extremitäten von sich streckend, statt der Augen zwei Löcher besitzend und am Hintertheil mit einem Kettchen versehen, an dem sie an der Wand aufgehängt sind.) — Kreissende in Unterfranken legen auf das Haupt oder die Brust das „kräftige Gebet von den sieben hl. Himmelsriegeln", oder unter das Kopfkissen auch Gebetbücher, wie „Geistliche Schildwacht", gedruckt 1840 (in Reutlingen), worin steht: „wer dies Gebet bei sich trägt, der stirbt nicht plötzlich, und weder Wasser noch Feuer, auch kein Feind kann ihm etwas schaden, und jede schwangere Frau wird leichtlich gebären und das Kind vor Gott und Menschen sehr angenehm sein." — In hohem Ansehen steht auch die „Gewisse und wahrhafte Länge unseres lieben Herrn Jesu Christi": „So eine schwangere Frau solche bei sich trägt, oder zwischen der Brust umbindet, die wird ohne Schmerzen gebären und mag ihr nicht misslingen in ihrer Geburt." — Bei heftigen Wehen reicht man Thee von Chamillen und Kümmel, auch Melissengeist. Bei Krampfwehen stellt man bisweilen ein Gefäss voll heissen Wassers mit Chamillen, Quendeln und Zwiebeln unter den oft noch auf dem Lande üblichen Gebärstuhl, oder schüttet Branntwein in einen irdenen Teller, zündet ihn an, und lässt den Dunst davon an die Schamtheile ziehen (Pfalz). — In Mittelfranken ist bei schweren Geburten der sog. Springer (Sprungbein) eines Hasen, welcher an einem der ersten drei Freitage im März geschossen wurde, gerühmt. Man schabt von demselben drei Messerspitzen voll Knochenmehl ab und gibt es der Kreissenden ein. — „Die Geburt zu befördern, wenn eine Frau hart in Kindsnöthen liegt und nicht gebären kann: Man gebe der Leidenden zwei Scheiben von einer weissen Lilienwurzel zu essen, so wird sie alsbald von der Frucht sammt der Nachgeburt befreit werden, ohne irgend einen Nachtheil. Oder man lässt zwei Eier wie gewöhnlich im Wasser sieden und gibt der Frau ein paar Löffel von dem Wasser, darein die Eier gekocht sind, ein." — „Oder gib ihr von einer andern Frau Milch zu trinken, oder eine Weisswurzel, zerstosse sie klein, bind' es ihr auf den Leib, so wird sie bald los und kommt zur Ruh'." — Von Zaubersprüchen, durch welche die Hebammen den Geburtsact fördern, spricht schon Plato im Theaetetus, ed. Bekker I. 189. (Häser, Gesch. der Med. II. Ausg. I. 67). Ovid, Metamorphos. IX. 300. X. 511. (verba puerpera). Hildegard. subtilit. rer. creat. IV. 7. Ein solcher Segen aus einer Handschrift von 1470 lautet: „Daz ein frau schier kintz genez: S. Maria peperit Jesum Christum et matrix ejus non doluit. Christus sanat, qui nos sanguine suo redimit. Schreib' die Wort auf ein Pergamen und pintz der frawen anff den pauch." In Petri Bayri enchirid. medic. Basil. 1563. 8. XV. 9. de partu difficili wird nachstehender Segen angerühmt: „Jussi eum sedere in decocto pulegii regalis (Mentha Pulegium L.) decenter calida et dein per os, dum ea sederet ʒj dictamni cum vino cocto. Dixi chirurgo ut in ejus aurem diceret: „*Su ca midur!*" et statim peperit filium."

Auf jener Stätte, wo einst ein Mensch[1]) gestorben, soll die Geburt sehr schwer von Statten gehen. Man rückt desshalb das Bett der Gebärenden in die Mitte der Stube, unter den Mittel- oder Hauptbalken. Der Genuss eines frisch gelegten Eies erleichtert die Geburt (München). — Im Hause sollen alle Schlösser an Zimmern, Schränken und Koffern offen stehen. Den Kreissenden gibt man einen Blutstein (lapis haematites) in die Hand. — Wenn eine Frau kreisst, darf man nicht darüber steigen oder über einen Besen weggehen, sonst gebärt sie schwer und das Kind wird ein „Büttling", bleibt klein und bekömmt einen dicken Kopf. Hat man einen solchen Fehltritt gethan, so muss man rücklings wieder wegschreiten. (Tenschnitz, Oberfr.). Während der Geburt vertreibt die sog. Rose von Jericho (Weihnachtsrose), in das Wasser getaucht und zum Riechen gegeben, die Schmerzen (Pfalz). — Weibermilch, heimlich einer Gebärenden zu trinken gegeben, macht diese leicht gebären (Schwaben).

Bei heftigen Uterinblutungen, die man als „das Anbrechen des Herzgeblütes" bezeichnet, und wogegen die hl. Casilde als Patronin gilt, reicht man der Gebärenden einen oder einige Löffel des eigenen Blutes unter Wasser gemischt zu trinken[2]). — In Schwaben wird das Hirtentäschlein mit Wein oder Wasser mit Recht gerühmt. — Das Herzgeblüt zu stillen: „Auf Gottes Grab wachsen drei Rosen, Die erste heisst gut, die zweite Wohlgemuth, Und die dritte heisst Gotteswille, Herzgeblüt, ich gebiete dir durch N. N. stehe stille, gleichwie der Jordan stille ge-

---

[1]) Vgl. Seitz, Trost der Armen 87.
[2]) Bundschuh, fränk. Mercur. 1797. 13.

standen, als Jesus getauft wurde. Im Namen G. d. V. u. s. w. ††† Amen. Segne dreimal und lege die rechte Hand auf der Kranken Haupt, bete 7 Vater unser und 7 Ave und den Glauben zur unbefleckten Empfängniss Mariä (Odenwald). — Für das Herzgeblüt: „Es wachsen drei Lilien in deinem Herzen, die erste heisst Gott der Vater, die andere Gott der Sohn, die dritte heisst Gottes Wille, ich sage dir, Herzgeblüt, stehe still, im Namen G. d. V. u. s. w. ††† Man spreche dieses nebst dem Namen des Patienten dreimal und lege die Hände mit geschlossenen Daumen kreuzweise übereinander." — Gegen starke Blutung wird in der Pfalz eine Axt oder ein Beil unter die Bettstatt gelegt, damit das Herzblut nicht entfliesse; öfters wird auch von einer alten Frau über den blossen Leib der Gebärenden gestrichen unter Nennung der drei höchsten Namen und mit dem Spruch: „Wüst Blut, geh' fort, Herzgeblüt an deinen Ort!" — Eine Frau mit Rossschmalz von unten hinauf räuchern, treibt die todte Geburt fort und macht sie wieder „bärhaft" (Schwab.). — Bei schweren Geburten schabt man in Neustadt a. d. Aisch von einem Regenbogenschüsselein ab und gibt es zu trinken. — Erfahrene Frauen und Hebammen bringen, um den Dammriss zu vermeiden, mit den Fingern während der Geburt einen entsprechenden Gegendruck am Perinäum an, und bedecken sogleich nach diesem Acte den Bauch mit einer beschwerenden Ueberlage, Wollendecke, um den unvermeidlichen Hautrunzeln zu begegnen. — In manchen Orten (Franken und Pfalz) empfiehlt man der Schwangeren, kurz vor dem Geburtsgeschäfte $1/4$ Mass Branntwein oder $1/2$ Mass Wein oder Kaffee zu trinken, um den Act zu erleichtern[1]). Damit kein Kropf beim Verarbeiten der Wehen entstehe, müssen die Kreissenden den Kopf gegen die Brust neigen oder den Hals mit einem seidenen Tuche festbinden.

Damit die Nachgeburt schnell abgehe, muss die Gebärende aufstehen, allein einen Stock in die Hand nehmen und ihres Mannes Hut aufsetzen, sodann wird sie wieder niedergelegt (Pfalz). — Auch lässt man sie husten oder in die Hand hauchen, oder träufelt etwas Melissengeist auf den Bauch und reibt ihn sanft mit der Hand (daselbst). — Die Nachgeburt der Frauen abzutreiben: „Nimm einer Erbse gross Salz, noch so viel Muscatblüthe, lege dasselbe der Frau auf ihr rechtes Knie, lass sie

---

[1]) Nach Jäger, Briefe III. 2 wurde 1803 auf der Rhön die Schwergebärende auf den Schoss ihres Mannes gesetzt und ihm desshalb die Knie zusammengebunden, bis die dadurch angeblich beschleunigte Geburt erfolgte. Vgl. ähnliche Bräuche alldort im fränk. Mercur. 1797. 1.

dasselbe mit dem Mund davon nehmen, wenn sie kann, soll sie es zerkauen und aufessen, wo nicht, mag sie es ausspeien, und zwei- oder dreimal darauf husten, wenn es noch nicht folgen will, lass sie es auf dem linken Knie, wie gemeldet, auch versuchen. — Wenn es mit obgemeldetem Gebrauch noch nicht abgetrieben werden kann, so thue folgender Gestalt: Nimm ein 8tels Loth Bernstein, ein 16tels Loth Muscatnuss, ein 16tels Loth Muscatblüthe. Dieses gib der Frau mit warmem Wein und ein wenig Zucker zu trinken, und lass sie dabei warm halten."

Bei zögernder Nachgeburt band man früher einen lebendigen Krebs auf die Schamlippen [1]. — In Schwaben wird einer Frau die Brühe von drei lebendig gestossenen Krebsen eingegeben, um das „Nachwesen" zu vertreiben. — Hieher gehören die früher gebräuchlichen Anhängsel, z. B. des Adlersteines ($\dot{a}\varepsilon\tau i\tau\eta\varsigma\ \lambda i\vartheta o\varsigma$) (Ael. N. A. 7, 47; Plin. X. 4, Isidor. orig. XVI. 4), nach Baieri oryctogr. Nor. 33 — „aëtites — quod scilicet brachio alligatus abortum praecaveat, inferioribus contra partibus admotus foetum et secundinas pellat, venena insuper et fures prodat, amorem denique conciliet". „Man bindet der Gebärenden einen Adlerstein (von gelber Sandfarbe und der beim Schütteln klappert, als wenn andere kleine Steinchen in ihm befindlich wären) an das Masculum des oberen Beins, auf der inneren Seite nahe an die Schamtheile. Sobald die Frucht zur Welt gekommen, muss man ihn aber wieder hinwegnehmen. Gleiche Kraft soll auch ein Gürtel von einer Hirschhaut haben, wenn der Hirsch zwischen zwei Frauentagen getödtet worden ist. Dieser Gürtel wird der gebärenden Frau um den Leib gebunden. Ferner eine Schlangenhaut, welche die Schlangen abzustreifen pflegen und die von ungefähr gefunden wird, der Frau auf den Nabel gebunden." — Der Mutterkuchen soll nicht an einem unreinen Orte, im Abtritte oder Miste, ausgeschüttet, sondern in fliessendes Wasser geworfen oder in die Erde gegraben werden; dann wird Mutter und Kind gesund bleiben [2]. — Von Frauen, die „in die Wochen kommen", sagt man um Aschaffenburg, sie seien nach Rom gereist. (Cfr. Schmeller, W.-B. III. 88.)

Das neugeborne Kind wird weder von Urschlechten (Blattern), noch von andern Ausschlagkrankheiten befallen werden,

---

[1] Cancer movet secundinam. Camerar. memorabil. IX. 21.

[2] In alten Zeiten wurde die Placenta in besonders geformten Töpfen in die Erde verscharrt. — Die Würzb. Hebammenordnung 1555 verordnet, dass die Hebammen die Bürden, so von den schwangeren Frauen nach der Geburt abgehen, nicht zu sich nehmen und nicht vergraben, sondern in fliessendes Wasser werfen sollen. Cfr. Seitz l. c. 86.

wenn die Hebamme bei Unterbindung und Abschneidung des Nabelstranges, bevor sie den Faden knüpft, nochmals alles Blut an der Nabelwurzel mit den Fingern wohl ausdrückt, weil solches, von den Gefässen eingesogen, erwähnte Ausschläge veranlassen kann. Die Nabelschnur soll man aufbewahren und dem Kinde im 3—4. Jahre zum Zerschneiden geben, welches dadurch besonders talentvoll werden kann; in der Pfalz wird sie bei einem Knaben verhackt, damit er ein guter Geschäftsmann werde, bei einem Mädchen zerstochen, damit sie eine gute Näherin oder sonst tüchtige Hausfrau werde. — Zur Stillung der Nachwehen reibt man bisweilen Bilsenkrautöl ein, legt warme Tücher oder Stürzen auf und gibt Chamillen- oder Wollblumenthee zu trinken.

Molen und leblose Monstra[1]), „die Folge von Versehen oder Strafe für geheime Vergehen", wurden früher alsbald dem Lichte entzogen und sorgfältig eingescharrt, in neuerer Zeit sind die Aerzte und auch Hebammen bedacht, dergleichen Vorkommnisse wissenschaftlicher Untersuchung zugänglich zu machen.

Alte Bräuche vor und nach der Taufe, z. B. Einwickeln von Salz und Brod, Baunsprüche über Neugeborne (vom jüdischen Exorcismus „Vivat Eva, foras Lilith" hergenommen) sind gesammelt in Ephem. acad. nat. cur. II. 9. 645. — Die Wiederbelebung scheintodter Kinder sucht man zu erzielen durch Bürsten, Reiben der Hautfläche, Lufteinblasen, Besprengen mit Wasser, Entfernen des Schleimes mittelst des Fingers aus dem Munde, damit es einen „Schnapper" thun kann. Cfr. Rehm, fr. Volksfr. 1794. 120.

Im Allgemeinen ist der Kindersegen in Bayern gross, und zeichnen sich hiebei besonders die Schwaben und die Pfälzer, zumal bei der armen Bevölkerung des Westrich, aus. Die reichen Bauern sehnen sich dagegen gerade nicht nach viel Erben und gelten hierin die Höheorte um Wertheim, die sog. Grafschaft auf dem rechten Mainufer in Unterfranken, als Prototyp. Die sog. Grünkittel wünschen sich höchstens zwei Kinder und verstehen es, dass diese Zahl selten überschritten wird. Für minder fruchtbare Ehen hilft im Lauterthale in der Pfalz die „Katzenbacher Kunst", weil hier und in nächster Umgebung die Reichen selten mehr als eins, höchstens drei

---

[1]) Vgl. Kellner ind. ephemerid. 822. Mencken, scriptor. III. 337. Schott, phys. curiosa, 667, u. A. — Cfr. Esdras IV. 5: „Et mulieres menstruatae parient monstra". Desshalb war der Coitus während der Menses verboten. Levit. XV. 33. XX. 18. XVIII. 6.

Kinder erhalten. Diese Kunst soll sich verbreiten, so dass sich die Schulen merklich leeren. Grössere Freude an reichem Kindersegen scheint man in älterer Zeit gehabt zu haben. Der Gründer eines mächtigen Grafengeschlechtes um das Jahr 1000, Berthold oder Babo von Scheyern, hatte 32 Söhne und 8 Töchter. Eine gleiche Anzahl Thürme ward von der Stadt Abensberg als Andenken dieses Ereignisses errichtet. — Hans Kraft, Bürger von Würzburg (1451), zeugte mit seiner Ehefrau Margareta 12 Söhne und 7 Töchter.

In der Pfalz heisst der Knabe vor der Taufe „Pfannenstielchen", das Mädchen „Bohnenblättchen", weil es die Wöchnerin noch nicht mit Namen genannt haben will. — Auch soll vor der Taufe nichts aus dem Hause entlehnt werden, damit das Kind nicht verschwenderisch werde. — Nach einem Wahne in Oberfranken bekommt das neugeborne Kind schöne grosse Augen, wenn man es längere Zeit ungetauft lässt. — Wird ein Zwilling männlichen und weiblichen Geschlechts geboren, so wird das zur Reife gelangte Mädchen unfruchtbar sein (Frickenhausen a. M.). — Ueber die Ertheilung der Nothtaufe, Jachtaufe (welche, wie erfahrene Frauen behaupten, oft Rettung in augenscheinlicher Lebensgefahr des Kindes bietet) wurden, laut kirchlicher Vorschrift, schon im 14. Jahrh. die Eltern und Hebammen von den Pfarrern belehrt. Die Synodalstatuten von 1329 und 1407 gebieten: „Doceant etiam sacerdotes tam mares, quam foeminas, in necessitate parvulos baptizare eadem forma in suo idiomate, et quod patres et matres infantes proprios, si summa necessitas exigit, poterunt baptizare." Fürsth. Julius verordnete 1584 in den Statut. rural.: „Non esse temere baptizandos infantes ab obstetricibus, nisi periculum vitae imminet, doceanturque, qua verborum forma id fieri debeat, et quod praesente viro id femina minime facere debeat, et denique, quod infans, si contingat eum diutius vivere, ad templum postea est deferendus, et quae omissa sint, suppleantur"; und 1589 in der Gottesdienstordnung: „Die Ammenfräulein sindt, ehe sie angenommen werden, durch die Pfarrherrn zu examiniren, ob sie formam baptismi wissen, und dass sie sich in alle weg ohne noth der Jachtauf enthalten." Vergl. die Statut. synod. Bamb. 1431. 1491. 1623 in Schmidt, Bamb. Synod. 52. 135. Die Nürnb. Kirchenagende 1639 bestimmt S. 84 bezüglich der Jachtaufe, sie soll nicht eher geschehen, dann das Kind sei vollkommenlich geboren und von der Mutter ledig. (Waldau, Beitr. II. 427.) — Für die baldige Aufnahme des Neugebornen in den Taufbund spricht sich Hugo von Trimberg l. c. (Bamb. Ausg. 24,040) also aus:

„Alle Menschen sind verloren,
Die nicht drei stunt sind geboren:
Die muter ir kint von erste gebirt,
In der tauffe ez reine wirt" &c.

Nach Pfälzer Ansicht muss das Kind, damit es nicht durch die Hexen „gesoffen" werde, von der Amme „geehtäft" (getauft) werden „im Namen d. V., d. S. u. d. hl. G." (Schifferstadt und Ebene). — In der Oberpfalz ist es Brauch, in's erste Bad vor der Taufe einen Absud von geweihtem Johanniskraut gegen Einwirkungen des Bösen zu thun. — Die Taufe selbst musste in der Kirche oder zu Hause vom Priester, auf Verlangen, bei schwächlichen Kindern mit erwärmtem Wasser ertheilt werden, wie die Statuta synodi 1298 („exorcismi non dicantur super fontes, et sine immersione fiant omnia, quae fieri solent") und die Kirchenordnungen 1693 und 1790 gebieten [1]). Laut Würzb. Landesverordnung vom 29. Dec. 1791 (Land.-Verordn. III. 465) sollte die Taufe in den Wintermonaten im Hause vorgenommen werden. — Mit Recht wird die Taufe jetzt meist im Geburtshause vorgenommen, und so der Gefahr, welche grosse Temperaturdifferenzen dem neuen Weltbürger bringen, vorgebeugt. Früher wurden selbst von den oft weit entfernten Filialorten die Neugebornen zur Taufe in die Mutterkirche getragen. Der hierauf gewöhnlich folgende Schmaus mit langer Zeche des begleitenden Taufzuges — Hebamme, Dod, sammt Anverwandten — mochte es dann erklären, wenn auf dem Heimwege, wie dies einst von Amorbach nach Boxbrunn vorkam, der Täufling verloren ging.

Der kirchliche Brauch, dem Täuflinge einige Körnchen Salz (Sal sapientiae) in den Mund zu legen, findet ein Vorbild bei den Hebräern, wo das neugeborne Kind mit Salz abgerieben wurde, wohl weniger, um es vom Kindsschleime (vernix caseosa) zu reinigen oder die Haut zu stärken (sale modico insperso cutem infantis densiorem solidioremque reddi, sagt Galenus, De sanitat. tuend. Lib. I. Cap. 7), sondern in symbolischer Bedeutung, um die Befestigung des Neugebornen mit Gott (wegen seiner erhaltenden, vor Fäulniss und Auflösung bewahrenden Kraft) anzudeuten. S. o. S. 155.

Schwangere Frauen bittet man in Franken und der Pfalz nicht gern zu Gevatter, weil die Pathin nicht zu Jahren kommen wird. — Zwei Kinder soll man nicht mit einem und demselben Wasser taufen, sonst stirbt eines davon (Selb, Oberfr.). — Der „Dod" muss im frisch gewaschenen Hemde

---

[1]) Himmelstein, Synod. Herbipol. 140. 187. 334. 388. 408. 425. 408. 425. Cfr. Müller, Repert. d. landesherrl. Verordn. I. 311. II. 288.

den Täufling heben, weil dieser sonst nicht gedeiht (daselbst) oder ein Bettpisser wird (Unterfr.). — Der 9. Theil der Tugenden oder Laster des Pathen fliesst dem Täufling zu (Franken). — Bei der Taufe taucht die Hebamme unversehens den Finger in's Taufwasser, und reibt damit das Zahnfleisch des Kindes, damit es leicht zahnt (Wunsiedel). — In Nürnberg herrscht der Wahn, dass ein Kind sterben müsse, wenn während der Taufe zu einer Leichenfeier geläutet wird. — Bei der Taufhandlung achtet in der Oberpfalz die Hebamme mit grosser Aengstlichkeit darauf, dass der Geistliche bei den Gebeten nicht stottere, sich nicht verspreche oder kein Wort auslasse. Ein Versehen in dieser Beziehung macht den Buben mondscheinig und das Mädel zur Drud.

Wöchnerinnen sollen unter neun Tagen sich nicht ihre Haare machen, dieselben fallen sonst aus. Die alte Hebammenregel, dass eine Wöchnerin in den ersten neun Tagen nach der Niederkunft das Bett hüte, wird auf dem Lande seltener befolgt, wo namentlich in Gebirgsgegenden, Spessart, Rhön, nach wenigen Tagen die Haus- oder Feldarbeit wieder aufgenommen wird. — Eine gute Lehre besteht in Franken für die Wöchnerinnen: sie sollen während der sechs Wochen [1]) („Sechswöchnera") nicht zum Brunnen gehen, sonst werden sie lausig und der Brunnen bekommt Würmer. — Stirbt eine Wöchnerin im Dorfe, so müssen zwei andere in kurzer Zeit nachsterben. — Eine Wöchnerin soll in den ersten vierzehn Tagen nicht ihre Nägel schneiden, da der zufällige Genuss nur des kleinsten Abfalles die Schwindsucht derselben herbeiführt (München). — Kindbetterinnen, welche wieder ausgehen, sollen nach schwäbischem Gebrauche der Muttergottes einen Schneller opfern. — In Oberfranken darf desshalb die Kindbetterin acht Tage die Stube bis zur Aussegnung nicht verlassen, sechs Wochen nicht über die Hofrieth gehen. Unter das Kopfkissen des Kindes wird indessen ein Gebetbuch oder auch, wie in der Oberpfalz, eine Scheere gelegt. Früh, Mittags und Abends muss die Mutter während des Gebetläutens hinter dem Bettvorhange an der Wiege

---

[1]) Das Fest Mariä-Reinigung, Festum purificationis Mariae, leitet sich vom mosaischen Reinigungsgesetze der Wöchnerinnen (3. Mos. 12, 2) ab; am vierzigsten Tage nach der Geburt war die Reinigung mit dem Opfer vorgeschrieben (25. Dez. — 2. Febr.). Aus diesem Feste leitet sich auch die alte Sitte des Kirchenganges der Wöchnerinnen her, welcher noch hie und da in der kathol. Kirche stattfindet, meist aber durch die schon nach der Taufe stattfindende Aussegnung der Wöchnerin vertreten wird.

ein Vaterunser beten. Zur Vorsicht schlingt sie Nachts das Wickelband um den Finger. Oefteres Anlegen des Kindes an die Mutterbrust und sorgsame Pflege ist die beste Gewährschaft gegen Auswechslung. Nachts soll das Kind gar nicht oder nur unter der grössten Vorsicht trinken; wenn ein Nachts untergeschobener Wechselbalg nur einen Tropfen Muttermilch erhält, so ist eine Rückwechslung unmöglich. Man nimmt einen einjährigen Schuss einer Haselstaude und fitzt die Butte so lange, bis das eigene Kind wieder zum Vorschein kommt. Bei Zwillingen ist die Gefahr der Auswechslung am grössten, weil sie zugleich nicht mit entsprechender Sorgfalt gehütet werden können. — Ist aber eine Wechselbutte im Hause und kann nicht mehr ausgewechselt werden, so muss sie mit Liebe gepflegt und aufgezogen werden, um Glück und Segen an's Haus zu fesseln.

Wird der Säugling zum ersten Male in ein fremdes Haus getragen, so muss ihm die Hausfrau ein frisches Ei schenken (Bayreuth). — Unter einem Jahre darf er nicht in den Regen getragen werden (Oberfr.). — In der Oberpfalz darf die Kindbetterin in den ersten vierzehn Tagen nicht allein gelassen werden; nach dem Gebetläuten wird ihr nichts mehr, besonders kein Wasser in die Stube gebracht, weil sonst die Hexen mit hineingehen. — Unter sechs Wochen soll keine Kindswäsche im Freien aufgehängt werden, weil Mutter und Kind dadurch behext werden können. Dasselbe steht zu befürchten, wenn man aus dem Hause einer Sechswöchnerin etwas ihr Angehöriges entleiht. Wenn man das Wohlbefinden der Wöchnerin oder das Gedeihen ihres Kindes belobt, soll man leise dreimal sprechen: „Unberufen".

Die alte Unsitte des übermässig warmen Bedeckens der Wöchnerinnen mit schweren Federbetten und häufigen Trinkens heisser Theeabsude zur Secretion reichlichen, zur Gesundheit dienlichen Schweisses erzeugt einen frieselähnlichen Hautausschlag, „Wochenbettfriesel"[1]), und findet der Arzt nur zu oft zu rügen Gelegenheit. — Zur Förderung der Lochien legt man warme Chamillensäckchen auf, trinkt Wollblumenthee und in der Pfalz Körbelsuppe. Zur Linderung übermässigen Wochenbettflusses, wie der Menses überhaupt, ist Thee von Lamium album, welches desshalb auch den Namen Weibernessel führt und besonders in Nürnberg im Mai zu Markt gebracht wird,

---

[1]) Der Friesel der Wöchnerinnen soll nach Delius, fr. S. I. 528 erst seit Erlöschen der öffentlichen Badstuben aufgetreten sein. Ueber den Namen „Friesel" vgl. Schmeller, W.-B. I. 619.

in Anwendung[1]). Hoffmann, Flor. Ald. (1677), rühmt gegen übermässigen Lochienfluss Secale cornutum Noricis Mutterkorn dicitur et singulare praesidium ad compescendum lochiorum fluxum habetur. — Bleiben im Wochenbette die Füsse noch geschwollen, so reibt man Hefenbranntwein ein, wickelt sie in Werg, Watte, Chamillen- oder Kleiensäckchen, welche man zuvor mit Wachholderbeeren geräuchert hat. — Als Stärkungsmittel dient in den ersten Tagen des Wochenbettes die von der Frau Gevatterin gebrachte Hühner-, Gersten-, Reis- oder Rahmsuppe, in manchen Gegenden gar Weinsuppe, und auf der Rhön darf im Wochenbette der Schnaps nicht fehlen. Um durch gelinde Abführung „Blutreinigung" zu bewirken, nehmen die Wöchnerinnen Melissenthee mit Schlehensaft oder Sennalatwerge, oder, wie in Schwaben, einen Ansatz von Aloë.

Ueber die Bedeutung der ersten Muttermilch spricht sich schon Albertus Magnus de animal. III. 2. 9 aus: „Lac, quod in primo mane venit ad mammillas, est quasi purgamentum — et dum lactant, praecipiunt moveri infantes cum cautu musico, sicut solent infantes in cunis moveri cum naenis cantibus mulierum (Wiegen-, Schosslieder, welche auch damals die Weiber ableierten), motus tamen cunarum debet esse lentus et cautus suavis" &c. — „Will nach der Geburt der Säugling nicht trinken, wenn etwa die Brust zu dick ist, so wird mit dem Kirchenschlüssel, der „unversprochen" geholt werden muss, ihm der Mund aufgeschlossen (Pfalz). — Ein Knäbchen und ein Mädchen sollen nicht gleichzeitig an die Brüste gelegt werden, weil sonst eines (nach fränkischem Glauben) sterben würde. Schon bei den Römern herrschte ein ähnlicher Wahn nach Plin. hist. nat. VII. 3: „Editis geminis raram esse, aut puerperae aut puerperio, praeter quam alteri vitam: si vero utriusque sexus editi sunt gemini rariorem utrique salutem." — Vielfach greift wie in den Städten so auch auf dem Lande die Unsitte Platz, den Neugebornen die Brust zu versagen und sie „mutterlos", d. i. mit Kuhmilch und Mehlbrei aufzuziehen.

---

[1]) Einiges hieher gehörige Alterthümliche s. in Scharold, Gesch. d. Med.-Wesen 66. 67. 77.; Schott, phys. cur. 477; Seitz l. c. 160. In den Ephemerid. acad. nat. cur. III. 9—10 obs. 56 werden auch einige Bruchstücke der cantilenae nutricum franconicar. aufgeführt. Bischof Iring von Würzburg belegte 1264 die Mütter, welche aus Unvorsicht ihre im Bette bei sich schlafenden Säuglinge des Nachts erdrückt hatten (was noch vielfach, besonders in England, vorkommt), mit der Strafe, drei Wochen vor Weihnachten hindurch streng zu fasten („ut jejunent tribus ebdomadis ante nativitatem Domini"). Wibel, cod. diplom. Hohenloh. 73.

Um die Milchsecretion zu fördern, trinken die Wöchnerinnen gutes Bier, in Schwaben auch Absud vom Löwenzahn. — Dass die Bauernweiber nach orientalischer Sitte ihre Kinder oft noch säugen, wo sie bereits laufen und consistentere Nahrung, wie gewöhnliche Hausmannskost, vertragen[1]), ist bekannt. — Um das Kind zu entwöhnen, was den Müttern viele schlaflose Nächte bereitet, werden allerlei Dinge getrieben. Vor Allem beschränkt die Mutter ihre Nahrung, nimmt auch wohl ein Abführmittel. — „Um einer Frau, die nicht selbst stillt, die Milch zu nehmen, hänge man ihr einen Krötenstein auf den blossen Rücken." — „Man nimmt, um die Milch zu vertreiben, eine kleine Tasse voll von der Milch und giesst sie stillschweigend in fliessendes Wasser. In einigen Tagen hört der Milchfluss auf" (Pfaffenhofen). — In der Regel legt man auf die geschwollenen Brüste mit Zucker beräncherte Baumwollwatte oder Werg, oder blaues Zuckerpapier mit Mehl, oder bindet sie recht fest, um den „Einschuss" der Milch zu verhüten. — Eine Wöchnerin muss einen Elfenbeinkamm an einer Schnur um den Nacken tragen (München). — Ist das Kind gestorben, so legt man dessen Hemdchen auf die Brüste (Pfalz). — In München und in der Pfalz rathet man, neun kleine Korkstöpsel an einen seidenen Faden gereiht neun Tage lang um den Hals zu tragen. Bisweilen werden die Brustwarzen mit bitteren oder sauren Flüssigkeiten bestrichen. — Das Entwöhnen in der Fastenzeit ist nach einem Amorbacher (Unterfr.) Wahne schädlich, weil der Hunger der Kinder dann kaum zu stillen. Der Bamberger Kalender 1792 lässt sich „von der Entwöhnung der saugenden Kinder" also hören: „Wenn die Mütter ihre Kinder abgewehnen wollen, müssen sie solches vornehmen nicht mit einem neuen Mondscheine, sondern wenn die Sonne und der Mond weit von einander stehen, gar nahe gegen den Vollmond; denn je weiter derselbe von einander, je ehender das Kind ihre Mutter vergisst; darnach muss es nicht geschehen, wenn der Mond im Widder und Wag lauft, sondern der Mond muss im guten Zeichen sein." (Journ. v. Franken. VI. 380.) — Seitz l. c. 91: „Der Zorn der Mütter und Säugammen ist ein sehr schädlich Ding. Der Schweiss der Kinder riecht ganz säuer, von welcher Säure der Kinder Rothlauf, insgemein der „Friesel" genannt, entspringt." (So 1715.) — Bekannt ist der Wahn des Volkes,

---

[1]) Bei den alten Hebräern wurden die Kinder, wie jetzt noch im Oriente, sehr lange gestillt. In Persien geben die Mütter den bevorzugten Knaben die Brust zwei Jahre und zwei Monate, den Mädchen nur zwei Jahre.

dass „die Muttermilch in den Kopf steige", und wird dies als Ursache für Puerperalfieber oder Manie bezeichnet.

Um den Schrunden der Brustwarzen vorzubeugen, reiben manche Frauen „nüchternen Speichel", Wasser mit Branntwein oder diesen allein vor der Niederkunft ein. Wirkliche Schrunden behandelt man durch Aufschläge von Branntwein, Wasser, legt Eihäutchen auf, bestreicht sie mit weissem Lilienöl, Mandelöl, Hirschunschlitt, süssem Rahm, Traubenpomade, bedient sich der Warzendeckel. — Geschwollene, knotige Brustdrüsen suchen Wöchnerinnen möglichst von Milch zu entleeren, legen Kaninchen- und Katzenfelle oder Werg auf, bedecken sie mit einer Salbe, bestehend aus Backofenerde, welche oben von der Decke, wo die Hitze niederschlägt, genommen, ganz fein gemahlen und mit Leinöl angerührt worden. Ueberhaupt nimmt man bei Entzündung der Mama eher zu Salben und Pflastern als zu Cataplasmen die Zuflucht: Nimm ein frisch gelegtes Ei, $1/4$ Pfund frische Butter, verkoche dieses, besonders mit Schale und Häutchen des Eies, in einem neuen, ungehandelten, glasirten Topfe. Ist es zur Salbe eingedickt, so wird es durch ein Tuch geseiht, und dreimal täglich heiss mit einem Federbarte auf die kranke Brust gestrichen (München). — Bei Brustdrüsenabscessen ist in Nürnberg und anderwärts ein Pflaster aus Kübler- (Küffner-) Pech, Butter oder Schmalz gebräuchlich.

Stirbt eine Wöchnerin ohne Aussegnung, dann gilt ihr Tod in der Pfalz als Strafe für die Unterlassung. — Stirbt eine Mutter im Kindbette, so gilt an vielen Orten der Oberpfalz der sinnige Brauch, dass sechs Wochen hindurch ihr Bett mit aller Sorgfalt hergerichtet und ihre Pantoffeln unter die Bettlade gestellt werden, weil sie sich während dieser Zeit allnächtlich um ihr Kind umschaut. Aehnlich in Bayreuth: Wenn ein Weib in den sechs Wochen stirbt, muss man ein Maudelholz oder ein Buch in's Wochenbett legen, auch alle Tage das Bett neu aufbetten, sonst hat die Verstorbene keine Ruhe in der Erde.

Pflege und Krankheiten der Haut.

Auf die Pflege der Haut und der Haare verwendete das weibliche Geschlecht von jeher besondere Sorgfalt, und befand sich zu diesem Ende immer im Besitze verschiedener Arcana. Waschungen mit Birken-, Weinrebensaft, Märzenschnee, mit Frauenmilch oder eigenem Urin gelten als kräftige Cosmetica. In Schwaben hält man Stutenmilch für ein Schönheitsmittel. Die Märzsonne[1]) soll besonders nachtheilig auf die Gesichtsfarbe einwirken und den Teint bräunen. Als cosmetisches Mittel führt Camerar. hort. phil. med. 182 an: in ulmi campestris foliis vesiculae erumpunt mense Maio, humore admodum vulnerario et cosmetico, faciem enim teneram. — Zu Camerarius Zeiten waren Waschungen mit einer Abkochung von schwarzen Pappeln, Alcea rosea, flor. atr. in Wein gegen Hautausschläge bräuchlich. Camerar. hort. phil. med. 95: „Malva hortensis romana, vulgo bismalva, flore nigricante, quam vulgo vocant Ernrosen, et coquunt in vino veteri, quo porrigines abluunt et sanant." — Wider Sommersprossen[2]), deren Entstehung man dem Strahlenreflexe des Sonnenlichtes auf die von Schweiss oder Regen befeuchtete zarte Gesichtshaut herleitet, empfiehlt man Märzenschneewasser, Petersilienwasser, ferner das Wasser, welches sich aus schwarzen, scharfen, in Scheiben zerschnittenen und mit Salz bestreuten Rettigen angesammelt hat. Auch rühmt man dagegen, frische Meerrettigwurzeln in Würfel zu schneiden, in einer Flasche mit Essig zu übergiessen und diese vierzehn Tage in die Erde zu vergraben[3]). Mit dieser scharfen Flüssigkeit werden dann Morgens und Abends die Flecken bestrichen (Unterfranken). — Als Präservative gegen Sommersprossen gelten nachstehende Vorschriften: Man wäscht am Charfreitage zur Zeit des Schiedungsläutens das Gesicht. Man bestreicht im Frühjahre das Gesicht mit den Knospenkätzchen von Salix caprea. Sommersprossen vergehen, wenn man, wenn es in der Nacht geregnet hat, vor Sonnenaufgang auf den Kirchhof geht, und mit dem Wasser, welches sich in den Vertiefungen der Grabsteine gesammelt hat, das Gesicht abwäscht. Dasselbe Mittel ist auch zur Vertreibung der Warzen in Anwendung (Nürnberg). — Im Bayreuthischen sammelt man am Walburgistag früh vor Sonnenaufgang unbeschrieen Maienthau und bestreicht die Sommersprossen im Gesichte damit. (Arch. f. Gesch. u. Alterthumsk. v. Oberfr. 1843. II. 2. 115.) — In Schwaben werden die Sommersprossen (Losmucke, Rossmucke), mit Klettenkerbel (Anthriscus vulg.), an der Sonne destillirt und mit Bohnenmehl gemengt, bestrichen, auch mit Rossmilch oder Hundsschmalz, oder dem

---

[1]) Die hl. Hildegard I. 15 schreibt dagegen der Sonne im März und April besonders wohlthätige Einwirkungen zu.
[2]) Cfr. Schmeller, W.-B. II. 501. 549. Panzer, Beitr. I. 259. 260.
[3]) Man gräbt Arzneien in die Erde, um sie dadurch heilkräftiger zu machen, was schon bei der hl. Hildegard I. 146 vorkommt.

eigenen Urine, welcher Rossmucken und Muttermäler vertreibt. — Die Sommersprossen vergehen, wenn man sich im Monat Mai mit Thau von Roggen wäscht. Auch empfiehlt man „Jungfernmilch" (Emulsion von bitteren Mandeln, Rosenwasser und Benzoëtinctur), Schwefelwasser, Essig, Rettigsaft, Seifenwasser, Ochsengalle, Regenwasser, Eigelb, Thierblut, Mandelkleie u. s. w. — Leberflecken vertreibt man, wenn man die jungen Gänse unbeschrieen mit den Händen streicht und sie dann wieder hinter sich laufen lässt (Unterfranken). — Gegen Sommerflecken soll man in der Walpurgisnacht eine Schüssel auf das Feld stellen, und sich mit dem niedergefallenen Thau unberufen vor Sonnenaufgang waschen; auch das Befeuchten mit dem Safte von unreifen Johannisbeeren oder mit Weihwasser aus einer fremden Kirche soll helfen. — Die schwarze Schnecke hilft nach schwäbischer Vorschrift auch gegen Sommersprossen. — „Gegen Schwinden („Losmucken"): Gehe Freitag Morgens vor Sonnenaufgang in den Wald, bohre ein Loch in einen Baum, thue etwas Blut aus den Schwinden an die ausgebohrten Spähne, stecke sie wieder in das Loch und vermache es wohl (Unterfr.). — Bei plötzlichem Hautschauer sind die Redensarten: „Die Gänsehaut läuft mir auf", „der Tod hat nach mir gegriffen", oder „der Tod läuft mir über das Grab" üblich.

Gegen Hautausschläge, bei welchen in Schwaben der hl. Rochus angerufen wird, gilt im Allgemeinen dem Landmanne das Schröpfen als Hauptmittel, wodurch „die bösen Säfte, die Schärfe des Blutes" zwischen Haut und Fleisch herausgezogen werden; die Krankheit wird ferner herausgetrieben und auf der Hautoberfläche festgehalten durch tüchtiges Schwitzen. — Die sog. Mitesser, comedones, smegma cutaneum, inductibus excretoriis frequentissimum, in vermis formam compactum, extremitate ab aëris contactu nigrescente, sicque caput vermis mentiente (Nemnich, Polyglott.-Lexic. III. 390), Zehrwürmer, Dürrmaden, hielt man einst für Entozoen, welche an der Nahrung des Menschen mitzehren und dessen Gedeihen hindern sollten. (In Hugo's von Trimberg Renner 1739 und, in einer Würzb. Urkunde 1278 findet sich der Personenname Mitezze.) — Seitz l. c. 151 nennt das Abnehmen der Kinder, so von den Haarwürmern oder Mitessern herstammt, den „Altvater" (vgl. Grimm, D. M. 1118: „Nimmt das Kind nicht zu, so hat es das Elterlein, man schiebe es in den Backofen, so weicht das Elterlein"). — Als Mittel gegen Mitesser erwähnt Tabern., Kr.-B. 1731 p. 1292: „Zaunrübenwurzel (Bryonia alba) wird in Laugen von Eichenholzasche gesotten und die Kinder damit am ganzen Leibe gewaschen, darnach mit einem Messer die Würmlein, so man Mitesser nennt, und den Kindern in den Schweisslöchern stecken und mit ihren Häupten hervorgucken, dieselbige abgeschnitten und mit dieser Langen abgewaschen vertilget solche." — Gegen dieselben wendet man jetzt Waschungen mit Seifenwasser an oder drückt sie mit einem Uhrschlüssel aus.

Gegen Krätze[1]) (welche man spöttischer Weise bisweilen Schneidercourage, Schneiderkurzweile nennen hört) findet in Franken eine Salbe von 1 Loth Hellebor. alb. mit $^1/_4$ Pfund Butter, von rothem Mercur (hydrargyr. oxydat. rubr.), Terpentin und Butter, dann Schwefelblumen mit Lorbeer-Pulver oder Oel innerlich und äusserlich Anwendung; auch hängt man als Präservativ dagegen Säckchen mit Schwefelblumen um. — Gegen die Krätze, welche nach Seitz l. c. p. 32 „vor sich selbsten in das Gesicht fallet, und sich mit Jucken, Kratzung und Versehrung der Haut zeigt, und von verderbten, gesaltzenen gallichten Blut herkommt", empfiehlt derselbe u. A.: „Merke, wenn ein Hund die Haut, oder die Füss eines Krätzigen lecken thut, so wird der Hund krätzig und der Mensch gesund und sauber." Ueberhaupt sollen nach dem Volkswahne Ausschläge verschwinden, wenn man sie von einem Hunde anhaltend belecken lässt. — Nach Panzer, Beitr. II. 305 werden Personen, welche während der Zwölfen, d. i. von Weihnachten bis hl. Dreikönige Erbsen essen, von Krätze und Blutschwären befallen. — Gegen Krätze mache eine Salbe von gewöhnlichem Terpentin (3 kr.), Schweinfett (4 kr.), rothem Präcipitat (3 kr.), Schwefelblüthe (1 kr.), hiemit wird Abends der Körper eingerieben und am andern Morgen mit Seifenwasser abgewaschen; dies geschieht täglich, bis das Uebel gehoben. Schlüsslich reibt man den Körper mit Schweinfett und gestossenem Pfeffer. Das Leiden schwindet in acht Tagen sicher, ohne sich auf die Eingeweide zu werfen (Untermain). — Krätzige sollen sich mit dem Löschwasser der Schmiede waschen (Schwaben). — Ferner sind Einreibungen von „Selleriepomade" (Ugt. Zelleri), „Napoleonssalbe" (Ugt. neapolit.), Waschungen von Chelidon. majus, in Essig gekocht, von Tabaksbrühe, Kalkwasser, Lauge, Seifenwasser u. s. w. üblich. — Nach oberpfälzischem Volkswahne wird sie vertrieben, wenn sich der Leidende am Charfreitage in fliessendem Wasser

---

[1]) Diese Hautkrankheit ist in niederen Volksschichten immer noch häufig und wird (wie die Filzläuse) gewöhnlich in unreinen Betten mitgetheilt. In Panaroli pentecostales observat. III. 35 heisst es: „Capucini nunquam scabie laborant, ob cutem callosiorem attritu durioris vestis, hydropicis subinde infestantur affectibus, inde acriolae usus, quam Galli ob floris signaturam vocant capucin."

badet. — Dass sich die Krätze, wenn zu schnell abgeheilt oder wenn ganz vernachlässigt, auf die edleren Theile werfen kann, ist dem Volke ausgemachte Sache.

Vom Kopfgrind, Gneist (Tinea capitis) findet man noch die Ansicht im Schwunge, dass seine Gegenwart die Gesundheit der Kinder fördere. Man schmiert in Franken frische Butter, Leberthran, Lorbeeröl, Mandelöl, Wachholderöl, in Schwaben Oel von Sonnenblumensamen oder gebrannte Geisklaue mit Pech auf den Grind. In der Pfalz finden Salben mit rothem und weissem Präcipitat, Schwefel, Ofenruss, Tabaksasche, Niesswurz, Grünspan, die Aalhaut, Auflegen von Mangold- und Eibischblättern, Waschen mit Kalkwasser, Seifenspiritus, Abkochung von Kellereseln, Eichenrinde, und bisweilen die Pechkappe, bestehend aus Colophonium, Pech, weissem Mehl, Oel und Essig, besonders gegen sog. Erbgrind, Anwendung. — „Wenn Jemand begraben wird, so gehe zu einem fliessenden Wasser und schöpfe Wasser mit der Hand auf den Kopf; wenn das Wasser hinunterwärts läuft, so schöpfe auch hinunterwärts, und wenn du das Wasser auf den Kopf bringst, so sprich allemal: „Ruf nimm ab, wie der Todte im Grab!" ††† Während des Zusammenläutens muss dieses geschehen, unberafelt, man muss auch so lange schöpfen, so lange man läutet." — „Für den Grind: Brenzepitat, Menschenschmalz und weissen Hühnerkoth, eine Lauge davon gemacht und damit gewaschen."

Mit dem Namen „Wolf" belegt man die Entzündung der Oberhaut am Perinäum und After, in Folge heftiger Friction durch Reiten oder Gehen, und sucht sich dagegen zu helfen durch Bestreichen mit Unschlitt.

Bei Nesselausschlag, „Flug", „Flugfeuer" (Urticaria), welcher oftmals durch Indigestion oder nach Genuss von Erdbeeren, Krebsen, Fischen, Gewürzen entsteht, werden, wie bei andern Hautleiden, in Franken und Schwaben die Kranken nackt bis an den Kopf in Mehlsäcke gesteckt, bis Schweiss erfolgt. — Bei oberflächlichen Hautentzündungen finden Ueberschläge der Blätter von Tussilago petasites (cfr. S. Hildegard. l. c. I. 210 de majori Hufflata) Anwendung.

Bei acuten Exanthemen, welche vom Volke meist verwechselt werden, steckt man die Kinder in schwere Federbetten und gibt ihnen Kamillen-, Lindenblüthen-, Hollunderthee, damit sie gehörig schwitzen und „das Gift" herauskömmt. Die dabei gewechselten Hemden dürfen nur bereits abgelegte und im Ofen wohl getrocknete, „gedörrte" oder wie in der Pfalz „berauchte" sein, damit sich das Kind nicht erkältet und „das Gift" auf's

Herz zieht. Auch Speckeinreibungen werden bei hitzigen Ausschlagskrankheiten vielfach empfohlen. Ist der Ausschlag beseitigt, so bekümmert man sich im Allgemeinen wenig mehr um Folgekrankheiten.

Auch die Blattern, Pocken, „Durschschlechten", in der Pfalz „Porbeln", finden beim gemeinen Manne bezüglich ihrer Uebertragbarkeit wenig Beachtung, so dass sie bei dem Widerstande gegen die Revaccination oft leicht Boden fassen. — Segen wider die Blattern[1], d. h. Ausschläge im Allgemeinen: „Da unser Herr Jesus an die Sonne trat, da er für die 77erlei Blattern bat, da bat er für die Heissblattern, für die Schweissblattern, für die Augenblattern, für die Schwarzblattern, für die rothe Blattern, für die 77erlei Blattern. Das sei mir zur Busse gezählt. Im Namen G. d. V. u. s. w. Amen." (Oberfr.).

Gegen Flechten, wovon man trockene und nässende unterscheidet, legt man ein grösseres oder kleineres Geldstück auf, macht mit dem Geldrande einen Kreis um die Flechte und hernach über dieselbe viele Kreuz- und Quereindrücke (Neuhaus, Oberfr.). — Im Aischgrunde bestreicht man sie mit Fensterschweiss, in Schwaben mit Hauswurzsaft, süsser Rossmilch oder Hundsmilch. In Franken trinkt man bei Flechten und andern chronischen Hautausschlägen Wachholderbeerthee. — In der Pfalz befeuchtet man Flechten mit Adstringentien und Acrien, wie Dinte, Essig, Saft von grünen Nussschalen, dann mit Wolfsmilch, Meerrettig-, Sauerampfersaft (Rumex aquat.), geschabte Wurzel der Herbstzeitlose mit Essig, Zaunrüben-, Zwiebelsaft. Als demulcirende Mittel braucht man Leinöl, Leberthran, Mandelöl, süssen Rahm, Eigelb, Nussöl, Mandelmilch, warmes Blut, Kleienabsud, nüchterner Speichel, Fensterschweiss. Aeusserlich streut man auf nässende Flechten Streumehl (Lycopodium), bedeckt sie mit trocknenden Salben. Ihre Entstehung finden die Flechten nach der Volksansicht durch Genuss stark gesalzenen Fleisches, und werden hiedurch, sowie durch Gewürze, Wein unterhalten. In Franken und anderwärts sind auch im Frühjahre frisch ausgepresste Pflanzensäfte, sowie der innere Gebrauch von Graphit und Leberthran gerühmt.

Eczema capitis et faciei nennt man in Schwaben Haarwurm; in der Pfalz gilt als solcher Porrigo decalvans. Das chronische Eczem, besonders an den unteren Extremitäten, nennt man „Salzfluss".

---

[1] „Blodern, plodern" von blaewen, turgere, turgescere.

Kinder, welche **Friesel** (entweder ein durch übermässige Diaphorese erzeugter, oder auch Scharlachfriesel) haben, schiebt man in Schwaben in den warmen Backofen oder Mehlsack. — Frieselsegen von Gössenreuth (Oberfr.): „Der Friesel ging über Land, da begegnete ihm der Herr Jesus Christus und fragte: Friesel, wo willst du hingehen? Der Friesel sagte: Ich will in Menschen gehen. Was willst du in dem Menschen? Ich will ihm gross Leid bringen, ich will sein Fleisch fressen, ich will sein Blut schwächen. Nein, Friesel, das sollst du nicht thun, das verbiete ich dir im Namen Jesu Christi. Du sollst in den grünen Wald gehen und sollst greifen und würgen Tag und Nacht bis an den jüngsten Tag. Das helfe mir Gott N. N. im Namen Gottes &c. ††† Amen. — In Schwaben wird Lauge von Buchenasche mit Erfolg gegen chronischen Friesel angewendet, sofern der örtliche Ausschlag abdorrt.

Gegen heftige **Schweisse** wird seit alter Zeit Salbeiabsud gerühmt. Nach schwäbischer Vorschrift fahre man bei lästigem Handschwitzen mit den Händen über das Gesicht eines Todten. —

Der Schwabe heilt **Hitzblätterlein** an der Nase (Herpes), indem er frischen Hennendreck daran schmiert.

Gegen das **Ueberbein** hilft, wenn man Werg oder Hanf, das um die Weihbüschel gelegt mit denselben geweiht wurde, um das Handgelenk legt (Schwaben). — Ueberbeine und Gewächse vertreibt man, wenn man einen flachen Stein nimmt, diesen immer kreuzweise auf die zu vertreibende Stelle drückt, und dabei dreimal den Satz wiederholt: „Stein, Stein, vertreib' mir das oder mein Gewächs und mein Ueberbein." Dieses im abnehmenden Monde und gänzlich unbemerkt am frühen Morgen, von Niemand noch angesprochen, wiederholt man drei Tage, wirft dann den Stein hinter sich, so weit als möglich, dass man ihn nicht mehr zu sehen bekommt, und spricht jedesmal ein Vaterunser zum Schlusse." — In der Oberpfalz wird dagegen Folgendes angewendet: Man sucht bei zunehmendem Monde in einem Walde das Schienbein eines crepirten Thieres, reibt damit — gegen den Mond gerichtet — die schadhafte Stelle und spricht dabei: „Ueberbein, ich reib' dich, Mit dem Bein vertreib' dich; Was ich seh', das wächst, Was ich reib', das schwindt." Solches drei Tage hindurch gethan, das Schienbein wieder hingelegt, wo es gelegen, und an den Ort nicht mehr gegangen, hebt das Uebel. — Um ein Ueberbein zu vertreiben, geht man unbeschrieen Morgens vor Sonnenaufgang auf einen Schinderwasen, nimmt einen frischen Knochen, drückt ihn kreuzweise auf das Ueberbein und spricht: „Ueberbein, nimm ab, wie der Todte im Grab. Im Namen Gottes des Vaters †, und des Sohnes †, und des hl. Geistes †." Dieses spricht man dreimal nach einander, wirft den Knochen hinter sich und geht, ohne sich umzusehen, davon (Ochsenfurt). — Man fängt vor Georgi einen Maulwurf, lässt ihn in der rechten Hand absterben, und empfängt dadurch auf ein Jahr die Kraft, durch Bestreichen mit dieser Hand alle Ueberbeine, Beulen &c. zu vertreiben. — Oder: wenn man in der Kirche während des Gottesdienstes zwei Personen mit einander plaudern sieht, so berührt man das Ueberbein und spricht: „Was ich sehe, das ist eine Sünd', was ich greife, das schwind'! Im Namen Gottes &c." (Oberfranken). — In Schwaben überstreicht man Ueberbeine jeden Morgen mit einer frischen Haselgerte und reibt dann nüchternen Speichel ein. — Wenn ein Mensch ein Gewächs hat oder Herzenaugen vertreiben will: Wenn man einen alten Menschen begräbt und zur Leiche läutet, muss man sprechen: „Man läutet zu der Leich und was ich greif' das weich', und was ich greif', nimm ab, wie der Todte im Grab †††." Bei dem Sprechen muss man den Schaden in der Hand halten, und bei den Herzenaugen muss man immer mit dem Finger darüber wegfahren, nachdem man es vorher ausgeschnitten hat, und so lange man läutet, das Obige wiederholen; wie nun der Todte verweset, so verzehrt das Gewächs oder Herzenauge. Probatum. Bei einem Mannsbild muss ein Mannsbild begraben werden und im Gegentheile ein Weibsbild (Frankenwald u. a. O.). — „Herzenaugen zu vertreiben. Nimm eine rothe Schnecke, welche ungefähr gefunden wird, schmiere das Herzenaug fein wohl damit, hernach hänge sie in Rauch, sobald sie verdorret, so vergeht das Herzenaug."

Hautauswüchse, Mäler, Kröpfe u. dgl. sollen vergehen, wenn man sie mit einem menschlichen Leichname in Berührung bringt, eine schon von Plinius, hist. nat. XXVIII. 11, erwähnte Manipulation: „Quidam vero cujuscumque defuncti manu duntaxat sui sexus, laeva manu aversa, strumas parotidas, guttura tactu sanari affirmant." Ephem. acad. nat. cur. III. 1. 74. 114. cent. I. II. app. 199. Rehm, fr. Volksfr. 1793. 436. — Wer ein Gewächs[1]) an seinem Leibe vertreiben will, reibe bei abnehmendem Monde dasselbe mit dem Safte einer schwarzen Schnecke, Limax ater, und spiesse diese dann an einem Schlehdorne.

Muttermäler, Feuermale und Leberflecken verschwinden, wenn sie mit warmem Menstrualblute, dem Mutterkuchen oder mit dem Blute aus dem Nabelstrange, welcher jedoch nicht mit

---

[1]) Ein Segen gegen Hautauswüchse im Archiv d. histor. Vereins v. Unterfr. V. 2. 249.

blosser Hand angegriffen werden darf, einer Erstgebärenden bestrichen werden[1]) (Unter- und Oberfranken). Oder man bestreicht sie mit der grünen Rinde vom Nussbaum, dem Safte von Wolfsmilch oder Schöllkraut, nüchtern mit Speichel oder Milch von einer Kuh, die zum erstenmale gekalbt; oder man berührt mit drei Blättern von einer Weinrebe, welche noch nicht getragen, im Namen der hl. Dreifaltigkeit, dreimal die Stelle und vergräbt diese Blätter dann in die Erde. Sobald sie verfaulen, schwindet das Mal. — Auch lässt man geschabten Meerrettig über Nacht mit Essig angefeuchtet stehen und reibt Morgens das Mal damit. Manche reiben Froschlaich ein, Andere waschen es mit Tinte, Knoblauchsaft. Auch ätzt man sie mit Säuren. Man hängt Zettel an, auf deren einer Seite die Namen der drei Männer im Feuerofen, die nicht verbrannten, stehen: „Anania, Misael, Azaria", auf der anderen: „Gepriesen sei Gott, der seinen Engel gesendet, und die auf ihn vertrauen, gerettet hat." — Bisweilen legt man auf das Mal eine lebende Kröte, bis sie stirbt (Pfalz). — Aus den an manchen Körpertheilen befindlichen Mälern schloss man auf den Charakter der betreffenden Person. So berichtet Ludewig, script. Bamberg. I. 240: „Vitus episc. Bamb. († 1530) divinatores et joculatores a se rejiciebat — cum quodam die joculator magnalia se in thesauris absconditis effodiendis facturum gloriaretur et ipsi episcopo quaedam arcana, cum maculis corporis divinando edisseruisset" &c.

Warzen, welche oft ohne jedes Zuthun schnell schwinden, zu beseitigen, sind verschiedenartige Curmethoden im Schwunge. Man bestreicht sie mit dem Safte einer mit Salz bestreuten schwarzen Schnecke, Limax ater, oder der Hausschnecke, Helix, welche dann an einem Dorn gespiesst werden muss, worauf sie abdorren, sobald die Schnecke abdorrt; oder mit dem warmen Blute einer frisch geschlachteten Taube; mit dem warmen Specke eines eben gestochenen Schweines[2]); mit Baumöl oder Scheidewasser, Höllenstein, mit dem Safte von Chelidonium majus, Euphorbia cyparissias, Calendula[3]), Raphanus, mit der aus brennendem Holze ausschwitzenden Feuchtigkeit, Ohrenschmalz,

---

[1]) Ephem. acad. nat. cur. I. 3. 372. III. 1. 114. III. 5—6. 245. III. 9—10. 249.

[2]) Nach Marcell. Empir. de medicam. p. 234 schon bei den Römern in Anwendung: „Cum porcus jugulabitur, is, qui verrucas habebit, sanguinem ejus subjecta ea corporis parte suscipiat, dum adhuc calidus exilit, et mox, ubi siccatus fuerit, statim abluat, citum remedium experietur."

[3]) Ephem. acad. nat. cur. III. 1. 234. 140. II. 1. 11. Comment. de reb. in medic. et scient. nat. gest. II. 20. 316.

Menstrualblut (Unterfr.). — Man reibt sie eine Woche lang mit einem Stücke Kreide, mit einem Stücke rohen Fleisches, oder der Speckschwarte eines frisch geschlachteten Schweines oder der Magenhaut eines frisch geschlachteten Huhnes, oder mit einem zur Hälfte entzwei geschnittenen Apfel[1]), und vergräbt dann bei abnehmendem Monde Kreide, Schwarte, Magenhaut und Apfel in die Erde oder unter eine Dachrinne, wo sie bald verfaulen, oder man bestreicht sie täglich mit spanischer Seife, auch mit Bierhefe (Mittelfr.). Oder man legt eine kreuzweis durchschnittene Zwiebel darauf und wirft diese dann rückwärts in den Abtritt (Sächs. Grenze). — Man reibt sie mit einem alten Lumpen aus einem fremden Hause, und scharrt ihn dann in die Erde (Unterfr.). — Man unterbindet sie täglich fester, bis sie abfallen. Man unterbindet sie und vergräbt den Bindfaden unbeschrieen unter einem Baume. — Man knüpft an einen Leinwand- oder Seidenfaden so viele Knoten, als man Warzen hat, und gräbt ihn in den Boden oder unter eine Dachtraufe; nach schwäbischer Vorschrift vor Sonnenaufgang in ein Pumpbrunnenrohr; wer zuerst pumpt, bekommt sie. — Oder man lässt einen Faden von einem Andern um eine Warze binden, indem man leise spricht: Im Namen des Vaters, dann den zweiten Knoten schürzt und dabei spricht: des Sohnes, und dann den dritten: des hl. Geistes. Dann wird der Faden durch ein Fenster dem Curirenden zugeworfen, welcher ihn unter einer Traufe vergräbt. — Um die Warzen zu vertreiben, lässt man von einer Person, welche jedoch dieses Arcanum nicht kennen darf, dieselben zählen. Dann verschwinden sie bald. Wer nun das Geheimniss nicht weiss und dennoch zählt, bekommt dagegen diese Warzen selbst (Franken und Schwaben). — Im Frankenwalde ist das Verstreichen der Warzen während des Leichengeläutes üblich. Man spricht dabei: „Etz läut's zu der Leich, will i mei Warzn verstreich." — Sieht man zufällig drei Personen zum Thore hinaus reiten, so spreche man: „Es reiten drei Reiter zum Thore hinaus, Die sollen meine Warzen mit sich nehmen!" (Unterfr.). — Warzenblut erzeugt wieder Warzen. — Gegen Warzen wird in Schwaben empfohlen: Man binde einer Katze an jeden Fuss eine aufgeblasene „Saublater", mit der man die Warzen geschmiert hat, und lasse die Katze zum „Glockenladen" (des Dorfthurms) hinausrennen, sie wird in der

---

[1]) Seitz l. c. 65: „Die magnetische Cur (der Warzen, Hühneraugen und anderer Hautauswüchse) wann man einen Borstörffer Apfel mitten von einander schneidet, mit beiden Theilen dieselben wohl reibet, beide Theile wiederum mit einem Faden zusammen bindet und aufhenkt."

Luft in's Unsichtbare sich versteigen; — oder während man zur Leiche läutet, steht man an ein fliessendes Wasser, wäscht den Theil, wo man Warzen hat, und spricht: „Jetzt läutet man einer Leich', und was ich wasche, das weich'." — Man lege so viel Steine, als man Warzen hat, auf einen Brunnentrog, oder auf einen Stein am Weg, wer sie hinabstosst, bekommt sie. — Man bestreicht die Warzen stillschweigend mit der Seife, mit welcher eine Leiche gewaschen wurde, und wirft die Seife unter dem Leichenwagen hindurch, wenn er vom Hause des Verstorbenen abfährt. — In Schwaben bestreicht man die Warzen ebenfalls mit der schwarzen Schnecke (Judenschnecke), legt sie dann aber gerade so auf den Boden, wie man sie aufgehoben. — Wirf so viel Erbsen in den glühenden Backofen, als du Warzen hast, spring' aber sogleich weg, damit du nicht „pratzeln" hörst, sonst würde es ärger werden (Ibid.). — Will Jemand Einem die Warzen vertreiben, so bringt er ein Büschelchen kurz geschnittener Strohhalme mit, betupft jede Warze mit einem eigenen Halme und geht dann damit wieder seine Wege. — Auch kommt vor, dass die Warzen früh und Abends mit Speichel bestrichen werden, ohne dass der Handelnde daran erinnert wird. Die Warzen sollen vergehen, wenn sie mit gestohlenem Streichwasser (zum Ueberstreichen des Brodes, ehe es in den Backofen kommt) wäscht (Frankenwald). — Willst du einem Andern die Warzen vertreiben, so fahre mit einer halben Erbse über seine Warzen, ohne dass er es merkt, und wirf sie in einen Abort. — In Schwaben hält man den Käferspeichel an den Weidenzweigen (Lina populi et tremulae?) gut gegen die Warzen. — „Etliche halten, wann man die Wartzen, einen jeden mit einer sondern Erbse anrühre, auf die Stund', wann der Mond neu wird, und dieselbige alle in ein Tüchlein binde und hinter sich werfe, sollen die Warzen abfallen." (Tabernämont. Kr.-B. p. 884.) — „Nimm Nussblumen, reibe die Warzen, sie heilen." — „Sprich über die Warzen: Frene, Frene, dorra weg, Frene, Frene, dorra weg, Frene, Frene, dorra weg, im Namen Gottes des Vaters, Gottes des Sohnes, und Gottes des hl. Geistes. Dieses muss dreimal wiederholt werden, und bei jedem der drei höchsten Namen darüber wegblasen; in wenigen Wochen verschwinden sie, dass Niemand weiss, wo sie hingekommen sind." — M. Hoffmann berichtet in seinem Catalog 1694 p. 19, dass ein Bauer von Arnhofen bei Altdorf, Paul Hanmann, welcher die Virtuosität besass, bei einer Gasterei 11 Maass Bier, jede auf einen Zug, zu leeren, den Altdorfer Studenten, ohne hinzusehen, die Warzen vertrieben habe.

Haare.

Zur Beförderung des Haarwuchses circuliren cosmetische Vorschriften und Mittel in grosser Menge, wie Klettenwurzel-[1]), Meerzwiebelöl, Mailänder Haarbalsam von Kreller in Nürnberg. Dem Ausfallen der Haare nach schweren Krankheiten sucht man durch Waschen mit verdünntem Weingeist zu begegnen. Haare beim zunehmenden oder Vollmonde abgeschnitten wachsen bald und länger wieder nach. Wer beim Vollmonde um Mitternacht auf einem Kreuzwege dreimal hinter sich geht und spricht: „Wie du, o Mond, zunimmst, sollen auch meine Haare zunehmen", wird seinen Haarwuchs ausserordentlich befördern. Am Fastnachttage, Mittags zwischen 11 und 12 Uhr, soll man die Haare mit frischem Brunnenwasser waschen, dann werden sie das ganze Jahr über üppig wachsen (Unterfr.) — Morgenspeichel mit der Hand auf den Kopf gestrichen, begegnet der Kahlheit. — Abgeschnittene Haare dürfen nicht auf die Strasse oder den Mist geworfen werden, weil man durch dieselben von Hexen oder feindseligen Menschen beschädigt werden kann, sondern in den Abort, damit sie schnell vermodern (Unterfr.). — Wer sich am Charfreitage Bart und Haare scheeren lässt, bekommt viel Kopfweh (Schwaben). — Wenn die Vögel die abgeschnittenen Haare einer Person zu ihren Nestern verwenden, bekommt dieselbe Kopfweh. — Aehnliche Ansichten hat noch Seitz l. c. 76: „Ist also zu beobachten, was vor eine Gemeinschaft die Haar mit dem Leib haben, so ist auch nicht zu laugnen, dass durch die Haar viel Krankheiten geheilt werden, insonderheit derjenigen Theilen, von denen die Haar genommen werden..... Besagtes nun betrachtend, will ich alle und jede ermahnt haben, dass sie die Haar nicht so unfleissig hin und her werfen, dann auch dieses eine Ursach vieles Uebels sein kann: so solle man auch die Haar nit verbrennen, dann das Verbrennen verhindert das Excrement, wie solches durch die Erfahrnuss bekannt, sondern man solle sie an ein gesundes Ort vergraben und hauptstärkende Mittel dazu thun, damit das Haupt gestärkt werde, welches zur Gesundheit viel thut..... Auch siehet man die Haar an den todten Körpern auch lang nach dem Tod noch wachsen." — Wenn man sich graue oder

---

[1]) Die Wurzel von Arctium Bardana lappa galt schon in früher Zeit als Cosmeticum. Schott phys. cur I. 517: „Vir sexagenarius, cui post morbum diuturnum crines deciderant, brevi eos tempore recuperavit, non alio adhibito remedio, quam lixivio e radicibus lapparum aquae incoctis praeparato."

weisse Haare auf dem Kopfe ausrauft und solche zählt, wird sich ihre Anzahl verdoppeln (Unterfr.). — Nach schwäbischem Glauben verhütet Bärenschmalz das Ausfallen der Haare und verhütet den Glatzkopf. Kratzen hinter den Ohren[1]) und Sorgen machen graue Haare. Auch das Fett vom Dachse und der wilden Katze soll die Haare grau färben. Personen, welche täglich mit Geldzählen beschäftigt sind, sollen frühzeitig die Haare ausfallen. — Siedet man einen Maulwurf in Blut oder Wasser, beschmiert eine Stelle, wo man andere Haare haben will, so fallen diese aus und andere kommen (Schwaben). — Verbrenne einen ganzen Fuchskopf, lege grüne Eidechsenköpfe in Leinöl und mache mit diesem Oel jenes Pulver an, wo du die Salbe hinschmierst, wird Haar wachsen (Schwaben). — Die Asche von einem Frosch mit Wasser vermischt und an irgend eine haarige Stelle geschmiert, macht die Haare ausgehen (Schwaben). — Gegen Haarmilben hilft nach dortiger Vorschrift eine Salbe aus Hechtgalle und Hechtschmalz, womit man die Kämme schmieren muss. — Emporstehende Häärchen auf dem Kopfe werden im Grabfelde „Brippelhaare", anderwärts auch „Widerborsten" genannt, und sollen einen eigensinnigen, zänkischen Charakter andeuten (cfr. Schmeller l. c. I. 264). Als Beispiel eines üppigen Haarbildungsprozesses (Hypertrichosis) erscheint die Abtissin Bertha zu Kitzingen im 13. Jahrh.: fuit media hirsuta (Oefele, script. I. 611). — Rothe Haare waren schon im römischen Alterthume verhasst[2]), weungleich die vornehmen Damen jener Zeit sich gerne mit den röthlichen Zöpfen deutscher Frauen[3]) schmückten. — Der Symbolik, welche vom Aeusseren auf das Innere schloss, galten sie als Anzeige eines falschen Herzens, wie das alte Sprichwort bekundet: Rothes Haar, Gott bewahr'[4]). Will man die rothe Farbe seiner Haare in schwarze verwandeln, soll man die Haare abschneiden und unter einer Saalweide (Salix caprea) vergraben. Die neu nachwachsenden Haare werden dann schwarz. In Schwaben braucht man hiezu Absud von Bux. — Das Sprichwort: „Haare auf der Zunge haben" gilt von Personen mit entschlossenem Charakter. (Hert. comment. II. 275).

---

[1]) Der Sitte, sich bei zweifelhaften Gedanken auf dem Kopfe zu kratzen, gedenkt Cicero Tuscul. III. 18.
[2]) Martial. epigramm. VII. 54. „Crine ruber".
[3]) πυρροί τρίχες. Galen. περί κρασεων II. 5. περί διαίτης ιδιωτ. VII. „Color autem rubicundus non clarae rubedinis sed spissae, omni tempore dolis studentem hominem declarat." Alb. Magn. de animal. I. 3. 7. Theophrast. Paracelsi Werke, herausg. von Huser, IX. 59.
[4]) Hertii commentar. et opuscul. select. rar. II. 453. Rother Bart, Schelmen Art.

Blut.

Bei der bis in's 16. Jahrh. bestandenen Aussatzschau (wobei nicht allein die ächte aus dem Oriente stammende und in den Kreuzzügen nach Deutschland verschleppte Lepra, sondern auch manchfaltige andere Leproiden, Acne und Syphiloiden in Betracht gezogen wurden) fanden zwei Arten von Blutproben Anwendung, um zu ermitteln, ob der Mensch von diesem ansteckenden Uebel rein sci oder nicht. Man warf in das durch Venäsection entleerte Blut etwas gepulvertes Blei, schwamm dieses oben auf, so war der Mensch rein. Oder man goss Essig über das Blut, welches bei aussätzgen Personen zu sieden anfing. Der Glaube, dass Menschenblut den Aussatz heile, ging vom Oriente auf den Occident über; so räth ein Jude dem aussätzigen König Richard von England, sich zur Befreiung von seiner Krankheit im frischen Blute eines neugebornen Kindes zu baden und dessen Herz ganz warm und roh, so wie es aus dem Leibe genommen, zu verzehren. (Marbachs Volksbücher, Leipz. 1841. 22.) — In altdeutschen Volkssagen finden sich Spuren von Opferung von Kindern, die zur Heilung des Aussatzes getödtet wurden. (Grimm, D. M. I. 40.) — Für den „armen Heinrich" (von Hartmann von der Aue) kennt der berühmteste Arzt zu Salerno zur Heilung seines Aussatzes nur ein einziges Mittel, das Blut einer reinen Jungfrau. — Auch thierisches Blut ward früher häufig zu therapeutischen Zwecken benützt. So wird in den fr. Samml. VI. 498 von der Heilung einer Maniaca durch Eselsblut berichtet, und der Genuss frischen Blutes von Thieren gegen Epilepsie mehrfach, noch von Hufeland, empfohlen. Heut zu Tage findet dies kaum mehr statt.

Der uralte Glaube, dass die Wunden eines Ermorderten zu bluten beginnen, wenn der Mörder oder dessen Freunde sich dem Leichname nähern, gab Veranlassung zu dem sogenannten Bahrrechte [1]. Dem Blute strangulirter oder decollirter Missethäter schrieb man grosse Heilkräfte zu. — Sprichwörtlich sagt man von Einem, der vom Ungeziefer stark geplagt wird, er habe süsses Blut. — Als sogenannte Geblüt reinigende Mittel oder Frühlingscuren geniessen Viele im Frühlinge Thee von Schlüssel- und Schlehenblüthen, Salate, Gemüsse und Suppen von Sauerampher, Borago, Spargeln und Hopfensprossen, spitzigem Wegerich, Brennnesseln, Salbei, Valerianella olitoria, Brunn-

---

[1] Kellner, synops. ephemerid. 405. S. oben S. 107.

kresse, Bachbunge, Waldmeister, Birkensaft, Hollunder-, Wachholderlatwerge, Abkochungen der Klettenwurzel (radix bardanae), Rettige u. s. w.[1]). Man pflegte und pflegt noch männiglich im Frühlinge zu purgiren. — Nach Kleemann, Beitr. z. Natur- und Insectenk. 1792. I. 88 verschluckte 1773 ein Nürnberger eine ganze Brut Spinnen als blutreinigendes Abführmittel.

Blutsegen[2]), Besprechungsformeln, um Blutungen zu stillen, gehören zu den ältesten Denkmalen der deutschen Literatur. Noch heut zu Tage werden sie von Heilern insgeheim gesprochen (in Schwaben „überlesen"), und für sehr wirksam gehalten. Ihre Heilkraft beruht zunächst auf Reaction der alterirten Psyche auf den Blutlauf (in ähnlicher Weise, wie plözlicher Schrecken den Puls hemmt), wodurch in den äussersten Gefässendigungen das Blut gerinnt und einen die Wunde schliessenden Pfropf bildet. Man spricht zu dreien Malen über die Wunde: „Auf Christus des Herrn seinem Haupt stehen drei Rosen, die erste heisst Blut, die zweite heisst Blut, die dritte heisst Sibylle[3]), Blut stand stille. Im Namen der allerheiligsten Dreifaltigkeit, im Namen Gottes des Vaters †, Gottes des Sohnes †, Gottes des hl. Geistes †[4]) Amen." (Frickenhausen a. M., Ochsenfurt.) — Man nehme ein Steinchen, betupfe damit die Wunde, werfe es weg, sehe nicht mehr danach um, und spreche dreimal: „Jesus zu Bethlehem geboren, Zu Jerusalem verloren, Und im Jordan getauft, Blut stille deinen Lauf." Dann bete man drei Vaterunser. (Unterfr.)[5]) — Um das Blut zu verstellen, sprich dreimal darüber diese Worte: „Gottes Wunden sind verbunden, sie gehen nicht, sie schwüren nicht; also soll diese Wunde auch

---

[1]) Delius, fr. Samml. III. 103.

[2]) Grimm, D. M. 1195. Das älteste Beispiel in Homer. Odyss. XIX. 457.

[3]) Sibylle statt der altgerman. Walkyre Hilda, die Blut vergiessen und stillen kann.

[4]) Ein ähnlich beginnender Blutsegen in Schneiders freimüth. Gedank. 29, in Grimms D. M. 1196 und Wolfs Beiträg. I. 255. Die Rosa mystica nach Walafr. Strabi hortul. 416: „Ecclesiae summas signat per saecula palmas, Sanguine martyrii carpit quae dona rosarum" &c.

[5]) Aehnliche Formeln in Wieri praestig. daemon. IV. 4. Mone's Anzeiger VI. 469. VII. 420. Das Hintersichwerfen der Steine u. A., ohne sich umzuschauen, erinnernd an Ovid. Fast. V. 437, Metamorph. I. 383, kommt auch schon in Marcelli Empirici de medicam. I. p. 35 vor. Der Jordan figurirt häufig in alten Besprechungen, z. B. s. Hildegard. subtilit. III. 26, philolog. histor. Abhandl. d. k. Akad. d. Wiss. z. Berlin 1842. 1844. 4. S. 26; vielleicht liegt die Heilung des aussätzigen Naaman (Regum IV. 5. 10.) zu Grunde. Grimm, D. M. 495.

thun, wie Gottes Wunden haben gethan, also soll das Blut auch still stehen, im Namen Gott. d. Vat. †, und des Sohnes † und des hl. Geistes †. Dabei muss dreimal mit dem rechten Zeigefinger darüber gezeigt und jedesmal dreimal dazu behaucht werden (Ochsenfurt). — Oder sprich: „Durch Adams Blut kommt her der Tod (Paul. epist. Rom. V. 12), Ich gebiete dir Blut, stehe still im Namen Jesu Christi Blut." ††† Dreimal zu sprechen. (Schneeberg im Odenw.) — Für das Linnen- oder Rückblut: „Unsere liebe Frau ging durch eine breite schmale Gasse, darin sind viel Blut und auch viel Wasser. Blut, du sollst still stehen, Wasser, du sollst fortgehen. Das zur Buss' gezählt im Namen G. d. V. &c. (Ochsenfurt.) — Wenn Einem das Blut nicht stehen will, oder eine Aderwunde ist, so lege den Brief darauf, so steht das Blut von Stunde an. Wer es aber nicht glauben will, der schreibe die Buchstaben auf ein Messer und steche ein unvernünftiges Thier, es wird nicht bluten, und wer dieses bei sich trägt, der kann vor seinen Feinden bestehen: I. m. I. K. I. B. I. P. a. x. v. ss. st. vas. I. P. O. una y Lit. Dom. mper vobism. Und wenn eine Frau in Kindsnöthen liegt oder sonst hat, nehme sie den Brief zu ihr, wird gewiss nicht misslingen. (Sulzfeld und Fechenbach a. M.) — Reisse ein Stückchen aus dem Hemde des Verwundeten, tauche es in das Blut der Wunde und lege es in das Loch, wo du einen Stein aus dem Boden genommen, dann drücke den Stein wieder fest in das Loch. (Pfalz.) — „Selig ist der Tag, da Jesus Christus geboren ward, selig ist der Tag, da Jesus Christus gestorben war, selig ist der Tag, da Jesus Christus vom Tode auferstanden. Dies sind die hl. drei Stunden, damit stille ich dir N. N. dein Blut und heile deine Wunden, die sollen weder geschwellen, noch geschwären, so wenig, als Maria noch einen Sohn wird gebären. †††" (Frankenwald u. a. O.) — In Schwaben wird Mauskorn (Phönix) in braunrothe Seide genäht und angehängt. Dort gilt auch Drachenblut und Hasenhaar als gute Blutstillung. — Ein Blutsegen in einem Nürnb. Manuscripte des 16. Jahrh. lautet: „N., dir verstehe das Blut, Als die Himmelsthür' gegen einen ungetreuen Müller thut." (Die Unredlichkeit der Müller war im Mittelalter sprichwörtlich. Hertii comment. select. rar. II. 275 paroem. 13. Mone, Anzeiger VIII. 421.) — „N. N., drei Lilien stehen auf deinem Grabe, die erste heisst Gottes Muth, die zweite heisst Gottes Blut, die dritte heisst Gottes Will', Blut ich sage dir stehe in Gottes Namen still, im Namen der allerheiligsten Dreifaltigkeit, G. d. V. dreimal †††, dann muss Patient den Glauben und drei Vaterunser beten" (Unterfr.). — Aehnlich folgende aus Schwaben:

„Es stehen drei Rosen auf unseres lieben Herr Gott Grab, die erste heisst gut, die andere heisst wohlgemuth, die dritte stillt dir gewiss das Blut, Im Namen G. d. V. ✝✝✝ Amen"; oder: „Es standen drei „Dügell" auf Jacobs Grab, die erste heisst Jugend, die andere Tugend, die dritte sein Will', Blut stand still, im Namen Gott. d. V. ✝✝✝ Amen." Ferner: „Unsers lieben Herr Gotts fünf Wunden, standen unverbunden, sie bluten nicht, sie schwären nicht, sie schwellen nicht, Im Namen G. d. V. ✝✝✝ Amen." — Man nehme dreierlei Gräslein am Wege, lege diese über die Wunde und mache das Kreuzzeichen darüber. — Oder man lege das erste Gras im Namen Gottes des Vaters, das zweite im Namen Gottes des Sohnes u. s. w. über die Wunde. — Blut zu stillen, sprich: „Glückselige Wunde, Glückselige Stunde, Glückseliger Tag, da Christus geboren war. Im Namen Gottes des Vaters ✝✝✝." (Würtemb. Grenze; Oberfranken.) — Wenn eine grosse Ader gesprungen oder verletzt ist: Schreibe die vier Hauptwasser der ganzen Welt, welche (nach I. Mos. II. 11—13) aus dem Paradiese entsprungen, „Pischon, Gihon, Hiddekel, Phrath" auf einen Zettel und lege ihn auf die Wunde. (Rhön, Franken und Schwaben.) — Bete drei Vaterunser bis auf das Wort: „Auf Erden", hauche dann die Wunde dreimal in Einem Athem an. Im Namen &c. „Amen" darf jedoch nicht gesprochen werden. (Ibid.) (Bedeutungsvoll erscheint hier die sympathetische Manipulation beim Blutstillen. Wie der Fluss der Rede im Gebete bei dem Worte „Erde" gehemmt wird, so soll gleichsam auch der Blutfluss in die Erde versiegen und plötzlich unterbrochen werden, wie das nicht vollendete Gebet.) — Am Himmelfahrtstage schneidet man einen Spahn aus einer Esche und legt diesen auf die Wunde. (Schweinfurt.) — Man spricht leise einen Spruch aus der Bibel und bekreuzt dreimal die blutende Stelle mit dem Zeigefinger, oder man sagt dreimal: Blut stehe still, wie Christus im Jordan stille stand, im Namen des Vaters &c. ✝✝✝, oder man nimmt einen kleinen Stein, oder ein Stückchen Holz; lässt einige Tropfen des ausfliessenden Blutes darauf fallen, und verbindet den Stein oder das Holz stillschweigend mit reiner Leinwand, legt ihn an einen trockenen, der Zugluft, der Sonne oder dem Monde unzugänglichen Ort, und spricht: „Durch Adams Blut kommt her der Tod, ich gebiete dir, Blut, stehe still im Namen Jesu Christi Blut. ✝✝✝ Dreimal. (Odenwald.) — „Ich verstelle dieses Blut im Namen Jesu Christi, Gott der Vater sei mit mir und helfe ihm der hl. Geist; Wende dem N. N. die Schmerzen ab, dass ihm nicht wehe thut, so wahr sie haben Jesum in die Seiten gestochen, so kann er dir mit seinem Trost helfen, dass dieses Blut muss still stehen ohne

Schmerzen im Namen Gottes des Vaters &c." ††† Dieses muss dreimal darüber gesprochen und jedesmal dreimal darüber mit dem zweiten Finger der rechten Hand gezeigt und dreimal gehaucht werden (Ochsenfurt). — Ein Segen, das Blut zu stillen, aus dem Ende des 17. Jahrh.: „Der Herr Jesus und seine liebe Mutter gingen miteinander über Land, sie gingen miteinander durch eine enge Gassen, da begegnet ihnen das Wasser und das Blut; Blut, du sollst still stehen, Wasser, du sollst fortgehen! Im Namen &c." ††† (Württemb. Franken.) — „Kaltes Blut, warmes Blut, leg' dich nieder, rühr' dich nimmer, weil Maria den Sohn Jesum geboren hat, im Namen der allerheil. Dreifaltigkeit. O Herr Jesu, bewahre mich für heute Tag an Leib und Seel'." (Frankenwald.) — Fange im Mai oder zwischen den zwei Frauentagen grosse grüne Frösche, dörre und stosse diese und gib davon in rothem Wein mit etwas Granatäpfelschelfen und Menschenblut, so stillst du mit diesem Trank jegliche Blutung. (Schwaben.) — Man schneide einen dreieckigen Wasen in den drei höchsten Namen aus einem Plan und lege den Wasen auf die blutende Stelle. (Franken und Schwaben.) — Oder man spricht: „Glückselig ist die Wunde, und haucht über die Wunde hinab, betet ein Vaterunser dazu, sagt hierauf, glückselig ist die Stunde, haucht abermals über die Wunde und betet ein Vaterunser; zum drittenmale spricht man: glückselig ist der Tag, an dem sich Jesus Christus erhoben hat, dann wird nochmals über die Wunde geblasen und gebetet." — Man nimmt unberufen einen Stein aus dem Boden, beträufelt ihn mit Blut, legt ihn an die alte Stelle, wobei man dreimal spricht: „Unter diesem Stein, Heil' ich Mark und Bein. Im Namen Gottes &c." (Albertshofen bei Kitzingen.) — „Auf Christi Grab wachsen drei Ilgen, die erste heisst Jugend, die andere heisst Tugend, die dritte heisst Subul, Blut stand" †††. — „Glückselig die Stunde, da Jesus Christus geboren ist, glückselig die Stunde, da er gestorben ist, glückselig die Stunde, da er wieder erstanden ist, in drei Stunden segne ich dieses Menschen N. N. (oder Viehes) Wunden, dass sie weder bluten, noch schwären, bis dass Maria einen Sohn wird geboren, Und sie wird keinen mehr gebären, darum sollen sie nicht bluten, noch schwären. Im Namen G. d. V. † und d. S. † und d. hl. G. † Amen." (Schwaben.) — Eine Blutstillung, wenn der Verwundete abwesend ist: „So nenne den schadhaften Mann bei seinem Taufnamen, und ziehe einen Zaunstecken gerade über sich, und das Oberthel unter sich, und nenne ihn wieder bei seinem Namen, stecke alsdann den Zaunstecken im Namen Gottes d. V., d. S. und d. hl. G., Amen, wieder an seinen Ort. Bete hierauf ein Vaterunser, eine Ave

Maria und den Glauben." — „Es standen drei Rosen auf des Herrn Gottes Grab, die erste heisst Demuth: die andere heisst Sanftmuth, die dritte stillt das Blut †††." — Das Blut zu stillen, wenn man nur den Namen weiss. „Es liegen drei Rosen unter unsers lieben Herrn Gottes Herz, die erste war die Demuth, die andere die Sanftmuth, o Blut, steh' bei dem N. N. still, was der liebe Gott von dir haben will †††." — „Blut bleib' in deinen Adern, wie Christus bei der Wahrheit. Im Namen des Vaters &c. †††." Dabei werden die gekreuzten Hände über die Wunde gelegt. (Spessart.) — „Jesus war zu Bethlehem geboren, Jesus war zu Jerusalem getödtet, so wahr diese Worte sind, so wahr verstelle dir N. N. (hier wird dessen Name genannt, dem man helfen will) auch das Blut, im Namen Gottes d. V. &c. †††." (Nürnberg.) — „Sobald als du dich geschnitten oder gehauen, so sprich: „Glückselige Wunde, glückselige Stunde, glückselig ist der Tag, da Jesus Christus geboren ward, im Namen &c. †††." (Ober- und Unterfranken.) — „Wenn Einer verwundet ist (versteht sich, nur zu Hiebwunden und nicht zu Stichen), so beisse dem Patienten mit den Zähnen von der Schlafhaube oder Anderem, so er aufhat, ein wenig oder nur ein Fäserlein davon, leg's in die Wunde, so versteht sie, und schadet nichts, ob sie schon ein wenig eitert. Oder einen birkenen Schwamm." — „Nimm Rehhaar, das im 30. gefangen worden, sied's in gutem frischem Wein, bind' es über den Schaden, es sei gehauen oder gestochen, es stillt das Blut, ehe eine Stunde vergeht, und ist bewährt." — „Nimm das Moos, so auf den Todtenbeinen wächst, dörre es, mach's zu Pulver, trag's also bei dir, und streue in die Wunden, so versteht das Blut und heilt gut." — „So einer blutet, stosse ihm beide Hände in kaltes Wasser, will es nicht gestehen, so stosse ihm die Hände und Arme bis über die Ellenbogen in's Wasser hinein." — Wider das Gliedwasser bei den Wunden in den Gelenken: „Wenn bei solchen Wunden das Gliedwasser häufig abgeht, so stillt man es sogleich, wenn man in die Krümme von neugebackenem Brode nur drei Tropfen von dem Blute des Verwundeten tröpfeln lässt, und es ihm hernach zu essen gibt." — Für das Gliedwasser: „Es stehen drei Blumen auf des Herrn Christi Grab, die eine ist Gottes Güte, die andere ist seine Demuth, die dritte ist Gottes Will', Gliedwasser stehe still." ††† Es sei Menschen oder Vieh, so muss dessen Name dazu gesprochen werden, dem man helfen will. — Das Wildwasser zu stillen: „Nimm einen Apfel, so an den Hägendornen wachsen, lass' ihn dürr werden, stosse ihn zu Pulver, thue ihn in das Geschwür, es hilft gewiss." — Für das Gliedwasser: „Thue Saudreck und ein wenig Koth in einen linken Schuh und binde es darüber, so vergeht's. (Unterfr.) — Das Gliedwasser zu vertreiben an Menschen und Vieh: „Nimm eines Menschen Todtenkopf, schabe mit einem Messer von der Hirnschale Mehl ab und säe es in die Wunde." — Man spreche dreimal über die Wunde: „Es sind drei glückselige Stunden in diese Welt gekommen; in der ersten Stunde ist Gott geboren, in der andern Stunde ist Gott gestorben, in der dritten Stunde ist Gott wieder lebendig geworden. Jetzt nenne ich die drei glückseligen Stunden, und stelle dir N. N. damit das Gliedwasser (Synovia) und das Blut dazu, heile dessen Schaden und Wunden †††" (dreimal). (Unterf.)[1])

Der einst in hohem Ansehen gehaltene Haematites, welcher, in der Hand erwärmt, jeden Blutfluss stillen sollte, ist jetzt wenig in Gebrauch. — In den Ritzen des sogenannten Eichensteins (Muschelkalk) bei Uffenheim in Mittelfranken wuchs, nach Delius' fr. Samml. VIII. 319. ein Schwamm (Lycoperdon bovista et gemmatum?), welcher als blutstillendes Mittel von Leuten aus Nah' und Fern' gesucht wurde. — Man bindet eine ausgetrocknete Kröte auf den Nabel des Blutenden. — Man schüttet dem Blutenden kaltes Wasser unversehends in den Nacken.

Altherkömmliche Mittel, Blutungen zu stillen, sind auch Auswaschen mit Essig und kaltem Wasser, dann mit Salzwasser, Terpentinöl, Auflegen von Zunder aus dem eigenen Feuerzeuge[2]), verbrannte Leinwand, von Spinnengeweb[3]), von Leim, Feuerschwamm, oft einige Zeit lang angebrachter Druck, welcher auch mit Geld geübt wird; ebenso finden innerlich oder äusserlich Alaunlösung, Branntwein, rein oder gemischt mit Wasser, verdünnte Mineralsäuren, Zimmttinctur, nach dem Vorgange der Aerzte, häufige Anwendung.

Bei Nasenbluten empfiehlt man kalte Waschungen der Geschlechtstheile (Gegenreiz), kalte Ueberschläge auf den Kopf, oder ein Stückchen zusammengelegtes Fliesspapier zwischen den Gaumen und den untern Theil der Zunge zu legen. In Schwaben empfiehlt man gedörrtes Taubenblut zu schnupfen. Auch das auf der Hirnschale Erhängter gewachsene Moos in die Nase

---

[1]) Auf gleiche Weise beginnt ein Segen in Mone's Anzeiger. 1837. 460.

[2]) Ephemerid. acad. nat. cur. II. 8. obs. 19. II. 2. obs. 35.

[3]) Cfr. Marcell. Empiric. med. I. „fracto capiti tela aranei ex oleo et aceto imposita" &c. S. Hildegard. l. c. VIII. 4. Ephemerid. acad. nat. cur. II. 2. obs. 35. Kellner l. c. 592. Nach Laubender über die Heilkräfte der Spinnen (in den allgem. med. Annal. Altenb. 1801. Mai) heilen veraltete Geschwüre schnell, wenn man mehrere Kreuzspinnen in einer Quantität Oel an der Sonne digerirt, und diese Salbe einreibt.

geschoben, fand früher Anwendung. — In der Pfalz macht man aus Strohhalmen oder Schwefelhölzchen ein Kreuz auf dem Boden, und lässt die Tropfen darauf fallen (Ablenken der Aufmerksamkeit). Heftiges Nasenbluten stillt man, wenn man einen Muttergottesvierundzwanziger einige Zeit auf die Nasenwurzel drückt. — Gegen Nasenbluten hilft ungekochtes Sauerkraut in die Hand nehmen, bis es warm wird, dann lässt es nach; wer viel aus der Nase blutet, soll rothe Seide opfern. Auch gibt man Wollwurz und Täschelkraut in die Hand und unter die Fusssohlen u. s. w. (Schwaben). Oder man reisst am Fronleichnamstage zwischen 11—12 Uhr eine Kornblumenwurz aus dem Boden, und hebt sie auf. Nimmt diese Wurzel ein Patient in die Hand und wird sie warm, dann hört das Bluten auf (Schwaben). — Auch empfiehlt man einen Schlüssel oder ein Stück Zwiebel in den Nacken zu legen, oder wenn es aus dem rechten Nasenloch blutet, die rechte Hand, und umgekehrt, eine Zeit lang in die Höhe zu halten; ferner Essig und kaltes Wasser oder die von einem angebrannten Korke abgeschabte Kohle einzuschnaufen. — Bei Nasenbluten muss man um das äussere Gelenk des kleinen Fingers auf jener Seite, wo die Nase blutet, mit einem Faden umbinden (eine Procedur, welche auch bei Metrorrhagieen am linken kleinen Finger angewandt wird), oder die ganze Hand in die Höhe heben (Rhön, Schweinfurt). — Nimm Koth von Eseln oder grasfressenden Schweinen und halte ihn mit Essig vermischt unter die Nase (Altbayern).

Ein Esslöffel voll Weinbeeren, Morgens nüchtern eingenommen, Thee von Blättern der Salvia hortensis und pratensis, galten als Präservative vor Anfällen von Blutspeien, welches man durch eine Aderlässe, mit nachfolgender Diät und Ruhe oder auch durch Eingeben eines Löffels voll Salz bekämpft. Gegen Blutspeien: Nimm ein hermetisch verschliessendes (gedrechseltes) Sebächtelchen von Eschenholz, thue hinein pulverisirten Eisenvitriol (nach Andern Kupfervitriol, Grünspan), spucke dreimal blutigen Auswurf hinein, lege es unbeschrieen an einen dunkeln Ort, ohne sich wieder darnach umzusehen. Hat das Pulver das Blut aufgesogen, so ist das Blutspeien vorbei. (Aschaffenburg, Franken.) — Gegen Blutspeien spuckt man in ein Papierchen mit Kochsalz, so dass dasselbe von Blute geröthet wird, und wirft dasselbe in fliessendes Wasser. — Thee von getrockneten Kirschenstielen oder einige Tropfen eigenen Blutes in Wasser (im Frankenwald ein Löffel voll) getrunken[1]) sollen heftige Hämorrhagieen stillen und stär-

---

[1]) Cardan. subtilitat. XVIII. Wieri praestig. daemon. IV. 4.

stärken. — In Schwaben trinkt man bei Blutspeien und Nasenbluten auch Schafgarbenthee. — Ein in Vipernblut getauchter Faden wird um den Hals getragen. — Wird wegen grosser Fieberhitze dem Kranken zur Ader gelassen, so benetze man ein reines Tüchlein etwas mit diesem Blute und lege es, ohne es sonst nass werden zu lassen, an einen kühlen Ort, in den Keller, in einen Brunnen, dann wird die Hitze alsbald verschwinden. (Unterfr.)

Aderlassen und **Schröpfen** gehörte früher allgemein zur nothwendigen Frühlingscur; in den Klöstern (cfr. Gudenus, codex diplomat. III. 20. 1095), wo jenes auch noch im Herbste geschah, bestanden zu diesem Zwecke sog. Aderlassferien, welche in den zu den Klöstern gehörigen Villen (Aderlass-Schlösschen) zugebracht wurden. Bischof Otto II. von Freising überliess 1187 den Zehent von einem Weinberge bei Botzen mit der Bedingniss an Schäftlarn, dass den Frauen des Klosters bei ihrer Aderlässe von dem Weine gereicht werde. Genau bestimmte man bei der Venäsection die Vene, welche an den Armen oder Füssen, rechts oder links, entsprechend gewissen Affectionen, zu schlagen sei. So öffnete man die Vena salvatella der rechten Hand bei Leberanschoppungen, der linken Hand bei Milzanschoppungen. Nach vollbrachter Operation der Blutentziehung pflegte der Wundarzt dem Patienten Glück zu wünschen. Gemäss der Lehre der Salernitanischen Schule empfahl man Ruhe und Fröhlichkeit. So wurde Kaiser Philipp, nach Fries' Chronik 546, „am 21. Brachmonats 1208 in der Stadt Bamberg, als er ein Ader öffnen oder schlagen lassen und fröhlich gewesen", von Otto von Wittelsbach ermordet. Eine Münchner Handschrift (Cod. lat. 554. 4.) in den bayer. Annalen 1835 Nr. 21 beginnt ein lat. Gratulationsgedicht des jungen Churfürsten Maximilian an seinen Vater (vgl. Schmeller, W.-B. II. 493):

Mos est Germanis, pater illustrissime, nostris,
Et vetus et qualem tempora nostra ferunt,
Ut si forte cui minuatur sanguis aperta
Vera, quae recreent, munera dentur ei &c. &c.

Die Diätetik um die Zeit dieser Operation war keine sehr zweckmässige. So berichtet Roth, Gesch. d. Nürnb. Carthause. 1790. 23: „Die Karthäuser lassen sich jährlich fünfmal die Ader schlagen; an diesen Tagen vermehrt man ihr Essen und reicht ihnen Wein und Erquickungen, auch dürfen sie im grossen Garten umher gehen." Aehnliches beweisen die unter dem Volke kreisenden Reime: „Am ersten Tage mässig, Am zweiten Tag gefrässig, Am dritten Tage toll und voll, So bekommt das Aderlassen wohl." Die traurigen Folgen dieser häufigen

Blutentziehungen, Hydropsieen, Siechthum &c., kamen leider dem Arzte früher oft genug vor. Auch noch jetzt gilt in manchen Gegenden auf dem Lande, unterstützt durch gewinnsüchtiges Drängen unberufener Bader und Pfuscher, die Venäsection als unerlässliches Heilmittel in der Pneumonie, Pleuritis oder zur Reinigung vom „dicken, masten, verdorbenen Geblüt", und wehe dem jungen Arzte, welcher diesem blindgläubigen, besonders in Altbayern blühenden Vampyrismus nicht zu begegnen weiss[1]). Ein beliebtes Aderlassbüchlein war das von Alexander Seitz von Marburg 1529, dann 1535 jenes vom fürstl. Leibarzte Dr. Dierbach, welcher seine Heilmitttel also zeitlich vertheilt: „im Widder, der Wage, dem Schützen und Wassermann ist auserwählt zu lassen, gut im Krebs, Scorpion, Fisch; gut Arzney gebrauchen ist im Krebs mit Latwergen, im Scorpion mit Getränken, im Fisch mit Pillulen, im Wassermann und der Wage mit allen Mitteln, auch gut cristiren"; weiter jenes von Joh. Hebenstreit 1559. Auch der Kemptener Kalender sorgte dafür, dass nicht zu wenig Blut floss. — Auf Antrag der medicinischen Facultät zu Würzburg mussten seit 1769 die Aderlasstafeln aus den Kalendern wegbleiben. Vgl. die desshalb ergangene Verordnung vom 15. Septemb. 1768. — Nach allgemeinem Volksglauben soll die Aderlässe periodisch vorgenommen werden, besonders im Frühjahre zur Zeit der Holderblüthe bei schönem Wetter, und nach schwäbischem Wahne, nur bei „untergehendem Monde", wo die Hörner des Mondes abwärts stehen, da bei „gegen Himmel" stehenden Mondshörnern das Blut ebenfalls nach oben gegen Brust und Kopf steigt und durch Aderlässe noch mehr geschieht. — In der Pfalz liess man gewöhnlich am Ostermontage zur Ader. — Am Arme soll nach schwäbischem Glauben zur Ader gelassen werden bei Augenleiden, bei Congestionen, rheumatischen und katarrhalischen Erscheinungen der Brustorgane, bei Halsentzündungen und bei rheumatischen Schmerzen der Extremitäten, wenn solche noch nicht lange bestanden, bei Kopfschmerzen junger Individuen und bei Kreuzschmerzen. Die Vene am Arme oder auf dem Fussrücken wird gewählt bei allen Affectionen des Hauptes (Kopfschmerz, Schwindel, noch kurze Zeit bestehenden Ohrengeräuschen, bei „Tos-Ohrigkeit", bei Augenleiden &c. Wie man einen einzigen Blutstropfen, der sich versetzt oder vom Schädeldache herabfällt, als Ursache des Todes fürchtet, scheut man sich nicht, Milchnäpfe voll

---

[1]) Vgl. Capitul. de pallore monial. propter sanguin. mission. Pertz, monument. hist. script. III. 68. Arch. d. hist. Ver. v. Unterfr. IV. 3. 164.

Blut zu vergeuden. Zur Erholung und raschen Ersetzung trinkt man wie in alter Zeit nach der VS. Wein und kräftige Brühen. — Begegnet einem Kinde ein kleiner Unfall am Feuer oder mit einem schneidenden Instrumente, dann bläst oder streicht die Mutter beschwichtigend die Stelle mit den Worten: „Heile, heile Segen, Drei Tag' Regen, drei Tag' Sonnenschein, muss das Wehwele geheilt sein!" oder „Heile, heile, Kätzle, Kätzle hat ein Schwänzle, hat ein Löchle auch dabei, N. N. steck' dein' Wehwele 'nei!" Oder man sagt bei einer kleinen blutenden Wunde: „Gib Acht, die Seel' läuft aus!", da nach der Bibel des Menschen Leben in seinem Blute.

Das durch die Aderlässe entzogene Blut muss an einem reinen, gesunden Orte, auf dem Felde oder in fliessendes Wasser ausgegossen werden. Schüttet man es unter einen Rosenstock, so bekommt man rothe Backen (Oberpfalz). Einige rathen, dasselbe den Hunden zu fressen zu geben, wodurch zugleich eine sympathetische Uebertragung der Krankheit auf das Thier bewirkt werden könne. Blut, welches beim Schröpfen, Aderlass, Nasenbluten dunkel aussieht, wird als „stöckiges Geblüt" bezeichnet. — Gestocktes Blut im Unterleib zertheilt Benedictinerwurz (Schwaben).

Wunden, Geschwüre

werden im Allgemeinen mit einander verwechselt, und versteht man unter jenen weniger gewaltsame Trennungen des organischen Zusammenhanges, als Geschwüre, offene Schäden oder offene Wunden. Haben Verletzungen, auch „Löcher" genannt, heftige Blutung zur Folge, so sucht man vor Allem dieser Herr zu werden, wäscht sie mit frischem Wasser, auch Salzwasser, Essig, Branntwein oder mit dem eigenen Urine aus, um das „Geschwären" zu verhüten, und bindet sie zu, um sie, ohne grosse Rücksicht auf schnelle Vereinigung, ihrem weiteren Schicksale zu überlassen. Nur bei grösseren Wunden mit klaffenden Rändern greift man zu Tischlerleim oder auch Heftpflasterstreifen oder schickt zum Barbier oder gar Arzte, damit er es „flicke", wovor man übrigens allen Respect hat. Nach einem in der Pfalz allgemeinen Vorurtheil, soll man die Leinwand, womit man eine blutende Wunde gereinigt, nicht an einem feuchten, sondern trockenen Orte aufbewahren, oder noch besser verbrennen; denn im ersten Falle schwärt die Wunde und schmerzt noch lange, während sie im letzteren schnell heilt. Gegen Entzündung, Schmerz und andere Zufälle sucht man Hilfe statt in kalten Ueberschlägen u. s. w. in der Regel bei irgend einem Curpfuscher.

Die im Mittelalter Platz greifende arabische Chirurgie behandelte die Wunden und Geschwüre mit reizenden Wundwässern, Salben und Balsamen, wodurch so häufig deren gefährliche Entartung, in- und extensive Verschlimmerung herbeigeführt wurde. Erst mit dem 17. Jahrh. begann eine vereinfachte, rationelle Akiurgie; wenngleich die klugen und alten Frauen mit ihrem Pflasterkram und den Salbenarcana bis in die neueste Zeit herab zu curiren nicht unterliessen. Unter den vielen, einst im Schwunge gehenden Pflastersorten hat sich das von Kaufm. Sim. Irnsinger im Anfange des 30jährigen Kriegs componirte, weltbekannte, mit kaiserlichem Privilegium begabte Nürnberger fortwährend im Ansehen erhalten, und ist sogar in den Arzneischatz der bayerischen Pharmacopoe als Emplastrum Noricum aufgenommen worden [1]). Grosse Verbreitung fand auch das sog. Löffelholtz'sche Pflaster, welches in der erwähnten Patricierfamilie zu Nürnberg lange Zeit als Geheimmittel bereitet wurde. „Es besteht aus 12 Loth Baumöl, 4 Loth Johannisblumenöl, 4 Loth Leinöl, 6 Loth Silberglätte, 6 Loth Venetianische Seife, feine Meng, 1 Loth Kampher. Man siedet diese Mischung auf stätem Kohlenfeuer untereinander und rührt sie bisweilen mit einer hölzernen Spatel um, und thut das so lange, bis es sich ziehen lässt und an der Spatel durchsichtig erscheint." — Das zu Würzburg s. Z. viel gebrauchte Moravecks-Pflaster soll aus weissem Pech, gelbem Wachs und Schweinfett zu gleichen Theilen bestehen. In Schweinau bei Nürnberg wird ein aus Arnica montana bereitetes Pflaster als sehr heilkräftig gerühmt. Ein dem Emplastrum fuscum (Empl. Noricum) ähnliches, gegen jede Verwundung gerühmtes Pflaster wird in Franken also bereitet: Man nimmt Mennige (1 Theil), Leinöl (2 Theile) und etwas gepulverten Kampher, lässt dieses bis zur Lösung einige Stunden

---

[1]) Wagenseil, de s. r. i. lib. civit. Noriberg. p. 151 rühmt 1697 Noribergense cataplasma, quo contra vulnera, ulcera, artuum dolores et mala varia nullum aliud remedium potentius, ita ut pro panacea valeat apud omnes Germaniae nationes, ejusque magna copia etiam ad peregrinos populos deferatur. Das Pflaster, bestehend aus Blei, Campher &c, wird gegenwärtig noch von den Erben der Maria von Endter fabricirt und in kleinen Schachteln (zu 17 Kreuzer) verkauft mit der gedruckten Aufschrift und dem Wappen Irnsinger's (Kaufm. Sim. Irnsinger geb. 1586 zu Nürnb, † 1651) oder Nürnbergisch Pflaster, nach dessen Absterben bei seinem Testamentsexecutorn J. G. Gruber, welchem er es vor seinem tödtlichen Hintritt anvertrauet, zu finden in der goldenen Gans S. Nr. 33 in der Winklerstrasse gerecht auch einig und allein zu finden.

stehen und kocht es dann unter stetem Umrühren in einem neuen Geschirre, bis es eine braune (nicht schwarze) Farbe annimmt und etwas zäheflüssig vom Spatel läuft. Dann kommt es schnell vom Feuer und in ein anderes Gefäss. Das Pflaster wird täglich einmal erneuert, bis sich die Wunde schliesst; es soll besonders entzündungswidrig und schmerzstillend sein. In Würzburg wird bei „Wunden, Geschwüren, Verhärtungen" als Pflaster empfohlen: 8 Loth Leinöl, 4 Loth gelbes Wachs, 4 Loth Kübelspech werden in einem neuen irdenen Topfe über Kohlen $1/4$ Stunde lang umgerührt, dann 3 Loth fein gestossenes Bleiweiss, 3 Loth Galmei hinzugethan und nochmals aufgekocht, dann hinweg gethan und umgerührt, bis es kalt ist. Dies wird kühl aufbewahrt und im Bedarfsfalle zweistündlich aufgelegt. Bildet sich wildes Fleisch, so wird zuerst etwas Alaun aufgestreut und dann das Pflaster aufgelegt. — Nach einer alten Ansicht dürfen verwundete Stellen nicht mit Baumwolle, sondern mit Leinwand verbunden werden. (Cfr. Hildeg. I. 11.)

Gegen Wundfieber nimm eine Schlangenhaut, wie man sie abgestreift im Felde findet, stosse sie zu Pulver und streue das in die Wunde, es hilft in geschossenen, gestochenen und gehauenen Wunden (Schwaben). — Schneide an Peter und Pauli vor Sonnenaufgang Eschenholz von unten auf, dieses Holz geschabt auf die frische Wunde gelegt, heilt sie zu (daselbst). — Leichte Hautwunden, Excoriationen, besonders am Schienbein, bedekt man mit dem inneren Eiweisshäutchen, Spinnengewebe, englischem Pflaster, Honig, Pech, Saft von Calendula und Plantago lanceolata.

Leute, welche das Blut stillen, brauchen in der Regel sogleich auch gegen die Schmerzen. Man haucht die Wunde dreimal an, worauf der Schmerz wie wegeblasen ist. — Oder man spricht den Segen: „Jesus, durch die Wunden dein Entzieh' sich alles Unglück mein, Fünf Wunden Jesu helfen mir, Und sein Arznei für und für." Dieses Gebet muss des Tags fünfmal gesprochen und die Hand auf die Schmerzstelle gelegt, auch jedesmal das Kreuz darüber gemacht werden, im Namen Gott. d. Vat. u. s. w. (Im Ebrachgrunde.) — Den Schmerzen zu nehmen an einer frischen Wunde: „Unser lieber Herr Jesus Christ hat gehabt viel Beulen und Wunden, und doch keine verbunden, sie jähren nicht, sie geschwären nicht, es gibt auch keinen Eiter nicht. Jonas (var. Tobias, oder Thomas) war blind, sprach ich, das himmlische Kind, so wahr die heiligen fünf Wunden sind geschlagen, sie gerinnen nicht, sie geschwären nicht, daraus nehm' ich Wasser und Blut, das ist für alle Wunden und Schäden gut, heilig ist der Mann, der alle Schäden und Wunden heilen kann. †††. Amen." (Unter- und Oberfranken). — Schmerzen irgendwo zu heben: „Beim Läuten, wann der Todte hinausgetragen wird, reibe den leidenden Theil mit dem Inneren einer Speckschwarte und sprich: „Böses und Unrath du sollst vergehen, wie der Tödt' im Grabe; und drei Vateruuser —; die Schwarte vergrabe unter einer Dachtraufe." (Albertshofen.) — Die Schmerzen zu nehmen, es mag sein, was es will: „Es ist heut' ein heiliger Tag, dass Gott wolle Niemand keinen Schaden, die du am ganzen Leibe hast, aufkommen lassen, es seie gleich, Ross, Vieh und Alles, was lebendig ist. † Gott grüsse dich lieber Sohn † Eduard. † Gott grüsse dich lieber Mann † Otto. † Gott grüsse dich Sohn heiliger Geist † tetragrammatum; ich bitte dich, o heilige Dreifaltigkeit, hilf diesem N. N dass ihm alle Schmerzen nachlassen, wie sie heissen mögen, und was von bösen Sachen herkommt; Christus gebietet †, Christus überwindet, Christus ist dir zu gut ein Mensch geworden, und sie vor allem Uebel behütet und bewahret; Jesus Christus von Nazareth der gekreuzigte Heiland mit Maria seiner lieben Mutter helfe diesem N. N. von allem Uebel, wie es Namen hat. Amen. ††† Jesus Nazarenus Rex Judaeorum." (Unterfr.) — Wunden zu verhindern, sie mögen sein, wie sie wollen: „Sprich also: Die Wunde verbinde ich in drei Namen, dass du an dich nimmst Gliedwasser, Schwinden, Geschwulst, und Alles, was der Geschwulst Schaden mag sein, im Namen der heiligen Dreieinigkeit, und das muss dreimal gesprochen werden; fahre mit einem Faden dreimal um die Wunde herum, lege es unter der rechten Ecke gegen die Sonne und sprich: Ich lege dich dahin †††, dass du an dich nimmst Gliedwasser, Geschwulst und Eiter, und Alles, was der Wunde Schaden mag sein, †††. Amen. Bete ein Vater-Unser und walte Gott." (Unterfr.). — Gegen starke Verwundung sprich: Glückselig ist diese Stund', dass mir heilet diese Wund'! Im Namen des Vaters &c. †††." (Unterfr.) — Aehnlich in Oberfranken: „Glückhaftig ist der Tag, glückhaftig sei die Stund', dass du weder geschwillst noch geschwärst, bis die Maria einen andern Sohn gebärt †††." — Wunden zu heilen: „Während man mit Daumen und Zeigefinger die Wunde überspannt und auf die Stelle drei Kreuze gemacht hat, spricht man: Was ich heil', das heil' ich, wie unser Herr Jesus Christus seine fünf Wunden geheilet. Im Namen des Vat. &c. †††." — Oder für frische Wunden: „Frisch ist die Wund', heilsam ist der Tag, und glückselig die Stund'; sobald ich dich ergreif', dass du weder geschwillst, noch geschwärst, bis Maria einen andern Sohn gebärt †††." — „Wann sich Einer hauet oder schneidet, so sprich: Heilsam ist die Wunde, Heilsam ist die Stunde, Das nicht geschwärt, Und nicht gebärt, Bis die MutterGottes ihren ersten Sohn wieder gebärt." (Unterfr.) — Das Schwüren frischer Wunden zu beschwören, aus Ochsenfurt: „N. N. Ich beschwöre dir dein Wund und Blut, dass es weder geschwürt noch geschwillen thut, dass es bleibt stehen, wie unsers Gottes sein Gebein, dass es bleibt wie unsers Herrn Gottes sein Leib. Im Namen Gottes des Vaters u. s. w. †††." Dieses muss dreimal darüber gesprochen werden, jedesmal dreimal mit dem Finger der rechten Hand darüber gezeigt und jedesmal dreimal dazu behaucht werden. (Aehnl. in Mittelfr.) — Für das Fussweh': „Wunden gut, ich stelle dich mit Gottes Blut, dass du weder schwärest noch schwellest, bis die liebe Frau einen andern Sohn gebärt. †††. Satora robote Netabe rattota. S. †." — Wunden heilen schnell, wenn man die Schneide des Messers, womit die Verwundung geschah, sogleich durch warmen Menschenkoth zieht, und dasselbe an einen Ort legt, den Sonne und Mond nicht bescheinen. Dabei spricht man: „Asteris violis dismov. (?). Im Namen Gottes" u. s. w. (Oberfr.) — Oder man macht um die Wunde mit dem Zeigefinger einen Kreis und spricht leise: „Wunde, Wunde, Wunde, geschwäre nicht, denn Christus hat auch nicht geschworen!" (Oberfr.) — Oder man legt die Daumen kreuzweise über die Wunde und spricht: „Du sollst weder schwellen noch schwären, Bis die Mutter Gottes einen andern Sohn wird gebären!" (Nürnberg.) — Wer am Ostermorgen vor Sonnenaufgang unbeschrieen aus einem Flusse Wasser holt, kann (nach Oberpfälzer Wahne) alle Wunden heilen. — In Schwaben gilt Menschenkoth bei gerissenen Wunden für sehr gesund. Ein Schnitt heilt ohne Schmerzen, wenn man mit einem Espenspahn hindurch fährt und ihn dann vergräbt, wo weder Sonne noch Mond hinscheint (daselbst).

Beulen, durch Contusion entstanden, vertreibt man durch Aufdrücken der Fläche einer Messerklinge. Auch wird bei Contusionen kaltes Wasser oder Lehm mit Essig aufgelegt. — Die Geschwulst zu vertreiben: „Gehe zu einem Metzger, der eine Sau metzet, sprich ihn an, aber bitte ihn dreimal um Gottes willen, gebet mir die Blater mit sammt dem Wasser, lass' das Wasser auslaufen, hernach lass' dem kranken Menschen sein Wasser in die Blater laufen, darnach hänge die Blater in den Rauch sammt dem Wasser, es hilft gewiss." (Schwaben). — Gegen Geschwulst (Haisch): „Es gingen drei Jungfrauen über hidere, hädere, holdere Berge; die erste sprach: das Fülle hat's Haisch; die andere sprach, es hat's nicht; die dritte sprach, es hat's. ††† dreimal. — „Geschwulst, Geschwulst, Geschwulst, ich gebiete dir im Namen Jesu Christi, dass du dem N. N. so wenig schadest, als unserm Herrn Jesu Christi die drei Nägel geschadet, die ihm die Juden durch Händ' und Füsse geschlagen." ††† dreimal. (Frankenwald und anderwärts.) — „Es gingen drei reine Jungfrauen, Sie wollten eine Geschwulst und Krankheit beschauen. Die Eine sprach: Es ist heisch (Var. Geisch), Die Andere sprach: Es ist nicht. Die Dritte sprach: Ist es denn nicht, so komm' unser lieber Herr Jesus Christ." Im Namen der hl. Dreifaltigkeit gesprochen. †††. (Oberfr.). — Für die Geschwulst: „O du Geschwulst, o du Geschwulst, o du Geschwulst, o du schadhafter Schad, jetzt bitt' ich dich ob dem frohen Kreuz, da Christus der Herr so willig und so geduldig leiden thut, bei unsers Herrn Jesu Christi hl. fünf Wunden, die nicht geschwären und nicht geschwellen und keinen Brand und keine Materie geben." Dreimal in 24 Stunden gesprochen.

Bei einem erlittenen Stich oder Schnitt oder bei einem Tritt in einen Nagel soll man unberufen das verletzende Werkzeug sogleich mit Fett oder Wagenschmiere bestreichen und an einem unzugänglichen Orte aufheben. In der Pfalz wickelt man das Instrument in graues Fliesspapier. Dann wird die Wunde nicht geschwüren. Die Wunde oder das verletzende Werkzeug wird mit einem Eschenzweige bestrichen, dieser an einem dunkeln Orte sorgfältig aufbewahrt; auch wird das Beil mit Blut bestrichen und unter der Dachtraufe dem Luftzuge vom Fenster aus ausgesetzt. — Zur Entfernung von Splittern erwähnt Camerar. hort. med. phil. 67: Gladiolus nostras ... vulgus ad extrahenda infixa utitur superiore radice, vim autem repellendi inferiori tribuit." — Der ausgezogene Spreissel muss mit den Zähnen zerbissen werden, so wird weder Schmerz noch Eiterung erfolgen. — Oder man spiesse denselben in ein Unschlittlicht. — Dörner und Spindelspitzen verursachen gern den „Hundskrampf", welcher sicher tödtet, wie der Biss eines wüthigen Hundes. — Wunden und Geschwüre heilen in kurzer Zeit, wenn man Charpie, getränkt mit dem Safte des grossen oder breiten Wegerich (Wegbreit, Schafzunge, Plantago major), auflegt. Schnittwunden wäscht man aus und bedeckt sie mit einem Fleckchen mit Tischlerleim, gummirtem Papier oder Seidenzeug, Heftpflaster, um den Zutritt der Luft abzuschliessen. „Bei grossen Wunden hefte sie, ohne dass Jemand die Wunde oder Anlegung der Naht sieht" (Hof). Besonders heilkräftig ist Menschenharn oder das Belecken von Wunden und Geschwüren durch Hunde [1]). Als Wundsalbe

---

[1]) S. Hildegard. subtilit. VII. 20: „calor, qui in lingua canis est, vulneribus et ulceribus sanitatem confert, si ea calore linguae suae teti-

ist besonders Butter, auf ein Salatblatt gestrichen, in Uebung; Hirschtalg und andere thierische Fette stehen hoch in Ansehen. Eine andere kocht man aus Butter, welche man, bevor sie in Wasser gelegt, verschleichen lässt, grüne Wachholderbeeren darunter stösst und einen halben Tag auf Kohlenfeuer setzt. Auch grüne Hollunderrinde wird zu kühlenden Salben benützt. Besonders gilt „Ilgenöl", dann die sog. Neuntagbutter, im Mai [1]), von Kühen, welche zum erstenmale gekalbt haben, in den ersten neun Tagen bereitet, als sehr heilkräftig bei Brandwunden, Geschwülsten und allen äusserlichen Leiden. Hasenfett dient als Zugsalbe. Hundekoth, album graecum, zertheilt Geschwülste und reinigt Geschwüre (Rehm, fränk. Volksfreund, Schwabach 1793, S. 460). Abscesse, Furunkeln, Ais, Schlier (ulcus, bubo inguinal.) (Schmeller, W.-B. III. 457) genannt, erweicht man mit gekochten Zwiebeln, Brodbrei, einer Salbe von Honig mit gepulvertem Taubenkoth; Ueberschlägen von Mehl und grüner Hollunderrinde. Den Eiter nennt man „Materie", ist er mit Blut vermischt, „verbrennts Geblüt". Sogenanntes wildes Fleisch in Wunden wird mit weissem Zucker bestreut. Der Saft von Hauswurz wird bei allen äusseren Verletzungen gebraucht. Alte atonische Geschwüre werden mit Sanikelsaft, Tabakssaft, Tabaksasche, Kohlenpulver, Kalkwasser, Spinnengewebe [2]), Schöllkrautsaft, Terpentin, Balsam. peruvian. behandelt oder mit Geduld bis zum sel. Ende getragen. Bei Krebsgeschwüren empfiehlt man den Saft fauler Borstorfer Aepfel, in Oberbayern das Auflegen eines frisch gestossenen Flusskrebses.

Personen, welche öfter an Abscessen, Furunkeln, in Franken „Hundschübel", „Hundsschüttler", „Ais" in Bayern genannt, haben nach dem Volksausdruck eine „süchtige Natur". In Württemb. Schwaben finden sich, um von den Furunkeln, „Aissen", befreit zu werden, die Aissekäpple, in die man Besen opfert; so in Baach bei Zwiefalten, zu Wolfertsweiler. — Frische Geissfelle auf Aisse oder Wunden gelegt, heilt (Schwaben). — Bei offenen

---

gerit." Vielleicht auch eine Erinnerung an Luc. XVI. 21: „Canes lingebant ulcera Lazari."

[1]) S. Hildegard. l. c. III. 23. VI. 19. 34. „butyrum, quod in Maio paratur, ad unguenta valet. Im Ochsenfurter Gau werden zwei Umschläge, gekocht aus Essig, Bleiglätte, rothem Bolus und Campher, dann aus Olivenöl, das längere Zeit mit Rosenblättern und weissem Rübensafte digerirt worden, mit Bleiglätte, häufig angewendet. Thauumschläge empfiehlt Lang, epist. med. 30: „Ros ulcera consolidat."

[2]) Plin. hist. nat. XXX. 38. S. Hildegard. l. c. VIII. 4: „tela araneae super quaedam ulcera velut suavis sit sentitur."

Füssen gebrauchen alte Weiber in Schwaben die Ringelblume (Calendula). (Das frische Kraut und das Extract zu Umschlägen und Injectionen ist das berühmte schwedische Volksmittel gegen Krebsgeschwüre.) Sind böse Fussgeschwüre zu schnell zugeheilt, so zieht man sie mit Seidelbast wieder auf; man heilt sie auch mit Frauenmilch. — Geschwüre vertreiben (verkaufen): „Man betet ein Vaterunser. Dann nimmt man eine Kupfermünze, reibt das Geschwür dreimal damit, wirft es Morgens vor Sonnenaufgang auf der Strasse rücklings ohne sich umzusehen über sich hin und geht stillschweigend nach Hause. Wer das Geldstück aufhebt, bekommt das Geschwür, und der Andere wird frei." — Wenn ein Schaden (welcher nach dem Volksausdruck zwischen Haut und Fleisch sitzt) nicht aufbrechen will, nimm Jungfernpergament, so gross der Schaden ist, lege es in's Wasser, hernach auf den Schaden. — Seitz l. c. p. 19: „Wenn die Geschwär gar nicht heilen wollen, nimm 4 Loth Russ, Gerstenmehl 2 Loth, ausgepressten Saft von Petersilien, Rosen-Honig, oder gemeinen Honig, eines so viel als das andere, mische es zur Salbe, das thut auch der weisse Hundskoth, mit Baumöhl und Eyerweiss zu einer Salbe gemacht, ist ein verwunderliches Mittel. — Merke, wann die Geschwär durch Zauberey seynd angethan, so lege deinen eigenen Koth warm darüber, lasse ihn ein Weil liegen, alsdann nehme den Koth, thu ihn in eine Blase, henke dieselbe im Schloth in Rauch, so wird den Zauberer ein unlöschlicher Durst ankommen." — Geschwüre bestreiche mit einem Dochte, thue denselben in eine Lampe, wann er verbrannt ist, ist das Geschwür heil (Albertshofen). — Taubendreck oder pulverisirte Schweinsdärmer in eine offene Fistel gestreut heilt (Schwaben). — Schweineschmer, namentlich aber der Saunabel (je älter, desto besser), gilt dort als Hauptmittel in gerissenen und gestochenen Wunden. — Gegen fressende Wunden setzt man eine Kröte, welche die Sonne nie beschienen hat, aus einem Keller oder Brunnen, in ein neues Töpfchen, vermacht es gut, stellt es an einen Ofen, etwa wenn der Häfner brennt, und verbrennt sie zu Pulver, mit welchem die fressenden Wunden bestreut werden (Neuhaus, Oberfranken).

In Krebs kann im Sinne des Volkes jede kleine Wunde, Warze, Pocke übergehen. Man wendet bei hartnäckigen „krebsartigen" Geschwüren verschiedene Salben und Pflaster an, rothen und weissen Präcipitat, blauen, weissen Vitriol, Höllenstein, Kohlenpulver, Absude von Chamillen, Bilsenkraut, Gerberlohe, legt Mangold-, Nussblätter auf. — Gegen Gesichtskrebs empfiehlt man in der Pfalz Wolfsmilch und Schafblut. — Ferner rühmt man bei Krebsgeschwüren Auflegen von noch blutigem, warmem Rind- oder Kalbfleisch oder von Hühnern, Tauben, Sperlingen. Das Fleisch bleibt 24 Stunden lang liegen, und wird dann unter einer Dachtraufe vergraben, oder einem Hunde oder Raben stückweise vorgeworfen. Das Geschwür wird alsdann gereinigt und wiederum Fleisch aufgelegt. — Auch das Auflegen einer noch lebenden, ihres Fells beraubten Maus oder einer frisch geschlachteten halben Taube wird empfohlen. — Das Einlegen blutiger Fleischstücke von erwähnten Thieren in die Mutterscheide soll bei entsprechender kräftigender Diät den Mutterkrebs heilen. — Gegen Krebs der Weiberbrust hilft, wenn man eine lebendige Kröte darauf bindet, bis sie verreckt. Man muss aber vorher ein Kreuz über sie machen. (Die Kröten ziehen alles Giftige an.) (Schwaben.) — Theophrasti Paracelsi geheimnissvolle Cur, den Krebs zu heilen: „Dieses besteht darinnen, wenn nämlich ein Mensch einen lebendigen Maulwurf in seiner Hand mitten umfasset, und darin feste hält, bis er todt ist, so bekommt dieselbe Haut eine solche Kraft, dass hernach selbe Krebsbeulen, ehe sie aufbrechen, vergehen und verschwinden, wenn man zu verschiedenen Malen mit derselben darüber herfährt." — Auch die gelben Rüben gelten in Schwaben, innerlich und äusserlich, als gerühmtes Krebsmittel. — Auf Krebsgeschwüren wird ein Krebs, dessen Scheeren festgebunden sind, befestigt, bis er stirbt. Dann begräbt man ihn vor Sonnenaufgang unter Beten von drei Vaterunsern. — Nach schwäbischem Wahne vertreibt Stutenmilch Krebs und Aussatz; auch warmer Schafsmist aufgelegt heilt Krebs. — In der Pfalz sollen Curpfuscher auch durch Anwendung von Arsen viel Unheil gestiftet haben. — Auf Fussgeschwüre, welche oft Jahre lang bestehen, und gewöhnlich „Salzflüsse", in der Pfalz „hannige Flüsse" genannt werden, legen Manche Sauerampfer-, Mangold-, Nuss-, Trauben-, Epheu- (auch Eppich genannt), Pfirsichblätter u. s. w., welche kühlen und das schnelle Zuheilen hindern sollen, damit sie sich nicht auf das Herz ziehen.

Bei Brandwunden gebraucht man Umschläge von kaltem Wasser, Spinnengeweb, faulen Birnen, geschabten rohen Kartoffeln, Seife, Tinte, Saft von Aloë soccotrina, Bierhefe, Leinöl, Terpentinöl und Lilienöl [1]). Den verbrannten Finger drückt man fest wider einen harten Gegenstand, gewöhnlich an das Ohrläppchen (um die Ausdehnung der entzündeten Gefässendigungen

---

[1]) Ein Brandsegen, bei welchem zu jedem Worte geblasen werden muss, im Arch. d. hist. Ver. v. Unterfr. V. 2. 108.

zu hemmen); man hält verbrannte Theile homöopathisch an's Feuer, um die Hitze wieder herauszuziehen. In gleicher Absicht befeuchtet man Brandwunden mit Branntwein, Essig, oder Salzwasser. Auch bedeckt man die Brandstelle, besonders wenn die Oberhaut gelöst ist, dick mit Mehl, oder mit Oel und dann mit Kochsalz, bindet hierauf ein reines trockenes Stück Leinwand auf, um dem Schmerz zu begegnen. Kehrt letzterer wieder, so streut man frisches Mehl auf und wiederholt dieses, wenn die Wunde sehr bedeutend ist, drei- bis viermal. Die Wirkung des Mittels wird erhöht, wenn man etwas zerstossenen Galmei, etwa 1 Theil auf 4 Theile Mehl, beimengt und die Mischung ein wenig befeuchtet. Man belegt Brandwunden mit Recht mit Baumwollenwatte, die angeklebt nicht abgerissen werden darf. — Brandwunden mit Substanzverlust bestreicht man mit verchiedenen Brandsalben, so mit Oel und Eiweiss oder mit Eigelb, mit süssem Rahm, Oel oder Schweinfett mit Wachs, wodurch die Spannung gemässigt wird. — Brandsalbe: Nimm Kalk und lösche ihn ab mit Wasser, welches den Bach hinunter geschöpft wird. Die Hälfte Wasser und die Hälfte Leinöl, hernach ein Stücklein Bleiweiss klein gestossen und zu einer Salbe gemacht. — In der Pfalz applicirt man bei Verbrennungen ohne Substanzverlust mit Nutzen eine Salbe von Asche — „ein Stück eines alten Mannshemdes, so wollen es die Weiber, muss verbrannt werden" — mit Butter. — Geschwüre an zarten Theilen reinigt man mit Quittensamenschleim; auch unterstützt man die Heilung durch Aufgüsse von Chamillen, thymus serpyllum und Origanum vulgare. — Gegen Brandwunden: Drücke mit dem Daumen auf die verbrannte Stelle und spreche dreimal, indem man die Hand, je nach den Worten, bald ein- bald auswärts dreht: „Brenne nicht einwärts, sondern auswärts, im Namen Gottes d. V., d. S. u. d. hl. G. Amen." Bei Amen drücke man auf die Wunde. — Bei Brandwunden, gegen die zuvor nichts gebraucht worden ist, sprich: „Der Sang (Sengen), der Brand soll vergehen, wie eine todte Manneshand." Dies geschieht dreimal, wobei dreimal kreuzweise über die Wunde nach aussen und ja nicht gegen den Körper geblasen wird, sonst geht der Brand in den Körper und folgt Auszehrung und Tod. Wird's richtig gebraucht, so entstehen höchstens Blasen, aber nie Schmerzen und Weiterverbreitung des Brandes. (Aschaffenburg.) — „Ich habe mich gebrannt, Christus den Herrn, den hat man erhenkt, schadet ihm sein Henken nichts, so schadet dir dein Verbrennen nichts. †††. Thust du aber Jemand dafür, so sprich! Du hast dich gebrannt N. N. Du kannst dafür thun, wenn du nicht bei dem Menschen bist, wenn du nur seinen Namen weissest. Nimm ungewässerte Butter und fahre damit um das Verbrannte herum, darnach thue ihn neun Tage an einen stillen Ort." — Wenn man sich an einem Glied oder am Leibe verbrannt hat, dass es keine Blattern gibt oder Narben zurücklässt: „St. Lorenz auf dem Rosch sass, Gott der Herr segne ihm seinen Brand, dass er nicht tiefer einfrass und tiefer um sich frass. Im Namen Gottes des Vat., G. d. S. u. G. d. hl. G. ☩☩☩ Dreimal gesprochen und jedesmal bei den drei höchsten Namen über das Gebrannte weggeblasen, vom Leibe hinauswärts." (Ober- und Unterf.) — „Brandsalbe (bei Brand, Rothlauf, Geschwulst, Knieschwamm, Quetschungen, erfrornen Gliedern u. s. w.): Ueber 1 Pfd. Schweinfett schütte $^1/_2$ Pfd. feingemachte Silberglätte, darauf giesse ein starkes Trinkglas voll guten Weinessig über und lass' es etliche Minuten stehen, nachher rühre es mit einem Holze wohl durcheinander. Dann thue von zwei Eiern das Weisse in ein besonderes Porzellangeschirr und dazu einen starken Esslöffel voll fein gestossenen gebrannten Alaun und schlage es so lang untereinander, bis es einer feinen Salbe gleicht; zum besseren Mischen fügt man einen Esslöffel voll Baumöl bei. Diese Salbe wird zu Obigem geschüttet und Alles lange durcheinander gearbeitet, bis es eine gleichmässige Salbe ist. Nun kann man $^1/_2$ bis 1 Quint gestossenen Safran darunter mischen. Sie wird an kühlen Orten aufbewahrt, vor dem Gebrauche umgerührt, mit Holz auf Leinwand gestrichen, wann trocken geworden, abgeschabt und frisch aufgestrichen. (Statt Silberglätte nimmt man auch Mennig, oder halbirt beide; bei Thieren nimmt man auch Bleiweiss; Eiweiss darf man auch 3 nehmen.)" (Schäfer von Aeholshausen, Unterfr.)

Gegen Excoriationen der Haut — Aufliegen der Kranken — legt man ihnen eine Rehdecke unter; stellt täglich eine Schüssel mit rückwärts eingefasstem Wasser unter die Bettstätte, bestreicht die geröthete Stelle mit Citronensaft, macht Einreibungen mit Fett von ungesalzener Fleischbrühe; rühmt eine Salbe aus $^1/_4$ Schoppen Baumöl, $1^1/_2$ Loth weissem Wachs, und einige Loth Hirschunschlitt, welches man beim Feuer unter Umrühren vergehen lässt und erkaltet auf Leinwand gestrichen täglich neu auf die Wunde legt. Auch Eiweiss zu Schnee geschlagen und mit Branntwein gemengt hilft dagegen.

Weiter ausgedehnte, schmerzhafte Entzündungen belegt das Volk mit dem Namen Brand und versteht hierunter weniger im Sinne der Chirurgie den Uebergang der Entzündung in partiellen Tod; man sucht sowohl wirkliche Gangraena (kalten Brand) durch mancherlei Sprüche zu bannen, als die Vitalität in tiefgehenden Entzündungen (heisser Brand) zu erhalten. — Aus Schneeberg im Odenwalde theile ich hier einige Geheimmittel eines vom Volke oft besuchten Praktikers mit, welche auch in andern Gegenden Ober- und Unterfrankens im Schwunge sind. „Brand und Schmerz weiche aus und ja nicht ein; du sollst kalt oder warm sein, so lass' das Reissen, Brennen und Toben sein; Gott behüte dir dein Fleisch und Blut, dein Mark und Bein, deine Nerven und Aederlein, seien sie gross oder klein (i. e. das Erlöschen der Nerven- und Gefässthätigkeit), die sollen in Gottes Namen vom kalten und warmen Brande und Schmerzen behütet und bewahret sein. Das sei mir zur Busse (bei einem Thier: das sei zur Busse) gezählt. †††. Dreimal." Gegen kalten Brand: „Christus der Herr ging über Land, es begegnet ihm ein kaltes Gesicht; Christus der Herr sprach, wo willst zu hin, kaltes Gesicht? Das kalte Gesicht sprach: ich will in den Menschen fahren. Christus der Herr sprach: Was willst du in dem Menschen thun? Sein Bein verbrechen, sein Fleisch essen, sein Blut trinken. Christus der Herr sprach: Kaltes Gesicht, das sollst du nicht thun; Kieselsteine musst du essen, Erbis (Erbsen) musst du brechen, aus einem Brunnen musst du trinken, darin musst du dich versinken. †††." (Odenwald und sonst.) — „Unsere Frau geht durch das Land und hat einen feurigen Brand in der Hand (i. e. Himmelbrand, Königskerze, Verbascum thapsus), Brand schlag' aus und nicht ein, der Brand der soll gelöschet sein." (Schwaben.) — Für den Brand der Menschen und Pferde: „Unser Herrgott geht über Land, Er hat den feurigen Brand, Der Brand thut verlöschen, Das sollst du auch thun. So heisst's Gott d. V. †, G. d. S. †, G. d. hl. G. †. Dies wird dreimal gesprochen und mit der rechten Hand dreimal hinunter gestrichen und dreimal darüber geblasen in den drei höchsten Namen. Solches muss dreimal, Abends, Morgens und wieder Abends, gebraucht werden (Ochsenfurt). „Christus und Petrus gingen über Land, da sahen sie einen Feuerbrand, Und des Menschen Kind darinnen, darüber hub er seine hl. Hand, das half für den heissen und kalten Brand. Im N. G. d. V. †, u. d. S., u. d. hl. G. Dieses muss man dreimal darüber sprechen und jedesmal dreimal mit dem zweiten Finger der rechten Hand darüber zeigen und auch dreimal behauchen (Ochsenfurt)." — „Es reiten aus drei Herren zwischen zwei Seeen, der erste heisst St. Lucas, der zweite St. Marcus, der dritte St. Johannes, sie streckten aus ihren Arm, segnen das Gesicht so warm, sie strecken aus ihre Hände, sie segnen das Gesicht so behende, sie strecken aus alle ihre Daumen, sie segnen Sodoma †††." Dreimal und das Vaterunser. (Würtemb.) — „Unser Herr Jesus Christus und Petrus gingen über Land, sie sahen, riechen einen wilden, hitzigen, feurigen Brand. Er nahm seine allmächtige

Hand und löscht dem N. N. den wilden, hitzigen, feurigen Brand, dass er nicht weiter um sich frass, wie unserer lieben Frau das Kind genas. †††." Dreimal. — Brandsegen: „Unser himmlischer Vater stand unter seinem Himmelsthor, da sah er in diese Welt, ein Feuer auf dieser Welt brennen, da hob er auf seine hl. Hand, und segnet den Brand †: Brand, du sollst nicht weiter brennen, „wedter" die hl. Sonne am Himmel stand, Im Namen G. d. V. † u. d. S. † u. d. hl. G. †. Amen." (Schwaben.) — Ein Segen für Brand und Geschwulst zu gebrauchen: „Wolle Gott, dass der Schaden so wenig schade, als Christus Schaden, da die Kriegsknecht haben ihn gestochen und geschlagen, dass es nicht geschwill', und nicht geschwär' und „jaar" bis Maria die liebe Mutter Gottes einen andern Sohn gebar. Im Namen G. d. V. ††† Amen." — „Trockener Brand, dass du nicht unter sich geh'st und über sich geh'st, dass du in drei Tagen so glatt heraus musst, wie ein Ei, das zähl' ich dir zur Buss' im Namen G. d. V. &c. †††." (Ochsenfurt.) — „Die hl. Jungfrau Maria ging über Land, Und trug was in ihrer Hand, Damit stillte sie Rothlauf, Geschwulst und kalten Brand, Im Namen der hl. Dreifaltigkeit G. d. V. &c. †††. Darauf der Glaube an Gott Vater und drei Vaterunser zu beten, Morgens, Mittags und Abends zu beten." (Ochsenfurt.) — Segen, den kalten Brand zu legen: „Lorenz sass auf einem Rost, Maria kam ihm zu Hilfe und zu Trost und nahm ihn mit seiner gebenedeiten Hand, und löscht aus Lorenz seinen Brand. Im Namen G. d. V. &c. Amen. Drei Vaterunser und drei Ave-Maria und den Glauben." (Odenwald und ähnlich in Schwaben.) — Gegen den Brand bei Menschen und Thieren: „Ich hab' mich (du hast dich) gebrannt, Christus den Herrn hat man erhängt, Schadet ihm sein Hängen nichts, So schade mir mein (dir dein) Verbrennen nichts. Im Namen G. d. V. u. s. w. ††† Amen." (Oberfranken.) — „Brand, ich stille dich. So wahr als Jesus Christus der Herr am Stamme des hl. Kreuzes sein Blut für uns vergossen hat. Brand, vergeh', als wie der Todte im Grab." (Ober- und Unterfranken.) — Für den hitzigen brennenden wilden und kalten Nachtbrand: „Unsere liebe Jungfrau ging über Land. Es riecht ein hitziger brennender wilder und kalter Nachtbrand, Unsere liebe Jungfrau nimmt ihre schneeweisse Hand, sie segnete den hitzigen brennenden wilden und kalten Nachtbrand, Du sollst dich wieder drucken, Sollst nicht ausrucken, So klar als die Sonne, So hell als der Mond, So hell als ein Ei, Zähl' ich zur Buss' Im Namen G. d. V. u. s. w. †††. Dies muss dreimal gesprochen werden, einmal des Morgens, wenn das Gebet läutet, zweitens, wenn es zu Mittag läutet, drittens, wenn es zu Nacht läutet. Jedesmal muss man dabei beten fünf Vaterunser und fünf Ave und den Glauben, und jedesmal dreimal diese Worte sprechen, und dreimal muss mit dem zweiten Finger der rechten Hand darüber gezeigt und dreimal dazu gehaucht werden." (Ochsenfurt.) — Für das kalte Gesicht: „Grüsse dich Gott und schwinde, kaltes Gesicht, ich vertreibe dich mit Gott und dem jüngsten Gericht, weich' du aus diesem Mark und Bein, weich' du aus diesem Fleisch und Blut." (Ochsenfurt.) — „Hitz', Frost, Rothlauf, kalter Brand, Ziehe nach Aegyptenland, In die nächste Stadt, Wo Maria mit ihrem Kindlein lag. Im Namen der allerh. Dreifaltigkeit. Dreimal zu beten mit †††." (Frickenhausen a/M.)

Unvollkommene **Verrenkungen** (Subluxationen), wo die „Nerven oder Flechsen" verzogen sind, erfordern Einreibungen von Campher- und Seifenspiritus, dann von einer Salbe aus Campher, Fuchs-, Dachs-, Wildkatzen- und Schlangenfett. — Gegen das Verrenken eines Gliedes („Auskugeln", wo das „Glied oder die Gewerber (Gelenke) auseinander sind", gilt vielfach der Spruch: „Ich oder du hast dein Bein verrenkt, man hat Jesum Christum an's Kreuz gehenkt, thut ihm sein Henken nichts, thut dir dein Verrenken nichts. †††." Dreimal. — Wenn Einer einen bösen Tritt gethan hat, wie ihm zu helfen: „Jetzt tret' ich aus in Gottes Kraft, jetzt tret' ich aus in Gottes Macht, jetzt tret' ich aus in Gottes Tritt, der wider alle bösen Geister stritt. †††. Gott der Vater ist vor mir, Gott der Sohn ist hinter mir und neben mir, Gott der hl. Geist ist in und bei mir. †††." Dreimal gesprochen und mit der Hand über den Schaden gefahren. (Unterfr.) — Ein gebrochenes oder verrücktes Bein wird geheilt, indem man den Mann auf einen Stein setzen lässt und das kranke Bein dreimal anbläst mit den Worten: „Sanct Peter sass auf einem Stein Und hat ein böses Bein, Fleisch und Fleisch, Blut und Blut, Es wird in drei Tagen gut. Im Namen G. d. V. u. s. w." — Alte Wunden und Gelenkbrüche, welche schmerzen, reinigt man mit Hundskoth, Album graecum, und bähet sie mit Abkochungen von Chamillenblumen oder Kuueleskraut (Thymus serpyllum). Auch reibt man zur Nachkur „Altöl" oder auch „Babolium" (Ungt. Althaeae et Populei) oder Nervensalbe ein. — Bei Beinbrüchen gilt in Schwaben als Cur auch der bei Schafen anderwärts angewandte Zauber; oder man spricht: „Beinbruch, ich segne dich auf diesen heutigen Tag, dass du wieder gerade werdest auf den vierten Tag, wie nun der liebe Gott d. V., wie nun der liebe G. d. S., wie nun der liebe G. d. hl. G. es haben mag. Heilsam ist die brochene Wunde, heilsam ist diese Stunde, heilsam ist dieser Tag, da unser l. Herr Jesu Christ geboren war, jetzt nehm' ich diese Stund', steh' über diese brochene Wund', dass diese brochene Wund' nicht geschwell' und nicht geschwär', bis die Mutter Gottes einen andern Sohn gebär'. †††. Darauf legt man ein Pflaster aus Schiesspulver, Hefe und Eierklar darüber. — Einem ein Glied ohne Schmerzen abzunehmen: „Wasche dich mit Schierling- oder Wütherichssaft, wo du willst; wirst du hernachmals mit einem Messer drein schneiden, so schmerzt dich's nicht, welches ein gross Wunder und im Fall der Noth ein nützliches Ding ist." — Einen abgenommenen Fuss soll man aufrecht auf dem Kirchhofe begraben, sonst thut er nachher immer noch weh. (Schwaben.) — Wenn einem ein Bein verrückt, es sei Mensch oder Vieh, so sprich dreimal Morgens vor Sonnenaufgang diese Worte: „Es ging ein Hirsch über eine Heide, Er ging nach seiner grünen Weide, Stösst seinen Fuss an einen Stein, Verstauchte ihm ein Bein; Da kam der Herr Jesu Christ und schmierte es mit Schmalz und mit Schmeer, dass es ging hin und her. Im N. G. d. V. †, d. S. † u. d. hl. G. † Dabei muss mit dem zweiten Finger der rechten Hand darüber gezeigt und allemal dabei gehaucht werden, dann mache einen Sackbändel unbeschrieen herunter von einem Sack, in den man das Roggenmehl füllt, und binde ihn um das kranke Bein. (Unter- und Oberfr.)[1]) — Wer sich verrenkt hat, muss sich von einem Weibe, das zwei Knaben geboren, treten lassen, so wird er des Uebels ledig. (Oberpfalz.)

Bei Quetschungen (Contusionen), „wo die Nerven (Flechsen) verstaucht sind und das Fleisch von den Knochen losgeht", braucht man Ueberschläge von kaltem Wasser, oder vermischt mit Branntwein, Essig oder Salz, reibt Opodeldok, Branntwein oder Spicköl ein.

Nerven, Adern und Sehnen werden vom Volke gewöhnlich mit einander verwechselt. Das schmerzliche Gefühl beim Stosse an die Sehne des Musculus triceps des Oberarms bezeichnet die eigenthümliche Phrase: „Das Mäuslein läuft vor." „Wenn Einem die Adern verletzt oder verhauen worden, dass er fürchten muss, lahm zu werden, zerstosse man eine Quantität Regenwürmer (lumbricus terrestris) in altem Schmeer, binde diesen Brei über den verletzten Theil, so werden die Adern am vierten Tage ohne grosse Schmerzen wieder zusammen geheilt sein." Auf Drüsen, Beulen, Geschwüre soll man nach schwäbischer Vorschrift Mist von einem unverschnittenen Farren legen.

---

[1]) Ein ähnlich lautender Spruch in Wolf's Beiträgen II. 426. Spuren der alten alliterirenden Fassung sind noch unverkennbar.

Die erwähnte Vorstellung des Mittelalters von einem im Verborgenen nagenden Wurme haftet noch heutzutage an dem oft in epidemischer Verbreitung auftretenden Umlaufe, vulgo „Wurm" der Finger und Fusszehen, auch „Schelmen", „das Ungenannte", (Panaritium)[1]). Am Untermaine fasst man eine Entzündung des Unterhautbindegewebes oder der Sehnenscheiden in der Volarfläche der Hand als eigene Erkrankung auf und nennt sie „die Mitte". Man sucht dieses Leiden mit verschiedenartigen Hausmitteln und Segenssprüchen zu bekämpfen. Man taucht im Beginne der Entzündung den kranken Finger einige Male in siedendes Wasser oder in heisse Ochsengalle, bindet eine Speckschwarte darüber, macht Ueberschläge hin und wieder von kaltem Wasser, Bleiwasser, oder setzt Blutegel, freilich oft zu spät, oder macht Ueberschläge von einem Brei, wohlgekocht aus grobem Mehl mit Weinessig, kalt und öfter dick aufgetragen, bis der Schmerz nachlässt[2]), von einem Brei aus Honig und weissem Mehl, von süssem Rahm oder Hasenschmalz mit gekochtem Brod („was aber nicht zu feucht sein darf"), legt wiederholt frisches Rindfleisch auf[3]); oder man cataplasmirt mit weissem Brod, Milch und Safran, legt gebratene Zwiebeln auf, die man dann vergräbt. — „Zwei Welschnusskerne im Munde ganz klein zermalmt, dann in einem Tüchlein um den Finger gebunden, werden den Wurm nach Verlauf einer Stunde tödten." — Man steckt den Finger eine Zeit lang einer Katze oder einem Hunde in's Ohr. — Lasse in deiner Hand eine schwarze Schnecke sterben und fasse mit derselben des Patienten Finger, so wird der Wurm in einer Viertelstunde aufspringen. Ist die Materie ausgelaufen, so binde etwas Teufelsdreck über, welcher schnell heilet. (Unterfr.) — Waschen der Hände mit Froschlaich (im

---

[1]) „Panaritium Germani vocant *das Ungenannte* (cfr. Grimm, D. M. 2 Ausg. 1109. 1195), ἀῤῥητον. h. e. innominatum, quod nominari non debeat. Ajunt enim, gaudere et vel semianimem reviviscere, si nominetur. Quod uti parum abest a superstitione, ita hoc experientia compertum. Si quis illo laborans ad ignem aut ad aquam accedat, magis furere incipit, cum recessit ... Sensim incipit in digitis manuum et pedum ipsaque tandem ossa corrodi, ut eximi debeant corrupta. Unde vulgare proverbium quasi ortum: Dormitantem vermem omnium esse pessimum, ut qui, cum mortuus putatur, tamen vivat. Sunt, qui hoc malum nasci credant, si musca hominum manum inquinarit, quae antea aut araneae conculcatae aut bufoni mortuo insederit. Multi mortificandi modi circumferentur" &c. — Velschii sylloge curat. et observ. med. Ulm. 1667. (Hier. Reusneri obs. p. 76.).

[2]) Gesammelte Nachrichten der öcon. Gesellsch. in Franken. 1766. II. 30. 240.

[3]) Nürnb. Verk. 1797. 39.

Frühjahre frisch gesammelt und zum Gebrauche das Jahr über in einem Topfe in die Erde gegraben) schützt als Präservativ. — „Es fährt ein Bauer in Acker 'naus, Da ackert er drei Würmer aus: Der erste war schwarz, der andere gelb, der dritte roth: Ihr 77 Würmer seid alle todt. Im Namen d. V. &c." (Unterfr. u. Schwaben.) — „Wurm, stehe still, dieweil es ist Gottes Will', seiest du weiss, schwarz oder roth, so drück' ich dich mit meinem Daumen todt. †††." Dreimal. (Schneeberg im Odenwald.) — Für den Wurm in allen Gliedern, er mag sein, wo er will: „Wurm, ich beschwöre dich bei der heiligen Nacht, Wurm, ich beschwöre dich bei den fünf Wunden, Wurm, ich beschwöre dich bei der Kraft Gottes, du seiest gleich grün, blau, weiss, schwarz oder roth, dass du liegest in dem Finger todt. Das sei dir zur Busse gezählt. †††. Dreimal gesprochen und bei jedem höchsten Namen darüber weggeblasen." (Frankenwald u. sonst.) — Sprich dreimal darüber unter Behauchen der leidenden Stelle: „Glied, Klag, Wurm, stirb im Namen G. d. V. †, d. S. † u. d. hl. G. †." (Franken.) — Wenn man einem Kinde bei der Taufe einen Wurm (einen Engerling in Schwaben) in die Hand gibt, so kann es für den Wurm „büssen". (Selb in Oberfr.) — Wer vor dem 7. Jahre einen Maulwurf in der Hand absterben liess, kann sich und Andern den Wurm am Finger tödten. (Oberpfalz u. Schwaben.) — „Für den Wurm bei Mensch und Ross: Gebrannten Maulwurf mit Wein oder Essig angemacht zu einem Pflaster, auf ein Tüchlein gestrichen und übergeschlagen, hilft." (Schwaben.)

So viele weisse Flecken auf den Fingernägeln sich zeigen („Blühen" der Nägel), so viele Jahre wird man noch leben. — Gelbe Flecken an den Fingerspitzen bedeuten nahen Tod, Unglück oder Verdruss. — Kinder sollen die Nägel nicht abnagen, denn sie sind giftig. Abgeschabte Nägel, in Wein aufgeweicht oder unter Speisen gegeben, wirken als Brech- und Abführmittel. Zehennägel, nicht zur gehörigen Zeit abgeschnitten, wachsen in's Fleisch. — Den Daumen halten, Namens eines Andern, der beim Spiele sitzt, bringt demselben Glück [1]). „Kalte Hände, warme Liebe", sagt ein Sprichwort. So oftmal die Fingergelenke knacken, wenn man sie stark anzieht, so viele Liebhaberinnen zählt ein junger Mensch. — Kolbige, gekrümmte Nägel deuten auf Abzehrung, viele Nagelwurzeln auf viele Feinde und Verdruss. — Die rechte Hand bezeichnet man bei Kindern

---

[1]) Plin. hist. nat. XXVIII. 5: „pollices, cum faveamus, premere etiam proverbio jubemur.

gewöhnlich als die „schöne", kein Wunder, wenn die Brauchbarkeit der linken Hand eine linkische bleibt. Juckt die rechte Hand, so bedeutet das Ausgabe, juckt die linke, Einnahme von Geld. — Der lästige Schweiss der Hände vergeht nach dem Volkswahn, wenn man eine schwarze Schnecke oder einen Laubfrosch oder eine Kröte in der geschlossenen Faust absterben lässt, oder die Hände mit dem über Nacht auf einem Grabsteine angesammelten Wasser wäscht. — Die in früheren Jahrhunderten eifrig betriebene Chiromantik ist nun ausser Credit gekommen. — Ein Sprichwort sagt von Mädchen: Saubere Knie eine Hexe, schmutzige Knie ein Schwein. — Das Bodenknieen als Strafe sollte aus den Schulen gänzlich verbannt werden, wenn man die schlimmen Folgen erwägt, welche hiedurch für das Kniegelenk entstehen können. Die Skelete in der Gruft der Capuciner zu Kitzingen fand man 1829 viele mit Kniescheibenbruchbändern versehen, welche den Mönchen in Folge ihres täglich mehrstündigen Knieens nöthig geworden waren. — Gegen Knieschwamm kommen in Anwendung: Ueberschläge von zerstossenem Kraute von Polygonum Convolvulus, vulgo Schlingkrant, dann eine Salbe von Ochsenmark für 6 Kr., Lilienöl für 6 Kr., Flussrauchkohle (?) für 3 Kr. (Nürnberg.) — Segen wider Gliedschwamm: „Gott der Herr ging über das Land, da liegen drei Schlangen da, die eine schläft, die andere wacht, die dritte verschwind'. Gliedschwamm, unter meiner rechten Hand verschwind'. Im Namen G. d. V. †††. Amen." In einer andern Version des Segens heisst es: „da fand er drei Schlangen, die eine war weiss, die zweite war roth, die dritte verschwand u. s. w." (Neuhaus, Oberfr.) — Beim Essen soll man die Füsse nicht übereinander schlagen. — Wer des Morgens mit dem linken Fusse aus dem Bette steigt[1]), erleidet an jenem Tage einen Unfall. — Gegen starke Transpiration der Füsse gilt häufiges Wechseln der Strümpfe oder Bestreuen derselben mit Kleie als das beste Mittel. Bei aufgelaufenen Füssen umhüllt man den ganzen Fuss und jede einzelne Zehe mit weichem Fliesspapier. — Fussschweiss soll man nicht unterdrücken; ist dies geschehen, so suche man ihn durch Einhüllung der Füsse in Birkenlaub (Ammoniakentwickelung?), durch Dämpfe von Heublumen mit Mastix und Weihrauch, auf die Füsse geleitet, wieder hervorzurufen. Aus der Apotheke holt man zu diesem Ende das Oleum

---

[1]) Aehnlich bei Suetonii vita Divi Octav. Augusti: „si mane sibi calceus perperam, ac sinister pro dextero induceretur, ut dirum auspicabatur."

russicum s. Ol. betuliu. empyr. zum Einreiben. — Ermüdete Füsse stärkt man durch Waschung mit Branntwein; geschwollene bäht man in einem Absude von Hollunderrinde in gesalzenem Wasser. (Unterfr.) — Wie überhaupt die frühzeitige Verwendung von Kindern zu anstrengenden Feldarbeiten, besonders in ärmeren Familien, wo Schmalhans Koch ist, höchst nachtheilig auf die körperliche Entwickelung wirkt, liegt hierin auch die Ursache der häufigen Plattfüsse und schwachen, auswärtsstehenden Extremitäten, wie sie sich bei den Landbewohnern finden.

Um sich im Winter die Glieder nicht zu erfrieren, soll man sie öfter mit ungewässertem Gänseschmalz salben. Erfrorene Glieder reibt man mit Schnee, oder stellt sie in Eiswasser, bis „Leben" wiederkehrt, oder man macht Ueberschläge von gequetschten Erdbeeren, oder dem Safte, welcher sich über Nacht in ausgehöhlten und mit Salz bestreuten weissen Rüben angesammelt hat. Man bestreicht die kranken Stellen mit Steinöl, Terpentinöl, Bier. Sind sie aufgebrochen, verbrennt man ein noch nicht gebrauchtes wollenes Tuch und streut die Asche davon auf. — In der Pfalz empfielt man noch Auflegen von Linsenmus, faulen Aepfeln, Sauerkraut, Citronenschalen, Branntwein, Mohrenbalsam (Balsamum. peruv.). — In Schwaben werden erfrorene Glieder mit sog. „Zigeunersalbe" bestrichen; diese wird bereitet, indem man die Gipfel der Brennnesseln, welche man vor Sonnenaufgang sammelt, in Baumöl kocht und erkalten lässt. — Um erfrorene Füsse, welche aufbrechen, zu curiren, nimm ein weisses wollenes Tuch, welches noch nicht gebraucht worden ist, verbrenne es zu Asche und streue die Asche darauf, es heilet ab (Ochsenfurt). Auch legt man auf erfrorene Glieder Rabenhirn oder lässt weisse Rüben erfrieren und legt sie über. — Auf erfrorene Glieder streut man in Schwaben gepulverten Kuhkoth, bindet dann das Glied mit warmem Kuhkoth zu, worauf der Schaden heilt. — Lebendige Frösche in Baumöl gesotten und damit erfrorene Glieder geschmiert, heilt sie. — In Nürnberg empfiehlt man, die Frostbeulen mit einer Mischung von 1 Löffel Schmalz, 1 Löffel Leinöl und 1 Löffel gelöschten Kalk einzureiben, bei aufgesprungenen Frostbeulen aber eine Mass guten Bieres auf Kohlen zu Syrupdicke einzukochen und die Salbe auf einen Leinwandlappen übertragen auf die wunde Stelle zu legen. Häufiger wird die „Wahler'sche" Frostsalbe gebraucht. — Erfrorene Hände oder Füsse wäscht man Abends beim Schlafengehen mit seinem Urine und zieht dann Handschuhe oder Strümpfe an. (Franken.) Mit Vortheil legt man Leinwandstreifen mit heissem Leim bestrichen, Goldschlägerhäutchen, Schmeerhäutchen vom Schweine, feuchte Gurkenrinden auf.

Hühneraugen, Leichdorne (altd. lich-dorn), behandelt man mit Aufbinden von frischem Unschlitt, Baumwachs, von einem des feinen äusseren Häutchens entblössten Blatte von Sempervivum tect. Am Abdon's-Tage, 30. Juli, schneidet man sie mit einem frisch geschliffenen Messer aus; so vergehen sie für immer. Auch bindet man in Weingeist geweichte Epheublätter auf, wodurch die Hühneraugen erweicht werden und sich abschaben lassen. Am besten geschehen diese Operationen bei abnehmendem Monde und müssen 3—4mal wiederholt werden. — Man reibt sie auch mit Ohrenschmalz ein; oder man schneidet sie so weit weg, dass sie anfangen zu bluten, klopft dann eine sogenannte Knoblauchzehe auf zwei Eisen und bindet erstere darauf; oder man reibt sie während eines Grabgeläutes und spricht: „Es läutet zu der Leich', Und was ich greif', das weich', Und was ich reib', nehm' ab, Als wie der Todt' im Grab. (Neuhaus, Oberfr.) — Auf Hühneraugen oder Leichdornen bindet man ein Stückchen Speck, lässt es eine Zeit lang liegen, und vergräbt es dann an einer Stelle, wo es bald verfault. Oder man befestigt auf dieselbe eine rothe oder schwarze Nacktschnecke, lässt solche darauf absterben und vergräbt sie. Die Hühneraugen verschwinden, sobald diese Gegenstände verfault sind. — Johann Schöner empfiehlt, eine Schnecke in ihrem Hause mit Salz zu bestreuen, und mit deren Schaum das Hühnerauge zu bestreichen. — Mit Hobelspähnen von einem Sarge gerieben, verschwinden sie gleichfalls in kurzer Zeit. (Nürnb.) — Eine sympathetische Cur der Hühneraugen bei Marcell. Empiric. p. 234: „Tribus fabae granis clavum tangito, eoque in sterculinio defodito ne renasci possint, quanto maturius computruerint, tanto celerius clavos sponte decidere miraberis."

Die schmerzlichen Wadenkrämpfe nächtlicher Weile vergehen, wenn man mit dem Fusse auf kaltes Eisen tritt, die Wade mit Eisen oder einem Stahlschlüssel reibt. Als Präservativ davor soll man drei Zweiglein von einer Haselnussstaude (Corylus avellana), deren Kätzchen noch geschlossen sind, in's Bett zu Füssen legen.

Unter Rothlauf, wogegen seit ältester Zeit der heil. Antonius[1]) angerufen wird, versteht das Volk zwei Erkrankungsformen. Entwickeln sich aus leichtem Unwohlsein, Schnupfen,

---

[1]) Sonst und jetzt gelten auch als „Rothlauf" das Flugfeuer, die Masern oder der besonders im Mittelalter unter gefährlichen Symptomen auftretende Ergotismus (gangraenosus), Ignis sacer der Römer, „St. Anthoniusfewer" (Paracelsus, ed. Huser II. 150).

Katarrh u. s. w. eine Krankheit, verknüpft mit Appetitlosigkeit, Fiebererscheinungen, besonders unter dem Einflusse grosser Temperaturdifferenzen, so ist ein Rothlauf, eine Erkältung hinzugekommen (Stadium prodromorum) und hiebei die Schwitzcur angezeigt. In weiterem Sinne nennt man das Erysipelas „Rothlauf" und versteht hierunter Entzündungen des Unterhautzellgewebes oder der Sehnenscheiden, welche entweder primär auftreten oder sich zu oberflächlichen Wunden gesellen. Als Präservativ gegen beide Zustände trägt man eine Elephantenlaus (Auacardium orientale), mit einer Nadel durchstochen, in ein rothes Leinwandläppchen eingenäht, oder ein Stück rothen Siegellacks im Nacken, letzteres auch in der Tasche, oder einen Streifen ächten Scharlach, an den Enden zusammengenäht quer über die Schultern, und rothe Strümpfe an den Füssen. Seitz l. c. 31 rathet, „ein Stücklein Seiffen bey sich in dem Schubsack zu tragen". Verschiedene Vögel, wie Gimbel, Kreuzschnabel, Lach- und Turteltauben (turtur sapientium caro, Camerar. mem. VIII. 89) werden im Zimmer gehalten, damit sie von den Bewohnern die Rothlaufdyscrasie an sich ziehen; ihre Füsse sollen sich in Folge dessen merklich röthen. Blank bemerkt in s. Zoologie (Würzb. 1811) S. 208: Die Lachtauben „bekommen die Blattern, auch geschwollene Füsse, und theilen alle Fusskrankheiten ihrer kranken Zimmerherrn, nehmen sie ihnen aber nicht ab." — In Würzburg trägt man öfter wider diese Krankheit auf dem Nacken Säckchen von rosenfarbigem mit rothseidener Schnur zugebundenen Seidenzeuge, worin kleine Stückchen Röthel [1]), gelbes Wachs und einige Knospen von neuen Birkenbesen sich befinden — nach einer alten s. Z. von Prof. Heller mitgetheilten Vorschrift. — Als Präservativ empfiehlt man ferner jeden Freitag ein frisches Hemd anzuziehen und nie einen Besen zu verbrennen (Nürnberg). Im Bayreuthischen pflücken und essen die Landleute am Neujahrstage früh vor Sonnenaufgang unberufen wilde Rosenhiefen, wodurch sie sich das Jahr über vor Rothlauf gesichert halten. Der Oberpfälzer schützt sich davor, indem er vor Walburgis einer Blindschleiche den Kopf abhaut und diesen in einem Säckchen umhängt. Zur Verhütung des Rothlaufs bei Verwundungen und „offenen Schäden" wird in Schwaben ein Stück der Bergwurz in den Verband gesteckt

---

[1]) Schon Plinius bemerkt hist. nat. 35. 14: „rubrica omnibus antidotis familiaris". Dies entspricht der von Paracelsus in die Medizin eingeführten Anschauungsweise, dass sich die sinnlichen Eigenschaften (Signaturae, cfr. oben pag. 33. 34) von Pflanzen und Thieren gegen Krankheiten, welche ähnliche, sinnliche Merkmale darbieten, als heilkräftig beweisen.

oder es wird die getrocknete Wurzel auf glühende Kohlen, die am St. Laurentiustage, wo man allüberall weuige Schuhe unter der Erde auf Kohlen-stösst, Mittags 12 Uhr gegraben sein müssen, gelegt und der Schaden damit beräuchert. Ohne Zuziehung eines „Doctors, der doch gegen Rothlauf nichts kann", wendet man, um die Rose auf der Oberfläche festzuhalten, mit Recht trockene Wärme an; man legt zu diesem Zwecke Werg-, oder erwärmte Weissmehl-, Kleien- oder Hollundersäckchen auf die entzündete Stelle, wickelt sie in Watte, in Leinöl getauchte Lappen, oder in blaues Zuckerhutpapier, auf welches zuvor Bleiweiss gestreut worden. Zu Ueberschlägen benützt man auch den geschabten grünen Splint von Hollunder vermischt mit weissem Mehl (bisweilen Bohnenmehl); so oft sie trocken befunden, wieder erneuert. In Oberfranken bestreicht man den kranken Theil auch mit Ofenruss. Zur Zeit J. Camerarii (l. c. 51 u. 95) waren auch die Kornblume und Malve im Gebrauch. — Nach schwäbischen Ansichten ist für Rothlauf an den Füssen gut Frauenmilch oder auch Kühkoth. — Gegen Rothlauf hilft Hasenschweiss; man muss aber einen Hasen am Charfreitage vor Sonnenaufgang schiessen, ihn sogleich aufbrechen und in dessen Schweiss ein ungebleichtes Tuch (zwei Ellen) netzen, dass es ganz nass wird und dieses um das entzündete Glied schlagen. Das Tuch kann man dann öfter brauchen (Schwaben). — In der Pfalz werden, damit das Rothlauf nicht zu einer Wunde komme, ausser 3 † die Buchstaben J. H. S. (Jesus, Heiland, Seligmacher), welche dem Bösen den Zutritt verwehren, an die Thüre geschrieben. Dann wird geblasen und ein Segen gegesprochen, wie: „Ich höre eine Glock' klingen und alle Heiligen singen, und eine hl. Messe lesen: Du sollst vom Rothlauf genesen." — In Oberfranken lautet der Spruch dagegen also: „Drei Glocken hör' ich klingen, Drei Lieder hör' ich singen, Drei Psalmen hör' ich lesen, Rothlauf! du sollst verwesen." (Glockfeuer, cfr. J. Lang, cp. I. 32). — Wenn ein keuscher Jüngling oder eine keusche Jungfrau auf der leidenden Stelle des Patienten mehrmals Feuer schlägt, schwindet der Rothlauf (Grimm l. c. 1125). — „Raudlafe, du sollst gehen aus dem N. N. seinem Fleisch und seinem Blut, bis die Sonne aus den Wolken (gehen) thut. Dazu half Gott d. V. u. s. w. 3 V. uns. 3 Ave. †††. (Odenwald.) — „Ich ging durch einen rothen Wald, und im rothen Wald da war eine rothe Kirche, und in der rothen Kirche war ein rother Altar und auf dem rothen Altar lag ein rothes Brod und bei dem rothen Brod lag ein rothes Messer, Nimm das rothe Messer und schneide rothes Brod, so ist das Rothlauf todt. †††. 3 Vat. uns. u. 3 Ave." Dreimal. (Unter- u. Oberfr.) — Für das wilde

Feuer: „Ich sehe einen grünen Wald, Ich sehe ein wild Feuer brennen, Wild Feuer, lass' dein Brennen sein, In zweimal 24 Stunden sollst du todt und getödtet sein. Im Namen G. d. V. u. s. w. †††." Dies muss dreimal darüber gesprochen und jedesmal dreimal mit dem Finger darüber gezeigt und dazu gehaucht werden in den drei höchsten Namen. (Ochsenfurt). — Für das wilde Feuer bei Menschen und Vieh: „Wildes Feuer, wilder Brand, Flug und Schmerz und geronnen Blut und kalter Brand, ich umfahe dich, Gott der Herr bewahre dich, Gott der allerhöchste Mann, der dich du wildes Feuer, wilden Brand, Flug und Schmerz und geronnen Blut und kalten Brand, und allen Schaden wieder von dir vertreiben kann. Dreimal gesprochen und bei jedem der drei höchsten Namen darüber weggeblasen." (Würtemb. Franken.) — In der Pfalz hört man die Gesichtsrose bisweilen „Rothschön"[1]) nennen. — „Wenn Einer das Rothlaufen am Fuss oder irgendwo hat, so muss ein Anderer Folgendes sprechen, und das Gesicht nahe an das Rothlaufen halten: O du allerheissester und allerhitzigster Karfunkel, wie bist du so heiss und so dunkel! mit Gott dem Vater such' ich dich, mit Gott dem Sohn' find' ich dich, mit Gott dem hl. Geist vertreib' ich dich, im Namen G. d. V., G. d. S., u. G. d. hl. G., bei jedem der drei höchsten Namen muss man darüber wegblasen hinauswärts." (Spessart.)

Kopf.

Von allen Körpertheilen ist der Kopf schon von frühester Jugend an vielfachen Unbilden ausgesetzt. Eine übelverstandene Pädagogik sucht oft in Haus und Schule durch Insulte auf diesen Körpertheil den jeweiligen Besitzer an besseren Gebrauch des Schädelinhaltes zu mahnen. Manche Erkrankungen finden ihren Ursprung in der geringen Rücksicht, welche ihm gegen schädliche Temperatureinflüsse zu Theil werden. Auch der üble Brauch,

---

[1]) Solche euphemistische Bezeichnungen finden sich in ältester Zeit. So die exanthematische (?) Form Scliga bei S. Hildegard l. c. I. 49: „nigra pustula in qua hominis mors est, quae dicitur *Selega*"; I. 132: „freislich, quod dicitur selega", dann III. 26. III. 47. Ferner in Lonicer's Kr.-B. 210: „Weggraswasser — ist gut in allen schmertzen der Wunden, so die Schöne oder das Vngesegnet, d. i. die Wundsucht, darzu schlegt oder sonst hitz zun Wunden küm."

schwere Lasten auf dem Kopfe zu tragen [1]), bleibt nicht ohne nachtheilige Folge für die Entwicklung des animalen wie vegetativen Systems (Beckenanomalie).

Bei Kopfschmerz, wo der hl. Pantaleon und hl. Athanasius Patron, macht man allgemein Ueberschläge von kaltem Wasser, Essig mit gequetschten Wachholderbeeren, von einem Breie aus Brodrinde und Essig, bindet gequetschte Aloë- und Hauswurzelblätter, Rangers- und Weintraubenblätter, auch wohl Wermuthoder Pechpflaster auf. Ebenso trinkt man Citronensaft mit Zuckerwasser, legt auf beide Schläfe eine Citronenscheibe, nimmt, wenn das Kopfweh besonders von „verstauchtem Magen" (Katzenjammer) herrührt, oder „die unterirdischen Dünste" in den Kopf steigen, seine Zuflucht zu sauren Speisen, Häringen u. s. w., oder zu einem Brausepulver, zu Zuckerwasser mit Cremor tartari, oder gar zu einem Brechmittel. Man legt auch wohl, wie bei Fiebern, Senfteig oder „Höfel" (Sauerteig), in Schwaben auch Bierhefe auf die Fusssohlen, sucht durch heisse Fussbäder mit Senfmehl oder Salz und Asche „das Geblüt vom Kopfe wegzuziehen". Bei Kopfschmerz den Kopf fest zu binden, ist ein den Alten schon bekanntes Mittel. So Celsus de med. I. 46: „quidam caput dolens devinciunt". Cfr. Athenaei deipnosophist. XV. 5. — Leidet ein Mann an Kopfweh, so streiche ihm ein Weib vom Mittelpunkte des Kopfes gegen die Schläfe hin dreimal mit 2—3 Fingern, und umgekehrt bei einem Manne (Lebensmagnetismus). — Als Präservative empfiehlt man ferner, eine Kappe aus Feuerschwamm, oder drei selbst gefundene Rosscastanien stets bei sich in der Tasche zu tragen. (Unterfr.) — Dem Schwaben hilft bei Kopfweh ein Umschlag von Katzendreck und Essig.

Die Erinnerung an eine zu Ende des 16. Jahrh. den Deutschen besonders in Ungarn mörderische Krankheit (Ungarisches Fieber, auch Hauptschwachheit, Hauptscheid, — nicht Hauptschein, wie Wolfsteiner in der Bavaria I. 2. 1032 schreibt, — genannt) ist noch in manchen Segenssprüchen aufbewahrt: „Wenn einem Menschen der Kopf offen steht, so muss man über sich schauen in den Himmel (sprechend), Ich schaue dahinaus,

---

[1]) Auf die Verschiedenheit der Sitte, Lasten auf dem Kopfe oder auf dem Rücken zu tragen, welches erstere bei den Römern und in den römischen Colonieen, letzteres bei den Germanen üblich war und entlang dem alten Limes imperii romani in Deutschland und Bayern noch heutzutage wahrzunehmen ist, hat zuerst Oken in der Isis 1819. VII. 1036 aufmerksam gemacht.

ich schaue in ein Gotteshaus, er schaut mich an der hl. Mann, der mir mein Hauptweh vertreiben kann. †††." — Eine andere sympathetische Cur bei dem heftigen Schmerze „das Hauptscheid" genannt, wobei der Kranke das Gefühl hat, als gehe ihm der Kopf oben auseinander: Man misst gewöhnlich mit einem Tuche, mit welchem später der Kopf zugebunden wird, vom Barte bis zum Scheitel und spricht: „Hauptscheid leg' dich hinter die Ohren, wie das Thor an den Stadel. Im Namen G. d. V. u. s. w." Dann misst man von der Stirne bis zum ersten Halswirbel und endlich wieder vom Bart bis zum Scheitel, oder kreuzweise von einer Schläfe zur andern, wobei man immer die obigen Worte spricht. Zwischen dem jedesmaligen Messen wird ein wenig innegehalten, der Kopf fest zusammengedrückt, damit er, wie das Volk glaubt, wieder in seine Fugen zurückgeht, und endlich verbunden. (Retzleinsdorf, Oberfr.) — Auch um Abensberg (Niederbayern) wird bei Kopfleiden der Kopf mit einem Faden unter ähnlichen Sprüchen gemessen. Um Bogen wird folgende Procedur dagegen angewendet. Die kundige Druide misst den Kopf des Patienten mit einem rothen Bande kreuz und quer und bringt heraus, dass der Kopf das rechte Maass nicht habe und der Kranke am Hauptscheide leide. Darauf zündet sie drei Wachskerzen von weisser, rother und grüner Farbe von der Länge an, um welche das Maas unrichtig war, und verbrennt sie unter Gebeten. Dies wird in Zwischenräumen so oft wiederholt, bis der Kopf das rechte Maass wieder hat, oder der Schmerz vorüber ist. — Um Passau wird von dem Messenden der Kopf des Kranken mit den Fingern umspannt, zuerst von hinten nach vorn, dann von einer Schläfe zur andern unter Hersagung eines kurzen Gebetes. — Dieses heilkräftige „Messen" oder „Abmessen", auch „Wenden" und „Abwenden" genannt, hat seinen Ursprung im grauen Alterthume (J. Grimm, D. M.) und finden sich Spuren dieses Gebrauchs in der hl. Schrift (vgl. oben S. 89). — Kopfschmerzen zu tilgen, trage man die Klaue eines Elendthieres auf blossem Leibe, oder binde sich auch Sehnen desselben Thieres an Hände und Füsse. Beides stillt die Schmerzen des Krampfes. (Spessart.) —

Drei weisse Zwiebeln, ohne zu handeln erkauft und beständig in der Tasche eingenäht getragen, sichern vor Schwindel, welcher meistens „durch verschlagene Winde" hervorgerufen wird. Man erzählt, dass die Schieferdecker durch den öfteren Genuss des Gehirns von Eichhörnchen oder Katzen sich vor Schwindel zu bewahren wissen. — Wenn's Einem schwindelt, so ist nach schwäbischer Anschauung eine Aderlässe dringend geboten. Auch reizende Fussbäder, schwarzer Kaffee und Salbeiabsud werden empfohlen. — Als das Gedächtuiss stärkend schätzt man den Genuss geriebenen Meerrettigs [1]) und tägliche Einreibung von 10—20 Tropfen Rosmariugeist oder cölnischen Wassers um die Stirne. Bei grosser Anstrengung oder Schwächung der Gehirnthätigkeit trage man beständig mit Moschus geschwängerte Baumwolle in den Ohren und versuche nebenbei kalte Waschungen des Kopfes. — Gegen Vergesslichkeit oder Verstandesschwäche nimmt man das Auge oder die Zunge eines Wiedehopfes und hängt sie an; Gedächtniss und Verstand kommen wieder. (Hof und Unterfranken.) — So lange man Kleider anhat, darf man nichts daran nähen oder flicken lassen, sonst verliert man das Gedächtniss (Pfalz).

Schlagfluss (Apoplexie). Die Pathogenie dieses Leidens, dem der hl. Wolfgang begegnet, findet in den niedern Volksschichten eine verschiedene Beurtheilung. Vor Allem sind es wohlbeleibte, vollsaftige Individuen mit kurzem, dickem Halse, welche dazu disponiren. Dann aber sind im Gehirne nach einer besonders in Schwaben vielfach kreisenden Meinung an ganz feinen Fäden „drei Blutstropfen aufgehangen", welche eine Reihe von Leiden hervorrufen. Fällt ein Blutstropfen herab (Extravasat), so entsteht Schwindel (Tremml genannt), welchen ein Aderlass beseitigt. Fällt der zweite herab, so wird der Betreffende vom Schlage „gerührt", „berührt" und, nach der seitlichen Richtung des Tropfens, die eine oder andere Körperhälfte gelähmt, wo noch ein ergiebiger Aderlass gemacht werden muss. Fallen aber alle drei Tropfen zugleich herab, dann hat „der Schlag getroffen", und um diese Gefahr, in welcher alle Menschen wegen der zarten Fäden, die plötzlich zerreissen können, sich befinden, fernzuhalten, muss periodisch zur Ader gelassen werden. — Als weiteres Präservativ soll man eine am 28. Juli ausgegrabene Wurzel von Verbascum thapsus beständig bei sich in der Tasche oder als Anhängsel tragen (Nürnberg). — Zu demselben Zwecke soll man stets drei geschenkte Rosskastanien in der Tasche rechterseits oder eine Muscatnuss auf dem Rücken tragen. — Der Rosmarin gilt in Schwaben als Hauptkopfkraut für Schläge, Schwindel und Flüsse. — Daselbst hilft auch Wolfszahnpulver gegen Schwindel. — Bei Schlaganfällen setzt man Hände und Füsse in lauwarmes Wasser (mit Salz und Asche), damit das Blut wieder in Circulation kommt; oder man nimmt vier Pfefferkörner in den Mund, kaut

---

[1]) Meerrettig wurde früher alljährlich kirchlich geweiht. Spiess, archiv. Nebenarbeit. II. 83. Bundschuh, Manchfaltigkeit. II. 10.

und speit sie aus, nimmt dann neuerdings vier andere, bis der Anfall vorüber. — Bei Apoplexie mit nachfolgender Lähmung rühmt man in Franken Fomentationen in warmen trockenen Weintrestern ohne Wasserzuguss, jedoch mit Zusatz von etwas ungelöschtem Kalk, um die Hitze zu erhöhen. Ferner steckt man die gelähmten Extremitäten in heissen Sand, wendet Bäder mit Heublumen („Schwaddem", Aschaffenburg), Ameisenbäder [1]) (die mit kochendem Wasser angebrühten Ameisen) an, braucht Ameisenspiritus, endlich Regenwurmeröl (aus Regenwürmern, welche in einem Glase gesammelt, in einem Brodteige getrocknet und in der Sonne destillirt worden), oder auch Menschenfett (Albertshofen) zu Einreibungen. Gelähmte Glieder peitscht man auch mit Brennnesseln. — Nach schwäbischem Wahne erhält man wieder die Sprache, welche man durch Schlag verloren, wenn man drei Tropfen Blut aus dem Ohre einer Eselsstute zwei Tage hintereinander in einem Gläschen voll Erdbeertrank trinkt. — Tritt bei einem grösseren Hirnextravasate ein rascher Tod ein, so macht man gewöhnlich einige Wiederbelebungsversuche, legt Sinapismen auf die Brust, Waden u. s. w., tropft Siegellack auf die Brust, hält Melissengeist, Weinessig, geriebenen Meerrettig oder auch, um sich vom wirklichen Eintritt des Todes zu überzeugen, ein Federchen oder ein brennendes Licht an die Nase. Gelang es noch, an dem vom Schlage Getroffenen eine Aderlässe — ob indicirt oder nicht, ist ganz gleichgültig — vorzunehmen, dann hat man Alles zu dessen Rettung gethan, und empfiehlt Gott dessen arme Seele."

Augen.

Die Anschauung des grünen Teppichs der Wiesen und des bläulichen Wasserspiegels galt bei den Römern, wie im Mittelalter, als Augenstärkend. Desshalb soll man im Frühlinge und Sommer dreimal nach Sonnenaufgang auf eine grüne Wiese gehen und, der Sonne den Rücken gekehrt, eine Stunde lang das Gras anschauen. Daher auch die Färbung der Brillengläser, um den nachtheiligen Einfluss zu grellen Lichts zu mässigen, grüne Augenschirme u. s. w. Nach sächsischer Vorschrift muss man, um die Augen zu stärken, so lange als möglich in recht klare,

---

[1]) Balnea formicarum, zuerst gerühmt in S. Hildegard. l. c. VII. 43.

helle Augen, besonders von jungen Hunden, schauen. — Als Patrone bei Augenleiden verehrt man die Heiligen Lucia, Ottilia, Liborius und Antonius. Rothe und triefende Augen galten vor Alter als dämonische Kennzeichen und hiessen Hexenaugen. Juckt Einem das rechte Auge, so bedeutet es Weinen, das linke, Lachen. Die Baldrianswurzel (Valeriana off.) gilt als besonders stärkend für das Sehorgan. Nach schwäbischem Wahne schmiere man Geisgalle zum Stärken an die Augen. Nüchterner Speichel, destillirter Gänsekoth (das Augenarcanum des Kaisers Maximilian I.), Fenchelwasser als Thee und Collyrium, dann Rosenwasser, Geranium robert., Euphrasia offic. (Augentrost) kräftigen schwache Augen; ebenso das aus den beschnittenen Reben schwitzende in Gläsern gesammelte Wasser oder Morgenthau. — Triefende Augen curirt man in Schwaben, indem man nüchterne Milch von einer Mutter einspritzt, die am Abend vorher gefastet. Zincum sulfuricum, nihil album (woher das Sprichwort: „Nichts ist gut für die Augen"), Saft von spitzem Wegerich, Isop, Fenchelwasser, Augentrostwasser (Euphrasia offic.), Quittenschleim, eine Salbe von hydrargyr. oxyd. rubr. mit Neuntags-Butter, Ueberschläge von rohem Fleisch, geriebenen rohen Kartoffeln, Rüben, Goulard'schem Wasser, Schneewasser, von abgeschabten Hauswurzblättern, Waschungen von weissem, in Linsengrösse in frischem Wasser aufgelösten Vitriol (Galizenstein) finden unzeitige Anwendung bei entzündeten Augen. — Bei catarrhalischer Augenentzündung (Conjunctivitis) greift man überhaupt seltener zu dem einfachsten und besten Mittel, zu kaltem Wasser, als zu reizenden Dingen. — In der Pfalz werden „wehe Augen", besonders Flecken an Menschen und Vieh geheilt mit der „Augenblume", auf dem blossen Rücken getragen. Sie besteht in einem Säckchen aus grauem, ungebleichtem Tuche, worin einige Körner Salz, Brod, Campher; dann wird unter dem Spruche: „Flecken, geh' vom Auge, wie die Wolken laufen" und Nennung der drei höchsten Namen über das Auge geblasen. Man macht Cataplasmen von Weissbrod mit Safran oder Leinsamen. — In Schwaben nennt man diese Trübungen „Flemmle"; nach dortigem Wahne hilft Augenkranken auch Jungfrauenharn. Bei chronischen Augenentzündungen der Kinder wird frühzeitiges Tragen von Ohrringen allerwärts empfohlen, um den Krankheitsstoff anzuziehen. — Nach schwäbischem Glauben ist alles Wasser, das über glatte Kiesel läuft, heilsam, insbesondere Bachwasser, welches für böse Augen gut ist; wenn man sorgfältig einen Kieselstein aus dem Wasser nimmt und böse Augen berührt, den Stein aber wieder an seinen alten Ort legt, wie er gelegen, so hilft's. — Gegen rothe Augen legt man auf's Genick Lehm aus einer Lehmgrube, über welche noch nicht geritten oder gefahren worden (Schwaben). — Wer Bierigel oder Biernickel d. i. Eiterung eines Haarbalges am Augenlid (Gerstenkorn, in Franken „Wegscheisser") hat, der harne durch das Astloch eines Brettes oder Schleissbalkens, so vergeht er; Andere bestreichen es mit einem Goldstücke oder goldenen Ringe (um Bamberg und Forchheim). — In Schwaben hilft dagegen ein Schleissen vom Sautrog, wo das Schwein seinen Hals fegt, wenn man mehrmals darüber fährt, in der Pfalz Ueberschläge von Rossbollen und Kuhfladen. — In Mittelfranken tragen Augenleidende von einem Hasen, der an einem der ersten drei Freitage im März (je eher, desto besser) geschlossen wurde, ein Auge an einer Schnur auf dem Rücken. Ist das rechte Auge krank, so muss das linke Hasenauge getragen werden und umgekehrt. — Gegen Hornhautflecken (nach Entzündungen), „Kinnle", versucht man in der Pfalz äusserlich Mandelöl, Nussöl, Ochsengalle.

Gegen das Fell oder Blattern im Auge: „Es ist Nichts gut vor Fell und Blattern als Christi Athem †††." Das muss dreimal darüber gesprochen und jedesmal dreimal dazu gehaucht werden (Ochsenfurt). — Für die Schossblattern (Entzündung der Conjunctiva corneae nud dieser selbst: „heftige Augenentzündung, in Folge deren der Augapfel schon nach drei Tagen verspringen soll)": „Da du dich erhobs, da die liebe Frau die niederschlug, Schossblodern, ich segne dich mit meinem rechten Daumen, du sollst weichen und sollst rohmen (räumen?) im Nam. der allerh. Dreifaltigkeit Gott V., G. d. S. u. G. d. hl. G. †††, drei Vaterunser (Odenwald). — In der Pfalz hält man dagegen einen heissen irdenen Deckel vor das kranke Auge, welcher die Hitze aus dem Auge ziehen soll. — Bei Augenleiden (auch Brüchen) nimm ein Schöpfchen Haare aus dem Ankengrübchen, und verbohre es mit Namen und Alter in eine Pappelweide, mache es mit einem Zäpfchen wieder zu und bete drei Vaterunser (Albertshofen). — Wenn einem Manne eine schwarze Blatter im Auge auffährt (Hornhautgeschwür), soll er frischen Ganskoth von einem Gänserich warm überschlagen, eine daran leidende Frau aber solchen von einer Gans (Oberfr.). — In der Pfalz träufelt man frisches Bocks- oder Spatzenblut ein (das die Wundränder möglicherweise verklebt). — Ein Segen aus Oberfranken wider die Blattern im Auge bei Menschen und Vieh: „Hl. Anna, hl. Susanna[1]), treib' das Febl (Fell?) und die Blattern von danna.

---

[1]) Erinnerung an den Glockensegen: „Ich heisse Susanna, treib's Wetter von danna."

Das sei mir (bei Thieren: das sei dir) zur Busse gezählt. Im Namen Gott d. V. u. s. w. Amen. †††." (Dreimal.) — In Neuhaus (Oberfranken) ist folgender Segen bei Blattern im Schwunge: "N. N. (Namen des Patienten), welchen (welche) die hl. Susanna hat getragen. Die hl. Jungfrau hat getragen Jesum Christ. Blatter, sitz' nieder und zerbrich nicht. Im Namen &c. Muss dreimal gesagt und bei Nennung der hl. Dreifaltigkeit der Daumen unter sehr leisem Drucke auf das kranke Auge gelegt werden." Im Aischgrunde und anderwärts werden dagegen bei Menschen und Vieh die Worte Gaa, Saga, Haga (var. Fassaa) auf Papier geschrieben und dem Kranken angehängt. — In's Genick hängt man auch eine Elephantenlaus, ein Männchen für Frauen und umgekehrt, — Männchen sind Früchte, welche noch ein Stückchen vom Stiele haben, Weibchen, wo er fehlt, — mit Kampher in ein Stück Leinwand gelegt. — Schmerzt das Auge, so lege nasses Eichenlaub darauf, oder man fährt mit geweihten Fingern (Daumen) in den drei höchsten Namen dreimal darüber hinweg. — Bei Augenentzündung schlage einige Messerspitzen voll gebrannten pulv. Alaun mit 1—2 Eiweiss und lege es bei Tag und Nacht in Leinwand auf; ist es trocken geworden, wird es erneuert. Oder nimm für je 2 Kr. Quittenkern, Eibischwurzel und Hollunderschwamm, koche es mit $^1/_2$ Seidel Wasser auf die Hälfte ein, und mache Ueberschläge auf die Augen oder wasche sie öfter. (Schäfer in Acholshausen, Unterfranken.) — "Findet man eine Feldspinne, welche hinten den Eierbeutel hängen hat, so bläst man ihr denselben weg; alsdann haucht man nur in die bösen Augen oder Blattern und spricht im Namen des V., d. S. u. d. hl. G. ††† und sie werden wieder gut." (Unterfr.) — Storchschnabelkraut in ein Säckchen genäht, und auf das dritte Nackengelenk gelegt, bis es dürr ist, dann erneuert &c., heilt den schwarzen Staar. (Unterfr.) — "Man verbrenne den Kopf von einer schwarzen Katze in einem neuen festverschlossenen Topfe zu Pulver und bläst nachher dem blind gewordenen Menschen dieses Pulver in die Augen. Hierauf geht das darüber befindliche Fell weg und er wird wieder sehend, wenn er auch schon lange Zeit blind gewesen wäre." (Schwaben.) — Personen, welche an chronischen, scrophulösen Augenentzündungen leiden, empfiehlt man ausser Abführmitteln, Fusswässern und Vesicantien hinter den Ohren, goldene Ohrringe zu tragen, oder Halsketten von Bernstein (gelben Glasperlen). Mehr nützt die bisweilen angewandte trockene Wärme in Kleien- oder Hollundersäckchen. — Bei einer gichtischen Augenentzündung reibt man das leidende Auge so lange mit Schweinspeck, bis derselbe erwärmt wird. In Schwaben wird

Weidenwasser (Felbenwasser) bei hitzigen Augen empfohlen. Daselbst beschmiert man blöde Augen auch mit Ohrenschmalz; oder man bindet die Hälfte eines hart gesottenen Eies auf's böse Auge, um die Hitze herauszuziehen. — Augensegen: „Glückselig und heilig ist der Tag, da Christus der Herr geboren war, flog aus mein Blind, Longinus (var. Longemynd), der blinde Jud, der stoch Christus dem Herrn seine Seite durch und durch, daraus floss Wasser und Blut, das ist dem N. N. für seine Augen gut. †††. Amen"[1]). (Franken.) — Bei chronischen Augenentzündungen wird Schnupfen häufig empfohlen, da es „alle Flüsse an sich zieht".

Seit Jahrhunderten benützt man die sog. Krebsaugen[2]). um Gegenstände, welche in das Auge gerathen, herauszuziehen, Dies geschieht, indem sie die Thränensecretion vermehren. Mit Recht empfiehlt man, nicht am Auge, oder nur gegen die Nase hin zu reiben und das obere Augenlid über das untere zu ziehen. Nach dem Rathe Anderer soll man das Auge zudrücken, dann spülen die Thränen den fremden Körper aus[3]). Oder man soll, wenn z. B. etwas in's rechte Auge gerathen, den Kopf möglichst links drehen und dreimal links über die Achsel spucken.

Ohr.

Wenn Einem das Ohrenläppchen nicht angewachsen ist, sondern frei herabhängt, wird er eine Wittwe heirathen. Wem die Ohren weit abstehen, hört den Kukuk nimmer schreien (d. i. erliegt der Lungensucht). Ohrenklingen[4]) rechts bedeutet guten Ruf, links üble Nachrede; berührt man in letzterem Falle

---

[1]) Longinus kommt auch in andern Besprechungen vor. Grimm, D. M. 1182.

[2]) Sachs a Lewenheimb, gammarologia, 1665, p. 653: „oculi s. lapilli cancrorum illapsa ex oculis eximunt, et ad hoc praestandum a natura formam adepti in eo, quod in una parte parum cavi, altera parte rotundi, palpebrarum convexo et oculi globo egregie se accommodant."

[3]) Plin. hist. nat. 28. 17: „cum quid oculo inciderit, alterum comprimi prodest."

[4]) Cfr. Reg. I. 3. 11. Schon Plinius, hist. nat. 28. 5 bemerkt: „quin et absentes tinnitu aurium praesentire sermones de se receptum est: alius saliva post aurem digito relata sollicitudinem animi propitiat. Horat. satyr. I. 9. 76.

das rechte Ohrläppchen [1]) mit einem mit Speichel befeuchteten Läppchen, so wird die Person, welche Uebles gesprochen, plötzlich von Diarrhöe befallen werden. Leichtere Entzündungen des Ohres, welche mit Schmerz verknüpft sind (Otitis ext.), nennt man „Ohrenklammer", „Ohrenzwang", „Ohrenspinner", in der Pfalz „Ohrenklemme". Ursache derselben ist ein „Fluss", der sich auf's Ohr geworfen hat. Man steckt Baumwolle mit Campher in's Ohr, lässt Dämpfe hinein von Milch, Kartoffeln, Chamillenthee, in Schwaben von Bohnen, legt ein Vesicator hinter das Ohr, nimmt reizende Fussbäder. Bei heftiger Otitis interna, „Ohrwurm", träufelt man auch Mandelöl in's Ohr, macht warme Ueberschläge u. s. w. Ein Goldkäfer im Nacken angebunden, Wachholderbeeren in Brodteig gebacken, heiss angeschnitten und übergelegt, Campher auf Baumwolle in das Ohr gesteckt, vertreiben Ohrensausen. Werden Ohrgeräusche chronisch, so werden sie gewöhnlich als Kopfgicht bezeichnet und ist hierin nach schwäbischer Ansicht die Aderlässe aus der Vene zwischen den Mittelhandknochen des Ring- und kleinen Fingers heilsam und räthlich. Entsteht partielle Taubheit, „Verfallen des Gehörs" mit oder ohne Ohrgeräusch, so wird die Froschader unter der Zunge geöffnet. Gegen Schwerhörigkeit empfiehlt man Glockenschmalz, womit Glocken geschmiert worden [2]), hinter die Ohren zu reiben, oder Hauswurzelsaft in die Ohren zu träufeln, besonders wenn das Uebel in verhärtetem Ohrschmalze seinen Grund hat. In letzterem Falle muss das Ohr „ausgeputzt" werden durch erweichende Oele und Ausspritzen. — In Schwaben hilft den Schwerhörigen Forellengalle, Aalgalle, Hasengalle und Rabengalle, mit Branntwein in einem verschlossenen Hafen gesotten. — In's Ohr gerathene Ohrhüller oder Spinnen kann man mit einigen Tropfen nachgegossenen Oeles tödten. Bei rheumatischen Ohrenleiden trägt man weissen Vitriol in Läppchen eingenäht auf dem Rücken. — Ohrenschmerz vergeht durch Umschläge von heissen Brodsamen frisch aus dem Ofen genommener, aber erbettelter Wecke. — Gegen Ohrensausen

---

[1]) Ein gerichtlich-symbolischer Brauch in Bayern gebot, bei wichtigen Verhandlungen die Zeugen bei den Ohren zu ziehen. „Testes per aures tracti, more bavarico" (Reg. rer. boic. 1085. 1150). Plinius, hist. nat. 11. 103 bemerkt: „est et in aure ima memoriae locus, quem tangentes antestamur." Daher wohl auch die Redensart: „es hinter den Ohren sitzen haben."

[2]) Ein sympath. Mittel, welches an die Einwirkung der Glockentöne bei verschiedenen Krankheiten erinnert. Kellner, synops. ephemerid. 253. Schmeller, W.-B. III. 470.

braucht man mit gutem Erfolge den ausgepressten Saft eines Zweiges von Salix vitellina auf Baumwolle in's leidende Ohr gesteckt. — Ohrenflüsse glaubt man zu verhüten, wenn man Ohrringe trägt; oder wenn man eine Zeit lang bleierne Ohrringe trägt und solche dann unbeschrieen rückwärts in fliessendes Wasser wirft. Auch empfiehlt man dagegen Armbänder von Bernstein zu tragen.

Nase.

Die Gestalt der Nase gilt als Barometer der Gescheidigkeit. Wer an Blumen, die auf einem Grabe gewachsen, oder an einer Citrone riecht, womit der Leichnam eines Kindes im Sarge geschmückt worden, verliert den Geruch. Wem die Nase juckt, der wird bald eine Neuigkeit erfahren. Dreimaliges Niessen bedeutet Glück[1]; des Morgens nüchtern ein Geschenk oder gutes Wetter (cfr. Falkenstein, Antiqu. Nordg. I. 282); Beniessen eines Vorfalls dessen Bestätigung, und wird auch bei Crisen von Krankheiten gerne gesehen. Will man Niessen unterdrücken (was nicht rathsam ist), so soll man rasch ein Kreuz auf die Nase machen. Man will bemerkt haben, dass die Schärfe des Geruchs- und Geschmackssinnes durch den Gebrauch des Rauch- und Schnupftabaks allmälig verloren gehe[2]. Alle Morgen beim Waschen frisches Wasser durch die Nase eingesogen, sichert vor Schnupfen.

Mund.

Bei Mundfäule Erwachsener empfiehlt man Kauen frischer Eichen-, Weiden- oder Salbeiblätter, oder Reiben des Zahnfleisches damit, wie auch mit Zitronenscheiben, weissem Zucker und Kochsalz; ferner Abkochungen von Liebstöckel, Meerrettig, „Odermäunlein", oder Löffelkraut, besonders als „Gockelari-Geist" (Spir. Cochleariac) theils allein, theils mit Alaun. (Pfalz.) Daselbst rühmt man auch Sauerkraut, Kressensalat, Sauerampfer,

---

[1] Cfr. Reg. II. 4. 35. Homer. Odyss. XVII. 545. Aristot. Problem. XXXVIII. 11. Plin. hist. nat. XXVIII. 5.: „cur sternutamentis salutamus." Catull. carm. XLV. 9. 18. Propert. eleg. II. 3. 24. Der Gruss „Helf Gott", schon im Renner 15130. Grimm, D. M. 1070.

[2] Ueber die Schädlichkeit des Tabakrauchens s. fränkische Provincialblätter von Degen. 1805. 258.

saure Aepfel, saure Kirschen, rotbe Rüben, Gurken, präpar. Weinstein, gestandenes Regenwasser. — Gegen Scorbut (Mundfäule): „Der Name des Kranken wird dreimal rückwärts mit je drei ††† auf einen Zettel geschrieben und dann gesprochen: Mundweh (oder Mundgrind) ich heile dich und lindere die Schmerzen für immer im Namen d. V., d. S. u. d. hl. G. Der Zettel wird in den Kamin gehängt und wenn geräuchert in das Feuer geworfen." (Zeubelried.) — Aufgesprungene Lippen befeuchtet man mit süssem Rahm, Rosenpomade, betupft sie mit Alaun.

Zähne.

Der Pflege der Zähne wird besonders auf dem Lande keine Aufmerksamkeit geschenkt. Ein Mund voll Wassers genügt im besten Falle zur Reinigung derselben. In besseren Kreisen lässt man es nicht an Wasser, Zahnbürste und Pulver, wozu pulv. Lindenkohle oder auch gebranntes Brod genommen wird, fehlen. Nach Catull., carm. 37. 39., und Apuleius, apolog. reinigte man einst in Spanien die Zähne mit dem während der Nacht entleerten Urine. Sonst bereitete man auch Zahnpulver nach Bayer. oryctograph. Norie. 27 aus weissen Quarzkieseln (silices candidi) oder benützte Tabaksasche. — Als Schutzheilige bei Zahnleiden wird die hl. Apollonia verehrt. Wer täglich ein Vaterunser zu derselben betet, wird von Zahnschmerz frei bleiben. Wenn man an jedem Freitage bei dem Schiedungsläuten um 11 Uhr sich die Fingernägel, vom kleinen Finger anfangend, abschneidet, wird man das ganze Jahr über nicht von Zahnweh befallen werden. Geschieht solches vom Charfreitage anfangend das Jahr über, so wird man seine Lebtage davon verschont bleiben. (Franken und Altbayern.) Oder am Charfreitage werden die Nägel an Händen und Füssen geschnitten und die Abfälle in einem Säckchen vergraben [1]). — Auch wenn man einen von ungefähr gefundenen Zahn eines Menschen oder Thieres immer in der Tasche bei sich trägt; wenn man jeden Morgen mit der Zunge ein Kreuz im Munde macht, wenn man alltäglich mit frischem Wasser mittelst des Goldfingers hinter den Ohren wäscht; oder wenn man täglich beim Waschen mit dem Goldfinger über die Zähne fährt, oder wenn man Käfern, die auf dem Rücken liegen,

---

[1]) Nach Ausonii eclogae galt bei den Römern: „Ungues die Mercurii demi oportet."

wieder auf die Füsse hilft (Pfalz). — Wird Jemanden beim Besuche in einem fremden Hause Brod vorgesetzt, soll man's nicht liegen lassen, sondern einstecken, sonst bekommt man Zahnweh. — Als Präservative vor Zahnschmerz gelten ferner: Eine Elephantenlaus (semen anacardii) am Rücken aufgehängt[1]), ein Stück Siegellack in einem blauen Seidenfleckchen eingenäht auf der Herzgrube oder in der Tasche, auch Campher in Baumwolle gehüllt in den Ohren getragen. In Schwaben empfiehlt man auch, einen Achatstein zu tragen. — Kranke Zähne lassen auf einen schwächlichen Körper schliessen. Unter dem Essen warmer Speisen soll man nicht trinken, sonst stehen die Zähne ab (auf). Man spricht auch, „die Zähne stehen auf", wenn man z. B. in einen sauren Apfel beisst, oder eine wirkliche Entzündung zugegen ist. Viel Zuckeressen macht schwarze Zähne. Ausgefallene oder ausgenommene Zähne sollen rückwärts in fliessendes Wasser geworfen, oder in die Erde, in ein Mauseloch, gegraben werden, damit sie bald verwesen, und kein anderer Zahn im Munde erkranke.

Bei Zahnschmerz legt man Stücke von der scharfen Bertramswurzel als Sialagogum an das Zahnfleisch des schmerzenden Zahnes, oder applicirt als ableitendes Mittel, wenn der Schmerz rechts, Senfpflaster auf den linken Oberarm, und umgekehrt, oder legt es in den Nacken; oder man „tödtet" bei hohlen Zähnen den Zahnnerven mittels einer glühenden Stricknadel oder indem man einen Tropfen Salzsäure mit einem Messingdraht in den Zahn bringt, oder nimmt ein heisses Fussbad mit Salz und Asche. Andere füllen den hohlen Zahn mit in Opiumtinctur oder Creosot getränkter Baumwolle oder auch Wachs aus, reiben ihn mit Nelkenöl, mit dem Wurme aus einer Rosenhiefe, oder einem Herrgottsthierchen (Coccionella septempunctata), stecken Stückchen Campher oder Knoblauch in Watte gewickelt in die Ohren[2]). In Schwaben gebraucht man dagegen Bilsenkraut. Man bringt den Tropfen Oel (Creosot), welcher sich beim Verbrennen eines zur Düte zusammengerollten Papieres bildet, in den hohlen Zahn, oder man legt gestossenen, mit starkem Branntwein befeuchteten Pfeffer in einem Leinwandlappen auf die Wange der leidenden Seite; in der Pfalz rühmt man dagegen schimmliges Brod. — Damit ein kranker Zahn

---

[1]) Zu diesem Zwecke trägt man auch einige Zeit in Leder eingenähten Campher auf dem blossen Rücken, welcher aber, zu lange gebraucht, Auszehrung verursachen soll!

[2]) Früher in die Zähne selbst. Plin. Valerian. de re medic. I. 36. „allium cavis dentibus imponitur."

von selbst ausfalle, reibt man ihn mit einem Teige von Mehl und Euphorbia Lathyris ein. Oder man berührt ihn mit einem gefundenen Hufnagel. — Schmerzt ein Zahn auf der rechten Seite; so nehme man einem lebendigen Krebse das rechte Auge heraus, ist der Schmerz links, das linke Auge, stopfe eine halbe Pfeife mit Tabak, lege das Auge hinein, stopfe die Pfeife voll, und rauche sie dampfend ganz aus (Mittelfr.). — Zahnweh vergeht, wenn man den der leidenden Seite entgegengesetzten Arm über dem Ellbogen mit einer Binde so fest als möglich umschnürt und dieses eine Viertelstunde lang ruhig erträgt. (Nürnberg.) — Brunnenkresse öfters in den Mund gehalten, zieht die Flüsse von den Zähnen weg. — Man leitet wider Zahnschmerz mit gutem Erfolge den Dunst von Bilsenkrautsamen in den hohlen Zahn. Häufige Anwendung findet auch die Paraguay-Tinctur von Spilanthes oleracea. — Man hänge den Zahn eines todten Menschen um, und reibe damit seinen schmerzhaften Zahn[1]); denselben soll man sich nach schwäbischer Angabe Nachts 12 Uhr im Beinhäuslein holen. — Nach anderer Vorschrift soll man den Zahn aus dem Todtenkopfe nach der Anwendung wieder an die frühere Stelle stecken. — Von ähnlicher Sitte berichtet Plinius hist. nat. XXVIII. 2: „Jam vero vi interemti dente gingivas in dolore scarificari Apollonius efficacissimum scripsit"[2]). — Man öffnet ein Hühnerei, zieht das weisse, den Dotter umhüllende Häutlein heraus, wickelt dasselbe um den kleinen Finger einer Hand und lässt es, bis es trocknet, so wird der Schmerz nachlassen. — Bei häufig wiederkehrendem Zahnweh löst man im Frühjahre an einem jungen Weiden- oder Erlenbaume (in der Rhön vom Kirschbaume) auf der dem Sonnenaufgange zugekehrten Seite behutsam die Rinde los, schneidet einen Splitter vom Holze heraus, stochert damit das Zahnfleisch, dass es blutet, befestigt dann diesen Splitter wieder in den Stamm, zieht die Rinde darüber und verbindet oder verklebt sie. Sobald der Splitter wieder eingewachsen, vergeht der Schmerz, wo nicht, muss die Operation wiederholt werden. (Dieselbe wendet man auch an zur Vertreibung der Muttermäler.) — Oder man lasse sich vom Todtengräber den Nagel von einem ausgegrabenen Sarge geben, berühre damit den kranken Zahn, bis er blutet, und scharre den Nagel in die Erde. — Man nehme

---

[1]) Verg. oben S. 34.
[2]) Seitz l. c. 46 berichtet die Heilung aller Gewächse am Leib und der Kröpfe, wenn solche mit der Hand eines an einer langwierigen Krankheit Verstorbenen so lange in Berührung gebracht werden, bis man an der leidenden Stelle eine Kälte fühlt.

einen neuen, noch ungebrauchten Nagel, stüre so lange in dem schmerzhaften Zahne, bis er recht blutet, und schlage dann diesen Nagel an einem Orte, den weder Sonne noch Mond bescheint, z. B. in einem Keller (var. in einen Liegerling im Keller) gegen Sonnenaufgang in die Wand, und zwar mit drei Streichen; bei dem ersten Schlage spreche man den Namen der Person, welcher man Hilfe bringen will, aus, und die Worte: Zahnschmerz, fliehe! beim zweiten: Zahnschmerz, weiche! beim dritten: Zahnschmerz weg! (var. ich gehe). †††. — Man spreche leise zu dem Kranken: „Der Herr Jesus warne die Zahnwüthigen, darin waren Würmer, 3 weisse, 3 schwarze, 3 rothe; er nahm die andern 2 und schlug sie damit todt. Das sag' ich dir zur Busse. †††." — Um den Zahnschmerz abzuschreiben, nimmt man einen Hufnagel, geht an eine Stelle, wo sich drei Wege kreuzen, und schreibt mit ihm zwischen die Wege die Zeichen: „Rex, Pax, Max, ppo, in Folio"; hierauf schlägt man den Nagel in eine Thüre. — Ferner sticht man mit einem Sargnagel an einem Marksteine, wo' vier Ortsnachbarn zusammenstossen, in den hohlen Zahn und wirft ihn unbesehen hinweg. (Rhön.) — Stüre im kranken Zahne bei abnehmenden Monde mit einem Weissdorn, bis er blutet (Niederbayern). — In der Pfalz benützt man ein Stück Holz von einem durch das erste Frühlingsgewitter abgeschlagenen Baume als Zahnstocher. — Oder man spucke auf die untere Seite eines Kieselsteines, den man am Wege findet, und lege ihn wieder an seinen Ort (Schwaben). — „Ich segne dich zur Buss', Haut, Fleisch, Blut und Bein, du sollst dich gleich richten ein, du sollst an deinen gehörigen Ort, gleichwie dich Gott erschaffen hat. Im Namen der allerh. Dreif. ††† Amen." Dies wird gebetet und auf einem Zettel geschrieben angehängt, bis man es unbewusst verliert (Ochsenfurt.) — Das Felsenbein des Schweines hat die Gestalt eines Todtenkopfes, diesen Theil lässt man sich weghauen und trägt ihn gegen das Zahnweh um den Hals (Schwaben). — Zahnschmerz vergeht, wenn man den Zahn mit einem Holzspänchen vom hl. Kreuz auf dem Kreuzberge oder zu Gössweinstein streicht. Oder wenn man spricht: „Da nehm' ich dir den Schmerzen ab, wie die Muttergottes unserm Herrn Christus Jesus den Schmerzen am Kreuz abnahm." (Ochsenfurt.) — Man jage eine Katze so lange über geackerte Felder, aber immer quer über, bis sie zwischen den Beinen schwitzt; mit dem Schweisse bestreiche man den kranken Zahn. — Ein alter Segen aus der Mitte des 16. Jahrh. von Eichstätt lautet: „O du almechtiger, barmherziger gott, man wandelt dein rosaffarbes blut, das sei mir N. vor mein zan we gutt, das zel ich mir N. zu bus, im namen des vatters, vnd des suns, vnd des heiligen geist, amen. Vnd ir müst das gereden, euer lebelanck, so offt ir bei einer mes seit, vnd secht den kelch auff heben, so wolt ir disse wort sprechen. Es hilfft gewisslich." — Gegen Zahnschmerz stand die Alandsquelle bei Würzburg in Ansehen. War Jemand mit Zahnweh behaftet, so musste er zur Quelle treten, den Mund voll Wasser nehmen, solches eine Zeit lang im Munde halten, und dann wieder in das Bächlein ausspeien, dass es mit dem Flusswasser fortfliesse, und diess dreimal thun und dazu sprechen: „Ich gehe in den Grund, Nehm' Wasser in mein' Mund, Und halt' es in mein' Mund, Und spei' es wieder in den Grund, So werden meine Zähn' im Namen Jesu wieder gesund!" (Schöppner, bayer. Sagenbuch. III. 57.) — Aehnliches geschieht im Odenwalde, in Franken und Schwaben bei Zahnweh. — „Der Leidende muss in einer Vollmondnacht allein auf den Kirchhof gehen und mit nackten Händen so lange in das letztgemachte Grab wühlen, bis er den Sarg mit den Fingern fühlt, dann stillschweigend nach Hause gehen." (Würzburg.) — „Mit der linken Hand mache an einem Weidenstengel drei Knoten." (Unterfr.) — Vom Zahnweh hilft, wenn man von dem im Beinhause auf Todtenköpfen wachsenden Moose auf den Backen bindet, oder wenn man beim Aufstehen mit dem linken Fusse aus dem Bette geht und sich auf der genannten Seite zuerst anzieht. Abends ziehe man die Kleider auf der linken Seite wieder zuerst aus und steige auch mit dem linken Fusse zuerst in's Bett. Gegen sehr heftiges Zahnweh räth man Nachts 12 Uhr oder wenigstens vor Sonnenaufgang unberufen auf den Kirchhof zugehen und in ein Todtenbein zu beissen; oder nimm den Zahn eines Todtenkopfs und eine Bohne, bohre ein Löchlein in die Bohne, in dieses stecke eine lebendige Laus, verwahre das Löchlein wohl mit Wachs und trage den Zahn sammt Bohne in einem Tüchlein am Hals (Schwaben). — Man reibe die rechte Hand des Leidenden mit der eigenen Rechten, bis sie „feuert", dann fahre mit der heissen Hand dreimal über die Wange des Zahnleidenden herunter. — „St. Peter stand unter einem Eichenbusch. Da sprach unser lieber Herr Jesus Christ zu Petrus: Warum bist du so traurig? Petrus sprach: Warum sollt' ich nicht traurig sein? Die Zähne wollen mir im Munde verfaulen. Da sprach unser lieber Herr Jesus Christ zu Petrus: Peter, gehe hin in den Grund und nimm Wasser in den Mund, und speie es wieder aus in den Grund. Im Namen Gottes &c. †††. Amen." (Odenwald, Franken, Aischgrund.) — „Schreibe auf ein Zettelchen Onosum sinioba Zenni tantus leet (var. luet) und hänge es durch einen Faden auf den Rücken." — Man rühmt auch, Kochsalz mit Branntwein zu übergiessen, in einer Tasse über glühende Kohlen zu stellen und den Dampf in den Mund streichen zu lassen. Man lasse zwei Theile Hutzucker und einen Theil gemahlenen Pfeffer in einem Löffel über Feuer vergehen, und rühre diese Mischung so lange um, bis sie sich zu einer zähen Masse verbindet. Damit fülle man den hohlen Zahn aus, so wird der Schmerz aufhören. — Ueberschläge von Branntwein und weissem Mehl über die Backen lindern Zahnschmerz von Erkältung. — Geschwüre am Zahnfleische (Zahngeschwüre genannt) bringt man durch Einlegen einer zerschnittenen Feige zwischen Wangen und Zahnfleisch zur Reife. — Um das Vermögen, die Froschgeschwulst zu heilen, zu erhalten, lege man, ehe man mannbar ist, einen kleinen Frosch unter die Zunge und drücke ihn so lange, bis er todt ist; er hat damit die Kraft erlangt, sein Leben lang diese Geschwulst dadurch zu heilen, dass er dem Leidenden in den Mund bläst. (Oberbayern.)

Hals.

Unter Kropf, gegen den die hl. Balbina Schutzheilige, versteht man Schilddrüsengeschwülte überhaupt und nennt sie bei geringerem Grade „Satthals"; bei beträchtlicher Hypertrophie spricht man in Franken von einem Kropfe, wie „eine Bettzieche". Im Allgemeinen glaubt man, obwohl ohne zureichenden Grund, dass die sporadischen Fälle von Kropf durch heftige Anstrengungen, forcirte Expectorationen, Erbrechen, Schreien, Pressen bei der Geburt, Hintenüberbeugen des Kopfes oder auch als von der Mutter ererbtes Uebel entstehen können. Für die Krankheitsgenese des mit Kretinismus gepaarten endemischen Kropfes betrachtet man in Franken das Trinken des auf Gypslagern entspringenden Wassers von Einfluss; so in Iphofen (cf. S. 77) und in dem bei Königshofen gelegenen Marktflecken Trappstadt, wo noch im J. 1845 unter 600 Einwohnern gegen 36 Kröpfige zu finden waren. — In der Rheinpfalz wäscht man Kröpfe mit Lauge, bethätigt ihre Resorption durch reizende Pflaster, Empl. oxycroceum, Pechpflaster, ebenso von schwarzer Seife, oder aus Pfeffer, Salz und Dachsschmalz, oder aus Füllenmist mit Seife, Salz und Mauerpfeffer, oder erhöht die Energie der Lymphgefässe durch Reiben mit blosser Hand oder dem linken Wollstrumpfe bei abnehmendem Monde, durch Einreiben von Salz, Asche und Butter, die in kein Wasser gekommen, oder von 4 Theil. Nussöl und 1 Theil. Terpentinöl.

Oder man trägt eine enge Cravate, oder gegerbte Menschenhaut als Halsband, man legt eine Kröte auf oder lässt einen lebenden Maulwurf darauf sterben. — Gegen Kropf wie andere Geschwülste reibt man ein Dachsfett, Ochsengalle, Lorbeeröl, Steinöl, graue Salbe, Aalfett, Kammfett, Gänsefett mit der Asche eines verbrannten Manushemdes, man belegt ihn mit Mutterkuchen, Menstrualblut, Eihäuten, rohem Meerrettig, Pech, Taubenkoth, man wäscht ihn mit dem Urine eines Junggesellen und geniesst dabei von der Asche von einem verbrannten Stück von einer alten Todtenbahre. Man verbrennt Meerschwamm in einem Tiegel und lässt den Kropf darüber „daumen"; nimmt innerlich „Kropfpulver" oder reibt Kropfsalbe (Ung. kalijod.) ein. — „Ich sehe dich an, du neuer Mond mit deiner goldenen Krone, neuer Mond, ich dich sehe, mein dicker Hals vergehe, mein dicker Hals verschwind', dass kein Mensch weiss, wo er hinkümmt. ††† Amen." (Frankenwald.) — Um den Kropf eines Freundes zu vertreiben, pflanzt man in Nürnberg unbeschrieen die fette Henne in einen Topf, pflegt sie über Winter, bricht im Frühlinge alle Blumenkeime ab, damit die Pflanze nicht zur Blüthe komme. Der mit dem Kropf Behaftete, welcher von der Manipulation nichts wissen darf, wird allmälig sein Uebel verlieren. — In Schwaben glaubt man, dass Wieselblut Kröpfigen helfe oder eine Salbe von gebranntem Rosshuf und Oel, womit man den Kropf fleissig streichen soll. — Zu demselben Zwecke bindet man ein in das warme Blut einer Spitzmaus getauchtes Band um den Hals. Wenn man einem Leichnam ein schwarzes Bändchen um den Hals oder die Hand bindet, dasselbe aber vor der Beerdigung wieder abnimmt und um den Kropf knüpft, verschwindet derselbe allmälig. — Am letzten Freitage bei zunehmendem Monde bestreiche man unbeschrieen an einem einsamen Orte mit der Hand dreimal kreuzweise den Kropf und spreche, indem man den Mond anschauet: „Was ich greife, soll abnehmen, was ich sehe, soll zunehmen", und bete ein Vaterunser. †††. — Man nimmt einen Laubfrosch- oder Krötenfuss, welcher bei abnehmendem Monde abgehauen ist, und trägt ihn um den blossen Hals (Franken).

Weiche oder ungekochte Eier machen eine helle Stimme. Bei plötzlicher Sprachlosigkeit hört man die Klage, das Zäpfchen sei einem heruntergefallen. Wenn man sich mit zerstossenen Schneckenhäuschen, Salz und Wasser gurgelt, hilft es dem hinabgefallenen Zäpfchen; oder man trinkt vor dem Schlafengehen ein Ei mit Pfeffer und Oel (Schwaben). — Bei Schlingbeschwerden lege man den Balg eines an einem der drei ersten Freitage im März geschossenen Hasen um den Hals (Mittelfr.) —

Gegen Heiserkeit empfiehlt man auch die Kaisertropfen (von Napoleon I. gebraucht: ℞ Ammon. liquid. gutt. x, Aq. flor. til. ℥iij, Syrup. erysimi ℥iß. S. Theelöffelvollweise zu nehmen.)

Bei catarrhalischen Leiden empfiehlt man, Hals und Brust mit Unschlitt, Gänsefett einzureiben, ein Unschlittlicht, auf Fliesspapier oder auf blaues mit Nadeln durchstochenes Zuckerpapier gestrichen, aufzulegen, den linken, links umgestülpten Strumpf (welcher in Schwaben vier Wochen über die Schwitzzeit [Sommer] getragen wurde), ein dunkelblaues floretseidenes oder wollenes Band[1]), einen ebenso gefärbten Seidenfaden um den Hals zu knüpfen. — Ein Sackbändel, in der Mühle gestohlen, hilft nach Oberpfälzer Wahn wider Halsweh. — Halsentzündungen zertheilen Ueberschläge von Schwalbennestern, welche man frisch vom Hause abnimmt und in Milch kocht (Franken). — Camerarius l. c. 93 rühmt wider Halsbräune „Lysimachiae coeruleae decoctum in faucium putredine, quam vulgo die Breune vocant", dann Scutellaria galericulata. Hoffmann in Flor. Altdorf. 1677 sagt: „Fungus membranaceus auriculam referens — sambucinus — auricula Judae — Hollerschwämmlein, ejusque infusionem ad faucium dolores et tumores adhibent, non sine effectu fortassis nec sine periculo." — Hartnäckiges Halsleiden soll durch den längere Zeit fortgesetzten Genuss von Häringen (des Morgens nüchtern, nur oberflächlich abgewaschen) und besonders deren Milch beseitigt werden. Endlich legt man um den Hals oder auf die Brust ein grosses Pechpflaster und lässt es liegen, bis es abfällt.

Dem Schnupfen, in Franken „Strauche", in Schwaben „'s Geschnuder" genannt, schreibt man eine wohlthätige, das Gehirn reinigende und präservative Eigenschaft zu. Man sieht desshalb bei Kranken eine fliessende Nase nicht ungern. Dagegen spricht man auch vom versteckten (unterdrückten) Stockschnupfen. An Schnupfen Leidende sollen nicht baden. Schnupfen kann man los werden, wenn man Jemand in die Schuhe schneuzt, oder wenn man einen mit dem Excret befeuchteten rothen Heller in ein Papierchen gewickelt auf die Strasse wirft. Der Finder desselben wird dagegen auch den Schnupfen bekommen[2]). Oder man bestreicht damit in der Frühe einen Thürgriff; wer zuerst darauf drückt, erbt den Schnupfen. — Bei Catarrh lässt man

---

[1]) Dasselbe, am besten indigoblau, muss geschenkt sein und darf nicht wieder abgebunden werden, bis der Anfall vorüber ist. (Nürnb. Verkündiger. 1803. 35. St.)

[2]) Man hört noch die Phrase: „Wer kauft mir den Schnupfen ab?" Eine Erinnerung an die Emtio und Venditio morborum in alter Zeit.

Caudiszucker in einem ausgehöhlten schwarzen Rettig zergehen und geniesst diesen Saft, bei gleichzeitigem Einreiben des Halses mit Fett. Eine weisse Rübe wird in Scheiben geschnitten, mit Candiszucker bestreut und der Saft genossen, ebenso Lakritzensaft, Stollwerk'sche Brustbonbons, Rettigzucker, Lederzucker, Syrup. communis. Auch trinkt man Thee von Rad. Althaeae, Flor. Tiliae, Verbascum thapsus, Herba Hyssopi, Solanum dulcamara, Tussilago farfara, Erica vulgaris, Echium vulgare, Plantago major, Achillea millefolium, warmes Bier, Malzthee.

Schlucker, Schluchzer, pfälzisch „Glucksen", fränkisch „Hetscher", schwäbisch „Häcker", „Glutzger", vergeht, wenn man den Goldfinger jeder Hand niederdrückt (d. h. wenn man die Aufmerksamkeit vom Schluchzen abwendet und durch einen Gegenstand fesselt); ferner wenn man den Athem möglichst lang an sich hält[1]); wenn man 10—15 Schlücke Wasser, langsam, ohne abzusetzen, trinkt; wenn man durch ein Tuch filtrirtes Wasser langsam einschlürft; wenn man einen Schlüssel oder ein Messer in das Trinkglas oder an dessen Rand hält und über den Schlüssel- oder Messerrücken trinkt; wenn man drei Schlücke erbettelten Weins zu sich nimmt; wenn man, unbemerkt von Andern, einen Schlüssel in die Hand nimmt; wenn man Jemand ein Geschenk verspricht; wenn man schnell das Alphabet hersagt; wenn man sich auf etwas besinnt, was nicht gleich einfällt; wenn man ein Messer mit der Spitze an die Magengegend hält; oder wenn ein anderer dem Schluchzenden eine plötzliche Ueberraschung, durch Berührung des Rückens u. s. w., verursacht; dann wenn Einer im Namen des Schluchzenden ein Messer, Glas oder einen andern Gegenstand auf dem Tische unbemerkt umwendet, oder etwas rechts Liegendes auf die linke Seite legt und umgekehrt, oder an die Reihe denkt, wo man zuletzt in der Kirche stand. Man denke, ehe er wieder kommt, in aller Schnelligkeit an drei alte böse Weiber. Oder man sage eben so schnell: „Häcker, Häcker, reit' über d'Aecker, reit' über die Brach, reit' den alten Weibern nach." (Schwaben). — Man schlage beide Daumen fest ein und spanne die Arme aus, oder man unterdrückt dreimal die Wiederkehr des Schluchzens und betet etwas dazu, oder man drücke drei Vaterunser lang die Spitzen der kleinen Finger auf die Daumenspitzen. (Ibid.) —

---

[1]) Bei Platon. Sympos. und Athenaei deipn. V. 2 wird empfohlen, den Athem zu halten oder Wasser einzuschlürfen. „Si quis singultiens spiritum introrsum revocet et aliquamdiu contineat." Marcell. Empir. l. c. p. 126.

Derivator sich wirkt Niessen, hervorgerufen durch Schnupftabak oder Sehen in die Sonne. In der Pfalz nimmt man auch schwarzen Kaffee oder drei Pfefferkörner oder ein Stückchen Häring oder Sardelle.

Die Luftröhre nennt man gewöhnlich „den unrechten Schlund". „Hat Jemand eine Fischgräte im Halse stecken, so nehme ein Anderer eine Fischgräte vom Teller und klebe sie dem Patienten hinter das Ohr, worauf derselbe die verschluckte Gräte wieder von sich geben wird." (Delius l. c. VI. 76. Plin. hist. nat. 28. 12.) — „Frischer Katzendreck zieht einen verschluckten Dorn aus dem Halse" (Schwaben). (Aehnlich das Mittel eines französ. Hofnarren, wodurch er ein Halsgeschwür seines Gebieters zum Bersten brachte.)

Lungenkrankheiten.

Bei Catarrhen empfiehlt man eine Mischung von $^1/_2$ Seidel Wasser, (4 Kreuzer) weissen Candiszucker, (3 Kreuzer) schwarzes Kirschenstielwasser und zwei Eidottern. — Man drückt den Saft von ausgebratenen weissen Zwiebeln aus, rührt ihn mit fein gestossenem Candiszucker ab und nimmt öfter einen Löffel voll davon ein. Auch trinkt man Provenceröl mit Zuckersyrup zu gleichen Theilen, oder das Gelbe eines Eies mit Zucker vermischt und in einer Tasse mit kochendem Wasser angerührt oder warmes Bier, um darauf in Schweiss zu kommen. — Man trinkt nüchtern das verrührte Klar von drei Eiern, oder trinkt warmes Bier. Auch die Beeren von Sorbus aucuparia zur Latwerge gekocht werden in Nürnberg bei chronischen Catarrhen empfohlen. Als diätetische Heilmittel empfiehlt man Cornu cervi als Pulver mit Branntwein angesetzt und Morgens und Abends ein Gläschen voll zu trinken. Ebenso sucht man sich durch Rettigbonbons (der Saft von Raphanus sativus wird von Plin. hist. nat. 19. 26; 20. 13 empfohlen), Brustzucker &c. zu helfen. — Als Species eines wirksamen Brustthee's sind in Gebrauch: Wollblumen, Eibisch-, Quecken- und Süssholzwurzeln zu gleichen Theilen. — Brunnenkresssaft mit Honig und Wein, Morgens und Abends getrunken, soll bei schmerzhaften Catarrhen den Auswurf lösen und befördern (Mittelfr.). — Als Präservativ dagegen soll man stets ein Stück Siegellack in der Tasche tragen (ibid.). Heftigen Hustenanfällen sucht man zu begegnen, indem man den linken Arm herabhängen lässt (ibid.). Milchtrinken wird bei Catarrhen vermieden, da dies noch mehr „verschleimt".

Beginnende **Brustfell-** oder **Lungenentzündung** hat mancherlei Ursache. Vorzüglich sind es „die Winde, Dünste, welche, durch irgend ein Hinderniss gehemmt, sich auf die Brust verschlagen und dort, gegen das Zwergfell gestellt, das Stechen verursachen". Man hilft dem ungebetenen Gaste den richtigen Weg zu finden durch ein Laxans, das „bei einer hitzigen Natur" möglichst stark sein muss, oder sucht sich ein Emeticum zu verschaffen, um nach oben und unten auszuputzen. Wird ein „mastiges" Individuum, bei dem Alles zu Geblüt oder zu Fleisch wird, von Stechen befallen, so muss das Geblüt durch ein Fusswasser von Salz oder Asche heruntergezogen, oder dem dicken, verdorbenen, scharfen Geblüt zwischen Haut und Fleisch durch Schröpfen oder besser durch eine Aderlässe ein Ausgang verschafft werden. — In Schwaben empfiehlt man gegen Seitenstechen eine Salbe von Hennenschmalz, Entenschmalz und (Butter-) Schmalz mit Safran.

Bei **Brustkrampf** — Engathmigkeit — ist gewöhnliches Hausmittel Anisthee, bei trockenem Asthma Mauerpfeffer, Alant, Rettigsaft, Hauswurzelsaft, Meerrettig und Honig, weisse Senfkörner, Meerzwiebel mit Essig, bisweilen Wachholderbeerenthee (der bei Asthmatikern nützt, wenn in der Pleura oder im Pericardium ein Exsudat). Der Sonnenthau (Drosera rotundifolia), Ehrenpreis, Mauerraute, Lungenkraut, wilder „Mairan" (Hb. Origani vulg.), Quendel sind Volksmittel. Manche finden Erleichterung im Tabakrauchen, Bewegen in frischer Luft, Senfteigen, Hand- und Fussbädern.

Die **Lungensucht** mit der nachfolgenden Abzehrung, Schwindsucht, entsteht meistens durch einen kalten Trunk, bei grosser Erhitzung des Körpers; auch der Genuss vieler geistiger Getränke und starkes Tabakrauchen, sowie der Genuss von Essig wird beschuldigt. Ein Thier- oder Katzenhaar unversehens genossen bewirkt Auszehrung. Nach Oberpfälzer Wahn bekommt derjenige die Abzehrung, der seine Thränen auf eine Leiche fallen lässt. Kommt es zum Auswurf, Eiter, in der Pfalz „Kotter", so sagt man, dass die Lunge oder das Blut nichts als Schleim koche, dass sie ganz verschleimt sei und sich nun putze; fällt der Patient vom Fleische, so ist er angesteckt, hat die Auszehrung. Die Liebe zum Leben setzt den Schwindsüchtigen vielen Selbsttäuschungen aus. Ueberall sucht er den Sitz seines „Catarrhs" mehr, als in der schwer erkrankten Lunge, so dass er ihn bis zur Auflösung als Magenhusten zu bezeichnen pflegt. — In Schwaben gilt Lohebrühe für Lungensüchtige, welche Blut ausspeien, als gutes Mittel; auch der Storchschnabel (Geranium) in Wein gesotten; ebenso Frauen-

oder Schweinemilch; ferner wenn man ihnen, ohne dass sie davon wissen, lebendige Kopfläuse in Brod zu essen gibt. — Ein Schwindsüchtiger soll unbeschrieen vor Sonnenaufgang seinen eitrigen Auswurf auf eine zum Theil vom Stamm gelöste Holderrinde speien, aber an derselben Stelle eine seichte Grube in's Holz schneiden, damit der „Hirxer" Platz darin hat; die Rinde binde man hierauf wieder sorfältig an den Stamm, wie sie vordem war, damit sie wieder anheile. — Wenn Jemand abzehrt, dann vermuthet man in Schwaben, dass ein Teufelsbanner oder Hexenmeister den Fusstritt des Unglücklichen ausgehoben und in den Rauch gehängt habe. Früher, als man noch Läuse hatte, vermuthete man, ein Bösewicht habe vom Kopf des Kranken drei Läuse erwischt und solche im Rauch aufgehangen. — In der Pfalz werden auch Borsdorfer Aepfel, oder Boeksblut in Branntwein gegen Phthisis versucht. Nimm eine gute Hand voll Hopfen und koche ihn in einem Quart Wasser bis zur Hälfte ein, seihe und versüsse es mit Zucker, und nimm dreimal des Tags vor jeder Mahlzeit 1 Löffel voll. — Nimm 2 Quart Bier, für 3 Kr. Lungenkraut ohne Rippen, 3 Kr. Jungfernhonig, eine Hand voll Waizenkleie, dies wird in einem neuen Topf bis zur Hälfte eingekocht. — Eine Flasche alten Rothweins wird ein Jahr lang in einem Ameisenhaufen vergraben. Der Patient trinkt dann täglich ein Glas davon und wird zusehends genesen. (Nürnberg.) — „Ein frisch gelegtes Ei wird in einem neuen Topfe mit des Abzehrenden Urine zwei Querfinger hoch übergossen, darin hart gesotten, dann dessen Dotter mit einem spitzigen Holze oder Stecknadeln angestochen, dann das Ei abermals eingesotten und in einem Ameisenhügel verscharrt. Nach neun Tagen untersucht man, ob das Ei von den Ameisen verzehrt worden. Nach diesem Maassstabe nimmt der Patient wieder an Kräften zu." (Unterfranken.) — „Ein neuer, nicht glasirter irdener Hafen wird innen mit Honig wohl bestrichen, mit einem durchlöcherten Deckel bedeckt und in einem Ameisenhügel vergraben. Die hinein gelaugten und am Honige anklebenden Ameisen werden nach einigen Tagen gesammelt, in einem andern Geschirre mit Branntwein übergossen, einige Tage in die Wärme gestellt, destillirt, und das Obere des darüber gegossenen Branntweins Morgens und Abends 1—4 Löffel mit geröstetem Brode genossen, darauf eine Stunde gefastet. Ein Pfund Kalbfleisch, in des Kranken Urin in ganz neuem irdenen ungehandelten mit Deckel wohl verschlossenen Topfe gekocht, wird stillschweigend einem Hunde oder einer Katze zum Fressen vorgesetzt, auf welche die Krankheit übergeht. (Ibid.) — Man schneidet dem Patienten die Nägel an Fingern und Zehen über Kreuz ab und wirft sie, in ein Stück

Fleisch gehüllt, einem Hunde vor. — Man bohrt Morgens unbeschrieen bei zunehmendem Monde etwas gesenkt ein Loch gegen Ost in einen Nussbaum, stopft etwas Hanf oder Werg hinein, giesst ein wenig Terpentinöl nach und verstopft die Oeffnung sodann mit einem „ungeeichenen", entrindeten und entweissten Stopfer der Rinde gleich. (Unterfr.) — Der Gebrauch von Gurken-, Rüben- oder auch Körbelsaft, letzterer mit Milch getrunken, wird Schwindsüchtigen empfohlen. — Als ein vorzügliches diätetisches Heilmittel ist von Alters her Geismilch geschätzt [1]), welche besonders wirksam sein soll, wenn sie mit einer Quantität Brunnenkressensaft gemengt dreimal vierundzwanzig Stunden $1^1/_2$ Schuhe tief in einem auf den Stopfer gestellten Kruge eingegraben worden. Davon trinkt man Morgens und Abends. Auch alter Wein, in welchem man einen Regenwurm absterben liess, gilt als heilkräftig. Ebenso Honig, Leberthran, Thee von Bitterklee, Raute, Hysop, Huflattig, Lungenkraut, Alant, weissem Andorn, Ehrenpreis, Mooschocolade, Bierwürze, Thee von isländischem Moos (welches in Weingegenden auch wohl mit inländischem Most vertauscht wird), Thee und Gemüse von Sprossen des Wegerich, auf der Rhön die Aronswurzel, frischer Brunnenkressensaft, Brei von frischem Mehl mit Milch von Ziegen, Eselinnen oder Kühen, dick angerührt, als Frühstück. — Bisweilen gebraucht man die Traubenkur, geriebenen Meerrettig mit Essig. Nicht minder steht der reichliche Genuss von Hunds- und Gänsefett in Ansehen, indem ersteres schon Fälle, „wo ein Lungenflügel bereits abgefault war und der andere noch an einem Faden hing", zur Heilung brachte; in Würzburg wurde auch Hirschlosung von Lungensüchtigen innerlich angewandt; äusserlich werden Speckeinreibungen empfohlen. Hennendarm wird in Schwaben gegen Lungensucht gerühmt. Minder gebräuchlich sind die früher häufig angewandten Flechten Sticta pulmonacea, Cladonia pixidata, Usnea plicata, dann der durch Veilchengeruch ausgezeichnete Boletus (Daedalea) suaveolens (S. Hildegard l. c. I. 172).

Nach dem Volksglauben können die Kräfte alter Leute nicht besser erhalten werden, als wenn sie kräftig gedeihende Kinder bei sich schlafen lassen. Aehnlich lehrt auch Seitz l. c. 37: „Es ist auch nicht wenig daran gelegen, starker Leute Kleider anzuziehen und lobe ich derjenigen Gewohnheit, so die von einem starken Menschen vorher angezogenen Hemden den

---

[1]) S. Hildegard. l. c. VII. 16. si quis in pulmone dolet, lac caprarum frequenter bibat et curabitur.

wieder genesenden Kranken anthun." Aehnliche Anschauungen finden sich in der Bibel I. Reg. 1, 1. II. Samuel 12. 8. Das hohe Alterthum war schon überzeugt, dass der lebende Körper die Eigenschaft besitze, einen Theil seiner Lebenskraft auf Andere zu übertragen, und gründete hierauf eine Behandlungsart, welche man Gerocomie (Alterspflege) nannte und die darin bestand, abgelebte Greise durch die nahe Atmosphäre einer frischen Jugend (das Balneum vaporis, wie Richter das Ausströmen der thierischen Wärme und der Nervensphäre nennt) zu verjüngen.

Unter „Schwinden", „Schweinung", versteht das Volk seit ältester Zeit sowohl allgemeinen, mit tieferen Ernährungsstörungen in Folge von Lungenschwindsucht u. s. w. einhergehenden Schwund der Musculatur und des Panniculus adiposus, als auch die progressive fettige Muskelatrophie einzelner Muskeln, besonders der oberen Extremitäten, deren Genese man erst in der neuesten Zeit zu deuten suchte. Von den Mitteln und Zaubersprüchen des Volkes mögen folgende erwähnt werden: „Ein guter bewährter Schwein-Segen für Menschen und Vieh zu gebrauchen: Das Walth Gott der Vatter, Schweint nit, Gott d. S. schweint nit, Schweint auch nit, Gott d. hl. G., Schweint auch nit, nit in Mark, nit in Bein, nit in Blut, nit in Fleisch, Im Namen G. d. V. +++ Amen." — „Huff, Blatt, Blut, Fleisch, Bein, Mark, Nerv schweinet nicht, wie die Erde nie geschweinet hat, im Namen G. d. V. &c., Huff, Blatt, Fleisch, Bein, Mark schweinet nicht, wie die Sonne und die Sterne nie geschweinet haben, im N. G. &c. Huff, Blatt, Blut, Fleisch, Bein, Mark schweinet nicht, wie Himmel und Erde nie geschweinet haben, im N. G. d. V. &c." (Schwaben.)

Wassersucht, Gelbsucht.

Die Wassersucht[1]), Hydrops, entsteht dadurch, dass das „Geblüt zu Wasser wird". Patron ist der hl. Liborius. Von den

---

[1]) Wassersucht, ahd. wazzerchalb (auch Gordius aquat., der gem. Wasserdrahtwurm heisst Wasserkalb). Man dachte sich den Hydrops Ascites als pathol. Produkt einer stagnirenden Masse, ähnlich wie „Ezzigkalp" (quod in aceto jacet, s. Hildegard: Essigmutter), und ähnlich Mondkalb, Mola, als Produkt verhaltenen Monds- (Monats-) Flusses im Uterus. Vgl. Grimm. D. M. 1111. — Nach Hornung, C. M. 337, ward um 1595 diese Krankheit häufig in Würzburg beobachtet, — wohl Folge guter Weinjahre.

zahlreichen Volksmitteln mögen folgende erwähnt sein: Asplenium ruta muraria, Cichorium intypus, Scilla maritima, Wachholderbeeren als Thee, Muss innerlich, oder äusserlich zu Räucherungen oder Einreibungen mit dem Oele, Thee von Statice Armeria, Centaurea cyanus, Viola tricolor, Erica vulgaris, Triticum repens, Colchicum autumnale, Fichtenknospen (in der Pfalz „Forlenputzlich" genannt) in Bier gekocht. Ferner Hollundermuss mit Meerrettigsaft und Zucker, Hanfmilch. Ein beliebtes Getränk besteht aus Wachholderbeeren, Hauhechelwurzel, Bitterklee, Wermuth, Petersiliensamen und Liebstöckelkraut, je 2 Loth, dann $^1/_4$ Loth Sennesblätter mit Wasser gekocht. Zu Schweinau bei Nürnberg braucht man auch Meerzwiebel mit Chiua regia, ferner Absud von der zerschnittenen äusseren Rinde von Johannisbeerholz. Allgemein empfiehlt man, die ödematösen Glieder im heissen Sande zu baden, mit Branntwein, Campherspiritus zu reiben, in Wolle, Werg zu hüllen. In Schwaben macht man Fomente mit Hopfen, um Wasser zu treiben. Sympathetisch will man die Krankheit also in die Erde bannen: Drei grosse schwarze Rettige werden bei abnehmendem Monde oben in der Krone abgeschnitten, ausgehöhlt, mit dem Urine des Kranken angefüllt und die abgeschnittene Krone mit Faden kreuzweise sorgfältig wieder daran befestigt. Hierauf gräbt man sie wieder in die Erde, und sobald sie verfaulen, verschwindet die Wassersucht. (Nach dem Volksglauben soll die Geschwulst eines Wassersüchtigen bei zunehmendem Monde stärker sein.) — „Wer an Wassersucht oder an der gelben Sucht leidet, trinke von seinem eigenen Urin des Morgens ganz nüchtern, und setze dieses mehrere Tage lang fort, so wird er merkliche Hilfe empfinden."

Die Leber wird von Alters her als Heerdorgan der verschiedenen Leidenschaften angesehen, besonders der Wollust (Horat. od. III. 4. 77. Isidor. origin. XI. 1). Bei plötzlich in Affect gerathenen Personen heisst es, es sei ihnen etwas über die Leber gelaufen; auch, es sei ihnen die Galle übergelaufen. Auch spricht man von einer dürren oder trockenen Leber bei Weintrinkern. Bei „Leberverstopfungen" rühmt man Salat von wilden Hopfensprossen, Thee von Wegwart; Einige trinken warme Ochsengalle, wie sie aus der Blase fliesst. Nach schwäbischem Glauben „kocht die Leber Blut. Ist eine Hitz' an der Leber, so fehlt's am Stuhlgang, ist sie vollends versteckt, so muss man sie mit starken Abführmitteln, z. B. mit drei Mausböllelein durchmachen." — Wer an der Leber leidet, soll eine Leber opfern. Gewöhnlich nimmt man dazu eine Kalbsleber. — Daselbst wird gegen Leberleiden und geschwollene Milz die Hirschzunge gebraucht.

Als ätiologische Momente der Gelbsucht (nach dem althochd. Gelasuht um Aschaffenburg: Gelsucht), welche früher häufiger zur Beobachtung kam, betrachtet man hauptsächlich aufregende, heftig erschütternde oder deprimirende Leidenschaften, Zorn und Neid, „wodurch die Galle in's Geblüt steigt". Man wähnte früher, dass Gelbsüchtige durch ihren Blick und längeres Anschauen, ähnlich dem Zauber des schädlichen Blickes, ihren Krankheitstoff aus ihren Augen gleichsam ausstrahlen und die Personen und Gegenstände, welche ihre Blicke treffen, inficiren und vergiften könnten. Darauf deutet schon Lucretius de nat. rer. IV. 333. Sie wurden desshalb im frühen Mittelalter aus der kirchlichen Gemeinschaft ausgestossen und, wie die Sondersiechen, ausserhalb der Städte in eigenen Wohnungen internirt, in welchen sie Almosen erhielten, wie aus einem Briefe des Papstes Zacharias an den hl. Bonifacius vom J. 751 hervorgeht. Umgekehrt hielt man dafür, dass von Gegenständen von gelber, brauner oder schwarzer Farbe der Krankheitsstoff angezogen und auf dieselben übertragen werde, wenn die Ikteriker längere Zeit z. B. in Pech, Wagenschmiere hineinschauen, oder solche Gegenstände ihnen angehängt würden. Diese Uebertragung geschah bei den Hellenen und Römern gewöhnlich durch Anschauen oder Anbinden eines gelblichen Vogels, welcher (wie die Krankheit) $\H{\iota}\kappa\tau\varepsilon\rho o\varsigma$ oder $\chi\alpha\varrho\alpha\delta\varrho\iota o\varsigma$ (vielleicht Oriolus Galbula, Goldamsel) genannt wurde. S. Hildegardis l. c. VI. 62 empfiehlt, den Vogel 'Widderwalo (vielleicht ein aus Widar galawa, wider Gelbsucht, contrahirter Name) todt auf die Magengegend zu binden oder dessen Pulver mit Baumöl auf dieselbe zu streichen. — Auch der Vogel Parix (S. Hildegard. VI. 72 und Albert. Magn. de animal. XXIII. 1) soll entfiedert auf die Magengegend gebunden den Krankheitsstoff an sich ziehen und darüber sterben. — In Oberbayern trägt man gegen die Gelbsucht einen Ducaten auf blossem Leibe (weil farbenverwandt). — Daselbst, im Aischgrunde und in Franken wird eine gelbe Rübe ausgehöhlt, der Patient harnt in dieselbe und hängt sie im Kamine auf. Wenn sie vertrocknet, schwindet die Gelbsucht. — In Würzburg empfielt man, Erbsen im Urine des Kranken aufzuweichen und den Hühnern zu fressen zu geben. — Von gleicher Wirkung und Präservativ soll sein, wenn man unbemerkt in der Kirche in den Messkelch des Priesters schaut. — Man soll eine Kreuzspinne in eine hohle welsche Nuss einschliessen, mit Wachs verkleben und mit einem Faden dick umsponnen drei Tage am Halse tragen. — Man harne auf ein leinenes Tuch, hänge dieses an die Luft, damit es trocknet, und wiederhole dies so lange, bis das Tuch gelb geworden, dann weicht die Gelbsucht für immer. (Franken.) — Johanniskraut auf der Brust getragen heilt wie Safran nach schwäbischem Glauben die Gelbsucht. Daselbst wird auch die Ringelblume dagegen angewandt. — Sie soll auf den Genuss lebendiger Läuse, welche in einem Theelöffel oder auf Butterbrod verschluckt werden, oder nach dem Essen von drei Kellerasseln mit geschabtem Apfel, bald verschwinden. Auch rühmt man dagegen, Schöllkraut auf die Fusssohlen zu binden. — Man bindet eine lebendige Schleihe [1]) auf die Nabel- und Lebergegend. Dieser Fisch zieht den Krankheitsstoff aus dem Körper, wird gelb wie Safran und stirbt. Man bindet nun eine zweite und dritte Schleihe auf, bis die Gelbsucht verschwindet. (Franken und auch Schwaben.) — Man kocht ein Stück Fleisch in des Kranken Urin und gibt es einem Hunde zu fressen, wodurch die Krankheit auf denselben übertragen wird. (Unterfr.) — In Schwaben wird das Trinken des eigenen Urins, sowie Gansdreck gegen Gelbsucht empfohlen. — Ein in des Kranken Urin hart gesottenes Ei wird an der Schale mit Pfriemen durchstochen, drei Stunden in des Patienten Harn gelegt und dann im Ofen verbrannt. — Man lässt in einem erbettelten Töpfchen eine Hand voll erbettelter Erbsen 24 Stunden lang im Harne des Icterischen aufquellen, bindet die Erbsen dann in ein Säckchen und hängt sie in den Rauchfang. Sobald sie verdorren, nimmt die Gelbsucht ab. (Unterfr.) — „Bei Gelbsucht sprich dreimal: Wasser, lass' dich nicht fliessen, denn du wollest mit 77erlei büssen. †††." — In Schwaben bindet man Felbenruthen (Weide) jungen Hunden um den Hals, das hilft gegen die Gelbsucht und die „Sucht". — In der Pfalz rühmt man gelbe Rüben, Eidotter, Schwefelblüthe, Safran, dann zerstossene Lindenkohle, Kalkwasser, mehr nützt Trinken von präparirtem Weinstein, Sauermilch, oder im Herbste drei Gläser Most, nüchtern drei Tage nacheinander getrunken. Ebenso empfiehlt man im Frühjahre den Genuss von Kräutersäften, oder von Obst. Von auflösenden Mitteln gebraucht man Rhabarber (auch „Gelbsuchtwurzel" genannt), Salmiak, Gurkensaft, Cichorie, Brunnenkresse, Schöllkraut, Mauerpfeffer, Meerrettig u. s. w. In der Pfalz empfiehlt man auch Taubenkoth, gepulv. Menschenknochen, Hirschgalle in Branntwein, neun Tage lang genommen, ebenso Katzenhirn in Essig gesotten, Otternfett oder Ziegenblut in Wein, die Leber eines krepirten Huhns

---

[1]) Ein altes Sprichwort in Gesners Fischbuch 167. 168 nennt die Schleihe einen Arzt unter den Fischen (ihres verklebenden Ueberzuges wegen.)

oder einer Eute, roh gegessen; ferner das Tragen eines Schwefelfadens als linken Strumpfbandes, das Harnen auf eine glühende Schaufel. — „Bohr' aus drei Borsdorfer Aepfeln die Blüthe bis auf den Kern aus, thu' drei Bröcklein gelbes Wachs hinein, dämpfe sie ab und lass' sie den Patienten unwissend essen." (Unterfr.) — Geht die Gelbsucht in „Schwarzsucht" über, ist der Kranke unrettbar verloren. Cfr. Seitz l. c. 380.

Unterleib.

Bei Leiden desselben wird in Altbayern der hl. Erasmus, welchem die Eingeweide aus dem Leibe gehaspelt wurden, verehrt. — Personen mit kräftigen Verdauungsorganen haben, wie das Sprichwort metaphorisch sagt, einen „Pferdemagen", einen „ausgepichten Magen, der Stein und Eisen vertragen kann", u. s. w. — Im Mainthale glaubt man dem häufigen Genusse des sog. Trinkweines (Tresterwein, Schmeller I. 496) die Entstehung der dort nicht seltenen Magenleiden mit nachfolgenden Degenerationen zuschreiben zu müssen. Als sog. magenstärkende Mittel finden vielfache Anwendung Kalmus in verschiedenen Formen, gezuckerte Pomeranzenschalen, Alant, Wermuth, Pfeffermünz-, Melissen-, Schafgarben-, Chamillenthee; man kocht Quendel in Milch, nimmt Hofmannstropfen, trinkt bei Dyspepsie, wie „Magenerkältung, Bläh- oder Windsucht, Magenkrampf, Sodbrennen" (Wasserkolik oder Herzwasser genannt) verschiedene Liqueure und angestellten Schnaps mit Wachholderbeeren, Kalmus, Nüssen, Wermuth, Anis, Gewürznelken, Pfeffer und Aloë, oder in Altbayern mit Enzian angesetzt oder auch Hopfenthee. Man nimmt in der Pfalz Pfeffer oder Zimmt in heissem Wein, angebrühte Mohnköpfe, oder bisweilen Schiesspulver.

Bei Sodbrennen empfiehlt man in Unterfranken noch die Säure absorbirende Kreide geschabt zu essen, oder zwei roh gepulverte Eicheln auf einmal, oder drei Bissen von einem in der Tasche getragenen alten Brode zu sich zu nehmen. — Wer die drei ersten Schlehenblüthen im Frühlinge isst, bleibt jenes Jahr über frei von Sodbrennen (Mittelfr.). — In der Pfalz rühmt man dagegen einige Messerspitzen voll Pulver von getrocknetem Hühnermagen (Pepsin) oder von Feuersteinen; ferner Magnesia, candirten Kalmus, bittere Mandeln oder frisches Wasser. — Wer von Sodbrennen befallen wird, soll an einen Strick denken, welcher, befeuchtet von Wagenschmiere, die aus einem Rade gelaufen, zu Hause in einem Winkel hängt (Mittelfr.). — Der

Städtebewohner sucht gegen dieses und verwandte Leiden Hilfe in einem Brausepulver oder im Elixir roborans Rob. Whygtii oder auch in sog. Karmelitengeist. — Nach einem in Unterfranken kreisenden Wahne entsteht bei Schwangeren Sodbrennen von langen Kopfhaaren des Fötus. — In der Pfalz gilt auch „Saturi, Saturei" (Satureja hort.) als Mittel gegen verschiedene Magenleiden, besonders hebt es dessen Verschleimung.

Hat der Bauer „was im Magen liegen", d. h. liegen im Darmkanal durch zu reichliche, besonders vegetabilische Nahrung bedeutende Fäcalmassen (im Allgäu „Schmotzkugel" genannt), so hilft entweder die Expectoration nach oben durch ein Brechmittel, oder nach unten durch eine gehörige Portion Glauberoder Bittersalz in Sennesblätterabsud, Aloë, Rhabarbera- oder Jalappapulver, Kreuzbeersaft, Schlehblüthen, Tamarinden, Manna, Morisons-, Kaiserspillen, die Lang'schen, Redlinger'schen Pillen oder die Kiesow'sche Essenz, oder als Panacee in allen Gebresten die Mainzer Schwertfegerstropfen (bei Daniel Nohaschek) oder sonstige Lebenselixire. — Als gelindes Abführen gilt die Molke mit Weinstein. Der Schwabe führt mit Rührmilch und Kienruss oder Schweinemilch sehr nett ab. Kräftiger ist Rührmilch, Krautwasser mit Kienruss, oder Schlottermilch (saure Milch) und Weissbier. Auch Gansdreck in Erbsenbrühe gilt ihm als gutes Purgans. — Gegen Blähungen nimm 5—6 Hechtaugen und eben so viel Krebsaugen und etwas Agtstein, gib das als Pulver ein (Schwaben). — Wenn man Ameisen zerstampft und in Wasser einnimmt, muss man viel Wind lassen. Ibid.) — Nach schwäbischem Wahne macht Eselhaar von der Gegend der Ruthe eingegeben heftige Wind' und Bläst. Dasselbe thut gedörrte Fuchsleber; gibt man Jemand solche zu schnupfen, so wird er niessen und in die Hosen machen in einem Odem. Eine Messerspitze voll Fuchsleberpulver, Andere sagen Fuchslungenpulver, in ein Glas Wein gethan, macht, dass der, welcher es trinkt, nach oben und unten unwillkürlich „wirft". — Als gelindes Abführmittel und um das während des Winters verdorbene, stockige Geblüt zu reinigen, trinkt man seit alter Zeit im Mai Birkensaft. — Ein geschälter Borsdorfer Apfel gegen die Blüthe hin geschabt, laxirt, gegen den Stiel hin geschabt, verstopft; in ähnlicher Weise die grüne Rinde oder Wurzel des Hollunders (Sambucus nigra) nach auf- oder abwärts geschabt. — Bier, welches über Nacht in einem ausgehöhlten grossen schwarzen Rettig gestanden, getrunken, bewirkt Abführen. (Mittelfr.)

Hysterie fasst das Volk bisweilen im ärztlichen Sinne als eine Neurose des Genitaliensystems auf. Man spricht dann von „Nervenleiden", auch wohl bei hysterischen Krämpfen,

Ohnmachten, von „angethan", „verhext seiu". Melissengeist, kölnisches Wasser, Hoffmannstropfen, kaltes Waeser; Weinessig, Chamillen-, Baldrian-, Pfeffermünzthee, in der Pfalz auch Anbrennen von Haaren, Federn oder Teufelsdreck (um deu Teufel durch den Gestauk zn vertreiben) sind übliche Volkmittel. Bei „Mutterkrämpfen", („Mutterweh, Herzgesperr") wird auch Markgrafenpulver genommen. — Wenn die „Mutter aufsteigt" (Globus hystericus oder dyspeptische Erscheinungen, wie Aufstossen, Sodbrennen) wird empfohlen, drei Schamhaare auszureissen und den Leib festzubinden (Pfalz). — Eine andere Auffassung ist im Odenwalde üblich: dort ist bei „Mutterstörung" Alles aufrührisch, die Gedärme gehen durcheinander, verschlingen sich und der Tod muss folgen. Die Mannsleute sterben eher als Weibsbilder, wenn's uicht dafür gebraucht wird. Geschieht dies, so muss man alles brechen, was man gegessen hat. — „Störmutter, Gebärmutter, Colica, oder was du soust noch immer sein magst, lege dich wieder nieder an deine rechte Statt, du hast gemeint, du wollst mit mir gehen in's Grab, aber nein, du sollt mit mir gehen in's Grab. Im Namen der allerh. Dreifaltigkeit. †††." Das Ganze wird dreimal gesprochen, wobei jedesmal über den Leib ein Kreuz gemacht wird, und hierauf werden fünf Vateruuser gebetet, dann wird dies noch zweimal wiederholt, so dass das Ganze neunmal gebetet wird, worauf das Uebel auf der Stelle nachlässt." (Odenwald.) (Die Gebärmutter hat hier nach dem im Odenwalde und anderwärts kreisenden Wahne das Vermögen, ihre im kleinen Becken angewiesene Stellung zu ändern.) — „Mutter heckte, Mutter legte, Leg' dich an dieselbe Wand, Wo dich Gott hingesandt. Im Namen G. d. V. u. s. w. †††."

Kolik mit Erbrechen nennt man in Unterfranken „Nabelausböhlung" und glaubt, das Leiden sei durch Verrenken des Nabels entstanden. Zur Cur legt man ein wenig Brod auf den Nabel, befestigt auf diesen ein Stückchen brennenden Lichtes und stürzt ein Trinkglas darüber, wodurch der Nabel herausgezogen wird (trockener Schröpfkopf). Ist das Licht erloschen, bindet man ein rundes Bleiplättchen auf den Nabel, welches uach 24 Stunden entfernt wird. Auch in Oberfr. sagt man bei Kolik, „der Nabel sei gebrochen"; um ihn einzurichten, wird die Bauchhaut in der Richtung der weissen Linie einigemal aufgehoben. Meist wird die Kolik nach der Volksansicht durch „Stellen der Winde" in Folge von Erkältung hervorgerufen, wobei es oft geschieht, dass diese Neuralgie, „Magenkrampf, Magengrimmen, oder Leibschneiden" zum Nachtheile des Kranken mit wirklicher Enteritis verwechselt wird. Zum Windtreiben werden dann 20—30

Tropfen Kümmel- oder Anisöl eingenommen und in den Nabel eingerieben. Man legt erwärmte, mit Knoblauch geriebene Stürzen auf den Bauch, macht auch Kataplasmen mit Chamillen, oder Leinsamen, Kleie und Milch, bedeckt den Leib mit erwärmten Hemden. Man schüttet Wasser über gestossenen Glanzruss, lässt es eine Zeit lang darauf stehen und trinkt es (Unterfr.); oder man nimmt ihn vermischt mit Hefenbranntwein (Pfalz). Meisterwurzel (R. Imperat.) in die Hand genommen, stillt alten Leuten das Grimmen (Schwaben). — In Nürnberg rühmt man gegen Magenweh das Mehl von Rosskastanien. — Gegen das Bauchgrimmen dient ein an einem Freitage angezogenes neues Hemd. (Mittelfr.) — In Franken und Schwaben wird gegen Magenleiden aller Art bisweilen ein Katzenbalg auf der Brust getragen. — Wenn man einen neuen grossen Meerschwamm in siedend heissen Essig legt, ihn sodann auspresst und warm auf den Magen legt, bis er erkaltet, dann hilft es vom Magenweh. (Schwaben). — Statt dessen werden auch heisse Deckel oder erwärmte Tücher auf die Magengegend gelegt, in der Pfalz mit Branntwein befeuchtetes Fliesspapier und bisweilen ein Pechpflaster. — Bei Magenkrampf wird gerühmt: Man schäle eine weisse Zwiebel, schneide sie in kleine Stücke, binde solche fest auf weisse Leinwand und presse den Saft in ein Glas aus. Von diesem Safte nimmt man bei Krampfanfällen 3—5 Tropfen auf Zucker und den Rückstand der ausgepressten Zwiebel in der Leinwand benützt man, um bei dem Anfalle die Magengegend sanft damit zu reiben, was schnelle Hilfe bringen wird. — Ebenso verschwindet Magenweh, wenn man nach dem Essen eine Messerspitze voll gemahlenen Kaffee einnimmt. — Ein Hundshaar genossen, soll hartnäckige Magenbeschwerden verursachen, geschabte weisse Rüben sollen dasselbe wieder abtreiben. Gegen Kolik, Krämpfe und verwandte Leiden verschiedener Organe empfiehlt man auch das Tragen einer erwärmten, magnetisirten Stahlplatte auf der Herzgrube. — Stosse für 2 Kr. weisse Pfefferkörner recht fein, thue es in $^1/_2$ Schoppen Tresterbranntwein, lasse es zwei Tage stehen, bis es hell ist, trinke täglich vor dem Schlafengehen einen Kaffeelöffel voll in Milch. (Unterfr.) — Bei Bauchgrimmen hilft man sich in Schwaben auch mit Hennendreck in Hefenbranntwein und Russ. Damit viele Winde abgehen, verreibt der Schwabe Marderkoth mit Zucker (für 2 Kr.) und nimmt es ein; ebenso bei Krämpfen in den Gliedern und Bauchgrimmen, wenn man den leidenden Theil mit einer alten Stubenschnalle, die stark abgegriffen ist, mit einem Erbschlüssel oder einer alten Messerklinge berührt oder reibt. — Für Grimmen oder Kolik: „Ein alter Schurrenschopf, ein alter Leibrock, ein

Glas voll Rautenwein, Bärmutter lass' dein Grimmen sein. †††." Dreimal. (Frankenwald und anderwärts.) — "Darmgicht, ich umstreiche dich, Darmgicht, ich umgreife dich, ich gebiete dir aus diesem Fleisch und aus dem Blut, behüt' dich Gott ans Blut und Fleisch, behüt' dich Gott der hl. Geist." (Spessart.) — "Für die Kolches: Nimm den Daumen deiner rechten Hand, drücke ihn auf den Nabel des Patienten und sprich dreimal darüber, jedesmal den Namen der Person nennend, also: Bermotter gut, ich sag's dir beim hl. Blut, wenn du dich nicht legst und gleich nimmermehr (regst), so wird man dich und den Esel (?) in ein Grab legen. Im Namen G. d. V. u. s. w. †††. Darnach muss sich der Mensch auf seine linke Seite ein wenig dahin legen und muss dabei seinen linken Daumen dahinein schlagen, und so lange es davor angefangen hat, so lange währt es auch darnach." (Ochsenfurt.)

Der Vomitus matutinus potatorum (Katzenjammer) wird häufig als "Magenhusten" bezeichnet, wo durch die entzündliche Reizung der Magenschleimhaut jene der Luftwege in Mitleidenschaft gezogen wird. — Allgemein herrscht der Wahn, dass man bei einem Trunke aus schlechtem Wasser oder Pfützen das Laich mancher Thiere, wie von einem Frosch, "Krott", Blindschleiche u. dgl. in den Leib bekomme, und will man das Quacken deutlich hören. Möglich, dass solche Sinnestäuschungen durch organische Herzleiden, Geräusche oder Darmgase hervorgerufen werden können, in der Mehrzahl werden sie bei gestörter Verdauung, wie in der Chlorose, durch übermässige Gasentwickelung veranlasst. — Greg. Horst. in s. Opp. T. II. p. 478 erzählt einen Fall, den Joh. Faber (Arch. Bavariae) ihm mitgetheilt hat, wo auf Purgirmittel vier Kröten abgeführt worden. — In Rotenburg erschien 1735: "C. F. Hoechstättin, D. observatio de femina per 15 annos ex ingenti copia ranarum vivarum, corpore contentarum, aegrotante." — Bleibt eine Fischgräthe im Schlunde stecken, so stecke eine andere von demselben Fische in dein Haar. (Würzburg.)

Die Hämorrhoiden ("Hämoritten") sind wie sonst, heute noch die dunkle Quelle für alle möglichen krankhaften Zustände, und die Goldader ist noch eine Goldmine für manche Curpfuscher, welche unter den Deckmantel der Hämorrhoiden ihre Unwissenheit flüchten. — Unter "goldener Ader" versteht man selten die Pfortader, sondern verweist sie im Allgemeinen in den Unterleib. Bei allen nicht deutlich ausgesprochenen Leiden wird selbst bei gebildeten Ständen "auf Hämorrhoiden" curirt mit Hämorrhoidalpulver, mit Schwefelblüthe auf Butterbrod, Schafgarben-, Chamillenthee, in der Pfalz mit Thee von

Ehrenpreis und Odermännlein. Bilden sich schmerzhafte Hämorrhoidalknoten, „Knöpfe", so reibt man Oele und Fette, „Altöl", „alte Babolium", ein, setzt sich auf einen Hafen mit Chamillenthee oder nur heissem Wasser gefüllt. Seltener applicirt man frisches Wasser oder Blutegel. In Unterfranken gelten Rosskastanien in der Tasche getragen als Präservativ gegen dies Leiden. Bei „Blasenhämorrhoiden" trinkt man Petersiliensamenthee. „Wenn sie sich auf's Kreuz werfen", Kreuzschmerz (Molimina haemorrhoidalia) verursachen, legt man erwärmte Sandsäcke über oder laxirt. (Unterfr.) — Man esse nüchtern ein Ei, welches in unbeschrieen und still geholtem Wasser gesotten worden. Man setze sich mit blossem Hintern auf ein neues durchwärmtes Brett von Eichenholz, welches dick mit Schaf- oder Hirschmark bestrichen worden ist. (Nürnberg.) — Um „unterdrückte" Hämorrhoiden wieder zum Fluss zu bringen, leitet man die warmen Dünste von abgekochtem Equisetum arvense auf den After. (Nürnberg.) — Am Untermain — um Aschaffenburg — sucht man den Hämorrhoiden durch fleissiges Trinken von Aepfelwein, welcher überhaupt als „geblütreinigend" gilt, zu begegnen. Das Schnupfen von Tabak aus Maiblumen empfiehlt man bei Congestionen nach dem Kopfe (in Folge von Hämorrhoiden, Sistiren der Menses).

Diarrhoe findet im Allgemeinen wenig Beachtung, sie müsste denn zugleich von grosser Appetitlosigkeit und Abgeschlagenheit der Glieder begleitet sein. Man sucht sie zu stillen mit dicker Gersten- oder Reissuppe mit Eigelb, Brennsuppe, worin Lorbeerblätter gekocht, rothem Wein, Glühwein, Abkochung von getrockneten Heidelbeeren in Wasser oder Rothwein mit Zimmt, angesetzten bitteren Liqueuren; auch der Absud des an sandigen Ufern und Triften wachsenden Gänsefingerkrauts (Potentilla anserina) oder von Chamillen wird gerühmt in Franken, wie jener von Schafgarbe gegen Durchfall und Ruhr in Schwaben. Auch nimmt man Mehlbrei mit Zimmt und Muscatnuss. Bisweilen macht man Ueberschläge von gekochtem Brei oder mit angebrühten Chamillen oder Kleie und Leinsamen oder Kartoffeln auf den Magen. Eine andere Vorschrift lautet: Man koche einen braunen Lebkuchen in Hefenbranntwein mit Pfeffer, Zimmt und Nelken über Kohlenfeuer, theile den Brei in zwei Theile und mache damit Umschläge auf den Leib. — Dem Schwaben helfen gegen Abweichen Rossbollen in Brunnenwasser eingebeizt und getrunken; auch verschmäht er nicht, gegen „Wind und Blästen" gebranntes Wasser von Kuhdreck, welcher aber im Mai oder im Dreissigst gesammelt sein muss, zu trinken. — Erbrechen sucht man in Unterfranken zu stillen, indem man geröstetes Salz in Leinwand hüllt und warm auf den Magen legt. — Mit dem Namen „Miserere" bezeichnet man seit ältester Zeit den Ileus, Volvulus, und sieht hierin ein Zeichen des nicht mehr abzuhaltenden Todes. So bemerkt Seitz l. c. 371: „Sollte aber der Athem anfangen zu stinken, so ist es ein Anzeig der schröcklichen Krankheit „Erbarm dich meiner, o Gott" genannt, empfiehlt einen jungen Hund auf den nackten Magen und Bauch zu legen."

Ruhr. Als Ursache der Ruhr betrachtet man gewöhnlich den Genuss von unreifem Obst oder Erkältung. Findet sich im Stuhlgang nur „Schleim" (in der Pfalz „Darmschleussen" genannt, Schleimhautepithel), wird die Krankheit als „weisse Ruhr" bezeichnet, wenn mit Blut vermischt, als „rothe Ruhr", welche als gefahrdrohender erachtet wird. Als Präservativ trägt man, wenn die Ruhr „umgeht", oder gar als „Sucht" auftritt, Flanellbinden um den Leib, trinkt „angesetzten Branntwein", meidet Gurken und Bier. Schleimsuppen, Brennsuppen, Mehlbrei, Mandelmilch, rother Wein, Kamillen-, „Holler"-Thee sind gesuchte Mittel. Bisweilen werden bei eintretender Verstopfung die bekannten Laxantien gebraucht. „Grabe ein Loch in den Rasen, wo du mit dem rechten Fusse stehst, hofire hinein, mache das Loch mit dem umgekehrten Rasen wieder zu, und gehe still davon. (Aschaffenburg.) — „Für die Ruhr: Trinke durch einen Wolfsdarm die Brühe von einer gesottenen Haselmaus, und der Leib schliesst sich." (Schwaben.) — Man empfiehlt den Absud von gequetschtem Leinsamen in Wasser oder Milch öfter zu trinken. (Spessart.)

Zum Schutze gegen die Cholera schälte man in München 1854 eine Zwiebel, spickte sie mit Gewürznelken, und trug sie in der Tasche, oder hing sie im Zimmer auf, wo die Zwiebel allmälig ganz schwarz wird. Die dortigen Schuhmacher glaubten in der Ausdünstung des Wassers, worin Leder und Schuhwerk eingeweicht wird, ein Präservativ zu haben. — Durch häufigen Genuss von Rothwein und angesetztem Liqueure suchte man sich vor Cholera zu bewahren. — Beim ersten Erscheinen der Seuche 1836 empfahl man den Gebrauch von getrockneten Kirschenstielen und Kernen, welche auch bei andern Unterleibsleiden, wie Krämpfen, als Hausmittel dienen.

Wider das Milzstechen, das vom schnellen Laufen entsteht und wobei man sich vor Schmerz krümmen muss, hilft sich der Oberpfälzer, indem er den Fürtuchzipfel verkehrt aufsteckt. — Nach einer Regel am Inn (Oberbayern) und in Schwaben soll man sich bücken, einen Stein aufheben, an seine Stelle dreimal spucken und den Stein wieder an seine Stelle legen; bei Wiederkehr des Schmerzes zu wiederholen. — In Schwaben lässt man das „Milzhacken" ebenfalls durch schnelles Laufen entstehen und glaubt dort allgemein, dass die Schnellläufer nur desshalb so lange ausharren, weil man ihnen als kleinen Kindern die Milz herausgeschnitten habe. — Nach Camerar. hort. med. 64 diente früher die Sauerampferwurzel.

Eingeweidebrüche („Leibschäden") werden von der niederen Volksschichte oft, trotz bedeutender Ausdehnung und Unbequemlichkeit, ohne Bruchbänder mit grosser Resignation bis in's hohe Alter getragen. Kömmt es durch Erkältung oder körperliche Anstrengungen, Heben schwerer Lasten „bei offenem Munde", zur Einklemmung („wo sich die Winde gestellt haben"), so werden allerlei Curversuche gemacht; dahin gehören noch als der beste Cataplasmen, dann Kneten des Bruches u. s. w. In Ober- und Mittelfranken wie in Schwaben isst man als Präservativ am Charfreitage Morgens nüchtern ein Ei, welches am Gründonnerstage gelegt worden. In Wunsiedel geniesst der Hausvater am Grünndonnerstage ein frisch gelegtes Ei, damit er stark heben kann und von Schaden frei bleibe. Um Hemau (Oberpf.) werden die „Antles-, Antlass-, Anlasseier, Odlaspfinsta" nach deren kirchlicher Weihe am Ostertage mit der Schale in derselben Absicht gegessen. Auch in Landshut, Rothenburg o. d. T. erhalten die Dienstboten je ein Ei, welches am Gründonnerstag gelegt und am Ostertag geweiht worden. Nach dem Genuss werden die Schalen auf den Feldern zerstreut. Ausserdem gebraucht man „Armesünderfett", trinkt Thee vom Bruchkraut, Sanikel in Franken und der Pfalz. Ein Strang Garn von einem Mädchen unter 7 Jahren gesponnen, in heisses Wasser getaucht (oder in Milch gekocht, Pfalz) und übergeschlagen, bringt den Bruch zurück (Ober- u. Unterfr.). — Auch Ueberschläge von grünen, in Butter gebratenen Wachholderbeeren sollen binnen einer Stunde den Bruch zurückdrängen. Der Schadhafte muss durch eine gespaltene Weidenruthe schreiten (München). — Nach schwäbischem Glauben bewahrt Eberwurz vor dem Uebel und vermehrt die Körperkraft. — Der Bruch schwindet, wenn man ein frisch gelegtes Ei ausschlürft, dessen Schale mit seinem Urine füllt und so im Rauchfange aufhängt. Sobald der Urin in der Eierschale vertrocknet, wird der Bruch schwinden. (Nürnberg.) Ein Trunk aus einem zersprungenen Glase bewirkt einen Bruch. (Ibid.) — Schadhafte Kranken sollen stets auf Meerrettig harnen. Die Pflege von Filzläusen in den Schamhaaren soll Leute, welche, wie die Müller, schwer heben müssen, vor Brüchen bewahren. (Franken u. Pfalz.) — In Gössenreuth (Oberfr.) nimmt man einen Faden, bindet so viele Knoten hinein, als die schadhafte Person Jahre alt ist, schneidet dieser die Nägel an Fingern und Zehen ab, steckt Alles in eine Federspule, bohrt ein Loch in einen Baum, steckt es hinein und verpflockt es. Alles im Namen Gottes unberedet, vor Sonnenaufgang im abnehmenden Monde. Ist der Baum verwachsen, so wird auch der Bruch verschwunden sein. — In Nürnberg nimmt man auf dem Feuerherde an der Stelle, wo das Feuer brennt, einen Stein heraus, macht hier so viel Raum, dass man ein Ei unter den wieder einzufügenden Stein legen kann, und lässt wo möglich von dem schadhaften Kinde selbst ein frisches noch warmes Ei von einer schwarzen Henne an die bezeichnete Stelle legen. Wenn das Ei vertrocknet, verschwindet auch der Schaden.

Die Steinkrankheit findet in deutschen Chroniken schon frühzeitig Erwähnung. Die Häufigkeit derselben veranlasste viele Escamoteure oder wirkliche Operateure, ihre Kunst zu probiren. In Franken wird neben zu reichlichem Weingenuss auch der Kalkgehalt des Wassers oder vieles Salzessen als ätiologisches Moment für die Genese dieser Krankheit betrachtet. Der hl. Apollinaris gilt als Patron. Früher trank man dagegen Thee von Herniaria glabra, Geranium, Ononis, Equisetum, Asplenium ruta mur., Solidago aurea, ass Spargeln. Noch gelten als Hausmittel dagegen Rettig- und Meerrettigsaft, Hiefenmark und der aus Wegwartblumen und zerriebenen frischen Kirschkernen gewonnene Saft. Sonst galten das Blut eines mit Wein getränkten Bockes (Marcell. Emp. med. 177) und der Genuss eines zu Pulver verbrannten Zaunkönigs als Heilmittel. — Nimm den Abschab von deinem Knie, grab' ihn vor Sonnenaufgang stillschweigend in die Erde, sobald er vergeht, vergeht dein Stein. (Unterfr.) — Harnen in's Feuer soll Griesschmerzen hervorrufen. Gegen Gries und Nierensteine benützte man sonst die „Zellernüsse". — Bei Harnruhr schliesse man ein Glas voll Urin vom Kranken in die Todtenlade einer Leiche ein. (Unterfr.).

Gegen Urinverhaltung (Harnwinden, Urinzwang, kalte Pisse) durch Genuss zu jungen oder sauren Bieres sucht man sich zu schützen, indem man Muscatnusspulver in das Bier schüttet. Ist die lästige Empfindung vorhanden, so setzt man sich auf einen kalten Stein, lehnt sich mit dem entblössten Gesäss an einen kalten Stein oder Ofen, setzt sich auf ein nasses Tuch, nimmt einen Löffel voll Salz. In Oberfranken wird eine „Strenne" Garn gekocht und so heiss als man es vertragen kann über den Unterleib gelegt; man nimmt einen Absud von Zinnkraut, harnt durch das Reisig eines Besens. Man macht in Unter- und Oberfranken und Oberpfalz einen Knoten in den linken Hemdzipfel und drückt ihn in die Weiche. Bei alten Leuten macht man Ueberschläge von Weizenbrühe und Seifenwasser, zusammen erwärmt. Einige Läuse, in die Harnröhre gebracht, erregen Urinabfluss. Leidet ein Ehemann oder eine Ehefrau an Harnstrenge, so entleere er oder sie den Harn in ein Nachtgeschirr, soviel auf einmal möglich ist, und lasse dann den andern Gatten darüber uriniren. — Hat man auf freiem Felde urinirt, so muss man darauf spucken, damit durch den Urin keinem etwas Böses angethan werde. (Unterfr.)

Gegen Gonorrhoe der Harnröhre wird empfohlen das öftere Trinken von Haufsamenmilch oder Provenceröl in Milch, oder der Cubebenpfeffer mit Copaivbalsam, indem Viele, bei welchen dies Leiden zu einem stereotypen geworden ("Haustripper"), auch mit den vom Arzte angewendeten Mitteln vertraut sind. Gewaltsame Versuche, sich mittelst Coitus mit jungen, noch nicht mannbaren Mädchen[1]) (oder auch schwangeren Frauen) von dieser Krankheit zu befreien, sind als Nothzuchtsanklagen mehrere Male zu gerichtlicher Untersuchung gelangt. In Schwaben war auch der schenssliche Aberglaube verbreitet, dass man sich durch Vermischung mit einer Stute oder Eselin von den „Franzosen" befreien könne. — Das Tripperexcret nennt man Abgang „der Natur" oder „weisser Milch". Die Entstehung des Trippers leitet man noch gerne ab von einer Störung oder einem Schrecken während des Coitus, vom Genusse jungen Bieres; — die zur Beseitigung nothwendige Ruhe und zweckmässige Diät kennt man selten. In der Pfalz sollen bisweilen rohe Menschen bei Chorda und Paraphimosis (dem gefürchteten „spanischen Kragen") auf den auf ein Tischeck gelegten Penis mit der Faust schlagen, wodurch eine starke Blutung durch Gefässzerreissung und momentane Besserung herbeigeführt würde. — Nach einem unreinen Beischlafe sogleich den Penis mit Schnee zu umhüllen, gilt als Präservativ vor Ansteckung.

Das Wechselfieber belegt das Volk mit verschiedenen den Symptomen entlehnten Namen. In der Rheinpfalz nennt man es das „Frieren", in der Oberpfalz den „Frierer", „das Fieber", „kaltes Fieber", in Schwaben „Frairer", in der Oberpfalz und anderwärts auch „Schüttler". Bereits in dem altdeutschen Namen Riddo, Ritt, ist die dämonische Natur dieser

---

[1]) Dieser schändliche Curversuch soll durch die Schrift eines Arztes: „Luis venereae perfectissimus tractatus ex ore Herculis Saxoniae Patavini (Patavii 1597)" cap. 37 in Schwung gekommen sein.

Krankheit, welche den Menschen plötzlich überfällt, rüttelt und schüttelt und in bestimmtem Rythmus (Wechself.) wiederkehrt, treffend wiedergegeben. Als Patronin gilt die hl. Petronella. Zahlreiche Präservative waren und sind im Schwunge. Man badete sich einst am Charfreitage oder Ostertage Morgens nackt in den Flüssen, eine römische Sitte, Horat. satyr. II. 3. 288 ff. — In der Oberpfalz glaubt man, dass derjenige, welcher in den Wintermonaten Buttermilch trinkt, im Frühjahre „den Schüttler" bekomme. — Die erste blühende Roggenähre, welche man im Frühlinge sieht, soll man zum Schutze gegen Intermittens durch den Mund ziehen oder dem zuerst erblickten Maikäfer den Kopf abbeissen, oder man soll immer drei Kastanien bei sich in der Tasche oder im Bette haben. — Tritt man am Ostersonntage früh nicht barfuss aus dem Bette auf den Stubenboden, so ist man das Jahr über vor Fieber gesichert. Isst man gesottene Eier, so muss man die Schale zerdrücken, sonst bekommt man das kalte Fieber. — Wer am Wallburgistage drei Krenze an die Stubenthüre zeichnet, bannt die Krankheit aus dem Zimmer. Vor Alter sollte Springen über das Johannisfeuer (s. o. p. 56) oder Anzünden eines Nothfeuers am Pfingstfeste vor Fieber schützen. (S. o. S. 27. 56.). Cf. Eckhardt comment. de reb. Franc. or. I. 425. — Fieberkranke besuchten um 1240 das Frauenkloster Heiligenthal und tranken aus dem in eine goldene Kapsel gefassten Armröhrenknochen der dort bestatteten hl. Aebtissin Jutta auf deren Grabstein stehend (Arch. d. hist. Ver. v. Unterfr. I. 1. 73. IV. 3. 51.) Auch das Adelheidsbrünnlein bei Kitzingen sollte nach Pistor. amoenit. histor. jurid. I. 7. 33 opinione sanctitatis für das Fieber helfen. — In Schwaben, wo an der Donau viele Altwasser, sucht man, wie in Blochingen, im „Frairerkäppele" Hilfe. — Es ist ein weit verbreiteter Glaube, dass im Frühjahre, wo Alles zu neuem Leben erwacht und an den Bäumen junge Blätter sprossen, sich auch „die Natur des Menschen rege, rühre" und mehr als je zu Krankheiten, besonders zu Fieber geneigt sei. Aehnliches berichtet Zahn l. c. I. 287. — Die Krankheit hofft man zu beseitigen durch Befriedigung eines Gelüstes, z. B. nach Häringssalat, saurer Milch, Sauerkraut, was man „abessen", abtrinken" nennt. Vielfach greift man zu eckelerregenden Dingen, Nauseosa, wie in Schwaben der allerweisseste Hühnerdreck, in der Pfalz und anderwärts der Teufelsdreck, Gänse-, Hunde-, Taubenkoth, Urin eines noch nicht fünf Jahre alten Knaben, täglich dreimal ein Glas voll (Pfalz); man empfiehlt Pulver vom getrockneten Niederschlage des Urins aus Aborten (Unterfr.), oder von Todtenbeinen (Oberfr.). Manche rühmen, drei lebende Läuse oder

Krenzspinnen mit Gewebe in einer Zwetschke oder auf Butterbrod zu essen, oder auch den Genuss von Maikäfern und faulen Eiern. In Unterfranken nimmt man auch eine Kröte, spiesst und trocknet sie, und trinkt sie pulverisirt in Branntwein. Gewöhnlicher nimmt man Branntwein mit (30) schwarzen oder weissen Pfefferkörnern (gestossen oder ganz), auch mit Muscatnuss, und läuft dann fleissig, um zu schwitzen. — Man werfe 50 Schiesspulverkörner in ein Gläschen Branntwein, trinke solche und gehe zu Bette. — Im Nürnb. Verk. 1797. 56. wird empfohlen eine Hand voll Kellerrasseln in einem Glase schnell am Feuer zu dörren, zu pulverisiren und die Hälfte davon in einem Gläschen Fruchtbranntwein zu trinken. Wenn diese das Fieber nicht vertreibt, so geschieht es sicher beim Genusse der zweiten. — In Oberfranken werden dagegen drei Fröschlungen und Fröschlebern gepulvert, oder drei Stücke Mutterkorn in Schnaps gegeben. — Auch verschiedene „Ansätze" (Branntwein mit Vegetabilien) werden gebraucht, so mit Wermuth, Bitterklee, Wegwart, Schafgarbe, Pomeranzenschalen, Enzian, Tausendguldenkraut, Kalmus, Raute, Pfefferminze u. s. w. — Das schwedische Lebenselixier (aus Aloë, Agaricus, Rheum, Crocus &c. bestehend), ebenso Thee von Chamille, Knoblauch, Mauerpfeffer, schwarzem Senf sollen antifebrile Kraft besitzen. Gegen Tertiana empfiehlt man die frisch abgeschälte Rinde von Salix alba oder fragilis (schlechte Surrogate der Chinarinde), 2 Loth auf $^{1}/_{2}$ ℔ Wasser bis zur Hälfte eingekocht, durchgeseiht und eine Stunde vor dem Anfalle öfter getrunken. Gegen Quartana gibt man gepulv. Holzkohle in der fieberfreien Zeit. Früh Morgens soll man nüchtern 5—8 bittere Mandeln geniessen. — Uebrigens weiss man allgemein, dass „weisses Chinapulver", Chinin. sulfur., mehr nützt als alle diese Mittel.

Bereits bei den Römern waren Besprechungen des Fiebers[1]) üblich, wie Serenicus Samonicus Carm. med. cap. 51 mittheilt. Bei ihm findet sich cap. 50 v. 944 seq. folgender s. Z. üblicher Zauberspruch, der noch heute in manchen Formeln nachklingt:

„Inscribes chartae, quod dicitur ABRACADABRA,
Saepius et subter repetes, sed detrahe summa,
Ut magis atque magis desint elementa figuris
Singula quae semper rapies et cetera figes,
Donec in angustum redigatur litera conum;
His lino nexis collum servare memento."

---

[1]) Das Fieberbesprechen gilt der katholischen Kirche als Sünde wider das erste Gebot. Cfr. Dr. Himmelstein, Ruhe in Gott, Würzb. 1863, 504.

Eine Handschrift vom Anfange des 17. Jahrh. aus Oberfranken (Gefrees) lautet ähnlich: „It vor das Feber. ABRA . FARA . SACRA. Jedes Wort vff einen Mandelkern geschrieben, vnnd wenn das kalt kompt, einen nach den andern, so offt es kompt, eingenommen. Probatum est." — In Aschaffenburg schreibt man mit einer Nadel auf je einen Mandelkern die Worte *habere*, *dabere* und *sacchere* und isst sie nüchtern; dies wird an drei Tagen wiederholt. — Im Holzlande der Pfalz wird gegen das „Frieren" weiblicher Personen und gegen ähnliche Krankheiten ein Amulet auf die Brust gebunden, welches auf einem mit drei Kreuzen versehenen Zettel die Worte trägt:

„Die Alte hat das Kalte,
Holt der Teufel die Alte nicht,
So verliert sie auch das Kalte nicht." ,

In Schwaben spricht man folgenden Segen: „Guten Morgen, lieber, schöner Tag, Nimm mir meine 77 Fieber ab. Ich weiss nicht, welches das ist, hilf mir unser lieber Herr Jesus Christ. †††." — Ein Fiebersegen vom J. 1621, welcher am Ostersonntage vor Sonnenaufgang nackt unter dem blauen Himmel recitirt wurde, sichert vor „77 Rittern". Ein anderer, am Maine und anderwärts üblicher, lautet: „Gehe vor Sonnenaufgang zu einem Nussbaum, schneide der Länge nach ein Stücklein Holz (Zasam) heraus, und stecke in die Spalte ein Zettelchen, worauf dein Namen, mit den Worten geschrieben: Nussbaum, ich komme zu dir, Nimm die 77 Fieber von mir, ich will dabei verbleiben. Im Namen G. d. V. u. s. w. Amen. Dies sprich dreimal und füge das ausgeschnittene Holzstückchen wieder wohl ein, dass es anwächst. — Eine noch in Oberfranken übliche Fiebercur aus dem Ende des 16. Jahrh. berichtet Camerar. memor. IX. 19: „Man beschneidet die Nägel an Fingern und Zehen, bindet die Abschnitte in einem Lümpchen einem lebenden Krebse (in Schwaben einem Aale) auf den Rücken und setzt ihn wieder in Flusswasser. Oder man gibt die während des Anfalles abgeschnittenen Nägelspitzen mit Butter oder Fleisch vermischt stillschweigend dem zuerst begegnenden Hunde (Bamberg). — In Oberbayern vergräbt man die Abschnitte unter einer Espe (nach der Signatura rerum, da der von Fieber „Gebeutelte" zittert wie ein Espenlaub). — Man nimmt ein Stück grünes Saalweidenholz, kerbt es dreimal ein, wirft es in's Feuer, dass es verkohlt, dann spricht man laut unberufen: „Süsse Milch und Gottes Blut Ist für Hitz' und Brennen gut. Das thue ich dir N. N. im Namen G. d. V. †††." Dieser Spruch wird dreimal, stets zwei Stunden vor Eintritt des Fiebers, gesprochen. Ein anderer oberfränkischer Spruch bespöttelt den vorangeführten

Segen: „Jungferumilch und Schneckenblut Ist für alle Fieber gut." — „Heut ist der Tag, Dass Gott an seine Marter trat, Da sprachen die Juden all': Siehe, wie hat er den Schitler und den Ritler! Da sprach unser Herr Gott: Ich hab' weder den Schitler noch den Ritler. Gott geb', dass ich ihn nicht gewinne, Ich und all mein Hausgesind." (Mittelfr.). — Korn, eine Hand voll, wird so lange gehalten, bis es vom Schweisse des Kranken benetzt ist, dann in eine Hecke an einem Kornfeld vergraben. Wenn es aufgeht, verschwindet das Fieber. (Oberfr.) — Man nimmt eine Hand voll Salz, stellt sich gegen einen Bach, streut es in's Wasser und spricht: Ich streue das Salz jetzt gegen den Strom, dass mir das kalte Fieber nimmer komm'." (Ibid.). — „Abraham, ich gebiete dir, So ich säe dir den Samen aus, Dass du den Samen nicht schneidest, Bis mich das Fieber meidet." (Ibid.) — In Ober- und Unterfranken macht man Morgens das Bett, kehrt dann den linken Hemdärmel des Kranken um und spricht: „Kehre dich um, Hemd, und du, Fieber, wende dich um!" Hierauf nenne man den Namen des Patienten und sprich weiter: „Das sage ich dir zur Busse. Im Namen G. d. V. †††. Amen." Muss drei Tage nach einander geschehen. — Ueblich ist auch das sog. „Abschreiben", wobei einfach Name und Alter des Patienten aufgeschrieben und einem Sympathetiker geschickt wird, wobei das Vertrauen auf dessen Heilkraft genügt und hilft. — In der Pfalz lässt sich der am Fieber Leidende von Einem, der dasselbe „abthun kann", sich seinen Namen auf einen Zettel schreiben, geht Morgens nüchtern hinaus, fängt sich einen Frosch, steckt demselben den zusammengewickelten Zettel in's Maul und wirft ihn rücklings unter Anrufen der drei höchsten Namen wieder in's Wasser. — Der Fieberkranke stecke einen selbst abgebrochenen Zweig von Sambucus nigra in die Erde, ohne zu sprechen. An diesem Zweige klebt seine Krankheit, welche er damit in die Erde bannt. Wer den Flieder wieder herausnimmt, wird vom Fieber befallen werden. — Oder ein lebender Frosch, welchem die Haut abgezogen wurde, wird auf die Handwurzel gebunden. — Der Fieberkranke sticht Morgens, vor Sonnenaufgang, ein Stück Rasen im Freien aus der Erde, und entleert seinen über Nacht angesammelten Urin in dieses Loch, stillschweigend, mit abgewandtem Gesichte, wirft dann das Rasenstück wieder darauf. So überträgt er sein Fieber in den Boden [1]). (Unterfr.) — Man backe ein mit des Kranken Urin angerührtes Mehlküchlein und

---

[1]) Dieser altrömische Brauch findet sich in Deutschland zuerst bei Albert. Magn. de animal. XXIII. de gugulo.

gebe es einem vorüber laufenden Hunde zu fressen, welcher sofort vom Fieber befallen wird und manchmal stirbt. — Nach deu Ephem. acad. nat. I. II. obs. 118 kochte man sonst ein Stück Rindfleisch im Urine des Fieberkranken und gab es einem Hunde zu fressen. — In Schwaben hilft man sich mit Katzenblut, man muss nämlich einer schwarzen Katze ein Loch in's Ohr schneiden, drei Tropfen von dem Blute auf Brod (anderwärts mit Branntwein mit Pfeffer) fallen lassen und dieses essen. — Auch rühmt man dort gegen viertägiges Fieber, wenn der Kranke während des Fieberanfalles seinen Urin lässt, denselben mit Mehl zu einem Laib Brod verbackt, und dieses Brod, wenn Patient ein Mann, einem „Bracken", wenn es ein Weib ist, einer „Fraitsch" zu fressen gibt. — Man schneidet die obere Rinde eines schwarzen Brodlaibs in 77 Stücke und giesst des Kranken Urin darüber, welcher die Nacht durch stehen bleibt. Am andern Morgen streut man die aufgeweichten Brocken den Hühnern oder andern Vögeln als Futter aus. Diess muss drei Tage nach einander vor Aufgang der Sonne unbeschrieen und stillschweigend geschehen. — In der Pfalz bindet man ein grünseidenes Band um den linken Oberschenkel. — Ein nach Sonnenuntergang gelegtes Ei wird vor Sonnenaufgang gesotten und gegessen. Ferner werden gelbe Schnecken, die in kein Wasser gekommen sind, in Butter gebraten und mit Weinessig und Eiweiss jeden Morgen in einer ungeraden Stunde genossen; ebenso Pulver eines Stückes verbrannten Mannshemdes, Rost von einem auf dem Friedhofe zufällig gefundenen Todtennagel, von der Glückshaube, neun Tage lang nüchtern eine Messerspitze voll verbrannter Menschenknochen, Lorbeeren. — Man umwickelt ein Ei mit einem Bindfaden, legt es in glühende Asche, worin der Bindfaden, fest angezogen, nicht verkohlt; sodann wird dies Ei in ein neues „Potenhäfel" gelegt, welches man „unbeschrauen" auf einen Kreuzweg eine Stunde vor oder eine Stunde nach Mitternacht stellen muss. — Auch bestreicht sich der Kranke in der Pfalz des Abends die blosse Brust „unbeschrauen" mit der rechten Hand. — Man schreibt auf einen Papierzettel die Worte: „Fieber, bleib' aus, ich bin nicht zu Haus!" und practicirt denselben Jemanden in die Tasche, wodurch man die Krankheit auf einen Andern überträgt. (Unterfr.) — Wie ein gebranntes Kind das Feuer, fürchtet der Reconvalescent, über fliessendes oder stehendes Wasser zu gehen, um hiemit instinctmässig dem Malariagifte aus dem Wege zu gehen.

Bei hitzigen Fiebern band man früher lebende Schleihen auf den Puls der Hände und die Fusssohlen, oder fünf lebende Krebse auf den Rücken, welche die innere Gluth dämpfen sollten.

Als Prognose bei **Nervenfiebern** ist üblich: Man gibt dem Kranken ein Häufchen frisch gepflückter Körner aus einer Roggenähre in die Hand, unter Anrufung der hl. Dreifaltigkeit, und säet diese, nachdem sie in der Hand warm geworden. Gehen sie bald auf, so wird der Patient wieder genesen. Nach einem in Schwaben kreisenden Wahne soll man gegen das Nervenfieber eine Leber unbeschrieen holen, diese in kleine Stückchen schneiden und in den Urinhafen des Kranken legen, ohne dass es der Kranke weiss; verrichtet der Kranke seine Nothdurft darein, so wird er gesund.

Gicht ist dem Volke ein Collectivname vieler, besonders „durch zurückgeschlagenen Schweiss" entstandener, neuralgischer, rheumatischer und arthritischer Affectionen, im Blute oder Körper herumziehender „Flüsse", deren in alten Besprechungen gewöhnlich 77 genannt werden[1]). Patrone sind die hh. Andreas, Kilian, Barbara und besonders der Patron des Weinbaues, St. Urban, von dem die Krankheit auch den Namen St. Urbansplage führt. Ein Reisesegen von 1500 wünscht: „Sant Oswald deiner speis pfleg, Sant Gertrut dir gut herberg geb, Für Sant Urbansplag dich got behut, Nn gesegen dich Got hut, Mit Abels segen, Gotes trut." Von Gichtsegen mögen folgende erwähnt sein: „O heiliger Andreas mein, Lass' dich doch gebeten sein, Treibe aus das böse Gicht, Das mich so im Leibe sticht." Man bete am Charfreitage unter dem Scheidungsläuten: „Es ist kein grösserer Schmerz auf Erden, Als vom Gicht geplagt zu werden, Darum bitt' ich, heiliger Christ, Helfe mir zu jeder Frist." — „O böses Gicht, o böses Gicht, Fahre aus meinem Leib, Fahre in die Herde Säu' (Matth. VIII. 27), Mache mich von Schmerzen frei." (Mittelfr.) — „Ach Gott du ewiges Licht, Tödte ab die 77erlei Gicht, Gichtflüsse und Schmerzen, Weichet aus und ja nicht ein, Ihr sollt kalt oder warm sein, So lasset das Reissen, Brennen und Toben sein. N. Gott behüte dir dein Fleisch und Blut, dein Mark und Bein, deine Hirnnerven und Aederlein, Die sollen dir von den 77erlei Gicht behütet sein. Im Namen der allerh. Dreifaltigkeit. Die leidende Stelle wird mit einem Backsteine gestrichen. Dreimal." (Schneeberg, Odenwald.) — „Vor die Gicht: Ich kaie (werfe) dich weg, von meinem Bein, kaie dich weg von meinem Fleisch und Blut, kaie dich in den wilden Wald, wo weder Sonn' noch Mond hin scheint, dass sie mir zur Buss' zählt, Katharina, Kunigunda,

---

[1]) Nach Seren. Samonic. de med. cap. de podagra gibt es 90 Gichtarten. Panzer, Beitr. II. 43. 305. Agricola, Sprichwörter 498. Grimm, D. M. 727, 1108. 2. Joan. Boem. l. c. III. 15.

das helf' für und für, das helf' Gott V., G. S., G. hl. G., berste und überwinde die Gicht, binde sie, sie sei kalt oder heiss, sie geh' durch dein Blut und Schweiss, das helf' Gott V. u. s. w. †††." (Oberpf.) — Ein noch gesprochener Gichtsegen aus Ochsenfurt zählt 25 Gichtarten auf, welche als ein verirrtes Dämonengesindel in das wilde Heer, zu welchem sie gehören, gebannt werden: „Vor alle Gicht der Menschen, sie mögen sein, wie sie wollen, für alte und junge anzuhängen, oder den kleinen Kindern zu unterlegen: O Gicht, o Gicht, wie marterst du mich, das klag' ich Gott über dich, und deinem höchsten Namen, der den Tod am Stamm des hl. Kreuzes unschuldig annahm. N. N. Gicht und Gichter, die wanderten über eine grüne Au, begegnet ihnen St. Anna und unsere liebe Frau. St. Anna sprach: Gicht und Gichter, wo wollet ihr hin? Die Gichter sprachen: Wir wollen dahin zu N. N. in des Menschen Leib fahren und wollen ihm sein Fleisch torsten (var. in sein Fleisch laufen) und sein Blut saugen. Da sprach die hl. Frau St. Anna: † und † O Gicht und Gichter, ich gebiete euch bei der Kraft Gottes und dem höchsten Bann in das wilde Geheer, woraus ihr gekommen seid †, du laufendes Gicht †, du stetes Gicht †, du tobendes Gicht †, du raffendes Gicht †, du habendes Gicht †, du stechendes Gicht †, du fliegendes Gicht †, du Markgicht †, du brennendes Gicht †, du hitziges Gicht †, du Schreigicht †, du Zehrgicht †, du kaltes Gicht †, du Hauptgicht †, du Hirngicht †, du Krampfgicht †, du fressendes Gicht †, du Flechsengicht †, du Darmgicht †, du Beingicht †, du Armgicht †, du Blutgicht †, du markolisches Gicht †, du Fleischgicht †, du verzaubertes Gicht †, du über alle Gichter und Gichter †, ich gebiete euch und dir bei der Kraft Gottes und dem höchsten Bann in das wilde Geheer (var. Gramant), daraus ihr gekommen seid, dahin sollt ihr wieder gehen, das zähl' ich mir N. N. (hier muss der Name des Kranken genannt werden) zur Buss' im Namen Gottes d. V. †, und d. S. †, und d. hl. G. † Amen. Hierauf drei Vaterunser, drei Ave Maria und den Glauben zu beten. Diesen Gichtzettel muss man dem Kranken täglich einmal vorlesen mit Andacht und Aufmerksamkeit, und wie die Glieder genannt werden und die Kreuzlein dabei stehen, so muss derjenige, welcher dem Kranken vorspricht, die Kreuzzeichen mit der Hand machen, gegen die obgenannten Glieder fahren, wie die Worte lauten und die Kreuze stehen." — Man lässt sich ferner ein Schüsselchen und ein Stück Fleisch „um Gotteslohn" geben, zerschlägt es in 77 Stückchen, geht an die Markungsgrenze und wirft es in ein anderes Gebiet. Während des Ganges darf man nicht angeredet werden; fault das Fleisch, so schwindet die Gicht. (Franken.) — Man gehe an fliessendes Wasser unberufen, nehme geweihtes Dreifaltigkeitssalz (77 Stückchen), werfe es während des Läutens rücklings stromaufwärts in's Wasser und spreche dreimal: „Jetzt säe ich diesen Samen In 77 Gichtes Namen, Das Gicht soll mich meiden, Bis ich meinen Samen wieder thue schneiden. Im Nam. d. hl. Dreif., G. d. V. u. s. w. †††." Darauf ein Vaterunser. (Spessart u. Franken; in Wörth a. M. geschieht es am Sonntage unter der Wandlung. „Man gehe drei Freitage nach einander, wenn der Mond im Abnehmen ist, vor Sonnenaufgang an einen Bach, richte das Gesicht dahin, wohin das Wasser fliesst, mache an drei Weidenstauden drei Knöpfe in den drei höchsten Namen und spreche dreimal: Weidenstock, ich rühre dich an, ich bitte dich, verlasse mir meine 77erlei Gichter." (Ochsenfurt.) — „††† Gegicht und Ehstige Gicht und kalten Ehst (= Gicht und eidige Gicht und kalter Eid) du thust's mir Herr Jesus Christ, das klag' ich diesem einigen Manne, der seine Marter am h. Kreuz ausstah'n! mit heissen Eisen brennt man ihn, mit Schwefel und Pech umrennt man ihn, Judas und Jesus, das klag' ich dir, dass ich das Gegicht und den kalten Ehst wieder ledig wär'. Das sei mir auf meinen zu gut gesprochen. †††. Amen. E. S. M. A. S. E. A." Dreimal hintereinander. (Mannsgereuth, Ldg. Lichtenfels.) — In der Pfalz sind folgende Mittel gegen Gicht- oder Gliederkrankheit im Schwange. Man trägt „Gichtringe", welche ein Schmied aus 17 „um Gottes willen" gesammelten Kupferkreuzern gefertigt hat und innen mit ††† bezeichnet sind. Bei grossen Schmerzen werden dieselben trübe, beim Nachlassen wieder hell. Ein verlorener Gichtring darf nicht wieder gesucht, ein gefundener nicht aufgehoben werden. — An manchen Orten werden daselbst um die schmerzhaften Glieder rothe Bänder gebunden, geblasen und mit der Hand gerieben, was man „abthun" nennt. — Als Präservative trägt man auch in Franken einen Gichtring, d. i. einen metallenen Ring, welchen anzuschaffen man Geld sammeln soll, ohne sich dafür zu bedanken[1]), dann Handschuhe und Strümpfe von Hasen- oder Kaninchenhaaren, wickelt den leidenden Theil in Flanell (Bay) Werg, welche zuvor mit Zucker und Wachholderbeeren oder auch „Flusspulver", Pulv. fumalis, beräuchert sind. Bei Gichtanfällen schlug man einst die sogenannte Gichtader oder Daumenvene und schmierte das angeschwollene Glied mit Schlangenfett oder auch mit Oel von der Kröte (Bufo calamita). Man umwickelt den kranken Theil mit frischem Erlen-

---

[1]) oder einen Ring aus einer eisernen Schraube eines ausgegrabenen (Panzer l. c. II. 394) Todtensarges gefertigt.

laub, empfiehlt den Genuss von Erdbeeren und Leberthran. Seit uralten Zeiten ist das Aufbinden einfarbiger junger Hunde, Katzen und Meerschweinchen auf die schmerzhafte Stelle in Anwendung. Letztere nimmt man zu sich in's Bett und schwitzt recht (Hessen). Diese Thiere sollen den Krankheitsstoff an sich ziehen, selbst erkranken oder sterben, während der Mensch geneset[1]). Auch legt man heisse Steine oder Sandsäcke auf den leidenden Theil. Die Hauptcur bildet wiederholtes Schwitzen unter Beihilfe aller möglichen Tisanen von Lindenblüthen, Hollunder u. s. w. Ein Ei in des Gichtbrüchigen Urin hart gesotten wird unbeschrieen in einen Ameisenhügel gegraben, wo die Krankheit zugleich mit dem Ei verzehrt wird. Man schneide 5—7 Stückchen Brod, trage solche mehrere Tage (wenn der Gichtanfall sich einstellt) bei sich und verscharre sie dann in einen Ameisenhaufen. Ueberschläge des eigenen Urins sind seit Plinius' Zeit[2]) in Gebrauch. Auch Ameisen-, Kleien- und Lohebäder hört man rühmen[3]); bei Gichtcontracturen Dampfbäder von Heublumen und Heusamen (im Spessart „Schwaddem" genannt). Lebende Regenwürmer auf die kranke Stelle gebunden, 2—3mal wiederholt sollen das Leiden lindern.

Das Podagra, Zipperlein (Schmeller, W.-B. IV. 277), ein Erbstück und Barometer für Lebemänner, welche bei üppiger Lebensweise der Ruhe pflegen (Mangel des Stoffwechsels), wird nach der Volksansicht veranlasst durch zu reichlichen Genuss von Geflügel. (Caro turturis Gicht in homine excitat. S. Hildegard. l. c. VI. 31.) Bei diesem Leiden, wogegen auch der hl. Mauritius Patron, schneidet man die Nägel an den Füssen ab und verbirgt sie in ein in einen Eichbaum gebohrtes und dann wieder wohl verstopftes Loch[4]). — In Schwaben gilt als Podagracur: Schneide im letzten Viertel des Frühlings einen Weidenstock ab, schröpfe hernach an den schmerzhaften Gliedern, setze einen Hafen mit Urin von dem Patienten neben dich (den man seit ein paar Tagen gesammelt hat), so oft die Ventosen mit Blut angefüllt sind, so leere sie im Urinhafen aus, rühre alles wohl untereinander, so lange es Blut gibt, alsdann setze die Weide darein, soweit als man's in die Erde setzt, lass' es beisammen stehen bis drei Tage vor dem Neumond, alsdann mach'

---

[1]) Marcell. Emp. 21. 27. Levin. Lemn. occult. nat. mirac. II. 13. Fernell. Ambian. 652.

[2]) Hist. nat. XXVIII. 18. Marcell. l. c. 245.

[3]) Ephem. ac. nat. cur. I. 6 et 7. obs. 129.

[4]) Transplantatio arthritis in bryoniam. Ephem. ac. nat. cur. II. 5. 185.

ein Loch in die Erde auf dem Felde, soweit als die Weide ist, setze diese hernach ein, giesse den Urin sammt dem Blute zur Weide in's Loch, bedecke sie dicht mit Erde und lasse also Alles gehen. Nach vier Wochen schröpfe wieder, mache es abermals und so am nächstfolgenden Neumond item, das Podagra wird sich in den Weidenbaum verwachsen. — In der Pfalz werden gegen Podagra ausser Wärme auch Tränke von Kalmus, Tausendguldenkraut, Wermuth, Enzian, und schwarzen „G'haus-" (Johannis-) Traubenblättern, sowie Tresterbäder, Trinken von Tresterwasser, das über Kieselsteinen gestanden, angewandt. Auf die entzündeten schmerzhaften Theile legt man kühle Brombeer-, Mangoldblätter u. s. w. — In Nürnberg legt man Erde auf das leidende Glied, lässt sie liegen, bis sie erwärmt ist, schüttet sie in einen Blumentopf und pflanzt eine Rübe hinein. In dem Masse, als letztere wächst, wird die Krankheit abnehmen und auf die Pflanze übergehen.

Bei gichtich-rheumatischen Leiden, Ischiatik, Ischias, vulgo Hexenschuss, Elfenschuss genannt (Mone, Anzeiger VI, 471; Schmeller, W.-B. III. 411) finden Dämpfe von Bernsteinpulver auf Kohlenbecken, angezündetem Branntwein auf die gegen Zugluft wohlverwahrte leidende Stelle Anwendung. Auch trägt man als Präservativ Semen Nigellae, Alaun, Campher, Bernstein in das Hemd oder in ein Säckchen genäht auf dem Rücken. Gegen dieses Leiden ist auch von Alters her die Gichtrose (Paeonia officinalis)[1] sehr gerühmt. Auflegen von „Trennpflaster" (Empl. oxycroceum), Ameisenbäder[2]), Einstecken des Glieds in Ameisenhaufen mit Einreibungen, Auflegen eines heissen Sandsackes, Bestreichen mit heissem Bügeleisen, von Opodeldok, von Kampherspiritus, „flüchtigem Element" (Linimentum volat.), von einer halben Mass Ameisencier, welche sechs Wochen hindurch in der Sonne oder auf dem Ofen in einer Mass Branntwein destillirt worden, und Regenwürmeröl leisten bei gelähmten oder nervenschwachen Gliedern Dienste.

Gegen Rheumatismus wird in der Gegend von Staffelstein ein im Jura vorkommender Ammonit verkauft. — Gegen Rückenschmerz wird prophylaktisch das ausgehöhlte Grab des hl. Otto, Abtes von Banz, durchkrochen; in Würzburg früher jenes des hl. Kilian. — Meichelbeck berichtet in seiner Geschichte von

---

[1]) Paeonia vetustissima inventu. Apuleji medic. herbar. LXIV. Hornungi epist. med. cista p. 45.

[2]) St. Hildegard. subtilit. VII. 43. Ephem. acad. nat. cur. I. 4 — 5. obs. 128.

Freising: „Von alten Zeiten her waren im Dome die Leute durch einen Bogen geschloffen (der 1708 abgebrochen wurde), wenn sie Rückenschmerzen hatten, oft mit Heilung und Linderung." Der im Heidenthume geübte Aberglaube wird hier bei den Gebeinen des hl. Nonnosus fortgepflegt. — Um sich vor Kreuzweh zu bewahren, fällt der Oberfranke und Oberpfälzer, wenn er im Frühjahre das erste Mal donnern hört, unbeschrieen dreimal rücklings nieder und wälzt sich; in der Rheinpfalz thun dies die Knaben beim Anblick des ersten Storchs. — Bei Rheumatismus und verwandten Leiden begnügt man sich gewöhnlich mit Hanfwerg oder Wolle und Geduld, in der Pfalz umwickelt man die Glieder mit Flanell, welcher zuvor mit Siegellack bestrichen worden; Andere brauchen lieber Lairitz'sche Waldwolle (eine mit Terpentinöl imprägnirte Wolle), oder Pattison's Gichtwatte (eine schlechte Watte, welche auf einer Seite mit einer durch Perubalsam oder Benzoë parfumirten weingeistigen Tinctur des rothen Sandelholzes bestrichen ist), oder auch aromatische Gichtwatte (gleichfalls schlechte Watte, auf der einen Seite mit schwacher Theerlösung, welche etwas rothe Lackfarbe enthält, bestrichen). — Vielfach kommt oft sehr unzeitiges Schröpfen oder hin und wieder noch der sog. Lebenswecker des Drechslers Baunscheidt gegen Rheumatismus, Schwindel, wo er am besten am Platze, und alle erdenklichen Leiden, wozu das dickleibige theure Buch die Anleitung gibt, bei medizinischen Dilettanten in Anwendung. — „Gegen Schiadik: Lass am Abend vor dem Neumonde am schmerzhaften Theile schröpfen, mache hernach aus ungebleichtem Tuch so viel Blätzlein (Fleckchen) als Ventosen waren, jedes halbguldengross, tauche dieses in das Blut und gehe am andern Morgen vor Sonnenaufgang hinaus zu einem vom Wege abseits stehenden, jungen Weidenbaum, der aber nicht bald abgehauen werden darf, verbohre die Blätzlein gegen Sonnenaufgang und vernagle das Loch wieder. (Schwaben und ähnlich in Nürnberg, wo man die Stelle blutig ritzt und etwas Baumwolle, mit Blut getränkt, in den Baum spundet.) — Gegen Rheumatismus wird noch empfohlen das Einreiben von folgender Mischung: Seifen-, Ameisen-, Wachholderspiritus, Tannenöl je 1 Loth, und Campherspiritus $1^1/_2$ Loth.

Die Fallsucht, Epilepsie (vgl. Grimm, D. M. 1110) auch böse Krankheit, in Franken „'s Wesen", in Schwaben „falligs wai" genannt, war eine im Mittelalter weit häufiger als jetzt vorkommende Krankheit. Man schrieb ihre Ursache dem frühzeitigen Weingenusse in der Kindheit und Jugend zu. Noch jetzt bemerkt man in einigen Mainorten das alte schädliche Mittel, Kinder, welche heftig schreien, damit zu beruhigen und einzuschläfern, dass man ihre Schnuller in Wein oder Branntwein taucht. Wer auf einem Hunde reitet, wird an Fallsucht siechen (Oberpfalz). — Nach schwäbischem Wahne bekommt gern das fallende Weh, wer Eichhörnlein isst. — Als Patrone wurden von Epileptikern der hl. Johannes des Täufer, Cornelius, Hubert, Veit, Valentin [1]) und Anton der Einsiedler, dann die hh. drei Könige angerufen, und in dieser schrecklichen Krankheit (= $ieri\ nov\sigma og$), gegen welche ärztliche Kunst selten etwas ausrichtete, nahm man vorzugsweise zu kirchlichen Heilmitteln die Zuflucht. Man hängt den Fallsüchtigen geweihte Dreikönigszettel um, welche in lateinischem oder deutschem Texte ein kurzes Gebet, die Abbildung der Heiligen zu Cöln enthalten und an deren Reliquien gehalten worden sein sollen. In Schwaben öffnet man den Mund während des Anfalles mit einem Schlüssel und ebenso die eingeschlagenen Finger. — Unter den materiellen, auf die Einbildung oder Erregung des Eckels gerichteten Heilmitteln steht in Franken und Altbayern oben an das Trinken des frischen Blutes eines Enthaupteten, seit Celsus und Plinius [2]), als souveräne Arznei gepriesen, ebenso Armesünderfett. Dann die Wurzel oder Samenkörner der Gichtrose [3]), in Schwaben die Benignenwurzel, im abnehmenden Monde vor Sonnenaufgang gegraben, ferner Pulver einer getrockneten Placenta in Hühnersuppe, geschabter Knochen und verbrannter Regenwürmer, Amulete von Klauen des Elennthieres und dem Kreuzknochen im Kopfe des Hechts, Riechen an einer Wanze; der Maulwurf spielt gleichfalls als Antiepilepticum eine Rolle. — In Schwaben empfiehlt man das Mark einer Hirschkuh in warmem Bier zu trinken. — Um Rosenheim wird eine Maus gewiegt, gekocht und verspeist. — Bedeckt man das Gesicht des von einem Anfalle bedrohten Fallsüchtigen mit einem schwarzen Tuche oder hält man ihm einen frisch ausgezogenen Schuh mit der inneren Seite unter die Nase, so geht der Paroxysmus gelind vorüber. — Als seltsames Volksmittel ist folgendes in Franken üblich: Einem ganz schwarzen oder weissen Hähnchen wird

---

[1]) Levini Lemnii occult. natur. mirac. II. 3. — Am Veitstage pflegten Epileptiker den Kirchenglockenstrang zu Distelhausen im Ochsenfurter Gau sich um den Leib zu schlingen. — Cfr. Theophr. Paracels. ed. Huser I. 149 „St. Valtins Siechtag" und Agrippa a Nettesh. vanit. scient. 57.

[2]) Plin. de medic. III. 23. Die Römer tranken das Blut frisch geschlachteter Gladiatoren. — Hist. nat. XXVIII. 10. Auch das frische Blut von Thieren diente in dieser Krankheit. Plin. Valerian. II. 58.

[3]) Apuleji medicam. herbar. LXIV. (auch enthalten in Pulvis antiepilepticus Marchionis).

bei der Verschneidung eine Muscatnuss eingeheilt[1]). Der Hahn wird dann genau ein Jahr nachher geschlachtet, die Nuss herausgenommen, und, soviel eine Messerspitze fasst, davon abgeschabt, eine Stunde vor dem Anfalle dem Kranken in Wasser eingegeben. Ferner: Trinken der Milch von einer Schweinsmutter, die zum ersten Male Junge geworfen (Oberfranken.) — In Schwaben, wo man den Speichel des Epileptikers für giftig hält, wird empfohlen: Nimm von erster Zucht der jungen Schwalben vor dem Vollmonde, schneide sie lebendig auf, in ihren Mägen findet man zwei Steinlein, das eine ist einfarbig, das andere aber verschiedenfarbig, dies Steinlein in ein Stückchen Kalbs oder Rehfell genäht und um den Hals getragen hilft. — „Wasche einen Leichnam mit 3—4 Mass altem Wein ab, lass den Wein in der Sonne destilliren, gib von diesem Wein einer Person zwischen 30—40 Jahren im abnehmenden Monde Abends und Morgens einen guten Trunk, einem Kinde 3 Löffel voll, jedoch so, dass Patient nichts davon weiss, bis der Mond wieder zulegt; weiter hilft: man schabe etwas von der Hirnschale eines Todtenkopfs und dies gebe man einige Morgen hintereinander ein. Ist der Patient ein Mann, muss der Schädel von einem Weibe herrühren und umgekehrt." — Ist dir die Fallsucht angethan: lass dir vom Helfer während deines Anfalles Blut nehmen und zwar in der Charwoche, dieser geht in der Charfreitagsnacht und bohrt in die Wurzel eines Elsbeerbaumes bis auf's Mark hinein, giesst das Blut hinein und macht das Loch wieder zu mit dem ausgebohrten Holze, verklebt es dann mit Letten, macht drei Kreuze darüber und geht davon. Wie das Blut verwächst, hören die Geister auf. Ist aber das fallige Weh von selber kommen, dann nimmt man in der Charwoche von dem Patienten 3 Loth Blut, vermischt es mit Tauben- und Schafsblut, auch je 3 Loth (ist Patient ein Mann, von einem Kauter und einem halbjährigen Schafbock, ist er ein Weib, von einer Käutin und einem Schaflamm). Alsdann schreibe den Spruch: Fürwahr, er trug unsere Krankheit und lud auf sich unsere Schmerzen (Jesaias 53, 45) auf ein reines Papier, tunke es in das Blut, mache hernach ebenfalls ein Loch in einen zahmen Obstbaum und schütte das Blut mit dem Papier in's Loch, und zwar am Charfreitag früh vor Sonnenaufgang, vermache das Loch wieder mit dem ausgebohrten Holz gut zu, gehe hinaus, bete drei Vaterunser und den Glauben. Während

---

[1]) Ein ähnliches Verfahren findet bei den Indianern am Orinoco statt, indem sie dem Epileptiker ein Loch in das Fleisch schneiden und einen Amazonenstein (grünen Feldspath) hineinheilen.

man das Blut in's Loch giesst, soll man die drei höchsten Namen aussprechen. †††. — „Trinkt ein Epileptischer Badewasser eines Zeisigs, so wird jener genesen, dieser aber sterben" (Nürnberg). — In der Pfalz nimmt man Pulver von einer getrockneten Eidechse, Taubenkoth, Asche eines verbrannten Maulwurfs u. s. w. — In Würzburg gibt man 7—9 Würmchen aus der Schafkunze (Larven von Rhodites rosae) in Rothwein und unter gewissen Sprüchen. Nach schwäbischem Wahne soll sich ein Epileptiker Meerschweinchen im Zimmer halten; ferner soll man dem Kranken die Brust mit Elennsklauen aufreissen, dass Blut herausläuft, und sein Helfer soll ihm seine linke Hand zwei Stunden unter den Kopf legen.

Gegen Veitstanz wendet man höchstens Abführungsmittel oder Anthelmintica an; in der Pfalz wohl auch Sprüche oder Amulete, dabei wird geblasen und, um den Bösen zu vertreiben, geräuchert mit Asa foetida, Semen Nigellae und Campher oder auch Weihrauch. Auch soll ein Stück Eisen in der Hand die convulsivischen Zufälle mässigen, sowie ein Schlüssel aus Eisen und Kupfer die Anfälle beschwichtigen, wenn man ihn in den Nacken hält, dagegen sie steigern, wenn ein solcher Schlüssel an die Stirne des Leidenden gehalten wird. Auch empfiehlt man das Tragen von acht eisernen Ringen, die man aus acht Nägeln gefertigt hat, welche sich schon 3 Jahre an einem Sarge befunden hatten.

Erläuterung zur Tafel.

Nro. 1. Bleiplatte in natürlicher Grösse, im historischen Vereine für Unterfanken aufbewahrt (aus dem 17. Jahrhundert).

Nro. 2. Am 9. Februar 1749 Morgens $7^1/_2$ Uhr wurde der Fürstbischof Anselm Franz von Würzburg, Graf von Ingelheim, ein grosser Freund der Alchimie, in Folge eines Schlaganfalles, in seinem Bette todt gefunden. Auf der Brust des Leichnams hing an einer Seidenschnur um den Hals befestigt als Amulet ein Medaillon von Messingblech, auf welches ein Drudenfuss und einige Zaubercharactere (Vincula) gravirt waren.

Amuleten-Formen zu S. 31.   *Avers.*

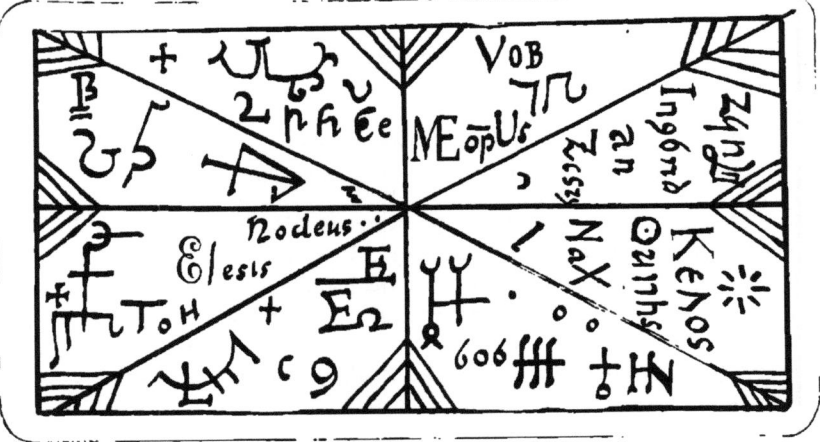

Revers.

To bo Kol Test Tmaha Tmors Tcapta Tdec
iditur TArranis apta TAnani zapta T Fecit
Tmors Tque Letere queris TaN;3 Achamala
Condrei Post davia Lucida querilique Iim=
atras Boras oliri palactique et epol et el por
mal Ephana Raptianas Inphes hoc Capvt
Edranpos hoc in Vertici Fronte Finis
                                          E.M.

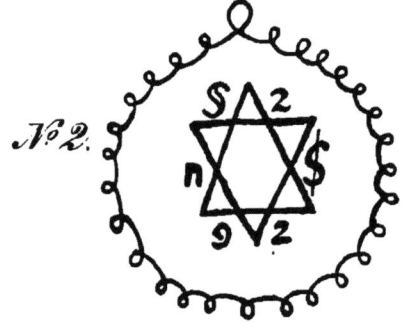

N°2.

Dr L. f.